中文社会科学引文索引（CSSCI）来源集刊

制度经济学研究

总第六十九辑（2020 年第 3 期）

黄少安　主编

中国财经出版传媒集团
经济科学出版社
Economic Science Press

图书在版编目（CIP）数据

制度经济学研究. 2020年. 第3期：总第六十九辑/黄少安主编. —北京：经济科学出版社，2020.9
ISBN 978-7-5218-1893-2

Ⅰ.①制… Ⅱ.①黄… Ⅲ.①制度经济学-文集 Ⅳ.①F091.349-53

中国版本图书馆 CIP 数据核字（2020）第 176915 号

责任编辑：于海汛 陈 晨
责任校对：齐 杰
责任印制：李 鹏 范 艳

制度经济学研究

总第六十九辑（2020年第3期）
黄少安 主编
经济科学出版社出版、发行 新华书店经销
社址：北京市海淀区阜成路甲28号 邮编：100142
总编部电话：010-88191217 发行部电话：010-88191522
网址：www.esp.com.cn
电子邮箱：esp@esp.com.cn
天猫网店：经济科学出版社旗舰店
网址：http：//jjkxcbs.tmall.com
北京季蜂印刷有限公司印装
787×1092 16开 18.75印张 280000字
2020年9月第1版 2020年9月第1次印刷
ISBN 978-7-5218-1893-2 定价：55.00元
（图书出现印装问题，本社负责调换。电话：010-88191510）
（版权所有 侵权必究 打击盗版 举报热线：010-88191661
QQ：2242791300 营销中心电话：010-88191537
电子邮箱：dbts@esp.com.cn）

制度经济学研究

Research of Institutional Economics

主　　编	黄少安
学术委员会	（以汉语拼音为序）
黄少安	山东大学经济研究院
林毅夫	北京大学国家发展研究院
茅于轼	中国社会科学院
盛　洪	独立学者
史晋川	浙江大学经济学院
杨瑞龙	中国人民大学经济学院
张曙光	中国社会科学院
张宇燕	中国社会科学院
张维迎	北京大学光华管理学院
张　军	复旦大学经济学院
邹恒甫	中央财经大学
编辑部主任	李增刚
主办单位	山东大学经济研究院

目　　录

疫情防控：中国治理体系的优越性、不足和需要
　　注意的问题 ……………………………… 黄少安　张荣杰（ 1 ）

西方法律信念的逻辑矛盾：思维理性主义与法律
　　演化主义 ……………………………………………… 朱富强（ 12 ）

人才错配与收入不平等：影响机制与贡献分解 ………… 陈怡安（ 48 ）

市场分割还是户籍歧视
　　——农民工与城镇工过度劳动差异成因分析 …… 郭凤鸣　李志玲（ 74 ）

保险业规模、人力资本与城乡收入差距
　　——基于 1999～2018 年省级面板门槛模型
　　……………………………… 徐　榕　韦　倩　葛　萍（ 95 ）

中国人口老龄化的技术创新效应之谜研究 ………… 王林梅　段龙龙（113）

知识产权保护制度环境与 OFDI 逆向技术溢出效应
　　——基于东道国国别数据的经验研究 ………… 朱　慧　张重略（136）

政府知识产权关注、企业创新投入
　　和财务绩效 …………… 刘金林　李晓龙　陆松开　武新丽（157）

沿着国际贸易理论发展方向解析中国企业出口行为选择 …… 汤二子（177）

参照系理论与农地流转市场转型：基于中国案例的探讨 …… 仇童伟（206）

掠夺性定价与有效资本市场 …………………………………… 马泰成（224）

经济增长模式、发行定价机制与定向增发
    高折价 ……………………………………… 熊发礼　林乐芬（245）

数字经济的研究主题、前沿趋势及展望
    ——基于 CiteSpace 软件的文献计量分析 ……… 田金方　庄　杉（268）

后记 …………………………………………………………………………（290）

CONTENTS

Epidemic Prevention and Control: The Advantages, Deficiencies and
    Problems of China's Governance
    System ·················· **Huang Shao'an Zhang Rongjie** (11)

The Logical Contradiction Embedded in Western Legal Belief: Thinking
    Rationalism and Law Evolutionism ······················ **Zhu Fuqiang** (46)

Misallocation of Talent and Income Inequality: Mechanism and
    Contribution Decomposition ·························· **Chen Yi'an** (73)

Market Segmentation or Household Registration Discrimination
    —Analysis on the Causes of the Differences between Migrant
        Workers and Urban Workers ············ **Guo Fengming Li Zhiling** (94)

Insurance Industry Scale, Human Capital and Urban – Rural Income Gap
    —Based on 1999 ~ 2018 Provincial Panel
        Threshold Model ····················· **Xu Rong Wei Qian Ge Ping** (112)

Research on the Mystery of Technological Innovation Effect of China's
    Aging Population ······················ **Wang Linmei Duan Longlong** (135)

Institutional Environment of Intellectual Property Rights Protection and the
    Effect of Reverse Technology Spillover of OFDI
    —Empirical Research Based on Data of
        Host Countries ···························· **Zhu Hui Zhang Chonglüe** (156)

Government Intellectual Property Rights Concern, Firm Innovation
    Investment and Financial
    Performance ········ **Liu Jinlin Li Xiaolong Lu Songkai Wu Xinli** (176)

The Behavior Choice of Chinese Firms' Export in the Process of
    International Trade Theory Development ······················· **Tang Erzi** (204)

The Theory of Reference Point and the Transition of Land Rental Markets:
    An Analysis Based on the Chinese Case ····················· **Qiu Tongwei** (223)

Predatory Pricing and Efficient Capital Market ················ **Ma Taicheng** (244)

Economic Growth Pattern, Issuing Pricing Mechanism and the High
    Issue-discount Phenomenon of Private
    Equity Placements ································ **Xiong Fali Lin Lefen** (267)

Research Topics, Cutting – Edge Trends and Prospects of the Digital Economy
    —Bibliometric Analysis Based on
        CiteSpace ····························· **Tian Jinfang Zhuang Shan** (289)

疫情防控：中国治理体系的优越性、不足和需要注意的问题

> 黄少安　张荣杰*

【摘　要】 本文简单描述了既有的、各个国家抗击新冠肺炎疫情的成效及其差异，揭示了不同国家制度和治理体系面对新冠肺炎疫情所表现出的异质性，总结了中国国家治理体系和国家制度四个方面的优越性：一是行政系统的态度一致、行动一致、高执行力和高效率；二是在疫情信息、政府工作信息和其他相关信息的收集、处理、传递和公布方面，表现出迅捷、准确、及时和权威；三是在人力物力财力的组织、调配和使用方面展现出高效率；四是经济系统面对疫情冲击时具有更大的韧性或抗冲击力，在恢复经济运行和发展方面，具有更多、更有效的选择空间。本文也总结了中国治理体系暴露出来的一些不足和短板，并且提醒注意和研究新冠肺炎疫情所导致的几个问题。

【关键词】 疫情防控　治理体系　异质性　优势与不足

中图分类号：F063　　文献标识码：A

一、引　言

从2019年底至2020年初的新冠肺炎疫情（以下简称"疫情"）在世界众多国家暴发和蔓延，严重影响世界经济、社会的运行。作为突发性国际公共卫生事件，也考验着各国的治理体系和治理能力。各国在疫情防控过程中，在防控理念、政策规范、措施、官员和民众的态度等多方面呈现出差异，而

---

* 黄少安，山东大学讲席教授、经济研究院院长、长江学者。地址：（250100）山东省济南市山大南路27号；E-mail：shaoanhuang@sdu.edu.cn。张荣杰，山东大学经济研究院研究生；E-mail：rongjiezhang@mail.sdu.edu.cn。

实际防控效果也大相径庭。疫情防控呈现出了不同国家制度和治理体制异质性。党的十八届三中全会和十九届四中全会都强调国家治理体系和治理能力的现代化。本文基于对现实的观察，梳理和比较疫情防控过程中的异质性及其原因，也许有助于认识我国国家制度和治理体系的潜在优势及其发挥程度、发现治理体系和能力的不足，从而有助于完善国家制度和促进治理体系和治理能力现代化。

二、世界主要疫区国家疫情防控理念、措施及成效的差异

中国等国家对疫情防控采取类似 SARS 的防控理念和思路：认为病毒主要通过密切接触和飞沫传播，着力遏制流行，坚决阻断传播，是强有力行政干预和人群社区全覆盖式流行病医学处理和根除病患、打歼灭战的思路。中国采取的措施是：中央政府、各级地方政府、非政府组织、所有民众，迅速行动起来，全民参与；既有个体防控，又有联防联控和群防群治；暂停部分经济社会活动、严格控制人口流动、建立全面的基层网格化和多元化管理体系；实施全面、全民核查和信息全民通报，对患者实施尽收尽治、严格隔离和专门医院治疗；对全国进行疫情程度分类、精准施策、对重点疫区实施全国紧急支援；在政府干预下实时、有序地恢复生产和生活秩序；尽力援助世界其他国家。

但是西欧国家、美国等采取类似应对大流感的集体免疫思路，至少开始阶段普遍地采取这种思路。这些国家更关注重症患者救治，侧重减缓蔓延速度，减轻经济社会危害。后来也有一些西方国家借鉴中国的经验，采取了一些类似中国的做法。但是总体而言，认知、理念、思路和措施的差异还是很明显的。

西方国家的认知、理念、思路和措施的不同，也许只是不同，现在很难说谁不好或谁的更好，有些方面也许更科学、值得借鉴，集体免疫的思路也许是更长效的机制。但是，有些方面可谓"不可思议"。一是就现有的观察和认定看，首先在中国武汉明显爆发，准确地说是武汉首先发现并视为一种新病毒引发的疫情，暂且视为世界范围内的疫情初期，一些西方国家的政客和民众居然有歪曲事实、歧视性言行，直到现在这种言行还在继续。其实，不管科学分析确定，不管疫情的源头在美国还是中国或者最后不知道源头，都是一个科学问题，是人类共同的敌人，一些国家的一些政治家和民众怎么会有种族和地域歧视性言行？不得不让人质疑这部分人的"文明、人权、人性、科学素养"去哪里了。二是中国首先面对和防控疫情，应该为其他国家提供了宝贵的经验和时间，一些西方国家居然以为这是"中国病毒"、是中

国人的事情，没能积极学习中国经验，采取应有的防控措施，自己国家也暴发疫情后，又一定程度上惊慌失措。三是在疫情防控理念上注重降低疫情影响、减缓传播速度、准备持久战，而不是全面封锁隔离。一些西方发达国家有通过大量人群感染、从而实现群体免疫的理念。这确实与中国不同。从科学的意义和经济社会效果上，我们现在都无法、也不必去评估和评价，有待事后大家客观评估，为人类提供共同的经验和教训。但是，从"人权"等角度抨击中国政府的做法，让人不得不审视和深思。四是一些国家、包括一些高度发达的国家及其政治家对疫情研判不准，失去最佳防控时机后又不是勇于担责，而是"甩锅"别的国家或别的原因，显得不厚道、不担当。当然，发达国家的措施也是有差异的。例如日本采取"水际对策"，加强入境检查防止疫情流入，并为所有患者提供免费治疗，其分诊制对于避免过度医疗，缓解医疗挤兑起到了积极作用，此外实施全天候信息披露，在披露细节上更加注重对于患者隐私的保护，整个日本防控防治效率很高，值得学习和借鉴；韩国采取"不封城、不停工"举措，加大检测力度，增加便民检测措施，病例活动溯源和专门医院收治。

至今为止的统计数据显示，不同国家的防控成效存在明显差距，中国的防控成效明显，无论是感染者占人口比例、死亡率、治愈率，都能显示出高效率。防控的同时，经济受影响的程度和恢复情况也是相对比较好的。成效的差异取决于思路、措施的差异，而思路和措施的差异与制度和国家治理体系高度相关。

三、中国治理体系的优势决定了其疫情防控的相对高效

从暴发疫情的国家看，经济制度上可以分为公有制主导的市场经济国家与私有制为主体的市场经济国家；行政体制和治理体系上可以分为相对中央集权、统一管理的国家与中央、地方分治的联邦制国家。当然，大类内部还有差异，可以分得更细。我们可以从行政系统的态度和效率、人力物力财力的组织和配置、信息传递及时性和准确性、在疫情冲击的经济体系的韧性四个方面比较治理措施及其制度基础。

（1）中国在疫情防控的过程中，展现出行政系统的高效率，主要表现在：中央与各级地方政府迅速紧急动员、高度一致、令行禁止；各级、各部门官员不敢怠慢、全力以赴；各级官员表现出高度的政治职业道德和社会责任感；社会管理系统的末梢和非政府组织也是在党政系统的带动和领导下全面启动、投入疫情防控。中央和地方之间的垂直管理体系使得政策贯彻落实

力度大，执行效率高，这也是我国在面临疫情扩散时能够快速实现各省封锁，建立起基层网格化防控体系的主要原因。自武汉封城后，人口流动范围不断被限制，主要传播渠道被切断，才使得人口众多、人口密度很高的中国，疫情蔓延趋势得到迅速、有效控制。之所以能够如此，是因为中国有着一党领导、多党合作、中央统一领导、政府一级一级对上服从的政治体制和执政党领导下、全员参与的社会治理体系。相比之下，多数西方多党执政体制的国家，使得政府决策时掣肘过多，措施难以统一和实施。国家中央和地方并非上下级关系，而是对等、协助关系。中央政府或联邦政府的政令政策，地方政府可以不执行或打折扣，对于不作为或作为不力的地方官员，上一级政府没有组织处理依据和措施。一些国家的政治人物首先因为判断失误、反应不及时、措施不得力，导致失去防控最佳时机，从而出现不应该有的疫情蔓延态势，为了推卸责任，发表一些没有科学依据，甚至违背职业伦理的言论，显示出政治品德不高尚。

（2）在疫情信息、政府工作信息和其他相关信息的收集、处理、传递和公布方面，中国表现出迅捷、准确、及时和权威。这对决策依据准确和社会稳定极为重要。英国、日本在疫情防控信息发布的及时、透明方面做得也比较好，同时积极邀请专家通过电视等媒体提出专业意见，为公众普及相关防疫知识。大家都知道，重大公共安全事件不发布前、中、后全过程，社会恐慌的危害可能比事件本身还要大，主要原因就是信息渠道多元、民众真假难辨、谣言四起，社会陷入恐慌和混乱，科学合理的应对措施也往往难以实施。世界上有一些国家，就难以做到，在所谓的"民主""人权""言论自由"的口号下，媒体可以各说各的，甚至一些政治人物也信口开河，不仅对本国政府的政策措施说三道四、对疫情信息随意发布，还在完全没有了解实际的情况下，对别的国家的疫情、政策和措施随意发表没有依据、缺乏科学常识，甚至歧视性和污蔑性言论。这是看起来不可思议的事情，实际上是体制缺乏起码的约束机制。

（3）在各种资源的动员、组织、调配和使用方面，中国展现了高效率。军队系统的高效率，大概世界上多数国家都能做到，中国更是如此。关键是中国的非军队系统，人力、物力、财力迅速全面动员和组织起来，应对疫情。我们看到，从官员到民众，全民动员参与防控，全国各地民用医疗队迅速赶赴湖北支援，应急物资迅速启动或加速生产和运输，生产生活遇到困难的人群和企业有序地得到救助，每个社会成员都迅速得到应有的检测和保护，各地财政和一些企业迅速出钱出物出力。之所以能够如此，主要是四个原因：第一，前面说到的，整个行政系统有领导、高效率。第二，与中国的经济体制高度相关。正是因为中国是以公有制为主、多种所有制并存为基础的社会主义市场经济体制，所以有一批抗风险能力强的国有或国有控股企业。因为有公有制和国有企业,大量工人不会因为企业停工而失业,有助于稳定;因为是国有企业,企业开工和停工都可以依据疫情、由政府决定;因为有国有资产和国有企业,各种物资调配没有制度障碍,政府在非常时期可以一定限度按非市场手段调拨,因而能够及时高效。第三,因为各级政府财政虽然也有财权事权的划分,但是由于不是财政联邦制,可以顺利实现财政转移支付,保证了财力弱的地区不会出现疫情防控漏洞。第四,经过几十年的努力发展,中国确实有足够的经济实力,产业体系,尤其是实体经济体系完备,物力财力人力相对充足。

而有些西方国家没有采取中国式的措施,可能有不同解释,但是,应该说很大程度上是没有相应的经济体制和经济实力支撑。一些国家在疫情防控过程中都面临不同程度的资金和物资短缺、公共医疗数量、规模有较大缺口,为了避免发生公共医疗资源挤兑,除了伊朗、意大利、西班牙这几个疫情严重的国家建设了隔离医院,其他国家都提倡居家隔离,绝大部分轻症患者不能得到有效隔离和临床观察,这使得家庭感染不可避免。一些国家很大程度上是不能,而不是不想。武汉十多天建成"火神山""雷神山"两家应急医院,其他一批医院迅速改建,应急产品迅速生产,不仅保障了国内供给,还能援助、供给世界许多国家,是需要体制、产业体系和实力支撑的。我们也看到,日本完善的工业体系保障了主要医疗资源的供给,分级诊疗有效避免了医疗挤兑,当前疫情防控得当。

(4) 经济体系的韧性和抗冲击能力,中国表现突出。突然暴发的大范围疫情,对经济运行是一个巨大的外部冲击,中国经济无疑会受到大负面影响。从增长的动力结构看,短期内对消费影响最大,而且后续几个季度难以补偿。对投资短期内也有影响,但是后续季度里可以赶上进度甚至增加。对进出口的影响,后续季度里也可以有一定补偿;从产业维度看,短期内工业企业和服务业因为延迟开工和开工不足都会受影响,但是,工业企业后几个季度可以大幅度弥补。从全年看,受负面影响最大的是消费性服务业,即餐饮、住宿、交通、旅游等。房地产业的数据下降主要不是疫情所致,本来就是下行趋势,只不过正好时间上与疫情重叠,不要误判。对农业影响会很大,但是,考虑到农业本身占国家生产总值(GDP)比例很低,后续时间里有一定的季节性调整余地,虽然一些季节的农产品价格会较大变化,但是全年 GDP 总量变化不会太大;从企业维度看,受影响最大的是民营小微企业,主要是难以及时复工、又担不起延迟复工的代价,可能一部分会破产或关闭。国有企业第一季度也会受到影响,后几个季度可以大幅度弥补;从人群维度看,主要是需要打工的农民工和农民、小微企业业主和其他低收入阶层。如果疫情继续在世界各国蔓延,对中国经济影响会更大,主要会影响国际贸易、投资和产业供应链。但是,中国经济表现出了巨大的韧性和抗冲击能力。首先,在被动抗冲击方面，由于前面提到的公有制、财政体制、国有企业、产业体系完备等原因，使得中国经济体像一个巨大的、厚实的橡胶体一样，虽然遇到巨大冲击，却能够不破、不翻、不垮，仍然很稳。其次，从主动应对和化解冲击、修复经济、继续发展的措施方面，中国有更多的选择空间：第一，中国的关系国计民生的实体经济部门和金融体系，基本上由国有资本控制，有利于国家战略的制定和实施。第二，中国还是一个发展中国家，还需要大量进行基础设施投资，使得中国可以短期内追加大量基建投资，满足短期保增长和长期促发展的需要。而发达国家不具备这一客观条件，可能只能选择给居民发点消费券，而这样做受财力限制、又没有乘数效应。第三，中国有公有制和国有企业，在投资方面，有两个方面的体制优势：一方面，政府既可以直接进行基建投资，又可以通过一些国有企业增加投资；另一方面政府可以有较大空间举债投资而有更大的抗债务风险能力，因为中国政府有很多国有资产兜底。第四，中国实体经济比重大而且产业体系完备、从而受金融危机的冲击相对小，又有巨大的国内市场，经济自我循环能力相对比较强，即使世界疫情继续蔓延，中国回旋余地相对一些国家大一些。世界其他一些国家、特别是一些发达国家，就没有中国的这些优势。

四、中国的反思和需要注意的问题

在充分肯定我国制度和治理体系的优势及其成效的同时，通过反思反向不足或短板，也是必要的，是一个优秀国家和民族的基本素质之一。

（一）制度和治理体系的主要短板

（1）公共安全治理体系明显不完善。一是硬件和软件的基础设施建设明显投入不够；二是一些基础设施和设备的生产能力和储备体系的"平时"与"急时"结合不够，应该更多更好把"急时"和"战时"存于"常时"和"民用"。这方面日本等国家做得很好，值得我们学习；三是国民的公共安全意识需要提高、生活习惯需要改良、科学知识需要加大普及力度。2003年SARS疫情还历历在目，可是从那以后，我们到底多大程度上吸取了教训？既没有在物的即基础设施方面补齐短板，也没有在人的方面提高认识、改良习惯。SARS疫情冲击后建立的"纵向到底，横向到边"的网络直报系统在一定程度"失灵"。科学研究发现，SARS与野生动物高度相关，传播扩散与呼吸和空气高度相关，可是我们的国民一直在津津有味地吃野生动物，绝大多数人还在随地吐痰，本来人口密度高还无事扎堆，公共场合吸烟无人管很常态……这些都说明,我们的治理体系中,在制度和制度的执行力、国民公共安全意识的教育和培养等方面,是有短板的。

(2) 在看到行政系统执行力和高效率的同时,也要看到一些不足。这次应对疫情,我们的行政系统一旦启动,确实展现出巨大优势,但是,湖北,尤其是武汉却没有及时启动公共安全应急系统。一些官员防控意识不足、官僚主义作风明显,专业人员和机构提供的科学信息未能引起行政官员的足够重视,反而被一些莫名的阻力切断,从而没有及时转化为应有的政策和措施。由于武汉是大都市、又正逢春运人流高峰,使得疫情迅速从武汉向全国蔓延。说明我国在应对突发性公共安全事件方面,在应急行动的启动环节,还有体制机制上的不足。这些其实还是官僚主义和形式主义的表现,不得不引起高度重视,否则,今后在其他方面、其他时间还会出现。中共中央办公厅分别在 2019 年春天和 2020 年春天印发了《关于解决形式主义突出问题为基层减负的通知》和《关于持续解决困扰基层的形式主义问题为决胜全面建成小康社会提供坚强作风保证的通知》,说明中央看到了形式主义和官僚主义问题,并且有决心惩治。科学意见重要还是领导人的意见重要、民生和国家安全重要还是开会和领导的活动重要?必须通过完善治理体系,让所有在该体系中的官员对这些问题的正确答案不用思考、时刻清楚,"绝不做自以为领导满意却让群众失望的蠢事"。

(3) 在看到防控成效的同时,也要看到体制性的过度防控现象。我们看到的过度防控现象有:一些地方或单位过度设卡、短距离内连续多次检测和查验多个同等效力的证件;一些单位公款购买太多各类防控用品;过度地开一些没有意义的线上会议,领导讲空话;中央强调一方面抓严密科学防控,一方面在安全前提下抓复工、复产、复学、复业,可是在实际执行过程中,一些地方不敢决策,对复工、复产、复学等设置了太多的具体标准或者让单位负责人签署承诺书等。所以,全面复工、复产、复学还是遇到了不少困难。其实,风险总是一定程度上存在,但是得有人决策和担风险。这些过度作为,表面上是不计成本、高度负责,但是,本质上是不敢担责任,把自己摘得干干净净,保证自己万无一失、万万无一失。因为体制决定,在此情况下,无论防控成本多大都是公家和别人担着、与自己无关而且无可厚非,一旦出点问题就得自己担责。这些显然与治理体系中的追责机制完善程度和防控成本支付的公有制有关。

(二) 需要引起注意的问题

(1) 就疫情防控而言,中国依靠强有力的行政体系、在短期内迅速控制,成效显著,但是,要想巩固和防止反弹,必须有除行政系统以外的、更加科学和长期可持续的机制。统一的、以巨大的牺牲日常生产生活节奏的、高强度的、高成本的防控，确实有必要，但是，这种防控就像绷得极紧的橡皮筋，绷得越紧越不可持续、越容易松弛，这是规律。所以，控制住局势以后，要配合有其他措施，防止因为现有措施松弛导致反弹，一旦反弹，可能更难控制，付出的成本会更高。

（2）客观理性地看待西方发达国家的治理体系和成效。一方面要充分认识和肯定中国制度和治理体系在这一次防控疫情和其他方面表现出来的优越性，尤其中国这么大的国家的应急管理，确实有独特的优势。西方一些发达国家在短期内的被动和低效也确实体现了其制度和治理体系的低效。但是，也要看到他们治理体系、治理思路和措施的可取之处，他们的一些措施、一些方面也是高效的，也许长期看更有效，至少可持续性方面不差。疫情还没有结束，世界各国应该相互汲取防控经验。西方发达国家有一点非常值得中国注意和研究，不仅该次疫情期间，历史上遇到其他重大灾难或非常时期也基本如此：一方面民众和社会组织对现任政府有各种各样的批评，但是，同时民众对政府及其主要领导人的支持率往往大幅度提高，在批评政府的同时选择更加依靠、信任和支持政府。

（3）分清"特殊时期"与"平时"，不能因为"特殊时期"的特殊贡献而强化经济集权主义、动摇深化改革决心。

在防控疫情的特殊时期，整个经济体系确实更多地受到计划调控，政府直接干预经济运行增多而且有效，国有企业也确实更好调度而且做出了贡献，各种物资的调配很大程度上按非市场规则进行，一些产业和企业获得了短期的非常规发展。这些是"特殊时期"的特殊机制和特殊需要，不可以常态化，不要用"还是国有企业可靠、还是政府指令性计划管理管用、国有企业改革和其他方面市场化改革应该慎重"的认识和观念去质疑深化改革的必要性。首先，深化国有企业和国有资产管理体制改革与"国有企业是否可靠"和"国有企业能不能在特殊时期做贡献"是两码事，深化改革不是要放弃国有企业和国有资产，而是让其变得更好。国有企业为什么要深化改革？一是因为数量和存在空间超越了"自然垄断"和"关系国计民生"的合理范围，既影响企业自身的效率，又恶化了市场竞争环境；二是国有或国有控股公司内部治理结构不科学、不合理，激励约束机制不完善。为什么国有资产管理体制要继续深化改革？因为管理层次、管理方式、管理内容、管理理念等，都需要进一步完善。这些改革完成后，不仅不会影响国有企业和国有资产在"特殊时期"和"平时"发挥作用，而且会加强这种作用，同时会优化整个社会资源配置。所以，不管是否遇到疫情，继续完善中国特色社会主义市场经济体制的改革方向不能变、决心不能动摇。现阶段经济领域改革的重点内容要很明确：深化国有企业改革、国有资产管理体制改革和各种生产要素配置的市场化改革。之所以要注意这一方面，是因为中国长期计划经济的体制惯性和思维惯性，加上这次疫情的刺激，至少对部分人来说是容易触发"体制复辟"想法的。

（4）认真研判疫情导致的世界经济政治格局和国际经济关系以及秩序的变化。纵观历史，重大的灾难或其他事件，往往导致国际经济、政治和群体关系的大变化，甚至整个格局发生根本性改变。中国必须提前研判、审时度势、提前做好应对准备，甚至要做好变得不好或很坏的准备。随着疫情蔓延和期限延长，起码国际的经济联系严重受阻、每个国家经济体系自我循环的程度不得不加强，这一点是肯定的。这一状态在后疫情期会持续吗？一些国家如果自我循环能力弱、困难持续，是否会产生重大变故或事故？这些都是需要提前研判的。所以，一方面，中国要继续坚持自主开放、以开放促改革和繁荣；另一方面，要做好应对开放受阻以及因此引起其他可能状况的准备。

五、总　　结

至今为止，各个国家对疫情的成效体现出比较大的差异，这源于国家制度和治理体系的异质性。中国作为人口大国和人口密度很高的发展中国家，与其他国家比较，对疫情的防控成效相对是最好的，体现了中国国家治理体系和国家制度在应对突发公共安全事故方面的优越性，主要表现在四个方面：一是行政系统的态度一致、行动一致、高执行力和高效率；二是在疫情信息、政府工作信息和其他相关信息的收集、处理、传递和公布方面，表现出迅捷、准确、及时和权威；三是在人力物力财力的组织、调配和使用方面展现出高效率；四是经济系统面对疫情冲击时具有更大的韧性或抗冲击力，在恢复经济运行和发展方面，具有更多、更有效的选择空间。但是，疫情也暴露了我国国家治理体系的一些不足和短板：一是应对公共安全的硬件和软件基础设施不足；二是一些官员"体制性"的"理性糊涂"，实质上是官僚主义和形式主义的体现；三是"体制性"的"理性过度防控"。同时，面对疫情以下几个方面的问题值得注意：一是紧绷的、强有力的行政体系高效防控之弦可能松弛，得有其他可持续机制尽快配套，避免疫情反弹；二是在看到中国国家治理体系和制度优势的同时，要理性认识其他国家，尤其是发达国家治理体系和制度，也存在一定的优势；三是不能因为疫情的特殊需要而影响深化经济体制改革的方向和决心；四是提前研判疫情可能给世界经济和国际经济关系带来的重大变故。

参考文献

1.《中共中央关于全面深化改革若干重大问题的决定》，中国政府网，

2013 年 11 月 15 日 http：//www.gov.cn/jrzg/2013-11/15/content_2528364.htm。

2. 中共中央，2019：《中共中央关于坚持和完善中国特色社会主义制度推进国家治理体系和治理能力现代化若干重大问题的决定》，中国政府网，2019 年 11 月 5 日，http：//www.gov.cn/zhengce/2019-11/05/content_5449023.htm。

3. 《中共中央办公厅印发〈关于解决形式主义突出问题为基层减负的通知〉》，中国政府网，2019 年 3 月 11 日，http：//www.gov.cn/zhengce/2019-03/11/content_5372964.htm。

4. 《中共中央办公厅印发〈关于持续解决困扰基层的形式主义问题为决胜全面建成小康社会提供坚强作风保证的通知〉》，中国政府网，2020 年 4 月 14 日，http：//www.gov.cn/zhengce/2020-04/14/content_5502349.htm。

Epidemic Prevention and Control: The Advantages, Deficiencies and Problems of China's Governance System

Huang Shao'an Zhang Rongjie

(Center for Economic Research, Shandong University, 250100)

[**Abstract**] This paper briefly describes the effectiveness and differences of the existing and various countries in fighting the epidemic (COVID-19), reveals the heterogeneity of different national systems and governance systems in the face of the epidemic, and summarizes the advantages of China's national governance system and national system in four aspects: first, the consistent attitude, action, high execution and high efficiency of the administrative system; second, the collection, processing, transmission and publication of epidemic information, government work information and other relevant information, showing rapid, accurate, timely and authoritative; third, the organization, deployment and use of human and material resources to show high efficiency; fourth, the economic system has greater resilience or impact resistance in the face of epidemic shock, and has more and more effective choice space in restoring economic operation and development. It also summarizes some shortcomings of China's governance system, and reminds us to pay attention to and study several problems caused by the epidemic.

[**Key Words**] Epidemic Prevention and Control Governance System Heterogeneity Advantages and Deficiencies

JEL Classifications: H11 H41

西方法律信念的逻辑矛盾：思维理性主义与法律演化主义[*]

朱富强[**]

【摘　要】 西方社会的思维根源于古希腊的自然哲学流派，由此衍生出两种理性主义传统：一种是批判性的，一种是肯定性的；其中，批判性理性传统后来逐渐转化为演化理性主义，而从肯定性理性传统中则衍生出了建构理性主义。显然，古希腊开出的两种理性传统分别为欧洲大陆和英伦群岛上所承袭，进而形成了不同的经济学流派。但是，经过柏拉图和亚里士多德的体系化改造和启蒙运动的洗礼，古希腊理性中的演化传统却逐渐被湮没了，而建构性的唯理主义传统获得了偏盛。相应地，在西方社会，源于演进主义的习惯法最终也转化为建构主义的成文法。不过，随着资产阶级大革命、社会主义运动带来的社会动荡以及随后的建构理性在实践应用的过程中滋生出的日益严重的"理性自负"，西方社会又开始从一些非主流的思想中挖掘出了演化主义的思想流脉，开始崇尚基于演进主义的不成文法或习惯法，强调社会秩序的自发性，这又导致演化理性思潮的勃兴，以致流行的法律实践又呈现出浓郁的演化理性主义。然而，这种演进主义的发展道路却不是一帆风顺的，而是会陷入内卷化的漩涡；这不仅在当前西方社会得到了明显的证明，而且传统儒家社会提供了充分的佐证。因此，西方社会就呈现出思维理性主义与法律演化主义的逻辑悖论，并且也造成了实践上的困境。导致这种悖论和困境的关键在于，西方社会中根深蒂固的自然主义思维带来了"知行分立"的二元观，从而就导致逻辑真理与事实真理、理论与经验之间出现脱节。

【关键词】 建构理性主义　演化理性主义　内卷化　成文法　习惯法

中图分类号：　　　文献标识码：A

---

[*] 基金项目：广东省创新团队项目"社会主义市场经济理论基础与政策体系"（2016WCXTD001）。
[**] 朱富强，经济学博士，河南大学中国经济学研究中心特聘教授/中山大学岭南学院副教授；地址：（510275）广州市新港西路135号中山大学岭南学院；E-mail: zhufq@mail.sysu.edu.cn。

一、引　　言

为了给自由竞争的市场经济提供理论支持并以此来反对政府对经济活动的干预以及所推行的产业政策，国内一些经济学人近年来开始将分析思维从新古典经济学中的建构理性转向奥地利学派的演化理性，从社会秩序的自发演进和扩展来论证市场行为的协调和市场机制的有效性。那么，这种论证思维的转向具有多大的理论和现实意义呢？本文尝试从两方面进行审视：一是考察理性主义与社会发展的互动共进史；二是比较中西方社会的不同发展路径及其效果。

事实上，中西方两个社会在认知思维上存在根本性差异：西方社会的认知起源于对自然世界的探索，从而带有强烈的工具主义、先验主义和个人主义色彩；相反，儒家社会的认知起源于对生活世界的剖析，致力于考察亲社会性不断提升的人类行为，从而带有强烈的价值主义、经验主义和集体主义特质。相应地，中西方社会在发展路径和形态上也呈现出明显差异：西方社会无论在秩序建设还是学术认知上都具有强烈的建构理性特点，这带来了社会革命，推动了社会经济变革，但同时也造成了社会震荡；相反，儒家社会无论在秩序建设还是学术认知上都具有强烈的演化理性特点，它维持了社会稳定，推动了社会经济持久发展，但同时也造成了社会停滞。进一步考察发现，在近现代社会，中西方社会的理性特质和发展路径都出现了重大转换，并呈现出与传统不同的社会形态，这从另一侧面再次佐证了理性特质对社会发展的影响。

既然如此，我们又如何理解嵌入在现代西方经济学中的肯定性理性以及西方社会所推崇的自由市场和自发秩序呢？基于对历史的反应，本文系统梳理了现代西方经济学所根基的肯定性理性以及西方社会所推崇的自由市场和自发秩序，深入剖析了自发秩序的内在动力及其缺陷，进而挖掘法制和市场推动秩序扩展的内在基础，这也有助于我们更好地认识和制定产业政策。

二、中西方社会的理性特质与社会发展

在西方社会，自古希腊开始就重视和强调对自然的认识和征服，由此开发出了强盛的工具理性；进而，这种工具理性还与宗教精神的先验主义相结合，从而形成了浓郁的建构理性主义。同时，在物竞天择的生物达尔文主义支配下，西方学术界开始为现实社会中的实在事物进行辩护，并由此确立了功能主义分析范式；进而，功能主义分析又以刚性的工具理性为基础，从而具有强烈的建构理性色彩。最后，功能主义在政策上具有明显的实用主义取向，这又促使了工业革命的兴起和资本主义的产生。莱斯就指出，"控制自然同资本主义或者资产阶级社会有着逻辑的和历史的联系。"① 与此不同，在中国社会，自商周开始就关注社会个体之间的相互依存关系，开始关注人类精神需求的满足，从而酝酿出了浓郁的价值理性；进而，这种价值理性与经验的儒家精神相结合，由此孕育出了显著的演化理性主义，这种思维长期支配了中国社会的学术取向。同时，尽管实用主义一直在中国社会比较盛行，但由于它嵌入在强盛的价值理性之基础上，从而始终没有上升到抽象的功能主义地步，也没有被系统理论化。显然，正是基于习俗的实用主义取向，中国社会的一切都遵循社会习俗惯例而自发并缓慢地前行，而没有出现根本性的社会和制度革命；相应地，尽管中国社会很早就达到了较为成熟的发展阶段，却没有发生显著的革新和创造，从而也没有发生质的飞跃，如没有从宋代就高度发达的商业经济中孕育出资本主义关系和制度。

事实上，尽管西方社会后来出现了许多哲学流派，但占主流的一直都是理性主义思维，也就是哈耶克所称的建构理性。这也就如怀特海所说，两千五百年的西方哲学只不过是柏拉图哲学的一系列脚注而已。同时，社会制度的设计原则也带有很强的功能主义特征，如几乎所有时期的西方学者都一致主张，应该组建一支强有力的高度武装的警察队伍来维持社会的治安。这种建构理性带来了双重结果：一方面，它促使西方社会摆脱了中世纪的束缚，并带来了生产力的革新；另一方面，它也使得西方社会长期处于动荡和争斗之中，处于一种紧张状态之下。特别是，到了后现代社会以后，人们越来越发现，依靠这种建构理性所构建的法律规章等根本无法解决信息社会中不断膨胀的内生交易成本问题。这意味着，过分偏重工具理性和建构思维，反而导致了西方社会发展的不断动荡以及秩序扩展的周期性中断。

与此不同，传统中国社会中长期占支配性地位的是演进主义思维，这也与哈耶克有关演化理性的主张类似；同时，社会制度的产生建立在浓郁的价值理性之上，演化动力也主要来源于习俗。我们可以举两个事例加以说明：一个是，中国社会的法律一向以习惯法为主，国家和社会的治理所依靠的主要是一群乡绅而不是职业警察，一个外调的官员带几个随从并在熟悉地方的师爷的协助下就可以将一个陌生地方治理得井井有条。另一个是，自然演化观还使得中国社会安于新陈代谢之理，以自然生灭为定律，而不愿改变和破坏自然；进而，就努力寻求人为事物与自然俱化，而不希求人为工程能够与自然物体长久共存；相应地，这使得中国古代建筑材料也以不耐久的木材

---

① 莱斯：《自然的控制》，重庆出版社1993年版，第157页。

（或土块）为主，而不像西方社会（如古埃及、古希腊、古罗马）那样以砖石为主刻意地追求永久不灭的工程，也不会将建筑看作永久的纪念物。① 正是根基于自然的演化，古代中国的社会实践就产生了这样的结果，一方面，维持了社会的持续发展和长期稳定，乃至中国很早就形成了一个比较发达而丰裕的社会；另一方面，每个朝代在发展到一定时期以后往往都会出现僵化和停滞，从而出现没有实质性发展的朝代更替、轮回。

这些都反映出，一个社会如果过分偏重秩序的自发性，那么，往往就会导致社会秩序在扩展过程陷入锁定，从而不但无法持续向前的进化，而且更无法出现真正的革新。事实上，中国社会就长期在一种停滞式的重复循环中非常缓慢地前行，以致靠自身力量根本无法过渡到另一种制度完全不同的社会状态，这也是长期以来为何认定中国社会无法自发地产生资本主义的一个重要因素。当然，上述哲学思维的差异和特征所针对的主要是传统社会，但发展到近代以后，这两个社会的思维和形态似乎恰好与传统颠倒了。

一方面，在西方，近现代西方社会的建构理性在应用于实践的过程中滋生出了种种的"致命自负"，这样，在承受不断的社会动荡之苦，特别是经历了资产阶级大革命和社会主义运动之后，西方社会开始反思传统的建构理性，并从一些非主流的思想中挖掘出了演化主义的思想流脉，从一些偏远地区的社会习俗和传统中以及边缘的学术思维和理论中提炼出了习惯法的力量。其实，近现代西方学者强调，资本主义制度是一个自由制度，这与传统的封建主义的封闭性和专制性是截然不同的，他们强调的开放社会根本上也就是基于这种演进的思路。由此，西方社会中就出现了演化理性思潮的勃兴，以致流行的法律实践也具有浓郁的演化理性主义。问题是，正是由于西方社会在近现代逐渐走上演进主义的发展道路，其发展速度也由此受到了明显限制；而且，演化所陷路径越深，发展速度往往越慢。例如，当前全球经济贸易一体化也体现了人类社会演化的基本趋势，但它在西方社会却遭遇到了越来越大的阻力。

另一方面，在中国，近现代儒家社会的演化理性在应用于实践的过程中出现了严重的"内卷化"现象，这样，在不断承受西方物质文明和工具理性的冲击之后，近代中国社会也开始反思并逐渐抛弃了传统的发展之路，而全方位地接受了西方的理性主义来设计和改造社会。特别是20世纪以来，更是全面地接受了源自西方形态的社会主义思想，而社会主义思想本身就是启蒙运动的产物，尤其与建构性的功能主义一脉相承。正因如此，现代西方学者也开始将当前的中国社会视为封闭社会。②

可见，基于建构理性主义和演进理性主义的两种发展路径在一定时期以

---

① 梁思成：《中国建筑史》，生活·读书·新知三联书店2011年版，第9页。
② 长谷川启之：《亚洲经济发展和社会类型》，文汇出版社1997年版，第155~156页。

及在一定程度上都曾促进过社会的发展,但同时也都曾导致过社会秩序扩展路径的中断:过分重视人类理性的建构秩序最终会出现社会的剧烈震荡,过分重视自然演化的自发秩序也会导致社会陷入锁定状态。根本上,这就体现了两类理性的内在困境:无论哪一种理性似乎都无法保证社会秩序得以持续扩展。由此,我们就需要追思这样两大问题:第一,人类社会秩序是否一定无法获得持续的扩展?第二,这种持续的社会秩序扩展又依靠什么来保障?换句话说,社会秩序持续扩展的内在基础是什么呢?这也正是我们所要探讨的问题。推崇资本主义之开放性和包容性的波普尔、哈耶克等思想大家都强调,自发秩序具有不断扩展的能力,这似乎已经为诺思、弗里德曼、阿莫西格鲁等绝大多数的主流经济学人所接受。问题是,这却又为中国历史的发展实践以及当前西方社会所展现的困境所证伪。那么,这些主流经济学人为何又会形成这种认知呢?主要原因在于,这些经济学人处于西方资本主义制度和市场经济体制相对完善的社会时期,同时又根植于明显的自然主义和肯定性理性思维之中,从而往往就只看到市场制度中抽象规则这一表面形态,而没有探究这种抽象规则是如何而来的,更没有进一步洞悉和阐发作为这种抽象规则之基础的社会伦理。正因如此,当一些经济学人将这种抽象规则简单地搬用到社会环境很不同的中国社会时,就会过度偏重基于供求力量决定的均衡规则的意义,而舍弃了市场论理的考虑,乃至使现实市场转变成为一种基于"弱肉强食"的掠夺性市场。同时,由于现代主流的新古典自由主义经济学集中关注的是私人领域,关注既定制度是如何形成以及此种制度下人们的行为方式,而缺乏对公共领域的关注,缺乏对社会合理性和社会持续发展的关注;结果,即使我们已经认识到了自发秩序所呈现出来的困境,但实际上却往往只是停留在对经验材料的观察的基础之上,而没有上升到理论的推理层次。

三、西方理性主义的古希腊起源

理性发展史表明,西方的理性主义源于古希腊的自然哲学流派,如爱奥尼亚学派的泰勒斯和阿那克西曼德、爱利亚学派的塞诺芬尼和巴门尼德、毕达哥拉斯学派的毕达哥拉斯和希帕索斯以及赫拉克利特、德谟克利特等。尽管早在古希腊文明兴起之前的800年,爱琴海地区就曾孕育出灿烂的克里特文明和迈锡尼文明,后来迈锡尼文明消灭了克里特文明,而迈锡尼文明又因北方蛮族多利亚人的入侵而消灭,进而造成早期希腊城邦的毁灭;此后,希腊历史就进入所谓大约400年的"黑暗时代",几乎所有的文字记载都断裂了,后人对迈锡尼时期的了解也只是来自"行吟诗人"的口头传唱,直到一个叫"荷马"的盲人将这些故事汇集在一起而形成《荷马史诗》。同时，在荷马神话中，历史被看成是神的意志的产物，而诸神并不制定历史发展的普遍法则。相反，直到古希腊自然哲学派，古希腊才开启对自然规律的研究，它把世界看成是一座以物质性的东西为建筑材料的巨型大厦；由此，奠定了古希腊人最初的科学和理性，进而也形塑了后来西方社会的理性特质：具有强烈的自然主义。

同时，随着希腊城邦生活的稳定和城邦制度的健全，自然哲学流派的思想又被逐渐地运用于对社会问题的思考上。例如，当时的智者学派就从一个整体的宇宙秩序中划分出一个人类自身活动创造的社会秩序的领域，并根据自然哲学的思维又在人类社会中划出一个高于人为法的自然法的领域。在这些智者看来，自然法是本源而人为法是派生的，自然法具有普遍必然的有效性而高于人为法的法律。当然，尽管早期的古希腊哲学家大多相信，人能够发现有关自然科学的知识，但是，他们并不认为人的理性是全能的，而道德和政治问题尤其难以像宇宙问题那样借助理性加以鉴别。有鉴于此，他们往往专注于研究知识的性质、推理的方法（论理学）和推理的工具（演说术），并努力运用推理方法潜心检验一切的事物。相应地，在古希腊就形成了一种自由研究和自由讨论的学术风气和精神，思想的竞争和交流得到推崇，从而形成了波普尔所称的"批判理性主义"，伯里将公元前五世纪的后半期称为启蒙时代。①

首先，我们可以考察早期古希腊的思想特质。一方面，就自然哲学流派而言。在古希腊时期，就存在着爱奥尼亚学派、埃利亚学派、毕达哥拉斯学派以及赫拉克利特学派等多种流派的竞争，它们在争论中也相互吸收。例如，塞诺芬尼就将爱奥尼亚传统带入了埃利亚学派之中。而且，除了毕达哥拉斯学派强调尊重权威和长者以外其他学派内部也存在不同的争论，即使对其宗师的学说也要进行变更、修正，以及提出新观点和直率的批判。例如，泰勒斯就对他的学生说："这就是我看待事物的方式，也是我相信那是何物的方式，而你们要试图改进我的教义。"② 进而，泰勒斯的学生阿那克西曼德在自己导师还活着的时候就公然开始对泰勒斯的思想展开了批判。③ 另一方面，就智者学派而言。智者们主要是以在各地讲学为生，为了吸引听众当然也就会相互辩论。正因如此，智者们不但发展了"辩论术"的知识，而且还进一步发展出了以人自身存在为基础的思辨传统。例如，赫拉克里特就说："人

---

① 伯里：《思想自由史》，吉林人民出版社1999年版，第11页。
② 波普尔：《开放的思想和社会：波普尔思想精粹》，江苏人民出版社2000年版，第7页。
③ 例如，泰勒斯把水视为万物的原始要素，但阿那克西曼德却认为，万物的本质或要素不是水而是无限，因为水本身还必须加以解释，他把无限视为一种无穷无尽充满于空间的活泼的质料；显然，他的思想比泰勒斯前进了一大步，而阿那克西曼德的学生阿那克西美尼进一步把这种无限归结为空气。

不能两次踏入同一条河流。"赫拉克里特的学生克拉底鲁则进一步强调,"人连一次也不能踏入同一条河流。"更进一步地,随着后来智者学派的兴起,整个古希腊都掀起了求知的欲望,承认知识的相对性和自身的不足也成为当时的基本风气。例如,第一位把自己称为"智者派"的思想家——普罗塔哥拉进一步以"人是万物的尺度"的名句表达了认知的相对性,它把人在自然中的存在提高到从来没有的高度,从而强调了认知的主体性意识。

其次,我们可以考察作为古希腊中心人物的苏格拉底思想。苏格拉底在教授时往往就采取讨论的形式,一般不会形成某种定言的结论,而只是说明某种固定的意见是不可靠的而真理是很难决定的;同时,他还把"认识你自己"规定为哲学家的基本使命,并一再强调自己的"无知",认为"承认无知乃是智慧之源"。实际上,苏格拉底的知识大多是在大街上、市场里以及运动场里通过与不同情况的人谈话和讨论中获得的,特别是在反驳智者学派论点的过程中逐渐发展和成熟的。不过,不同于智者学派认为的只有相互对立的意见而没有真理的观点,苏格拉底强调,诚然思想有差异,但学者的任务就是要在对立的意见中找到一致的地方,从而形成大家所依据的共同基础和所同意的共同原则,这又将学术引向了体系化的发展。显然,正是在这种宽松和思辨的学术氛围下,同学于苏格拉底的色诺芬和柏拉图逐渐演绎出了普遍的思维体系,并且具有大相异趣的观点。一般认为,色诺芬继承了苏格拉底的反思传统,柏拉图的思想则进一步强化了苏格拉底的演绎思维,开创了一种新的先验的"宗教"(理想国)。同样,亚里士多德学于柏拉图,并且是柏拉图最得意的门生,但两人的观点也存在很大的不同。尽管如此,苏格拉底、色诺芬、柏拉图以及亚里士多德都对后世产生了巨大的影响。为此,海德格尔主张回到希腊去,从 20 世纪 30 年代开始就把自己研究的主要精力转向了希腊最早的思想家们,以期重新找到存在的非形而上学的、本真的思想的轮廓;进而,正是在前苏格拉底思想家身上,海德格尔首先发现了一种把存在作为生长的而非形而上学的经验,这也就是演化理性主义的传统。

然而,古希腊自然哲学流派开启的思想也具有两面性:他们在强调世界由物质构成的同时又强调社会的变动性。例如,赫拉克利特就把世界设想为一切事件或变化或事实的总和,一切物质实体无论是固体、液体还是气体,与其说是物体,不如说是过程,它们都是火的变形,而火本身则依据一个明确的法则而发展,从而出现了自然主义发展观的萌芽。相应地,随着智者们在人类社会中引入并运用理性思维,人们就逐渐不再把法律看成是恒定不变的,而是越来越倾向将法律视为完全是一种人为创造的东西,不但为权宜和便利而制定,而且可以根据人的意志而更改;特别是,一旦立法之权或者司法之权为某一方控制,那么,就没有其他手段来阻止这些掌权者借以打击其对手而维护自身的权力。在这种情形下,古希腊智者卡里克利斯(Callicles)

等开始把"强者之权利"视为与"约定"法相对应的"自然"法的基本原理，认为，动物生活和人类生活的本质在建立强者对弱者持有先天优势的基础之上，而人类的法例规定则是由弱者和多数人制定的；其原因是，弱者总是占多数，因而法律总是试图使人平等。与此不同，斯拉雪麦格（Thrasymachus）则极力鼓吹"强权即公理"，他强调，法律乃是握权在手的人们和群体为了增进他们自身的利益而制定的；但显然，这种强权显然已经不再是多数的弱者，而是少数的帝王及其他统治者。

重视理性、强调理性的做法在柏拉图身上被发挥到了极致，以致在柏拉图之后的很长一段时期，这种批判的理性主义逐渐消逝了，取而代之的是具有越来越强烈先验色彩的绝对理性。事实上，在承袭赫拉克利特有关"宇宙是世界过程中各种事件的预定秩序"的历史主义思想之基础上，柏拉图始作俑地把理性意识分化出来而使之成为人类的一种独立的精神功能，并取得了至上的地位。柏拉图认为，在人类理性力量的支持下，人的道德意志可以违背历史命运的衰败法则，特别是立法者有努力以其推理能力和道德意志结束政治腐败时期而重新回归黄金时代。而且，在柏拉图看来，形式或本质或始基是离开感性事物而先天存在的；正是在这种先验理性的支配下，柏拉图试图详尽地阐明隐藏在人们感知的杂乱无章和混乱不堪的日常世界背后的一种完美的、合理的和明晰的秩序，在这个秩序下，社会没有邪恶，因为它不衰败，也不变化，这就是他的理想国。按照柏拉图提出的理想国的组织计划，理想国中一切经济的和非经济的活动都是严格规定的，它由三个自由民阶层或等级组成：一是执政者，二是战士，三是农民、手工业者和商人。在柏拉图看来，执政者和战士是统治阶级，尤其是执政者必须是有思想、有理智的哲学家，他制定法律、管理国家和教育后代。显然，这一观点与苏格拉底形成鲜明的反差，因为苏格拉底强调执政者必须认识到自己知识的浅陋和无知。同时，柏拉图主张的国家治理是人治而非法治，其理由是，哲学家所掌握的知识是一种真理，比国家机关所制定的法律要高明得多，因此，实行法治的城市国家将会限制和妨碍哲学家的统治。显然，柏拉图设想的最优化国家是一种刚性、静态和理想的形态，他反对任何对这种理想国的偏离，从而形成了为波普尔所着重批判的封闭社会。正因如此，熊彼特认为，柏拉图的目的完全不是分析，而是一种理想城邦的超经验的想象，是一种作为艺术创造的城邦。①

可见，自古希腊起，西方社会就开始出现了两种理性主义传统：一种是批判性的，另一种是肯定性的；其中，批判性理性传统后来逐渐转化为演化理性主义，而从肯定性理性传统中则衍生出了建构理性主义。当然，基于自

---

① 熊彼特：《经济分析史》（第1卷），商务印书馆1991年版，第89~90页。

然主义的基本特质,源于古希腊的理性主义包含了这样四大核心原则:其一,人们只接受经过彻底地、批判地考察的证据和正当的推理之上的真理,反对信仰、偏见、习惯和任何被认为是非理性的信念的根源;其二,现实是可知的,因为它具有一种理性的因而从理智上可理解的结构;其三,作为第一个原则的扩充,强调自我认识的重要性;其四,强调人类在选择手段和目的方面合理地指导自身行为的能力。因此,正是由于古希腊思想首先起源于自然界,试图依据自然秩序来构建社会秩序,从而古希腊人一开始就把大部分政治精力放在法律的建立和施行上。例如,梭伦、伯里克利等都是伟大的立法者。即使在柏拉图和亚里士多德看来,具有道德和理智的哲学王的领导如果要趋于完善,也必须体现于法律的理念。而且,古希腊自然哲学的思维根本上认为,自然和社会可以被人的理性所认知;因此,肯定性的理性主义日后为西方社会的思维奠定了基本特质,并逐渐偏离了苏格拉底的批判性传统。特别是,尽管柏拉图倡导人治,但这种人治也是以人的高度理性为基础的,是高度的建构理性主义的直接应用。因此,后来柏拉图开创的建构理性主义传统得到了不断充实和发展。

四、西方理性主义的二元化发展

上面指出,西方社会的理性主义在源头上具有两重性,这两重性后来在不同地域得到不同程度的发展,从而衍生出两类理性主义:建构的和演化的。当然,自然主义思维又必然使得建构理性成为西方社会的基本特征。同时,建构理性的支配地位又可追溯到柏拉图:首先,柏拉图影响了亚里士多德;其次亚里士多德影响了基督教以及中世纪以后的西方基本思维。巴雷特就认为,柏拉图以后西方哲学的一切论题、问题,乃至许多属于很大程度上都萌发于柏拉图的作品。巴雷特写道:"所有后世的哲学家都表现了对柏拉图后裔般的依赖,即使亚里士多德这个在所有反柏拉图主义者中的伟大英雄也不例外。而且,虽然存在主义哲学努力同柏拉图传统彻底决裂,但似乎矛盾的是,柏拉图思想竟也有存在主义的一面。"[①]

事实上,尽管柏拉图得意门生亚里士多德在研究方法上表现出了很多不同:他抛弃了柏拉图本人好空想即凭灵感所鼓舞的思维特点,并开始了分析性的考察和研究,但实际上,亚里士多德的思想却几乎完全为柏拉图所支配。波普尔就指出,"(尽管亚里士多德)学识渊博,有着惊人的视界,但却并不是一个具有伟大的思想创造力的人。他补充到柏拉图观念库之中的主要是系

---

① 巴雷特:《非理性的人:存在主义哲学研究》,上海译文出版社1992年版,第82页。

统化，以及对经验问题尤其是对生物学问题的浓厚兴趣"；① 而且，"妥协的倾向与挑剔前辈和同侪的倾向奇怪地混合在一起，成为亚里士多德百科全书式著作中最显著的特点之一。它们没有悲剧性的和刺激人的冲突的迹象，而这些恰恰是柏拉图著作的动机。与柏拉图的具有洞察力的思想火花不同，我们在亚里士多德那里发现的却是枯燥的系统化，以及为后来许多普通作家具有的喜好，为的是以一种'健全而平稳的判断'解决一切问题，以便公正地对待每一个人。"②

同时，不同于柏拉图，亚里士多德主要通过对经验材料的归纳分析来揭示社会秩序与自然秩序之间的背离，进而分析根源于普遍而内在的必然性所存在的社会有机体或行为特征与法律或习俗规定的社会有机体或行为特征之间的差别。进而，亚里士多德对柏拉图既吸收又扬弃就表现为：一方面，亚里士多德认为形式或本质存在于事物之中，这明显不同于柏拉图认为它们先于或外在于事物的观点；另一方面，亚里士多德又强调，一切运动或变化都意味着内在于事物本质中的潜能的实现，包涵事物的一切潜能的本质就是某种类似于事物的变化或运动的内在源泉的东西，这也就是亚里士多德所讲的"形式因"或"目的因"，这与柏拉图的"本性"或"灵魂"又是同一的。因此，尽管亚里士多德的唯实论看似基于对柏拉图的唯心论的反动而展开的，但实际上，正如海德格尔指出的，亚里士多德的思维也是形而上学的，亚里士多德的历史属于柏拉图的历史，只不过其形而上学从多种方面来看更像是一种经过柏拉图那儿向产生了最初的希腊思想的原始经验的回归。例如，海德格尔指出，"亚里士多德是根据希腊人的意识进一步思考的，也就是说，与柏拉图所做的那样相比，他更为根据存在的最初本质来思考。"③

最后，亚里士多德还以本体论的方式强化了柏拉图的理性主义，把理性被看作人类品格中的最高部分，认为人的真正本质就是他的理性智慧，科学、哲学、形而上学等成了理性的代名词。所以，巴雷特认为，"亚里士多德实际上把柏拉图后期学院草拟出来的理性理想推向了极致。"④ 正因为亚里士多德强调人类理智的作用，崇尚市场演化主义的哈耶克甚至认为，尽管亚里士多德生活于市场发达的希腊，但是他却完全不理解市场秩序。哈耶克写道："虽然人们有时说他是第一个经济学家，但是他当作'经济'加以讨论的事情，完全是家政管理，或至多是农庄之类的个人产业。对于从市场上获利的努力，即他所说的'生财之道'，他只是一味加以诅咒。尽管当时雅典人的生计依靠同远方的谷物贸易，他的理想秩序仍然是一种自给自足的制度。他

---

① 波普尔：《开放社会及其敌人》（第二卷），中国社会科学出版社1999年版，第3页。
② 波普尔：《开放社会及其敌人》（第二卷），中国社会科学出版社1999年版，第4页。
③ 转引自布托：《海德格尔》，商务印书馆1996年版，第80页。
④ 巴雷特：《非理性的人：存在主义哲学研究》，上海译文出版社1992年版，第84页。

虽然也被人称为生物学家，但是他对任何复杂结构最关键的两个部分，即进化和秩序的自我形成，没有丝毫察觉。……他好像没有注意到'自然'的意思就是要描述成长的过程，他似乎不熟悉前苏格拉底哲学家就已知道的自我形成秩序中的某些区别，……在亚里士多德看来，一切人类活动都是 taxis，即由某个秩序井然的头脑对个人行为专门加以组织的结果。"①

（一）欧洲大陆的唯理主义

综观西方社会的思想成长史，自亚里士多德提出"人是理性的动物"，把理性视为人格中的最高部分之后，理性就逐渐支配了西方人的思维和生活。尤其是，随着亚里士多德学说在中世纪的复活和壮大，建构理性主义学说就进而支配了启蒙运动及其后的整个西方哲学和宗教思想，其中还掀起了两次声势宏大的亚里士多德理性主义浪潮。

一方面，贯穿于整个中世纪时期，古希腊的建构性理性思维一直在向基督教教义进行渗透，这可分为三大阶段。

（1）早在公元 4 世纪，奥古斯丁（S. A. Augustinus）在把原始基督教教义发展为一个完整的阐释体系之初，就用古希腊的形而上学概念进行思考，并吸收了后期斯多葛主义的许多观点。事实上，尽管源于希伯来信仰文化的基督教教义主要关注人们日常生活中的伦理、信仰和责任，关注具体的、特殊的和个体的人，而不是仰望普遍的和抽象的事物；但是，奥古斯丁却努力为上帝待人的方式进行辩护，尤其是为上帝宇宙提供辩护，因而主要从宇宙的角度而非个人的角度来思考问题。② 有鉴于此，奥古斯丁积极发掘了符合其目的的柏拉图《蒂迈欧篇》以及新柏拉图主义者普罗提诺的形而上学，乃至他所建立的系统道德哲学体系也非常接近于新柏拉图主义。

（2）到了12世纪，随着东西方的重新交流的深化，阿拉伯人重新把亚里士多德的思想引向了西方，从而开启了经院科学革命。当时，一些基督教徒在来往于基督教和伊斯兰世界之间的许多学识渊博的犹太人的帮助下，集中在西班牙的托莱多市重新从亚里士多德的著作中挖掘出了理性思维。在很大程度上，经院科学革命的根本要点就是亚里士多德思想的复活，亚里士多德自此也就在西方社会成了宗教以外的一切知识领域的无与伦比的权威。

（3）到了13世纪，基督教哲学家们致力于将圣经、神父的教义和亚里士多德的注疏组合起来，以使得亚里士多德的理性思想与基督教的信仰相一致，从而将理性进一步先验化，并把先验理性推向了新的高度。事实上，由于作为个人经验问题的信仰之不确定性和动摇性与作为理性的确定性之间毕

---

① 哈耶克：《致命的自负》，中国社会科学出版社2000年版，第47页。
② 巴雷特：《非理性的人：存在主义哲学研究》，上海译文出版社1992年版，第99页。

竟存在矛盾和冲突，并且，随着以基督教信仰为基本教义的经验哲学日益僵化，从而使得理性受到越来越严重的抑制，理性与信仰之间的冲突日益凸显，因而产生了调和"天启"和"理性"之间矛盾的需要。

将希腊理性和宗教信仰契合起来的主要人物就是托马斯·阿奎那（Thomas Aquinas），他的学说至今仍可以被誉为罗马天主教神学、哲学、伦理观的权威解释。阿奎那认为，以"理性真理"为本的哲学同以"启示真理"为本的神学是不矛盾的，因为一切真理都出自同一位上帝之手，这样就"促成了信仰和理性之间最后的中世纪契约。"① 事实上，在整个中世纪，正是在亚里士多德学说和神学相结合的基础上，知识领域被分为仅仅依赖人类理智的科学（其中包括自然神学）和"超自然神学"两部分，超自然神学不仅要利用人类的理智，还要仰仗神的启示；经济学和社会学是道德神学或伦理学的组成部分，而道德哲学或伦理学又是超自然神学和自然神学的组成部分，而亚里士多德的伦理学被罗马天主教宣布为政体学说。显然，阿奎那对理性是人的最高功能的强调已经远远地离开了《圣经》的人或早期基督徒的经验。所以，巴雷特指出，"即使是中世纪的基督教，在吸收亚里士多德学说时，也没有撤换掉这条亚里士多德原则，它只是把信仰作为人格的超自然的中心，把理性作为它的自然的中心，并在它们之间造成了一种不安稳的同盟；自然的人依然是亚里士多德式的人，一个真正自我就是它的理性自我的存在。"②

另一方面，在晚近文艺复兴和启蒙运动之后，源于古希腊的建构理性全面支配了西方社会的哲学和世界观。事实上，随着基督教对知识垄断的崩溃，欧洲人在自己身上发生了革命性的变化，他们起来反对延续到那时的中世纪的人生存在方式，并否认其价值。相应地，西方社会试图重新复活古希腊的理性主义传统，主张将亚里士多德的学说与教会思想相分离，进而，它深入地挖掘了亚里士多德学说中的建构理性思想，以理性反对神性、以科学理性反对教会信仰。之所以如此就在于，在当时的西方人眼里，古希腊人明智地在自由理性中塑造了他们自己，塑造了整个生活，塑造了他们的法律，因而"对于更新了的柏拉图主义来说，这意味着，不仅在人的伦理方面，而且整个人的周围世界、人的政治的和生活的存在，都需要从自由理性出发，从一种普遍的哲学观点出来加以新塑造。"③ 相应地，启蒙运动的先驱们大多认为，新的哲学理论不应该盲目地接受传统，而是通过自己的独立研究和批判重新产生出来；进而，这也就产生出一种影响甚远的建构理性世界观，它试图以建构理性来反对并改造传统社会。例如，康德就认为，启蒙就是人从由

---

① 巴雷特：《非理性的人：存在主义哲学研究》，上海译文出版社1992年版，第103页。
② 巴雷特：《非理性的人：存在主义哲学研究》，上海译文出版社1992年版，第92页。
③ 胡塞尔：《欧洲科学危机和超验现象学》，上海译文出版社1988年版，第8页。

他自己所造成的不成熟状态中走出来，不成熟是指一个人若无他人指导便不能运用他自己的理智；因此，启蒙运动的精神就体现在运用理性对过去遗留下来的一切进行批判：批判传统的宗教，批判所有剥夺人们自由思考及自由确证其意见真理性的权力的权威，批判社会等级制和私有制。

文艺复兴和启蒙运动的一个重要产物就是从自然科学中重新树立了自然法哲学，而自然法哲学的一个"实际结果就是它掀起了一场强有力的立法运动。自然法的倡导者认为，通过运用理性的力量，人们能够发现一个理想的法律制度。因此很自然，他们都力图系统地规划出自然法的各种规则和原则，并将它们全部纳入一部法典之中"。① 相应地，两种理性实质上也就是相通的：都从人的内在本性要求出发，运用人类所特有的思维能力去认识和评价各种社会现象、历史事件，去构建未来的理想社会。② 例如，法国的卢梭和百科全书的伏尔泰等人在政见上往往存在的分歧：卢梭更倾向于恢复柏拉图的先验理性，伏尔泰则发展了亚里士多德的经验理性；但显然，两人也存在共同之处，他们"所共有的少数特征之一是，完全轻视一切宗教上的古代事物，特别是属于希伯来民族的"，③ 都主张依靠理性来推动社会进步和改造社会。同时，启蒙运动的理性主要还是强调个体理性，理性被认为不仅是人区别于其他动物的根本特性，也是作为人性区别于神性和非人性的根本特点。有鉴于此，哈耶克批判说："（此时的）'自然法'渐渐理解成'自然理性'之设计而失去了它原本具有的那种抵制力量。"④

当然，建构理性主义的发展最为凸显的是发生在欧洲大陆，其原因在于：一方面，欧洲大陆受到罗马帝国长期而深层的统治，从而也就深受由执政官所颁布的成文法所影响；你们，欧洲大陆受基督教教会的影响最为深厚，从而滋生出的反抗主义态度也更为坚决。例如，伏尔泰就写道："每一个有头脑的人，每一个高尚自重的人，都必须厌恶基督教派。"⑤ 问题是，理性主义膨胀的结果往往不是一个有序的社会秩序，而是造成了社会中的新对抗，并

---

① 博登海默：《法理学：法哲学和法律方法》，中国政法大学出版社2004年版，第77页。
② 德国的启蒙运动在康德那里达到顶峰，但基于个体理性的启蒙思想还没有成熟就开始消逝了；康德的学生海德尔将其启蒙思想扭向了另一个方向，形成了基于国家理性的绝对精神思想，而黑格尔则使得这种理性主义思潮发展到了极限。黑格尔认为，市民社会只是一个中介的、否定的环节，个体与共同体的完全统一只有在最高的伦理实体中才能实现，这就是国家；国家是个人进行社会化的第二个场所，其基础是理性。在黑格尔看来，"理性"是世界的主宰，世界历史因此而成为一种合理的过程；而且，绝对精神是理性的最高形式，它是宇宙的最高本体、世界的最终本原和灵魂，自然、人类和社会不过是绝对精神的外化和表现，是理性本质的一种展示。因此，与康德不同，黑格尔不仅把国家看作是一个制定法律和执行法律的机构，而且视其为发展一个民族伦理生活的有机体，这种伦理生活表现在一个民族的习惯、习俗、共同信念、艺术、宗教和政治制度中。
③ 梅因：《古代法》，商务印书馆1959年版，第51页。
④ 哈耶克：《法律、立法与自由》（第1卷），中国大百科全书出版社2000年版，第131页。
⑤ 布洛克：《西方人文主义传统》，董乐山译，生活·读书·新知三联书店1997年版，第84页。

由此产生出世俗的专制主义以及相应起来革命的激进主义。其中，激进主义不仅批判宗教的，也批判世俗的，甚至批判旧制度中的一切；相应地，专制主义也借助启蒙思想来反抗神学的制约，英国历史法学创始人梅因就说："当一个君主失去了领袖与其部族之间的特殊关系，并为个人的目的急切要取得一个新的主权形式时，他所能采用的唯一先例是罗马皇帝们的霸术。"① 即，颁布新的法典。这样，一方面受到激进主义所构建的理想社会的煽动，另一方面专制主义为维护自身统治又积极追求另一种法制建构，两者就都导致了建构理性主义在欧洲大陆得到极为迅速的发展和传播。哈耶克就指出，尽管休谟等已经意识到了市场秩序的演化，但当时整个欧洲大陆，"一种依然渗透着亚里士多德思想的观点，一种天真幼稚的、泛灵论的世界观，开始主宰了社会理论，成为社会主义的思想基础。"②

（二）英伦群岛的演化主义

在远离大陆的英伦群岛却存在与欧洲大陆很不相同的情形：它处于罗马帝国的边缘，甚至思想发源地苏格兰和爱尔兰从来都未被纳入罗马帝国的版图，并且后来受罗马天主教会的统治也较松；相应地，当地人们的生活一直受到自古希腊、古罗马以来的传统习俗的支配，而不是受强大政权的支配。这也意味着，古希腊中的演化理性传统在英伦群岛保存得更为全面，乃至英伦群岛的学者也更为全面地承袭和理解古希腊的生活，并努力更为真实地再现古希腊的哲学和世界观。因此，在英伦群岛，反抗传统的思想就比较淡薄，而是冷静地观察欧洲大陆的动向，进而在当时极为剧烈的社会变革中对自身变革也采取了较为温和的方式。

事实上，即使在中世纪之后，英伦群岛仍然保存着很多的中世纪时的习惯法。哈耶克认为，英国之所以能够成为唯一一个成功守成中世纪传统并将现代法律下的自由观念建立在中世纪所获致的诸"自由权项"之上的国家，"在一定程度上是因为这样一个事实，即英国在当时没有全盘接受晚期罗马的法律以及与之相伴随的那种视法律为某个统治者之创造物的观念；但在更大程度上则可能是因为另一个事实，即英国的普通法论者提出了一些极为重要的观念，它们多少有些类似于自然法传统的观念，但又没有用自然法学派所具有的那些极具误导性的术语予以表达。"③ 考夫曼则说："时至今日，罗马法的精神，在英国法中的继续存在，仍然远多于欧陆法，虽然欧陆法曾有过罗马法的继受（但也因此而有所扭曲）。以判例法为主的英国法，仍是以

---

① 梅因：《古代法》，商务印书馆1959年版，第60页。
② 哈耶克：《致命的自负》，中国社会科学出版社2000年版，第50页。
③ 哈耶克：《法律、立法与自由》（第1卷），中国大百科全书出版社2000年版，第131页。

一个不同于我们所认识的制定法概念为基础。"①

尤其是,新大陆的地理大发现极大地促进了英伦群岛经济和贸易的发展,也有力地促进了英伦群岛市场的形成。为此,早在民族国家和世俗政权形成之后的重商主义晚期,英国就已经出现了一种为自由贸易进行辩护的声音。究其原因,尽管当时英国的特许制度使得某地区的贸易由该国一家公司垄断,从而使得这些特许公司赚取了大量的垄断利润;但是,随着越来越多的其他国家的公司参与,即使在没有本国公司参与竞争的情况下,利润也下降很快。这样,一方面,如果本国实行严格的特许证制,它所承担的特许费就难以降下来;另一方面,如果其他国家放松管制,其特许费就由许多公司承担的话。那么,这独家垄断公司就处于竞争的劣势。正是由于商业发展和竞争加剧导致利用垄断价格差异赚取利润的空间不断缩小,那些垄断公司本身也逐渐倾向于让更多的公司加入,从而分担特许费。

当时的东印度公司的实际掌管者柴尔德(J. Child)在《贸易新论》就坚持主张,股份公司和受管制公司要对一切新来的人开放,从而使之只负担少许特许费。被归于海尔斯(J. Hales)的匿名著作《关于英格兰王国的公共财富探讨》也很早就提出,市场力量对资源的配置比政府法令更有效,并特别强调了当时所颁布的圈地法规之无效和愚蠢。同时,随着商业的扩展,这些自由贸易的主张逐渐为英国当政者所接受,并由一些学者如洛克、达特利·诺思、戴维南特等将这种思潮上升到了哲学的高度,并逐渐复兴了古希腊早期的经验主义传统。其中,洛克是自由主义和现代经验主义的奠基人,他强调,在自然状态人们都有保护自己的生命、健康、自由和财产不受侵犯的权利,每个人都恪守理性所规定的自然法;人们追求摆脱自然状态的弊病,是用社会契约的方法建立市民社会,并且通过建立政府作为受委托人,人民要求将这些规则付诸实施的既是委托者也是受益人;财产是自然的权利,来自劳动。

因此,随着思想史的发展,西方社会就逐渐衍生出两种理性主义传统。一种是,英国的演化理性主义传统,它主要是由一些苏格兰道德哲学家(如培根、霍布斯、休谟、贝克莱、孟德维尔、斯密和福格森等)所明确阐明的,这些思想家所利用的资源主要是那种根植于普通法法理学中的思想传统,并可追溯到苏格拉底的哲学观,从而复兴了演进理性主义,并衍生出了功利主义伦理学。事实上,英国传统上往往不相信理性有能力创造出完全合乎理性的社会,而是认定理性无力跳出文明之外而重新设计文明,并强调,理性本身与文明的演化相互成长,一切社会进步都必须以传统为基础;同时,它还把有关行为的理论和有关人们判断行为的理论区分开来,重点考察后者,

---

① 考夫曼:《法律哲学》,法律出版社2004年版,第208页。

认为人们之间必须相互合作，社会现状是人们社会行动无意的结果，而不是人们可以设计和追求结果。另一种是，以法国为代表的大陆传统，它嵌入在笛卡儿式的思辨的唯理主义之中，在18世纪以百科全书派的学者和卢梭、斯宾诺莎、莱布尼茨以及重农学派等为代表，到了19世纪又为圣西门、孔德、黑格尔以及马克思等承袭；它从人的理性出发而把新时代的理性定为道德的原则，创建和发展了先验主义伦理学。事实上，法国人在组织中追求最高程度的政治自由，亦即在政府组织做出的最高程度的干预中寻求政治文明，从而更凸显建构理性的特点。显然，这一传统是对亚里士多德特别是柏拉图思想的继承，希望借助理性来改造社会。

可见，在启蒙运动时期及其以后，古希腊内含的两种不同的理性思潮分别在欧洲大陆和英伦三岛得到不同程度的复兴和壮大，进而也就开启了两种不同的理性主义思潮。显然，这种差异性思维也深深地烙印在英、法两国的经济学中，由此形成两种不同的经济思想、理论和政策。例如，在从重商主义向古典经济学的过渡，英国就采取了渐进变革的方式，继承和接受了重商主义重视商业和贸易的传统；法国的重农主义则是18世纪法国的资产阶级在对重商主义极力批评的基础上发展起来的，它把研究从流通领域转到生产领域，因而更有效地探讨财富的增加问题。再如，在边际效用兴起之时，洛桑学派主张与古典经济学断裂，拓展了一般均衡的分析；以马歇尔为首的新古典经济学则吸收和继承了古典经济学偏重的成本分析，并且主要构建局部均衡。同时，由于这两种理性主义思潮都源自古希腊的自然主义思维，因而也就具有内在的相通性：欧洲大陆的笛卡儿以及莱布尼兹等都将思维和自然视为源于上帝旨意的独立存在，认为人类思维就可以独立地对自然进行认识，从而致力于构建形而上学的体系；英国的培根等人则对人类智慧能否解决终结问题表示怀疑，从而没有提供系统的宇宙论，但也认为能够证明上帝的存在，并由此能够发现事物永恒的本质或自然规律。正是基于这一共通性，康德致力于在理性主义基础上重新将唯理主义和经验主义统一起来。一方面，康德承认在物理和数学中存在普遍和必然的知识，这种普遍而必然的真理不是导源于感觉和知觉，不能得自经验，而是根基于理性和知性中；但同时，他又认为，这样的知识属于观念性质的知识，仅仅是关于现象（即感官所感受的事物）而不是关于事物本来状态的知识，这就是对纯粹理性的批判。另一方面，康德认为知识的内容来自经验，人类只能认识其所经验者，感觉才是知识的材料，而心灵按照先验或固有的方式对这些经验内容进行思考和提炼；但同时，他又指出，对那些先验的自在之物，人类不能像认识经验世界的事实那样加以认识，从而引发对实践理性的批判。

五、英美演化理性的现实发展

基于唯理主义的总体思维,西方社会发展出了工具理性和科学知识;但与此同时,社会实践中也出现了日益激烈的冲突,最终爆发出全方位的两次世界大战。相应地,基于对建构理性主义困境的反动,西方学术界在过去半个世纪转而推崇英美社会中较为盛行的不成文法,认为"制度的缘起,不在于人类的发明或设计,而在于成功者的幸存"。① 在新古典自由主义者看来,基于习惯的演化是西方法律生长的根本,这种习惯法可以追溯到古罗马时期。例如,西塞罗在谈到罗马的政治制度时,就强调罗马的政治制度之所以高于其他国家就在于它"不是属于一个人的才智,而是很多人的才智;其建立,不是在一个人手中完成的,而是经历了好几个世纪和好几代人。因为世上从来就没有一个无所不至、无所不能的天才,若得不到经验的帮助和不经过实践的检验,即使生活在同时代的所有人把他们的力量拧成一股绳,也不可能为将来做好准备。"②

事实上,哈耶克以及其他新古典自由主义者就积极发掘和发展早期罗马法中的这些思想,并将之视为社会稳定和秩序发展的根本。例如,哈耶克就提出这样一种社会理论,它旨在说明"旨在一定意义上合乎目的的各种制度是如何复杂而有序的不通过人们的有意设计,而在人们的相互交往中形成的,它们不是源自某些人的发明创造,而是源自很多人的分别行动,而这些人当时也并不知道自己在做些什么。"③ 问题在于,尽管哈耶克强调源于罗马时期的法律制度中所嵌入的演化理性,但他热衷引用的主要只是早期罗马共和国时期的观点;相反,考察罗马法的演化史就不难发现,罗马法本身就经历了一个从习惯法到成文法的发展过程,乃至呈现出越来越强烈的建构理性主义色彩。也就是说,罗马法中所嵌入的理性呈现出一个从演化理性到建构理性的演化过程,尽管这种建构化程度在不同地区往往具有不同的表现,其中更深刻地影响了欧洲的大陆法系。

罗马法之所以会朝建构性方面演化,就在于,其思想基础本身就具有理性的色彩。究其原因,罗马法的基本思想源于斯多葛学派的政治法律学说,而根据该学说,一个国家公民的资格是以理性为前提的。当然,正如前面指出的,理性往往表现在两个方面:基于习俗的理性和基于认知的理性。因此,任何一个国家的公民本身都受到两种法律的约束:一是自己城市国家的法律,

---

① 哈耶克:《自由宪章》,中国社会科学出版社1999年版,第86页。
② 哈耶克:《自由宪章》,中国社会科学出版社1999年版,第87页。
③ 哈耶克:《自由宪章》,中国社会科学出版社1999年版,第89页。

它源于日常生活的习俗，属于习惯法；二是整个世界的法律，它源于人们对自然世界和人类世界的认知，属于理性法。在斯多葛学派看来，尽管人们的生活受两种法律的制约，但是就两种法律相比较，以理性法更具权威性。究其原因，尽管各个城市国家的习惯法存在不同，但人类理性只有一个，因而各个城市国家习惯法必须遵守理性法的规范。例如，斯多葛学派的奠基人芝诺就认为，自然乃是由一种实质构成的，而这种实质就是理性；相应地，他认为，自然法就是理性法，人作为宇宙自然的一部分，本质上就是一种理性动物，必须服从理性的命令。在很大程度上，正是斯多葛学派学说促使了罗马法由习惯法朝建构理性法的方向转变，并为罗马帝国的侵略和扩张政策提供了理论依据，也是整个西方文明向外扩张的理论依据。而且，理性法在罗马后期还进一步上升为体现公共利益或皇帝意志的法律。事实上，尽管西塞罗等曾强调统治者的权威来自"人民"，但罗马法体系的首创者乌尔比安却据此主张皇权至上，因为人民已经把自己的权力和权威都赋予了皇帝，这种观点后来就发展为原始契约或统治契约。

事实上，就早期罗马法的特质而言，它们基本上都嵌入在演进理性之中。当时，罗马法典往往分为民法（也称人法）和习惯法两种：民法仅用于处理公民间的关系，当时的公民只构成帝国的自由居民的一部分，这个民法是由一个高僧团（pontifices）和一个负责司法行政的执政官的"解释"发展起来的，这种增加出来的法律材料与英国的衡平法有些类似；习惯法则处理商业和其他非公民之间的关系或公民和非公民之间的关系，它是由负责另一行政部门的另一执政官所建立，每一个执政官都在其任期内通过法律公告颁布并实施执政官法。尽管这两种法律最初都是基于习俗的，但是，随着社会的发展，罗马法逐渐形成这样的观点：习俗未必正确，还有一种借以作出公平决定的更高的、普遍的法则，因此习惯法就演化到了自然法。同时，由于自然法是从人的本性和理性产生出来的，因而是为所有人所了解和接受的，对任何一国居民都适用，这是万民法的基础。后来，罗马法又有了进一步的演化，发展到认为，法律的力量来自某一正当权威所规定的东西，而不仅来自习俗、惯例或以前的合法判例，并强调这种最高权力属皇帝所有。显然，此时的罗马法所保护的已不再是自然秩序所体现的东西，不再是个人的利益或个人的自由，而是国家或政府所认为的公共利益。

从罗马法的演化史看，它经历了这样几个历时性的发展阶段：首先，是在公元前6世纪到公元前3世纪，由习惯法演变为成文法，其中公元前449年颁布的《十二铜表法》是一个重要转折。其次，是公元前3世纪到公元27年，由市民法转变为万民法时期，最初罗马法采用属人主义而非属地主义，外来居民在罗马帝国统治下得不到罗马法律的保护，因而引起外来居民的反抗，这是万民法兴起的重要原因。再次，是从公元前27年到公元3世纪，罗马法学家在罗马皇帝的授意下对法律的解释，从而推动了罗马法的发展；并且此后的公元3~6世纪，开始了罗马法典的编撰，其重要成果就是《查士丁尼法大全》（包括《查士丁尼法典》《法学汇纂》《法理概要》以及《新法典》等四部法典），这是欧洲历史上第一部系统完全的法典。最后，演化为罗马法体系，罗马法分为公法和私法两大部分：公法是与国家组织有关的法律，保护整个国家和社会的利益，这是古代罗马社会的法律基础；私法是有关个人利益的法律，如调整所有权、债权、家庭婚姻与继承关系等，这是古代罗马关于个人利益的法律保障。在实践中，两者在司法中归属不同的法律部门，不能相互侵犯。

显然，正是由于罗马帝国法律法典化的努力，深刻地影响了以后的欧洲法律体系。正如有学者指出的，"世界上最著名的一个法律学制度从一部'法典'开始，也随着它而结束。从罗马法历史的开始到结束，它的释义者一贯地在其用语中暗示，它们制度的实体建筑于《十二铜表法》、因此也就是建筑于成文法的基础之上的。在罗马，对于《十二铜表法》以前的一切制度，除了一特殊之点外，都不予承认。罗马法律学在理论上来自一部法典，而英国法律在理论上则被认为是来自古代的不成文惯例，这是它们制度的发展和我们制度的发展所不同的主要原因。"① 当然，梅因和哈耶克对罗马法的特质作了完全不同的解读。梅因认为，"《罗马法典》只是把罗马人的现存表述在文字中"；哈耶克则认为，不但处于民主制度之下的雅典实行的是演化主义的法律，而且"对所有西方法律产生了极为深刻影响的罗马法，就更不是可以立法的产物了"。

事实上，在哈耶克看来，不但"所有著名的早期'法律供给者'，从乌尔纳姆（Ur-Nammu）和汉穆拉比到梭伦、吕库古（Lycurgus）以及罗马《十二铜表法》的作者们，意都不在创制新的法律，而只是陈述法律是什么及其始终是什么"；而且，"查士丁尼最终完成的法律汇纂所赖以为基础的古罗马私法，几乎完全是法律人发现法律的产物，而且也只在一个很小的程度上才是立法的产物。"② 正因如此，哈耶克认为，罗马法的特质正是英国普通法的基础。他写道："经由一个与此后英国普通法的发展过程极为相似的过程，古罗马私法这样一个法律系统通过法律人对那些居于支配地位的正义观念的阐释而不是通过立法的方式而渐渐发展起来了。当然，古罗马私法的这一发展过程与英国普通法的发展过程也存在着区别，而其主要的区别就在于：在古罗马私法的发展过程中，起决定性作用的乃是法律学者所提供的意见，而不是法官所做的判决。只是在古罗马私法发展过程的最后阶段，及在拜占庭时期而非罗马时期，而且是在古希腊思维方式的影响下，这一发展过程的

---

① 梅因：《古代法》，商务印书馆1959年版，第1页。
② 梅因：《古代法》，商务印书馆1959年版，第11页。

成果才在查士丁尼皇帝领导下编撰成了法律汇编；但是颇为遗憾的是，查士丁尼的这项成就却在日后被错误地视为统治者所创造的并反映统治者'意志'的法律的模式。"①

哈耶克之所以如此执着于法律的自发演进性，根本上在于他的自由主义理念以及由此先验设定的自生自发秩序。正是自生自发秩序理念，哈耶克对人类历史展开了自身逻辑的梳理和解释：大量个体之间交往、互动产生了自生自发秩序，这个秩序为相互交往的人所遵守而成为特定时空下的习俗；同时，随着这个秩序在代与代之间得到传承并获得了长期遵守，从而又演变成了一种可以被称为惯例的非正式规则。在哈耶克看来，在普通法的体系里，惯例通过判例过程而成了法律原则；在大陆法里面，惯例则是通过法官立法的形式而成为制定法。因此，拿破仑法典里的法律条文就主要来自早期日耳曼公社的习俗与惯例以及法兰克王国的商业惯例，而不是拿破仑和立法者们自己任意制定的。问题在于，尽管现代法律体系很大程度上都经由了一个从习俗到惯例再到法律原则的转变与过渡过程，但是，只要惯例发生了法典化的过程，特别是借助了智者或帝王的努力，就必然会带上人的理性思维，从而导致性质发生变化。例如，中国的六经在汉武帝接受董仲舒的建议而将之上升为国策之前早已被世人承认并享有很高的地位很久了，而"汉武帝的贡献，只是将既存的事实加以明白的宣布而已"。②

关于习俗在法典化过程中的理性化和建构化，我们还可以从两个方面来加深认识。

一方面，无论是解释习俗还是颁布法律抑或是依习俗进行判案的法官，实际上都是具有较高理性的"哲学王"，他们根据自身对社会的观察和思考，形成一套社会治理的观念，并通过一定程序上升为法律，这本身就具有"理性"的成分。而且，尽管在罗马共和国早期，罗马法的发展主要依靠法学家的解答，但是随着罗马共和国的衰败，解答已经开始系统化，并被提炼成为纲要，此时以"告令"或"裁判官"的年度布告已经被日益重视，并成为法律改革的主要手段。特别是，到了罗马帝国时期，奥古斯都严格限制了主要法学家对案件发表有拘束力意见的权利，因此，"（尽管）皇帝们的各种立法起初还伪装经过群众同意，但在后来就毫不掩饰地利用皇权，从奥古斯都政权巩固后到'查士丁尼法典公布'，这种法规有大量的增加。……一个制定法和一个有限制的释义局已产生了。"③ 为此，拉德布鲁赫就指出，"假使至今为止的法律习俗已上升为法则，已被加以'编撰'，假使法律习惯已变成

---

① 哈耶克：《法律、立法与自由》（第1卷），中国大百科全书出版社2000年版，第128~129页。
② 张君劢：《中国现代学术经典：张君劢卷》，引自刘梦溪主编：《中国现代学术经典》，河北教育出版社1996年版，第12页。
③ 梅因：《古代法》，商务印书馆1959年版，第25页。

了对习惯遵从的法则，那么由制定法和习惯法这两种传统法律渊源中，就有规律地源源不断地产生出协调一致的法律规范。"①

另一方面，帝王由于垄断的权力，他对社会习惯的编制本身往往存在一个"六经我注"式的选择过程，这种选择的基本目的就是维护自身利益，因而必然会在选择过程中打上了建构理性的色彩。例如，在中国，永乐皇帝下令由胡广组织进行《性理大全书》的编写时，永乐皇帝就力图从已有的三个宋代儒家选集《性理大全书》《四书大全》《五经大全》中滤掉一些不合政治需要的成分。这也正如梅因写道的："东方各国社会编制法典，相对地讲，要比西方国家迟得多，并且有很不相同的性质。亚细亚的宗教寡头，或者是为了他们自己参考，或者是为了帮助记忆，或者是为了教育生徒，都终于把他们的法律知识具体地编订成为法典；但也许促使他们这样做的最难于拒绝的诱惑力，还在于这是一个可以增加和巩固他们影响的机会。他们完全垄断法律知识，这一点使他们能用汇编欺骗世人，而汇编中所包括的却是已被遵守的规则，还不及祭司阶级认为应当遵守的规则多。"②

事实上，在欧洲大陆，随着启蒙运动的深入，一些思想家如杜尔哥、孔多塞、卢梭等都从自然法中寻求理性，他们的思想也主导了整个欧洲大陆的舆论。而且，随着民族国家的相继独立，各国都面临着其他国家的竞争和威胁，因而新的统治者往往更迫切地借助法律来实现增强本国实力的目的。首先，实行开明专制的腓特烈二世在1751年通过了他的民法典，从而开启了一个将所有民法编撰成法典的运动；其次，拿破仑将这种法典化的努力推向了极致，试图在全欧洲推行他的《拿破仑法典》。可以说，大陆法最初就是以罗马法为基础的，后来经过拿破仑在法国及其殖民地恢复秩序时努力推广而发展起来的；因此，作为法典化的自然法，其核心要点在于强调主权者的特权以及维护最高立法者的意志。一般来说，大陆法系存在这样的几个特点：其一，确定一个最高的立法权威，法律力求体现立法者的一致；其二，明确立法和司法的分工，强调成文法典的权威性，法官只能严格使用法律而不享有自由裁量的权力；其三，强调国家法制的统一，尤其强调法典的总则部分的作用；其四，注重法典的等级和体系的排列，讲究规范的逻辑性、概念的明确性和语言的精炼，等等。正因如此，《法国民法典》无论在形式上还是内容上往往都被视为《罗马法典》的翻版。当然，随着拿破仑的失势以及相伴随的民族主义反应，欧洲大陆的其他一些国家也强调法律应该以民族精神为来源，必须具有民族性而不是世界性，从而逐渐兴起了具体的案例法而不是经过编撰的抽象法。

与此不同，远离大陆的英伦群岛在中世纪后期的很长一段时期内都避免

---

① 拉德布鲁赫：《法学导论》，米健等译，中国大百科全书出版社1997年版，第26页。
② 梅因：《古代法》，商务印书馆1959年版，第10页。

了欧洲大陆的动荡：它没有遭受过外来的侵略，甚至很少受到外来侵略的严重威胁。因此，王室的权力和威望以及依赖王室的行政机构的权力和威望相对较小，从而也就难以依靠王权来推行体现统治者意志的成文法。相反，英伦群岛的贵族和资产阶级的势力比较壮大，这使得古老的半封建制度得以较好地保存下来；此时，英伦群岛的人们的日常生活依然是基于习俗的，处理人们之间利益关系的也是基于习惯的法律。在这种情形下，英伦群岛的居民大多相信，存在高于政府的法律，而这些法律是所谓普通法而存在，而不是立法者的产物。特别是，经过在英国的光荣革命之后，经过洛克、休谟、斯密、柏克（也包括法国的孟德斯鸠、伏尔泰以及托克维尔等）等的辩论和宣传，逐渐构成了英国社会制度的思想基础，成为辉格党的基本信条。① 相应地，作为演化主义的自然法，在英国就逐渐演化而成普通法体系，它更为关注个人权力，维护个人自由。一般来说，普通法体系存在这样的几个特点：其一，注重习惯、强调政治权力来自社会；其二，法官具有较高的权力，他们通过判决为以后的案件确立规则，因而维护法官在法治中至高无上的地位成为普通法精神的核心；其三，注重程序的灵活性，并从中发展出衡平法原则；其四，法律适用于强调个案推理和演绎，注重经验而不是抽象的理论；其五，强调保护个人权力。②

然而，随着边沁领导的"哲学激进"运动的兴起，英伦群岛的演化理性也逐渐向建构理性靠拢，以致辉格党与源于边沁传统的激进党相结合而成立了全新概念的自由党。事实上，激进党本身就受欧洲大陆建构理性主义传统的影响，后来的约翰·穆勒以及格林等都强调发挥政府的积极作用，从而逐渐转向了温和的社会主义方向。而且，尽管随着英国的殖民扩张，普通法体系也逐渐为美国、加拿大、澳大利亚等国家所采用；但是，这种普通法体系已经含有了建构的成分，这些国家的自由党也都倾向于信奉温和的社会主义理想，而不是完全服膺于演化理性传统的自由主义。在这种情况下，尽管一些政党依旧自称是自由主义的，但其纲领和行动已经不再是基于演化的自由主义。米塞斯就写道："即使在英格兰，人们所理解的自由主义更多的只是与托利主义和社会主义相类似的概念，而不是自由主义的原有纲领。"③ 更不用说其他国家了。事实上，美国的建国国父们本身就受了法国大革命的熏陶。梅因说："只要参考一下杰斐逊的著作，即可以看到他是如何深受法国当时时尚的半法律、半通俗的见解的影响；我们也毫不怀疑，正是由于他们对法

---

① 正因如此，哈耶克认为，基于演化理性的法律只有在古罗马和近代英国这些国家存在，并同个人自由的理想一起被保留下来。

② 信春鹰：《寻求民主与宪政的平衡》，引自《公共论丛（第3卷）：经济民主与经济自由》，生活·读书·新知三联书店1997年版，第245~257页。

③ 米塞斯：《自由与繁荣的国度》，中国社会科学出版社1995年版，第46页。

国法学家这些特殊观念深表同情,在'独立宣言'开头几行中,这位指导着当时美国事务的杰斐逊和这殖民地中的其他法学家,就把这独特的法国人假设即'人类生而平等'和英国人最熟悉的假设'人类生而自由'相结合在一起。"① 当然,也正是深受建构理性的影响,美国的国父们构建了划时代的政治制度,并将孟德斯鸠提出的三权分立具体化、细化和完善化。

可见,尽管西方法律起源于演进主义的习惯法,但最终却转化为建构主义的成文法,即使英国也基于权力制衡的原因而从社会实践中发展出了普通法系。而且,这种建构化取向从古希腊就开始了,如亚里士多德就认为,以正当方式制定的法律应当具有终极性的最高权威,而正义中包含了自然部分和惯例部分。特别是,在自然科学的启迪之下,建构理性主义在启蒙运动时期达到了鼎盛。如卢梭写道:"现代哲学家只承认法是为有精神的生灵制定的规则。所谓有精神的生灵,是指具有智力、自由而且在与其他生灵的关系中受到尊重的生灵。因此,他们把自然法的权限限于唯一一种具有理性的生物,也就是说限于人。但是,由于他们按照各自的方式来为这种法下定义,都把它建立在非常玄奥的原理上,我们中间很少有人能够理解这些原理,更别说自己去发现这些原理了。因此,虽然这些学者提出的定义在其他方面彼此大相径庭,但有一点是共同的,即如果不是一位思维缜密的推理家,不是一位学问高深的玄学家,就不可能理解自然法,因而也无法遵守它。这正说明,人类社会为了建立社会,肯定运用了一些智慧,也只有寥寥数人才可能有,而且他们还得费很大气力才能获得。"② 显然,卢梭的这一段话可以为主流经济学之所以倾向于建构理性的原因做注解,不仅经济学本身产生于启蒙运动的理性思潮之中,而且它也是为了追随自然科学而从其他社会科学中分离出来。

六、西方社会实践的演化理性困境

经济史和经济思想史表明,正是由于古典经济学时期学者们的努力,才使得资本主义制度不断完善和成熟,才克服资本主义早期极端分化的社会现象,才促使资本主义社会相对平稳的发展;同时,也是经过制度的改良,资本主义的一致性才得以显现,在这种情况下,新古典经济学才把其研究重点逐渐从公共领域转向私人领域。然而,一旦资本主义制度重新焕发起生命力以及计划经济遇到危机之后,西方主流学者就开始片面强调自由交换的优势,进而逐渐抹杀了人类理性的积极作用。

---

① 梅因:《古代法》,商务印书馆1959年版,第54页。
② 卢梭:《论人类不平等的起源和基础》,广西师范大学出版社2002年版,第65页。

事实上，尽管近代西方的主流思潮倾向于演进理性主义，但是，就人类历史发展的最终结果而言，却并不能证明"演进的发展一定优于建构的设计"这一结论。一个明显的事实是，在美国实行新政之前，西方各国基本上都是崇尚演化发展的，几乎没有什么具体的经济计划，但最终发展的结果是整个西方世界都陷入大危机之中。更令人不可思议的是，尽管社会现实经济问题如此严重，但当时主要的经济学家却依旧信奉萨伊定律，主张任其自然发展，认为唯有时间才能医治制度的失衡。例如，熊彼特说：经济复苏会自动来临，并且，"这还不是全部：我们的分析引导我们相信，只有当经济复苏确实自己来临的时候，这种复苏才是实实在在的。"同样，费雪宣称："有人们那种被禁令予以强化了的忍耐力，没必要为严重的萧条感到害怕。"① 但显然，西方危机的最终解决根本上不是依靠这些学者的"等待"，而是凯恩斯主义所推出的一系列干预主义政策，至少凯恩斯主义政策缩短了经济从危机到复苏的时滞。

同时，如果只是从演化主义和建构主义在不同国家的实践结果之比较来看，我们往往无法认定"演化一定优越于建构"，反而可以看到许多相反的情形。例如，正因英国传统中具有更多的演化主义成分，结果反而导致英国在每次的时代变革中总是反应滞后。事实上，除了第一次由英国领导的全球现代化之外，英国在以后的每一次现代化浪潮中都变得越来越落伍。与此相对应的一个明显的事实是，启蒙运动时期的法国要比英国落后很多，但在经历了多次政局的动荡后，现在的法国在经济上不但追上了英国，而且还显得比英国更有生气。很大程度上也正是基于这一原因，源于法国的建构理性主义最终被移植到新古典经济学之中，成为现代主流经济学的思维基础。奥尔森在《国家的兴衰》一书中就把基于理性的社会动乱看成是打破一个国家内因利益集团相互牵制导致国家僵化和衰落的重要途径，而英国经济的长期滞缓正是国内形成了各种僵化的利益集团的结果。默雷尔对经济合作与发展组织（OECD）24 国的研究表明，稳定时期较长，国家中所组织的利益集团的数目就会增加。正因如此，奥尔森认为，英国目前的一蹶不振也许只有注入外力，从而打破均衡的利益集团的牵制才能重新得到发展，而这就是建构理性的思维。

因此，我们必须重新审视演化理性主义和建构理性主义在社会实践中的作用以及它们的适用性。一般认为，演进主义更有助于秩序的连续发展，但问题往往难以短期内清除，甚至还会继续积累、加重；相反，建构主义有助于从根本上清除传统积累的问题，但却往往遇到激烈的对抗，改革设计的失误也会导致社会演进的中断。不过，对建构性的制度设计，我们也应该保持

---

① 米尔斯：《一种批判的经济学史》，商务印书馆2005年版，第229~230页。

这样两点认识：

第一，我们看待一个社会经济的发展往往不能只重结果而要看过程，因为大量生活在过程中的人们并没有看到结果，更无法享受结果，从而就对不同的过程或发展途径提出自身的要求。事实上，尽管经过激烈的建构改造有助于根除传统的腐化成分，从而最终构建出一个更新的社会制度；但是，这种激烈的建构式改造往往是以牺牲一部分人的利益为前提的，甚至造成一两代人陷入悲惨而屈辱的生活境地。明显的事实是，苏联及东欧的休克疗法式改革造成了经济的大幅度滑落以及严重的贫困现象；相反，尽管渐进式改革使得一些问题以来保留，在社会大众却普遍地感受到好转的希望，生活水平在实质性地好转。当然，渐进的演化必须防止陷入内卷化的困境，这种过程是一种停滞，结果也是不发展。正是基于过程重于结果的观念，笔者一直倡导不断的、连续的零星式改革，除非问题已经积重难返，我们要谨防整体式改造。

第二，建构理性在制度变革中的注入必须以相对健全的规章为基础，相对健全的规章为社会"动而不荡"提供了基石，否则就会加剧社会的失范和无序，从这个角度上说，它根本上还是局部性的变革。事实上，纵观当今世界诸国，一些国家中处于社会上层的政党或掌权人物往往在不断更换、变动，但社会基层的运作照样有序进行；因此，貌似建构式的政府更迭并没有变更社会的基本法律制度，而法制的稳定性则为经济机器正常运转提供了重要保证，同时，政府的频繁更迭又有利于切断既得利益集团与政治不断巩固的联系。

关于发达国家中"动而不荡"的准建构式社会变革，我们可以看两个典型例子。第一个是第二次世界大战后政党轮替频繁的意大利。自1945年6月至2000年4月，意大利已经有过57届政府，每届政府的平均寿命只有11.3个月，并且只有3届政府的寿命超过两年，尽管意大利政府危机频频出现，但政府的频繁更迭对经济发展并没有带来灾难性的影响，经济机器照样运转，甚至有赶上英国的趋势。第二个是首相更迭频繁的日本。20世纪80年代后日本在近20余年内换了13位首相，但日本政府的运作以及整个社会经济的发展并没有陷入停顿。

可见，尽管在人类社会的发展历程中，市场半径呈现出逐渐扩大之势，作为人类行为产物的理性也呈现出不断成熟之势；而且，正是基于对人类社会逐步演化这一事实，英美法学界一般都崇尚基于演进主义的不成文法或习惯法。但是，我们必须清楚地知道，理性演化过程并不是一帆风顺的，而是往往会陷入内卷化，进而又会转化为建构理性的途径。事实上，中、西方社会的大量历史实践已经证实了这种内卷化现象，这也就是演化理性的发展困境。例如，英国在1651年颁布的《航海法》规定，进口到英国或其殖民地的物品必须用英国或其殖民地的船只来运输，或者必须用原产国的船只来运输；而且，殖民地的某些产品只能卖给英国，另一些产品即使卖给其他国家也必须先运到英国。尽管该法案在颁布之初曾经有助于提升英国的竞争实力，但是，随着发展的重点从流通领域转向生产领域以及市场依赖性的增强，这个航海法案越来越限制了自由经济的发展；尽管如此，这个法案竟然存在了200年之久，直到辉格党政府于1849年取消了该法案，英国的海上交通获得解放，而一个低关税和边界开放的欧洲也才开始形成。事实上，尽管西方法制言必称"罗马法"，不仅把罗马法视为现代西方法律的滥觞，而且将之视为演化主义法理的理论基础；但是，罗马法典不仅是英美不成文法的滥觞，更是大陆法的直接来源，是当代西方世界法律体系的支柱。显然，大陆法系和英美法系都受到了罗马财产和契约法律的影响，而之所以会形成两种法律体系，主要是对罗马法的理解和继承角度的不同，罗马法本身也内含了建构理性主义的因子。

七、中国社会实践中的演化理性困境

关于演化理性在发展中呈现的困境，我们也可以从中国的历史发展中得到进一步的印证。事实上，中国社会传统上一直崇尚一种"道法自然"思想，这就意味着，当前西方社会强调的演化思想和自由主义精神与中国传统的思想具有极大的相似处。更为重要的是，尽管西方社会后来逐渐走上了理性主义道路，但中国依然保持这种经验主义。这正如巴雷特指出的，中国尽管在与希腊苏格拉底相近的时代就有了一个圣哲群星灿烂的局面，但是，中国的理性没有像柏拉图那样将理性从人的其他诸如感觉、直觉的精神存在分离出来；相反，"中国人依然是直观的，非理性的"，并保持了苏格拉底的特质。正因如此，"中国重自然，西方重人为"，也就成为中西方社会之文明特质的典型区别。

关于中国社会的演化性，我们可以对作为中国文化基础的儒家学说进行特质的解剖。首先，儒家学说直接着眼的是人的天赋秉性和社会实践，既然人的秉性是有人类社会的基本结构所决定的，从而也就必然具有稳定性和持久性；相应地，儒家非常重视社会的稳定，认为社会只能在稳定中求发展，这与西方社会求新求变的特质和思潮截然不同。其次，儒家社会基于社会共同体这一出发点非常关注人的精神需求，这种需求讲究的是个体内心的调适、人际关系的和谐以及人与宇宙的和合，从而要求社会成员能够基于社会之人道而上达于天理；相应地，儒家反对过度追求工具理性，而推崇"君子不器"（《论语·为政》），宣扬"君子谋道不谋食"以及"君子固穷"（《论语·卫灵公》)。最后，儒家主张以综合的理性来调适世界，以合乎人性的知识来充实人类的生命意义，从而积极尊崇和发扬传统的礼乐精神；显然，礼乐精神的基本特质就是在不变中求变，其中，不变是社会稳定的根本，而变则是体现了社会的开放性。事实上，不同于西方社会对知识和权力无限追求的偏重，也不同于西方社会力图用理性来宰制世界以及以无限制向外扩展为能事的基本理念。因此，如果把中国古代社会的生活也归入理性的话，显然就与演化理性更为接近。孟子强调，"人有不为也，而后可以有为"(《孟子·离娄下》)，这实际上也是对建构理性主义的一种告诫。

同时，中国社会的演化特质可以在道家学说中得到更为充分的呈现。首先，道家强调，人类知识的最高境界就是认识到自己的无知，但这种无知是通过知而得来的。如王戎所说："圣上忘情，最下不及情"(《世说新语·伤逝》)。显然，这种思想与苏格拉底具有类似之处。其次，道家同样也强调社会秩序的自生自发性，强调要顺应自然、顺性而行。例如，老子就强调一切事物的变化、生灭都是道之自然，所谓"生而不有，为而不恃，长而不宰，是谓玄德"(《老子·道德经》)。最后，道家还强调，任何想要对这种过程及其结果进行人为的干预，想让事物按照自己的主观意愿来变化、发展，都是无济于事的。为此，老子提出"无为"的原则，认为"圣人处无为之事"而"故无败"，因而强调对所有的事都要"为无为，事无事"(《老子·道德经》)；相反，"为无为，则无不治"，否则，必然会"为者败之、执者失之"(《老子·道德经》)。显然，这里老子已经提出了最小政府的原则："治大国，若烹小鲜"(《老子·道德经》)。同样，庄子也强调，要做到"不刻意而高，无仁义而修，无功名而治，无江海而闲，不道引而寿，无不忘也，无不有也，淡然无极而众美从之"(《庄子·外篇·刻意》)。

当然，毕竟中国文化具有强烈的入世性，因而即使注重市场习俗和社会演化，反对政府对人伦日用的无端干预，乃至崇尚"无为而治"，但这些话"无为"并不是消极意义上的放任自流，而是要把握有为和无为之间的度，从而实现真正的中庸。事实上，道家就强调，"道常无为，而无不为"(《老子·道德经》)，"所谓无为者，不先物也；所谓无不为者，因物之所为"(《淮南子·原道训》)。这就是说，要通过人的知性来积极把握事物的规律，从而推动事物的发展。正是政治哲学上的这种无为理论，费孝通认为，这是阻止专制君主变为不可容忍的暴君的第一道防线。① 相应地，哈耶克认为，"一种欧洲以外的伟大文化，即中国文化，看来差不多与希腊人同一时期提出了法治观念，这种观念同西方文化中的那些观念有着惊人的相似之处。"② 实际上，后来西方自然主义和演化思想的重新复兴在很大程度上也有中国传

---

① 费孝通：《中国绅士》，中国社会科学出版社2006年版，第47页。
② 哈耶克：《自由宪章》，中国社会科学出版社1999年版，第232页注释。

统文化的渊源，这在重农学派的自由放任思想中得到充分的体现。

此外，中国社会的演化性还可以从长期实践中加以审视。事实上，尽管在政治上，儒学政治化后往往成为维护统治者的思想工具，但在经济上，儒家一直肯定自由经济的价值，而反对任何形式的独占和垄断。可以说，历代中国政府基本上都在贯彻司马迁的理念："善者因之，其次利道之，其次教诲之，其次整齐之，最下者与之争"（《史记·货殖列传》）。而且，儒家社会在某种程度上也就是依靠习惯法来维持社会的稳定和发展，而地方官很少干预经济事务，他们的公务主要在收税和判案。事实上，在古代中国，绝大多数公共事务如灌溉等都是地方社区的事，这些事情往往由受过较好教育的乡绅来管理；相应地，政府的税率往往非常低，从孟子提倡的"关市讥而不征""市法而不廛"到西汉的贤良文学对盐铁官营的反对都体现了这一点。例如，在1600年左右，中国政府的正常收入低于3 000万两白银；到了1900年，清政府每年的收入才接近1亿两白银，而这仅仅相当于1700年英国的水平，而1700年的英国人口还不到1900年中国人口的2%。[①]

正因为中国社会存在一个稳定而自由发展的社会经济，因而如迈耶斯指出的，在横跨500年间，从1398年到1911年的明、清两朝中，中国曾经历了几个长期的和平，社会稳定及经济繁荣时期；在这些时期，收成总的来说趋于稳定，没有经受同时期殃及欧洲的严重的经济波动。尤其是，尽管中国的人口在缓慢地但持续地增长，但似乎并未受马尔萨斯因素的限制。那么，中国社会为何能够维持世界上绝无仅有的人口呢？迈耶斯指出了两个基本因素：第一，中国人一直依赖高度竞争性的产品和要素市场，并在帝国各地开展资源交换、生产和分配；第二，市场活动的交易费用似乎在不断下降，随之带来资源、物品和劳务更大量的交换。进而，交易费用之所以能够不断下降，就在于习惯法的广泛使用，或由第三方执行的并为帝国默认为合法的私人契约交换。如迈耶斯指出，私人间的契约协议有着一些共同的特点：一是第三方可将契约中可能出现的任何未来的当事人间的争议交由政府官员裁决；二是书面契约总是依据一个统一的形式，并根据资源交易的方式而定。以在男性继承人中分割家庭财产为例，在财产分割契约中，通常总是先指出为什么家庭要分割共同财产，接着列出共同财产中的所有不动产，然后详尽地说明这部分财产中的各个项目如何在男性合法继承人中分割，随后继续说明财产中动产的这部分如何分割，最后，将共同财产中的一部分留给年迈的父母亲，或作为嫁妆留给家庭中的一个或几个女儿。[②] 显然，这个隐性的法律减

[①] 李约瑟、黄仁宇：《中国社会的特质：一个技术层面的诠释》，引自黄仁宇：《现代中国的历程》，中华书局2011年版，第22页。

[②] 迈耶斯：《晚期中国帝国的习惯法、市场和资源交易》，引自盛洪主编：《现代制度经济学》（上卷），北京大学出版社2003年版，第330页。

少了获取信息的费用，更好地保证了契约得以顺利进行，并为实施契约提供了一种方法。因此，习惯法保证了各户人家日益频繁地相互交换各种资源，导致了交易费用与交易收益之间的比率的下降，从而鼓励了家庭进行比本来更大量的资源交易，并使得家庭式交换的量不断增长。

因此，尽管中国社会历来被认为是中央集权专制的，但实际上却并非如此。事实上，中国社会存在着一个双重社会结构：一是全国性的科层制度的上层结构；二是庞大的无数异质性的地方社区。相应地，长期以来，中国社会就没有形成以专制为基础的"国家性结构"，没有明显的"国家认同"。只不过，由于存在以文化为基底的"天下性"结构，从而存在明显的"文化认同"。例如，雷海宗在《中国文化与中国的兵》中就指出，中国自东汉以来就形成了无兵的文化。杜赞奇则认为，中国的乡绅往往代替了兵来维持社会的稳定。杜赞奇认为，"（中国）绅士具有双重身份：他们既是国家政权的后备军，又是乡村社会中的富豪。这种观点认为绅士起着平衡的作用，即封建王权强盛之时，绅士平衡着国家与乡村社会的利益，但在动乱和王朝衰落之时，绅士们便倾向于代表地方即自身的利益。"① 显然，正因为中国的地方与中央之间以及地方之间的联系比较松弛，因而部分的动乱崩解往往不足以影响全体，这就保障了全国性社会系统的安定性。事实上，即使大型的叛乱，所产生的影响往往也只是改朝换代，而对整个社会却并不能产生突破性的影响。

当然，由于儒家的中心价值系统为帝王的专制提供了法理基础，因而民间的习俗与国家的专制之间往往存在紧密的结合，乃至形成了难以打破的共生关系。其结果就是，尽管这种习惯法维持了社会的稳定，但它却无法带来生产力的急速提高，也无法促进社会制度的变革；相反，还会陷入路径锁定之中，导致长期的无发展的增长状态的出现。迈耶斯对此就曾做了较为深入的分析：首先，基于这些习惯法，作为基本生产与消费单位的家庭组织，其生产规模主要随出生–死亡率而变化：当出生人数超过死亡人数，这个家庭就扩大，反之则缩小。相应地，每个家庭都经历着一个大致相同的周期：最初形成，接着扩大，最终分成几个部分，而每个部分又经历类似的周期或者完全消失。其次，在每个周期中，中国的家庭往往都会试图与其他亲缘、血缘方面的亲属建立联系。相应地，尽管在意识到有利可图时，儒家的家庭也会越过他们的亲属而与其他单位，如行会、宗教信徒和秘密团体发生关系，但是，由于每个这样有着相同血缘的群体，视其强大或弱小程度，都尽力建立起一种门第，从而阻碍了类似企业那样新兴生产组织的出现。正因如此，古代中国人的行为具有强烈的特殊主义取向，这种关系往往基于人的社会交

---

① 杜赞奇：《文化、权力与国家：1900~1942 年的华北农村》，江苏人民出版社 1996 年版，第 31 页。

往而不断拓展；相应地，古代中国人的认知也出现了明显的经验性和演化性，往往难以跳出经验材料去思考更为合理化的生产和消费途径，从而也就无法促进社会组织的变革和制度的改进，而这就需要外来的冲击。

在社会经济上如此，在政治制度也是如此。基于社会演化的习惯法常常会造成政治秩序的内卷化，使得一个原本有效的制度日益僵化。钱穆就指出，"中国一向似乎看重的是不成文法，往往遇到最大关节，反而没有一个明白的规定。这可以说是长处，因为可以随机应变，有伸缩余地。但也有坏处，碰着一个能干有雄心的皇帝，矜才使气，好大喜功，常常要侵夺宰相的职权。"① 例如，汉代的实际权力本来不在皇室而在政府，而代表政府的是宰相，但是，汉武帝雄才大略，宰相只得退处无权；因此，在汉武帝临死之时宰相却不能预闻宫内事，而外戚霍光以大将军身份辅政、自此以后，皇帝选任成了皇帝家事，而宰相则不再参与其中了；结果，滋生了外戚篡权，最终导致汉王朝的崩溃。在很大程度上，正是由于传统中国社会的习俗极其根深蒂固，其对社会的统协、整合力也极其强劲，因而整个社会也很难依赖其自身的力量作出根本性的变化；相反，只有在近代遭到"前史所未载，亘古所未通"的西方武力、制度和文化的外来冲击下，中国社会才取得翻天覆地的巨变。

穆勒曾指出，"习俗的专制在任何地方对于人类的前进都是一个持久的障碍，因为它和那种企图达到某种优于习俗的事物的趋向是处于不断冲突之中的。……（事实上，在整个东方世界）一切事情最后取断于习俗；所谓公正的、对的，意思就是说符合于习俗；以习俗为论据，除非是沉醉于权力的暴君，就没有人会想到反抗"；② 而且，穆勒还特别强调"要以中国为前车之鉴。那么国族乃是一个富有才能并且在某些方面甚至也富有智慧的国族，因为他们遇有难得的好运，竟在早期就备有一套特别好的习俗，这在某种范围内也就是一些即使最开明的欧洲人在一定限制下也必须尊称为圣人或智者的人们所作出的努力。他们还有值得注视的一点，就是有一套极其精良的工具用以尽可能把他们所保有的最好智慧深印于群体中的每一心灵，并且保证凡是最能称此智慧的人将得到有荣誉有权力的职位。毫无疑义，做到这个地步的人们已经发现了人类前进的奥秘，必已保持自己稳稳站在世界运动的前列。可是相反，他们却变成静止的了，他们几千年来原封未动；而他们如果还会所有改进，那必定依靠外国人。"③ 在很大程度上，正是经历了这"三千年来未有之变局"，中国社会传统的演化发展路径多了一份建构理性的特色，甚至走上了唯理主义的另一极端，这也是主流经济学为当前的中国所接受的社

---

① 钱穆：《中国历代政治得失》，生活·读书·新知三联书店2001年版，第28页。
② 穆勒（即密尔）：《论自由》，商务印书馆1959年版，第83页。
③ 穆勒（即密尔）：《论自由》，商务印书馆1959年版，第85页。

会基础。

最后，需要指出，一个国家或社会所采取的转变方式除了与其文化传统有关外，还与社会现实状态密切相关。一般地，处于领先地位的个人、组织乃至国家即使暴露出日益严重的问题，也不会采取否定自身的激烈变革方式；相反，当个人、组织乃至国家处于相对落后状态时，它就会以更严苛的眼光来审视自身的过去，甚至全盘否定自身而试图通过采取更激进的措施实现超越式发展。这是社会发展的一般规律，可以运用博弈论加以解释。例如，在从重商主义向古典经济学的过渡，英国采取了较为温和的方式，而法国的重农主义则是激励的方式，主要就有两大原因：一个是与高卢自由主义传统有关，这种传统具有强烈的建构主义色彩；另一个是与当时法国所面临的社会经济困境有关，它比英国更为严重。再如，马克思曾预言无产阶级革命会在最发达的资本主义国家出现，结果却在当时工业资本主义最落后的俄国率先爆发。而且，列宁认为俄国革命旋即会引发发达工业国家的社会主义革命，并进而引爆一场世界无产阶级革命，但无产阶级革命在英、美、法、日、德等发达工业国家却迟迟没有发生；相反，斯大林认为中国社会不存在社会主义革命的可能，从而极力支持蒋介石领导的资产阶级政府，但最终共产党却取得了胜利。

从某种意义上说，西方社会之所以会出现激烈的制度革命并由此孕育出现代民主制度，一个重要原因也就在于，西方社会经历了长期的专制统治（教会专制和君主专制）；相反，传统儒家社会并非如我们目前所认定的那种专制严重的社会，至多是开明专制，它允许社会任何阶层的个体通过努力而进入社会上层，从而激起不了剧烈的社会革命。实际上，启蒙运动时期的众多思想家都以中国文化来抨击欧洲宗教的黑暗和专制，把遵从孔子法规的儒家社会时代视为人类曾有过的最幸福的且人们最值得尊敬的时代。同时，正是由于儒家社会在漫长的人类历史中一直处于领先地位，从而也就一直盛行着演化传统；只是当19世纪中叶与西方工业国家接触并被打败之后，才突然发现自己的落后并从此处于自卑和屈辱的状态，从而也就开始走上了激进的变革路线，导致了近代中国社会不断地起伏动荡。①

八、结　语

西方社会在思维上具有强烈的建构理性主义特征，但目前流行的法律意识却是演化理性主义的，这就潜含着一个明显的逻辑悖论。事实上，近现代

---

① 它告诉我们，如果小的矛盾得不到排解和舒缓，那么，矛盾就会越积越重，最终只能通过极端的方式得以解决。

以来，随着建构理性在应用于实践的过程中滋生出了种种"致命的自负"，西方社会对建构理性充满了怀疑和担忧而强调基于演化理性的自发秩序，这导致了演化理性思潮的勃兴。但是，自发秩序的演化过程也会遇到入内卷化的问题：不但无法持续向前的进化，更无法出现真正的革新。其实，尽管哈耶克强调自发秩序不是人类经过深思熟虑制定的，西方学者也往往把这种自发秩序归属为自然秩序，但实际上，它只是从另一个角度来揭示自然秩序的内涵：自然秩序的特性不是一成不变的，社会的演变本身就体现了自然秩序的变化，而人类也只有从人类社会的发展史中才可以逐步深入地认知自然秩序。正因如此，一些学者就重新从自然秩序中挖掘其和谐性的一面，从自然界个体相对独立而整体处于和谐的状态为演化思想寻求支持，并认为这种自然秩序同样适用于任何自发的社会秩序；相应地，西方社会片面强化和发展了"私恶即公益"命题，从而为基于个体交换的市场秩序提供理论，将瓦尔拉斯一般均衡视为基于市场交换所能达到的状态，这也就是福利经济学第一、第二定理所要说明的，从而将以抽象规则为基石的市场和法制视为自发秩序的根本。然而，就演化主义而言，自发秩序的扩展必然是一个过程，这个过程也体现为人类交往和扩展的过程；因此，这种自发秩序形成的规范在人类社会中就不会是同质的，而是要体现出一定的差序性。正因如此，笔者认为，新古典自由主义经济学家（如哈耶克）对抽象规则的强调实际上已经违背了演化的思想，而这与西方社会的根本性思维方式有关。

事实上，西方社会的思维根本上源于自然，而自然秩序毕竟体现了一种世间万物之间同等强弱关系；相应地，西方哲人从这种自然秩序中所发现的往往是普遍的等序的抽象规则，进而也就难以真正发现社会秩序演化的路径和逻辑。这正如哈耶克的坚持：自然秩序本身是"没有目的"的。[1] 相反，中国社会着眼于人类的社会特征，从中发现了"为己利他"行为机理，这种机理体现了人类行为的差序性；并且，从中可以发现人类秩序演化的目的性：促进合作半径的扩展和深化。显然，基于这种由"为己利他"行为机理衍生出来的社会秩序，我们不但可以更有效地解释社会中存在的合作现象；而且，基于"己"的本位主义，在具体社会中个人之间以及共同体之间的利益是存在冲突的，从而又可解释借助社会其他力量对人的行为进行监督的缘由。事实上，笔者在《经济分析的行为基础：现代经济学的硬核批判》一书已经对经济人假设的合理性本身进行了颠覆，由此也就应该批判性反思基于"私利即公益"命题之上的相关政策主张；同时，反思的基本思路就是根基于"为己利他"行为机理，其基本特色是"利他"的手段内化为人的偏好，从而成为行为的基石，这需要伦理的认同。因此，笔者在《真实市场的逻辑：市场

---

[1] 哈耶克：《经济、科学与政治：哈耶克思想精粹》，江苏人民出版社2000年版，第361页。

主体的特性解析》一书中就尝试基于隐性协调机制的深化和"为己利他"机理的拓延的角度来对社会秩序扩展的逻辑、特点和动力进行重新探索,并进一步揭示扩展秩序的伦理基础。① 有人说:"哈耶克的批评和建议既注重回顾,又注重未来趋势。他的出发点是建立在文化史和人类学上,而不是建立在意识形态甚至政党政治上。"② 果真如此,哈耶克所提出的思想就非常值得我们借鉴,但又不能盲目顺从,而是要将它作为发现新创见的巨人之臂膀。

参考文献

1. 巴雷特:《非理性的人:存在主义哲学研究》,上海译文出版社1992年版。

2. 波普尔:《开放的思想和社会:波普尔思想精粹》,江苏人民出版社2000年版。

3. 波普尔:《开放社会及其敌人》(第二卷),中国社会科学出版社1999年版。

4. 伯里:《思想自由史》,吉林人民出版社1999年版。

5. 博登海默:《法理学:法哲学和法律方法》,中国政法大学出版社2004年版。

6. 布托:《海德格尔》,商务印书馆1996年版。

7. 长谷川启之:《亚洲经济发展和社会类型》,文汇出版社1997年版。

8. 杜赞奇:《文化、权力与国家:1900~1942年的华北农村》,江苏人民出版社1996年版。

9. 费孝通:《中国绅士》,中国社会科学出版社2006年版。

10. 哈耶克:《法律、立法与自由》(第1卷),中国大百科全书出版社2000年版。

11. 哈耶克:《经济、科学与政治:哈耶克思想精粹》,江苏人民出版社2000年版。

12. 哈耶克:《致命的自负》,中国社会科学出版社2000年版。

13. 哈耶克:《自由宪章》,中国社会科学出版社1999年版。

14. 胡塞尔:《欧洲科学危机和超验现象学》,上海译文出版社1988年版。

15. 考夫曼:《法律哲学》,法律出版社2004年版。

16. 莱斯:《自然的控制》,重庆出版社1993年版。

17. 李约瑟、黄仁宇:《中国社会的特质:一个技术层面的诠释》,引自

---

① 本文主要引用了笔者《经济分析的行为基础:现代经济学的硬核批判》《真实市场的逻辑:市场主体的特性解析》中的主要思想。
② 内夫:《哈耶克对"社会正义"的批评:二十个命题》,引自 G. 帕普克主编:《知识、自由与秩序》,中国社会科学出版社2001年版,第182~203页。

黄仁宇：《现代中国的历程》，中华书局 2011 年版。

18. 卢梭：《论人类不平等的起源和基础》，广西师范大学出版社 2002 年版。

19. 迈耶斯：《晚期中国帝国的习惯法、市场和资源交易》，引自盛洪主编：《现代制度经济学》（上卷），北京大学出版社 2003 年版。

20. 梅因：《古代法》，商务印书馆 1959 年版。

21. 米尔斯：《一种批判的经济学史》，商务印书馆 2005 年版。

22. 米塞斯：《自由与繁荣的国度》，中国社会科学出版社 1995 年版。

23. 穆勒（即密尔）：《论自由》，商务印书馆 1959 年版。

24. 内夫：《哈耶克对"社会正义"的批评：二十个命题》，引自 G. 帕普克主编：《知识、自由与秩序》，中国社会科学出版社 2001 年版。

25. 钱穆：《中国历代政治得失》，生活·读书·新知三联书店 2001 年版。

26. 信春鹰：《寻求民主与宪政的平衡》，引自《公共论丛（第 3 卷）：经济民主与经济自由》，生活·读书·新知三联书店 1997 年版。

27. 熊彼特：《经济分析史》（第 1 卷），商务印书馆 1991 年版。

28. 张君劢：《中国现代学术经典：张君劢卷》，引自刘梦溪主编：《现代学术经典》，河北教育出版社 1996 年版。

The Logical Contradiction Embedded in Western Legal Belief: Thinking Rationalism and Law Evolutionism

Zhu Fuqiang

(China Economics Research Center, Henan University, 475004;
Lingnan College, Sun Yat - Sen University, 510275)

[**Abstract**] The thinking of western society is rooted in the natural philosophy of ancient Greece, and two rationalism traditions are derived. One is critical, which turns into evolutionism rationality; the other is positive, which turns into constructionism rationality. Apparently, the two rationality traditions are followed respectively by European mainland and England isles, and leads to different economics genres. However, after the systematic transformation by Plato and Aristotle and the ablution of the enlightenment movement, the tradition of constructionism rationality developed vigorously in ancient Greek through, and the tradition of evolutionism rationality disappeared gradually. Correspondingly, in western, the unwritten law grounded on the evolutionism changed eventually into statute law based upon constructionism. However, because of social turbulence brought by Bourgeois' Great Revolution and socialism' movement as well as the increasingly serious "rational conceit" in the process of practice and application of the constructive rationality in modern western society, western world began to excavate the thought stream of evolutionism from some nonmainstream thoughts. Thus, it starts to advocate unwritten law based on evolutionism, and emphasize the spontaneity of social order, so that the trend of thought of evolutionary rationality is booming and the popular legal practice presents a strong evolutionary rationalism. However, the development of such evolutionism is not plain sailing, but tends to drop into the gulf of involution, which is not only proved by present western society, but also by traditional Confucian society. Therefore, the western society presents the logical paradox of thinking rationalism and legal evolutionism, And which also causes difficulties in practice. The key leading to this paradox and plight lies in the fact that the deep-rooted naturalistic thinking in western society brings about the dualism of "separation of knowledge and action", which gives rise to the disconnection between logical truth and factual truth, theory and experience.

[**Key Words**] Constructive Rationalism   Evolutionism Rationalism   Involution   Statute Law   Unwritten Law

JEL Classifications: K00

人才错配与收入不平等：影响机制与贡献分解*

> 陈怡安**

【摘　要】 当前政府—企业间的人才错配是否加剧了城镇收入不平等？利用 1989～2015 年中国省级面板与中国健康和营养调查 CHNS 匹配数据，本文系统评估了政府—企业间人才错配对城镇收入不平等的影响。研究发现：政府—企业间人才错配确实会导致中国收入分配差距的扩大，并且政府—企业间人才错配对收入分配的总影响有近一半是通过寻租管制和跨体制社会资本两个渠道间接实现的。进一步对贡献的分解结果表明，寻租管制和跨体制社会资本在人才错配影响收入分配中的平均相对贡献分别为 45% 和 7% 左右，与跨体制社会资本相比，寻租管制是政府—企业间人才错配导致收入差距扩大的主要因素。最后，引入要素市场扭曲的研究发现，完善的要素市场配置有利于弱化人才错配对城镇收入差距扩大的影响。本文研究具有重要的政策含义，当前采取措施吸引大批优秀人才流向创造性的生产性部门，可控制城镇收入差距扩大的趋势，为进一步深化收入分配领域改革提供了新的政策思路。

【关键词】 人才配置　跨体制社会资本　生产性部门　寻租　收入不平等

中图分类号：**F061.3**　　文献标识码：**A**

---

* 本文受国家自然科学基金项目"中国海外人才回流的国际知识溢出效应研究：理论与实证"（项目编号：71503217）、教育部人文社会科学研究基金"行业间人力资本错配的形成机理、经济后果与纠错策略研究"（项目编号：20YJc790016）、中国博士后面上科学基金"中国海归回流的知识溢出效应研究：基于金融发展的视角"（项目编号：2016M590857）、中国博士后特别资助科学基金"制度环境如何影响中国海归回流的国际知识溢出效应"（项目编号：2017T100673）、重庆市高等教育学会研究课题"'一带一路'背景下重庆市高校国际化水平评价研究"（项目编号：CQGJ17004A）、2019 西南政法大学经济学院招标课题资助。感谢审稿人对本文的诸多建设性意见，文责自负。

** 陈怡安，西南政法大学经济学院副教授；地址：重庆市渝北区宝圣大道 301 号，西南政法大学经济学院；E-mail：chenyian1984@126.com。

一、引 言

当前越来越多的高学历毕业生选择放弃自身专业进入政府部门等体制内就业（李世刚和尹恒，2014）。据智联招聘调查显示，2011～2013 年愿意去政府、事业单位等体制内就业的大学生的比例分别高达 45%、54% 和 49%，2014 年这一比例虽有所下降，但仍高达 36%。可以说，进入政府部门等体制内工作已然成了中国新一代年轻人首选的就业去向（卫艳青，2018）。[①]

本该充满活力的年轻人何为如此贪图"稳定"？为何改革越深入，市场经济越深化，市场对优秀人才的吸引力反而越小（傅娟，2014）？20 年前的"下海潮"到如今的"国考热"是否说明中国存在人才错配？如图 1 所示，2005 年的数据显示，将全国按地域分为东、中、西部[②]，各地区的情况几乎一致，政府部门员工的平均受教育年限远高于企业部门员工的平均受教育年限。理论上，政府和企业都需要配置优秀人才，且人才在政府—企业间的配置有一定合理区间，但李世刚和尹恒（2017）的研究表明当前中国人才在政府—企业间的配置已经偏离了最优点，大量优秀的人才被配置到政府部门，存在一定程度的人才错配。由此引出的问题是：中国大量优秀的人才配置到政府部门而非企业部门导致的人才错配会对城镇收入分配造成什么影响？是拉大了城镇收入分配差距还是缩小了城镇收入分配差距？其背后可能的作用机制是什么？本文尝试对上述问题进行全面分析。

关于人才配置对经济与福利的影响这一主题，前期学者从多个角度进行了研究，主要集中于人才配置对经济增长、人才配置对创新以及制度对人才配置的影响三个方面。

其一，在人才配置与经济增长方面，早期分析有关人才配置的文献是墨菲等（Murphy et al.，1991），该文构造了一个人才配置模型，从人才在生产性和寻租部门间的配置解释了各国的经济增长。在墨菲等（1991）之后，关于人才配置与经济增长的文献大量涌现（Acemoglu et al.，2013；Akcigit et al.，2016；Guner et al.，2008；Hsieh and Klenow，2009；Hsieh et al.，2013；Jones，2013；Benjamin et al.，2017；Pothier，2017；李世刚和尹恒，2017）。

[①] 中国最大的招聘网站智联招聘发布的年度最佳雇主调查报告显示，2001～2013 年愿意去体制内就业的受访大学生比例分别为 45%、54% 和 49%。虽然 2014 年这一比例有所下降，但仍然高达 36%。数据摘自：http://www.ah.xinhuanet.com/2014-12/13/c_1113629836.htm.

[②] 按照李世刚和尹恒（2017）的思路，我们将 31 个省份分为中、东、西三大区域，其中东部省份包括：北京、天津、河北、辽宁、上海、江苏、浙江、福建、山东、广东、广西、海南；中部省份包括：山西、内蒙古、吉林、黑龙江、安徽、江西、河南、湖北、湖南；西部省份包括：重庆、四川、贵州、云南、西藏、山西、甘肃、青海、宁夏、新疆；台湾、香港、澳门地区数据不包括在本次统计中。

如谢长廷（Hsieh et al.，2013）估计了美国消除因歧视导致的人才误配置带来的产出增加，利用美国职业分布的数据，发现1960~2008年经济增长的15%~20%可以由人才配置的改进来解释。李世刚和尹恒（2017）利用2005年中国1%人口抽样调查数据来度量一个地区的人才配置状况，发现政府—企业间人力资本差异越高的地区，经济增长率越低。

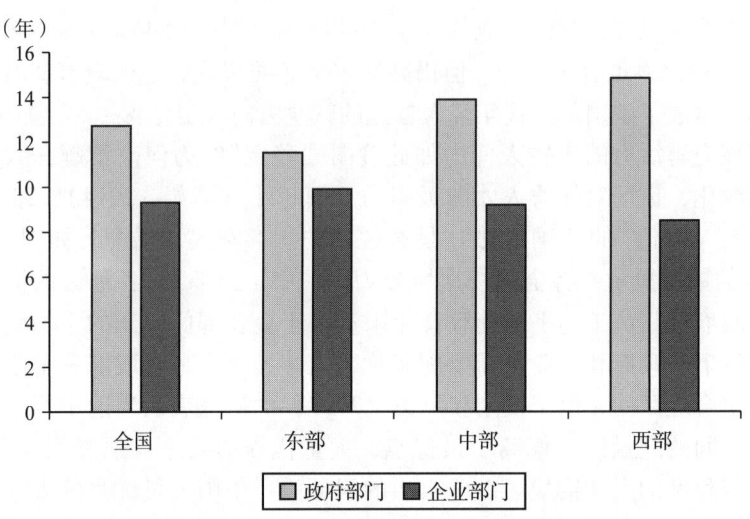

图1 政府与企业部门员工平均受教育年限

注：相关数据来源于国家统计局2005年1%的全国人口抽样调查。

其二，在人才错配与创新方面，尤其是近期关于公共部门与市场间人才误配置对创新影响的文献开始涌现（李晓敏和卢现祥，2010；赖德胜和纪雯雯，2015；葛立宇，2018）。如，赖德胜和纪雯雯（2015）发现优秀人才越是偏向于配置到政府部门的地区，其区域创新效率越低。葛立宇（2018）发现要素市场扭曲程度越深，社会人才越倾向配置于非生产性部门，而社会人才的错配显著抑制了地区的创新强度。

其三，制度对人才配置的影响方面，更多的研究是从经验研究角度考察制度如何影响人才配置（Baumol，1990；Murphy et al.，1991；Glaeser et al.，2004；Natkhov and Polishchuk，2013；Nifo et al.，2016）。格莱泽等（Glaeser et al.，2004）实证研究发现差的制度使得最优秀的和最聪明的人才偏离了生产性活动，转向了再分配领域，从而造成了人才配置扭曲，不利于经济增长和社会福利。随后，纳特霍夫和波利什丘克（Natkhov and Polishchuk，2012）提出了一个理论模型，预测有才能个体的职业选择对制度质量特别敏感，进一步使用95个国家样本数据的分析发现，制度质量与大学生理工科毕业生数量之间存在显著的正相关关系，与法律毕业生之间存在负相关关系。该研究也发现好的制度吸引人才进入生产性活动中就业，差的制度则提高再分配的吸引力。此外，尼福等（Nifo et al.，2016）使用 2004~2007 年意大利大学毕业生调查数据的一项研究表明，良好的制度环境可以显著提高学生选择生产性专业的概率，同时显著降低学生选择非生产性专业的概率。但上述文献忽略了一个重要因素，人才错配究竟如何影响了城镇收入不平等？本文在上述研究基础上，进一步讨论人才错配对城镇收入不平等的影响，是对已有相关研究的有益补充。本文以中国制度背景为切入点，力图全面考察政府—企业间人才错配对中国收入分配差距的影响以及传递机制。

本文构建了"人才错配—寻租管制/跨体制社会资本—收入不平等"的理论框架，进一步揭示了政府—企业间人才错配对收入差距的作用机制。利用 1989~2015 年中国省级面板数据以及中国健康和营养调查 CHNS 匹配数据，以政府和企业部门就业人员的平均受教育年限之比作为政府—企业间人才错配的代理变量，系统评估了政府—企业间人才错配对收入不平等的影响。研究发现：政府—企业间人才错配确实会导致中国收入分配差距的扩大，且上述效应中有近 50% 是通过寻租管制和跨体制社会资本两个渠道实现的。通过对上述贡献进行分解可以发现，寻租管制和跨体制社会资本在政府—企业间人才错配收入分配效应中的平均贡献约为 45% 和 7%，表明寻租管制是政府—企业间人才配置影响收入不平等的主要渠道。政府—企业间人才错配加大了管制寻租效应、增加了跨体制的社会资本，致使政府部门就业者凭借其行政审批权和资源配置权进行寻租的概率增加以及跨体制的人际互动带来的政治资源交换增加，对不同收入群体的收入流产生异质性冲击，进而扩大了收入分配差距。最后，引入要素市场扭曲的分析发现，完善的要素市场配置有利于改善人才错配对城镇收入差距扩大的影响。

本文研究对中国劳动力市场人力资本配置以及收入分配改革具有重要的政策启示，对已有文献的贡献和拓展主要体现在以下三个方面：

（1）拓展了对城镇收入分配问题的研究视角。本文揭示政府—企业间人才错配加剧了中国城镇收入差距扩大，且相当一部分原因是通过寻租管制和跨体制社会资本这两个渠道传递的事实。而现有涉及收入分配影响因素的文献基本上忽略了政府—企业间人才错配这一因素的作用（Gregorio and Lee，2002；Teulings and Rens，2008；杨俊等，2009；Rodríguez and Tselios，2009；徐舒，2010；臧微和白雪梅，2015；杨穗和李实，2016；罗楚亮，2018 等）。本文基于政府—企业间人才错配比例不断扩大这一现实背景，系统地考察了人才错配的收入分配效应，为客观评估政府—企业间人才配置对一国收入分配差距的影响提供了一个来自转型发展中国家的微观证据，进而为今后中国收入分配领域改革提供了新的思路。

（2）丰富和拓展了人才错配的社会经济后果方面的文献。本文建立了

"人才错配—寻租管制/跨体制社会资本—收入不平等"的机制框架。并以政府—企业间人才配置作为切入点,实证考察了政府—企业间人才配置对城镇收入不平等的影响,进一步梳理了人才错配影响收入差距的作用机制。据我们所知,本文可能是国内首篇研究人才错配影响收入不平等的文献,同时也丰富和扩展了人才错配经济后果方面的文献,且与赖德胜和纪雯雯(2015)、李世刚和尹恒(2017)、葛立宇(2018)、卫艳青(2018)的研究互补。

(3)既有的研究人力资本配置与城镇收入不平等的文献大都忽略了要素市场扭曲的作用,本文则基于中国各省市要素市场扭曲存在显著差异这一事实,进一步考察了地区要素市场扭曲在政府—企业间人才错配与中国城镇收入差距中的作用,从而丰富和拓展了这类文献的研究视角。

本文的研究具有明显的政策含义。中国经济正处在从要素投入驱动向创新驱动的转换时期,作为创新的主力,企业部门亟须大量高素质人才(李世刚和尹恒,2018)。但是,中国当前的人力资本水平还很低,因此,如何更有效的利用既有的人力资本显得尤为重要。本文的研究表明,采取措施降低政府职位的吸引力,吸引优秀人才流向创造性的生产性部门,可以控制城镇收入差距扩大的趋势。

本文剩余部分的安排如下:第二部分为研究假说;第三部分为模型构建、指标以及数据说明;第四部分对政府—企业间人才错配对收入差距的影响机制进行识别,并对影响机制的贡献进行分解,进一步分析人才错配收入分配的总效应。第五部分是相应的稳健性检验;第六部分进一步引入地区要素市场扭曲,考察地区要素市场扭曲在人才错配影响城镇收入不平等中的作用;最后为结论。

二、研 究 假 说

本文以中国的制度背景为切入点,依次讨论政府—企业间人才错配对管制寻租和跨体制社会资本的影响,以及上述两方面的增强(或减弱)对收入分配的影响,从而打开其人才错配影响收入分配的"黑匣子"。

(一)人才错配影响寻租管制和跨体制社会资本的逻辑与事实

首先,对于寻租管制方面。若政府—企业间人才配置过度偏向政府,将使政府管制导致的寻租概率增加。由于中国经济的市场化改革还远远没有完成,政府部门在某些领域和行业中仍然存在过度管制的现象(陈刚,2015)。例如,在中国新开办一家企业,需要的步骤和时间分别是世界平均水平的

1.15倍和1.94倍，为了缩短审批时间，加速手续办理，企业家经常会与相关部门"协调"。相关研究发现，政府—企业间人才配置的确对政府管制有显著影响，由于大量优秀人才选择进入政府等体制内就业，政府部门就业的个体能够掌握相应的行政审批权和资源配置权进而使其凭借职权进行寻租（Murphy et al.，1991；Natkhov and Polishchuk，2012；Nifo et al.，2016；张颖，2010；卫艳青，2018；陈怡安和许家云，2019；等等），进而加大了管制下的寻租概率。

其次，对于跨体制社会资本方面。中国渐进式的市场化改革产生了两种不同的体制性资源（边燕杰等，2012），政府—企业间人才错配使政府部门等体制内就业者拥有跨体制的社会资本，这种跨体制的社会资本使得资本拥有者具有在不同体制中利用其特殊身份联结关系、传递资源的能力。当人们的个人关系网络跨越两种体制时，将产生跨体制的社会资本，而体制跨越者将获得特别的回报（Granovetter，1985；边燕杰等，2012）。如，企业家为了降低经济活动中的交易成本，会通过社会网络来谋求信任以及获取帮助（Granovetter，1985），尤其是将政府（官员）关系的建立置于战略性高度。为了获取更为广泛的社会网络关系，企业愿意付出更高的成本和代价，其中，聘请具有跨体制社会资本的高管成为一种重要途径。例如，越来越多的民营企业高薪聘请下海的政府官员来担任公司的高管，它能带来异质性的资源。

上述文献研究和证据表明，政府—企业间人才错配会影响一地区的管制寻租和跨体制社会资本。不过，这些研究大多停留在对以上两个渠道的单独研究。且少有文献同时探讨人才错配对一国管制寻租和跨体制社会资本的影响。因此，有必要补充政府—企业间人才错配对一国管制寻租和跨体制社会资本影响的研究。

（二）管制寻租和跨体制社会资本影响收入分配的逻辑与事实

首先，管制寻租方面。政府部门就业者可能凭借管制职权进行寻租，以获取额外的寻租收入（张颖，2010）。其结果是弱化了创新激励，阻碍了生产要素自由流动，扭曲了市场利益机制，进而造成了收入不平等加剧。如，"争高铁"是"管制寻租"的典型事例，若将城市"做大做强"，以增强对高铁的吸引力，这无可厚非。但现实情况是由于"权力寻租"产生的"争高铁""争项目""争审批"等。若一城市开通了高铁，不仅意味着人们出行方式的便利，更被沿线一些地区看作发展命运的转变。例如，随着京津城际高铁、成渝高铁、渝万高铁的开通，"双城生活"市民明显增加，生活在一个城市，工作在另一个城市，收入明显增加，进而加大了不同区域间收入差距。

其次，跨体制社会资本方面。人才错配使得政府部门等体制内就业者拥有跨体制的社会资本。根据社会资源理论，跨越层级的社会网络将产生异质性资源，如交往者的权力、声望、财富等资源，这些资源具有较高的异质性。如果跨体制的社会网络异质性增加，嵌入其中的资源类别也必然增加，不同类别资源的整合，将产生收入效应（李四海等，2017）。陈钊等（2009）的研究发现个体占有社会资本的多寡决定着收入不平等的程度，社会资本内嵌于政治结构中，诱使公共权力与私人权力相结合，进一步加剧收入不平等和滋生腐败。李四海等（2017）以沪深交易所上市的民营企业为样本，研究高管的跨体制社会资本对其薪酬契约的影响。发现具有跨体制社会资本的高管以及具有的跨体制社会资本在管理团队中越稀缺，其薪酬的绝对水平与相对水平更高。在中国，跨体制的职业信息、项目信息、市场信息、发展信息等，都将带来特别的收入回报（边燕杰等，2012）。如，在中国金融监管方面，发审委是证监会里最重要的实权部门，掌握着公司上市发行股票的生杀大权，公司上市与否意味着巨大财富效应，相关实权部门负责人可能利用其在履职中获悉的内幕信息与信息优势，获取非法巨额利益。

综上所述，本文认为政府—企业间人才错配对收入分配差距的影响机制如图2所示，并提出如下假说：除了政府—企业间人才错配对收入分配的直接影响外，在中国的制度背景下，会通过寻租管制和跨体制社会资本两个渠道间接影响收入分配，导致收入差距增大。

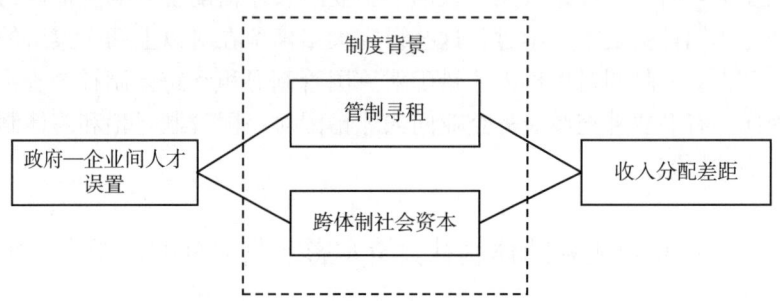

图2 政府—企业间人才错配对收入分配差距影响的机制与渠道

三、模型构建、指标测度与数据说明

（一）模型构建

本文使用中国各地区的经验数据，实证考察中国的政府与企业间人才错

配对居民收入差距的影响。计量模型设定为如下形式:

$$\text{incomegap}_{it} = \alpha_0 + \alpha_1 \text{misallocation}_{it} + \alpha_2 Z_{it} + \nu_i + \gamma_t + \varepsilon_{it} \quad (1)$$

为了进一步检验政府—企业间人才错配分别通过寻租管制和跨体制社会资本对城镇收入差距的影响,我们借鉴帕皮拉克斯和格拉夫(Papyrakis and Gerlagh,2007)以及郑新业等(2018)的方法来识别政府—企业间人才错配对城镇收入差距影响的传递机制。基本回归方程如下:

$$\text{incomegap}_{it} = \alpha_0 + \alpha_1 \text{misallocation}_{it} + \alpha_2 X_{it} + \alpha_3 Z_{it} + \nu_i + \gamma_t + \varepsilon_{it} \quad (2)$$

其中,下标 i 和 t 分别表示省份和年份;ν_i 为省份固定效应,如地理位置、气候类型、就业文化等影响个体职业选择的所属省份但不随时间变化的因素;γ_t 是年份固定效应,通过梳理中国收入分配制度的改革史,历届党代表大会都对中国收入分配政策做出规定和完善,因此加入年份固定效应可以反映政策冲击。ε_{it} 为随机误差项;α_1 是待估参数;Z_{it} 是为一系列控制变量,X_{it} 为传导变量,即变量:寻租管制与跨体制社会资本。

(二) 变量说明

1. 收入不平等程度 (incomegap_{it})

已有研究在收入不平等测度上存在较大分歧,可分为四类:一是地区、城乡之间的收入差距;二是要素收入分配差距,分析和测算劳动和资本收入份额的差异及变化;三是总体收入差距,主要指标是基尼系数;四是组间收入差距,即按收入高低对人群进行分组,考察不同群体收入的绝对差异和相对差异(郑新业等,2018)。首先,本文的重点是考察政府—企业间人才错配影响收入不平等的机制,想要打开的黑箱是政府—企业间人才错配是否会通过寻租管制和跨体制社会资本这两个渠道影响高收入和低收入群体之间的差距,所以城乡或区域收入差距并非本文的主要研究对象。其次,用要素收入分配差距衡量不平等存在模糊概念的风险,因为劳动收入与低收入群体收入、资本收入与高收入群体收入并非一一对应或直接的线性关系(郑新业等,2018)。最后,基尼系数是指不平均分配的那部分收入占全部居民收入的比重,能够较好度量总收入差距,测算公式表示为洛伦兹曲线与假设的绝对平均线之间面积所占的比例。所以无法反映出具体的收入分配状况,也难以帮助我们打开人才错配影响收入不平等的黑箱。对此,本文使用第四类指标。需要说明的是,政府—企业间人才错配一般集中在城镇地区,相应地,通过这两个渠道影响的群体主要是城镇居民。因而,本文将城镇最高20%收入组的人均可支配收入与最低20%收入组的人均可支配收入差额的对数 $\ln(\text{Incomegap})_{it}$ 以及比值 Incomgaprate_{it} 作为收入差距的指标。

2. 政府—企业间人才误配置程度 ($\text{misallocation}_{it}$)

借鉴李世刚和尹恒(2017)的思路,将每年政府部门和企业部门就业人员的平均受教育年限之比作为政府—企业间人才配置的代理变量。

3. 管制寻租和跨体制变量

管制寻租和跨体制的社会资本是一个复杂的问题，测量这两个变量并非易事。与其概念相匹配的数据难以获得或质量较低，限制了许多经验研究的开展。为了突破这一障碍，国内外学者均作出了大量尝试。

首先，管制寻租变量。陈刚（2015）使用世界银行数据库中企业和政府打交道的天数来衡量各城市的管制寻租程度。黄玖立和李坤望（2013）用企业的招待费用（超额管理费用）作为不正当竞争手段，支持利用超额管理费用度量企业寻租活动的合理性。借鉴上述两位学者的做法，本文用企业和政府打交道的天数（lndays）以及企业的超额管理费用（excess_cost）来度量管制寻租变量。数值越大，表明管制寻租程度越严重，预计会扩大收入不平等程度，符号为正。关于计算超额管理费用，本文借鉴了林臻玮（2017）的做法，首先计算各省每年上市 A 股的期望管理费用总额，再用实际管理费用减去期望管理费用得到超额管理费用，并用其来衡量各省每年的管制寻租变量。

其次，跨体制的社会资本变量。边燕杰（2012）采用了两种方法进行衡量：第一，利用被访者与非本单位人员（上级部门/单位、下级部门/单位及其他单位）的交往频率相加得到"外部交往"的数值作为跨体制社会资本的代理变量；第二，利用各省职业多样性衡量，其代表了信息机制的影响以及跨体制的网络关系可以提供的实质性帮助。即职业种类越多，近似反映跨体制社会资本越丰富。因此，本文借鉴边燕杰（2012），利用职场"外部交往"的数值（exter_associate）以及职业多样性（profe_diversity）作为跨体制社会资本的代理变量。职场"外部交往"的数值越大，职业种类越多，说明跨体制的社会资本越丰富，预计对收入不平等影响的符号为正。

职场"外部交往"程度（exter_associate）衡量如下：根据《社会网络与职业经历问卷调查（JSNET 2009）》，问卷对职场打交道的频率测量有"经常""有时""很少""从不"四种，分别赋值为 4、3、2、1。我们把被访者与非本单位人员（上级部门/单位、下级部门/单位及其他单位）的交往频率相加则可得到"外部交往"的数值。表现为一种典型的借助跨越两种体制产生的社会资本从而体制跨越者获得包括收入在内的各种经济回报的情况。职业多样性（profe_diversity）利用《社会网络与职业经历问卷调查（JSNET 2009）》中"春节拜年网"统计的职业种类加总衡量。当数值越大，表明个体交往的职业种类越丰富，因此也越有可能从其他领域获得差异性的社会资源。

4. 控制变量（Z_{it}）

控制变量主要包括：地区收入水平（pgdp），用地区人均 GDP 的对数值来衡量；政府财政支出（gove），本文以政府支出占 GDP 总额的比例来衡量；经济开放（open），以进出口总额占 GDP 总额的比例来衡量；城市化率（urban），用非农业人口占总人口的比例以及受教育程度（educ）。

（三）估计策略

本文不可避免地会面临内生性问题：一是人才错配和收入分配差距指标存在反向因果关系，即并不是受良好教育的人进入政府部门工作导致了收入不平等加剧，而是因为市场化程度较低，收入差距过大使得受良好教育的人才选择进入政府部门工作，我们无法排除二者之间存在反向因果关系的可能。二是遗漏变量偏误问题。如果误差项中影响人才错配的相关因素不能被完全控制，那么 $misallocation_{it}$ 的估计系数仍将有偏。对此，本文采用工具变量方法，利用 IV–GMM 模型来解决。

理想的 $misallocation_{it}$ 工具变量需要满足两个条件：一是外生性，即工具变量和误差项无关；二是相关性，即工具变量需要与 $misallocation_{it}$ 高度相关。再结合现有的文献研究基础和中国实际，本文选择如下工具变量：

本文使用各地区的就业文化作为政府—企业间人才配置的工具变量。这是因为在货币回报相同的情况下，如果周围的人都认为进入政府工作更有面子，或更成功，那么个体也会更倾向于选择去政府部门工作。比如，在中国一般认为北方人更以做官为荣，而南方人更热衷于经商挣钱（李世刚和尹恒，2017）。同时，这种文化因素可能会通过影响个体职业选择来影响市场环境，进而影响收入不平等。因此，各地区的就业文化与政府—企业间人才错配相关，且只能通过影响政府—企业间人才错配进而间接影响收入差距。

麦基（Magee et al., 1989）将个人创业与寻租联系起来，发现律师人数越多的国家，经济增长速度越慢，通过联合国教科文组织收集的部分国家不同专业的大学入学数据，将高校法律专业的招生人数作为人才配置到寻租部门的一种衡量标准，同时将工程专业的招生人数作为人才配置到生产部门的一种衡量标准。因此，本文借鉴麦基（1989）的做法，各地区的就业文化用各省高考计划招生法律专业与工程专业人数之比衡量。计划招收法律专业与工程专业人数的数据来源于中国教育在线。中国教育在线只能查到普通高等学校招生各专业计划录取人数，无法查到实际录取人数。我们首先将每个省每年每个大学各专业计划招生人数进行加总，再将每个省每年计划招收法学专业与工程类专业学生人数相除得到各省每年计划招收法律专业与工程专业人数之比。其中工程类专业包括：土木工程、建筑学、电子信息科学与技术、采矿工程、测绘工程、交通工程等。

（四）数据说明

1. 收入不平等数据

本文的收入不平等数据来自各省（自治区、直辖市）的统计年鉴，由于北京、陕西、上海和四川采取的是按收入五等分进行的家庭收入情况的统计，而其余省（自治区、直辖市）采取的是按收入七等分进行的统计。为了统一计算口径，本文利用家庭户数、每户人口数以及人均可支配收入数据，将按七等分统计家庭收入的省（自治区、直辖市）合并成五等分，整理得到城镇最高20%收入组与最低20%收入组的人均可支配收入。

2. 人才误配置比率数据

政府—企业间人才错配的相关数据来自10期中国健康和营养调查CHNS数据。本文考虑的是就业人员的教育水平，我们仅从调查中提取了劳动力年龄范围内的受访者，即女性年龄介于16~55岁之间，男性年龄介于16~60岁之间的受访者。问卷中有关于目前就业的受访者工作单位（或公司）类型的调查，选项包括：党政部门；国有或国有控股企业；集体所有或集体控股企业；私有/民营或私有/民营控股企业；三资企业；其他。本文定义选择1的个体为在政府机构工作。本文定义选择3、4、5的个体为在企业单位工作。

参照邢春冰（2013）、李世刚和尹恒（2017），本文对各选项进行教育年限赋值，具体为：未上过学受教育年限为0，小学受教育年限为6年，初中受教育年限为9年，职业高中、普通高中、中专受教育年限为12年，大学专科受教育年限为15年，大学本科受教育年限为16年，研究生及以上受教育年限为19年。根据以上定义和赋值，本文分别计算各省每年政府部门和企业部门就业人员的平均受教育年限。然后，将二者相除，得到政府—企业部门员工平均教育年限之比。

3. 控制变量数据

人均GDP对数、政府支出、经济开放、城市化率等变量的基础数据是根据《中国统计年鉴》、国家统计局资料整理而得。企业和政府打交道的天数（lndays）数据来自2006年《世界银行数据》；企业的超额管理费用（excess_cost）来自国泰安CSMAR数据库。职场"外部交往"变量（Exter_associate）以及职业多样性（profe_diversity）来自《社会网络与职业经历问卷调查（JS-NET2009）》[1]。

---

[1] 该数据由西安交通大学实证社会科学研究所所长边燕杰发起，于2009年6~10月在中国八大城市（广州、上海、西安、天津、兰州、厦门、济南、长春）开展的调研（Jsnet, 2009）。我们可以通过检验政府—企业间人才配置对劳动力职场"外部交往"的影响，来识别增加跨体制社会资本是否是政府—企业人才配置影响城镇收入不平等的重要机制。

主要变量的描述性统计如表1所示。

表1 描述性统计

变量名	含义	观测值	平均值	标准差	最小值	最大值
ln(Incomegap)	收入差距（差额对数）	310	5.133	1.050	3.085	10.372
Incomgaprate	收入差距（比值）	310	10.134	0.436	9.156	11.151
misallocation	政府—企业间人才配置	310	0.363	0.092	0.132	1.812
lnpgdp	人均GDP对数	310	10.180	2.561	8.893	12.736
gove	政府支出	310	0.160	0.013	0.053	0.636
open	经济开放	310	0.493	0.093	0.124	0.583
urban	城市化率	310	0.446	0.284	0.625	0.866
edu	教育程度	310	9.382	4.028	0	25
lndays	企业与政府打交道天数	310	0.487	0.181	0	1
excess_cost	企业的超额管理费用	310	0.012	0.147	-0.502	0.415
Exter_associate	职场"外部交往"	310	32.453	4.953	4.324	40.894
profe_diversity	职业多样性	310	19.093	3.235	5.038	29.034

注：由于中国营养调查数据只公开10年的追踪调查，因此在与宏观数据的匹配时只有10年样本年。

四、计量结果分析

（一）影响机制识别

表2报告了IV-GMM模型的估计结果，所有回归控制了省份固定效应和年份固定效应。如表2第（1）、第（2）列和第（4）、第（5）列所示，在不加入其他控制变量时，政府—企业间人才错配会显著扩大中国的城镇收入分配差距，进一步，本文加入对收入分配差距有影响的其他控制变量，分别为人均GDP、政府支出、经济开放度、城市化率等，发现人才错配的估计系数没有发生显著变化。说明大量受过良好教育的人进入政府部门就业确实会导致收入差距扩大。

表2 人才错配收入分配影响的机制识别

变量	最高20%收入/最低20%收入			ln（最高20%收入 – 最低20%收入）		
	(1)	(2)	(3)	(4)	(5)	(6)
人才错配	2.111*** (4.403)	2.242** (2.102)	1.781*** (5.638)	0.243** (2.653)	0.303** (2.689)	0.223*** (5.182)
寻租管制			1.650*** (4.343)			0.121*** (6.469)
跨体制社会资本			0.236** (2.97)			0.254*** (5.927)
人均GDP对数		0.031** (2.732)	0.033* (1.898)		0.004* (1.732)	0.004* (1.456)
政府支出		0.023** (2.235)	0.028** (2.612)		0.155 (1.235)	0.95* (1.721)
经济开放		0.065*** (4.330)	0.051** (2.380)		0.034** (2.533)	0.049* (1.533)
城市化率		0.014*** (4.223)	0.028*** (6.277)		0.214* (1.324)	0.278* (1.786)
教育		−0.001*** (−8.560)	−0.008** (−3.120)		−0.001*** (−4.514)	−0.002** (−2.523)
常数项	−12.22* (1.673)	1.321*** (4.875)	1.564*** (6.453)		0.024* (1.472)	0.028** (2.433)
省份固定效应	是	是	是	是	是	是
时间固定效应	是	是	是	是	是	是
安德森检验	0.0000	0.0011	0.0022	0.0000	0.0012	0.0000
Sargan检验	0.325	0.372	0.421	0.488	0.673	0.564
观测值	310	310	310	310	310	310
R^2	0.137	0.231	0.355	0.431	0.274	0.398

注：使用 IV-GMM 估计；圆内数值为纠正了异方差后的 t 统计量；安德森检验和 Sargan 检验结果是 P 值；*、**、*** 分别代表在 10%、5%、1% 的水平上显著。

但实际上，真正重要且政策制定者关心的是人才错配究竟通过何种机制影响收入分配差距。接着，本文加入反映寻租管制和跨体制社会资本两个变量，即调查获得的企业与政府打交道的天数和职场"外部交往"的数值，发现表2第（3）列人才错配的估计系数由2.242迅速下降到1.781，表2第

(6) 列人才错配估计系数由 0.303 下降至 0.223，且均通过 1% 的显著性水平检验。从 IV – GMM 估计报告的检验统计量来看，安德森检验的 P 值均小于 0.05，拒绝原假设，认为人才错配 misallocation 和工具变量典型相关；Sargan 过度识别检验的统计值均在 0.1 以上，不拒绝原假设，即工具变量和误差项不相关。这表明我们选择的工具变量是有效的。

加入寻租管制和跨体制社会资本变量后，人才错配估计系数下降，从计量角度来看，可能的原因是人才错配与寻租管制和跨体制社会资本存在相关关系。我们判断政府—企业间人才错配可能会通过影响寻租管制和跨体制社会资本来间接影响收入分配差距。根据表 2 第（3）列和第（6）列显示，寻租管制和跨体制社会资本变量的系数均通过了 1% 的显著性水平检验。根据系数符号判断可知管制程度越高，收入分配差距越大；跨体制社会资本越丰富，收入分配越不平等。

（二）机制的贡献分解与人才错配收入分配总效应

为了进一步验证假说，本文将人才错配 misallocation 作为解释变量，构造回归方程（3），估计其对寻租管制和跨体制社会资本的影响，进而分析政府—企业间人才错配对收入分配影响的传导机制：

$$X_{it} = \beta_0 + \beta_1 \text{misallocation}_{it} + \theta_i + \gamma_t + \delta_{it} \quad (3)$$

其中，X_{it} 是指回归方程（2）中定义的管制寻租和跨体制社会资本变量；θ_i 为省份固定效应，如地理位置、气候类型、就业文化等影响个体职业选择的所属省份但不随时间变化的因素；γ_t 为年份固定效应，反映政策冲击[①]，δ_{it} 为误差项。

表 3 报告了回归方程（3）的基本结果。表 3 第（7）列报告了人才错配对寻租管制的影响，估计系数并不显著，但第（8）列使用稳健标准误估计时，人才错配变量的估计系数显著为正，表明政府—企业间人才错配会导致政府管制导致的寻租概率增加。表 3 第（9）列和第（10）列报告了政府—企业间人才错配对跨体制社会资本的影响，估计系数显著为正；且当使用稳健标准误估计时，估计系数通过 5% 显著性水平检验，意味着政府—企业间人才错配会导致政府部门等体制内就业者拥有大量跨体制的社会资本。综合而言，政府—企业间人才错配会引起管制寻租概率增加以及丰富跨体制的社会资本。

---

① 例如，2013 年第 1 轮中央巡视的范围包括湖北、内蒙古、重庆、贵州和江西 5 个省份，因此，在这些受中央巡视的省份，存在受反腐的外生冲击使政府—企业间人才配置发生变化。

表 3　　　　　　　　　　　　间接机制估计

变量	管制寻租		跨体制社会资本	
	（7）	（8）	（9）	（10）
人才错配	1.432 (1.124)	0.254** (2.872)	0.012* (1.374)	0.037** (2.512)
常数项	2.301*** (4.250)	5.801* (1.539)	3.366 (1.232)	2.241*** (7.343)
稳健性标准误	否	是	否	是
省份固定效应	是	是	是	是
时间固定效应	是	是	是	是
控制变量	控制	控制	控制	控制
安德森检验	0.0000	0.0000	0.0000	0.0000
Sargan 检验	0.327	0.412	0.422	0.529
观测值	310	310	310	310
R^2	0.653	0.182	0.183	0.456

注：使用 IV – GMM 估计；圆内数值为纠正了异方差后的 t 统计量；*、**、*** 分别代表在 10%、5%、1% 的水平上显著；安德森检验和 Sargan 检验结果是 P 值。

通过表 2 和表 3 的报告结果分析，本文验证了政府—企业间人才错配会影响管制寻租和跨体制社会资本这两个传导变量，因此人才错配影响收入分配差距的估计系数事实上被低估。进一步，我们将回归方程（3）代入回归方程（2），得到回归方程（4），结果如下：

$$\text{Incomegap}_{it} = \alpha_0 + \alpha_2\beta_0 + (\alpha_1 + \alpha_2\beta_1)\text{misallocation}_{it} + \alpha_3 Z_{it} + (\nu_i + \alpha_2\theta_i) \\ + (\gamma_t + \alpha_2\gamma_t) + \varepsilon_{it} + \alpha_2\delta_{it} \quad (4)$$

其中，α_1 为人才错配 misallocation 对收入分配差距的直接影响，$\alpha_2\beta_1$ 为人才错配对收入分配差距的间接影响。因此，回归方程（4）中的系数 $\alpha_1 + \alpha_2\beta_1$ 为人才错配对收入分配差距影响的总影响。表 4 报告了人才错配对收入分配差距总影响的结果，与第（3）列和第（6）列的回归结果一致，人才错配对收入分配差距的总影响显著为正，且通过 1% 的显著性水平检验。表 4 第（11）列结果显示，在代入回归方程（3）之后，人才错配对收入分配差距（城镇最高 20% 收入组和最低 20% 收入组人均可支配收入比值）的影响增加了 1.892（3.673 – 1.781）左右；表 4 第（12）列显示，人才错配对收入分配差距（城镇最高 20% 收入组和最低 20% 收入组人均可支配收入差额的对数）的影响增加了 0.293（0.553 – 0.26）个百分点。表 4 第（11）列和第（12）列增加的这部分影响可由管制寻租和跨体制社会资本的增加来解释。

表 4　　　　　　　　人才错配对收入分配差距的总影响

变量	最高20%收入/最低20%收入		ln（最高20%收入－最低20%收入）	
	直接影响（3）	总影响（11）	直接影响（6）	总影响（12）
人才错配	1.781*** (5.278)	3.673*** (4.124)	0.260*** (5.159)	0.553*** (4.121)
寻租管制 (0.678)	1.650*** (4.122)	0.322*** (7.182)	0.321*** (6.139)	0.188*** (5.183)
跨体制社会资本 (0.05)	0.236** (2.672)	0.414** (2.896)	0.254*** (2.182)	0.312*** (3.831)
控制变量	是	是	是	是
省份固定效应	是	是	是	是
时间固定效应	是	是	是	是
常数项	5.561* (1.450)	25.801*** (5.511)	7.361* (1.672)	12.241** (2.643)
安德森检验	0.0000	0.0000	0.0000	0.0000
Sargan 检验	0.121	0.214	0.324	0.226
观测值	310	310	310	310
R^2	0.312	0.381	0.334	0.359

注：括号中（0.678）和（0.05）为管制寻租和跨体制社会资本变量对人才错配 allocation 做回归后的残差；使用 IV-GMM 估计；圆内数值为纠正了异方差后的 t 统计量；*、**、*** 分别代表在10%、5%、1% 的水平上显著；安德森检验和 Sargan 检验结果为 P 值。

从传递机制的相对重要性来看，如表 5 所示，人才错配对收入分配的总影响中，有约 50% 是通过影响管制寻租和跨体制社会资本这两个渠道来间接影响收入分配差距，且管制寻租的相对贡献为 45% 左右，跨体制社会资本的相对贡献为 7% 左右。

表 5　　　　　　　　传递机制的相对贡献

传递机制	最高20%收入/最低20%收入				ln（最高20%收入－最低20%收入）			
	α_2	β_1	$\alpha_1+\alpha_2\beta_1$	相对贡献	α_2	β_1	$\alpha_1+\alpha_2\beta_1$	相对贡献
人才错配			1.78	48%			0.26	47%
寻租管制	1.650	0.254	1.650	45%	0.321	0.254	0.212	47%
跨体制社会资本	0.236	0.037	0.236	7%	0.254	0.037	0.03	6%
合计			3.673	100%			0.553	100%

注：为保证残差的一致性，管制寻租和跨体制社会资本的估计系数使用的是表 3 第（8）和第（10）列。

五、稳健性检验

（一）更换变量和样本

出于稳健性的考虑，本文对管制寻租和跨体制社会资本变量的数据样本进行替换。新管制寻租变量用各省每年上市公司的超额管理费用总额①对管制寻租进行度量，超额管理费用数额越大，则管制寻租强度越大。如果前面的结论成立，那么该变量的估计系数将显著为正。新跨体制社会资本变量用各省职业多样性衡量，代表了信息机制的影响以及跨体制的网络关系可以提供的实质性帮助。即职业种类越多，近似反映跨体制社会资本越丰富。同样地，根据研究假说，我们预测其对收入分配差距的影响为正。需要说明的是，职业种类变量仅统计了2009年之后的数据，因此本文利用2009～2015年的数据进行 IV – GMM 估计，结果如表6所示。

表6　　　　　　　稳健性估计：更换变量和样本

变量	最高20%收入/最低20%收入			ln（最高20%收入 – 最低20%收入）		
	直接影响		总影响	直接影响		总影响
	(13)	(14)	(15)	(16)	(17)	(18)
人才错配	1.145 (1.392)	1.361*** (4.531)	1.423*** (6.112)	0.221 (1.126)	0.326*** (4.322)	0.412*** (4.786)
新寻租管制变量 (0.14)		0.102* (1.667)	0.221* (1.874)		0.323** (2.211)	0.478* (1.398)
新跨体制社会资本 变量（0.082）		0.132* (1.896)	0.217** (2.263)		0.211* (1.576)	0.432*** (4.588)
常数项	0.282*** (8.123)	0.353*** (4.162)	0.164* (1.772)	0.481* (1.823)	0.356*** (4.167)	1.123 (1.172)
控制变量	是	是	是	是	是	是
省份固定效应	是	是	是	是	是	是
时间固定效应	是	是	是	是	是	是

---

① 采用这一度量方法的依据是黄玖立和李坤望（2013）的研究亦发现，企业的招待费用的确被用作不正当竞争手段，支持了利用超额管理费用度量企业寻租活动的合理性。

续表

变量	最高20%收入/最低20%收入			ln（最高20%收入－最低20%收入）		
	直接影响	总影响		直接影响	总影响	
	（13）	（14）	（15）	（16）	（17）	（18）
安德森检验	0.000	0.000	0.000	0.000	0.000	0.000
Sargan 检验	0.224	0.217	0.127	0.126	0.125	0.209
观测值	310	310	310	310	310	310
R^2	0.112	0.181	0.131	0.152	0.212	0.283

注：括号中（0.14）和（0.082）为新管制寻租和跨体制社会资本变量对人才错配 allocation 做回归后的残差；圆内数值为纠正了异方差后的 t 统计量；*、**、*** 分别代表在 10%、5%、1% 的水平上显著；安德森检验和 Sargan 检验结果是 P 值。

表6第（13）列和第（14）列报告了城镇最高20%收入组与最低20%收入组人均可支配收入的比值对政府—企业间人才错配的回归结果。第（14）列显示当加入新的管制寻租和跨体制社会资本变量后，人才错配的估计系数变得显著，通过1%的显著性水平检验。为了进一步验证传递机制的存在性，本文将方程（3）代入方程（2）中，估计总效应，估计系数由1.361 增加至1.423。表6第（16）~第（18）列报告了城镇最高20%收入组与最低20%收入组人均可支配收入差额的对数对政府—企业间人才错配的回归结果，结果显示在考虑管制寻租和跨体制社会资本两个渠道的间接影响时，估计系数由0.326 增加至0.412。此结果均与前文的研究结果一致。

（二）使用交互项

考虑到使用交互项也可以捕捉到传递机制，借鉴相关文献的做法，本文采用简化模型，直接引入政府－企业间人才错配 misallocation 与传导变量（管制寻租和跨体制社会资本）的交互项来捕捉传导机制①。模型设置如下：

$$Incomegap_{it} = \phi_0 misallocation_{it} + \phi_1 X_{it} misallocation_{it} + \phi_2 Z_{it} + \kappa_t + \pi_t + \omega_{it} \quad (5)$$

其中，X_{it} 为传导变量，即管制寻租和跨体制社会资本变量；利用式（5），我们可以考察政府—企业间人才错配是否会通过 X 渠道来影响收入分配差距。其中，ϕ_0 反映人才错配对收入分配的影响；ϕ_1 反映渠道 X 的变化是否会加大或减小人才错配对收入分配的影响。如果二者符号相同，意味着渠道 X 的增加会显著提高政府—企业间人才错配对收入分配的影响程度；反之，X 的增加会显著降低人才错配对收入分配的影响程度。本文分别使用 1989~2015

---

① 郑新业等（2018）采用了简化模型，利用 FDI 与传导机制变量的交互项来捕捉二者之间的相互关系。

年和2009~2015年的数据进行IV-GMM估计,估计结果如表7所示。

表7　　　　　人才错配对收入分配差距的影响:交互项

变量	1989~2015年		2009~2015年	
	最高20%收入/ 最低20%收入 (19)	ln(最高20%收入- 最低20%收入) (20)	最高20%收入/ 最低20%收入 (21)	ln(最高20%收入- 最低20%收入) (22)
人才错配	1.234* (1.631)	0.534* (1.677)	1.623* (1.653)	0.051** (2.698)
人才错配× 寻租管制	0.089** (2.437)	0.036*** (5.003)		
人才错配× 跨体制社会资本	0.012*** (5.111)	0.073* (1.564)		
人才错配× 新寻租管制			1.023* (1.783)	0.005** (2.783)
人才错配× 新跨体制社会资本			1.235*** (4.738)	0.021*** (4.991)
控制变量	是	是	是	是
省份固定效应	是	是	是	是
时间固定效应	是	是	是	是
常数项	0.185*** (4.125)	1.112*** (5.189)	1.142* (1.759)	0.481* (1.432)
安德森检验	0.000	0.000	0.000	0.000
Sargan检验	0.124	0.111	0.125	0.122
观测值	310	310	268	268
R^2	0.413	0.432	0.232	0.354

注:使用IV-GMM估计;圆内数值为纠正了异方差后的t统计量;*、**、***分别代表在10%、5%、1%的水平上显著;安德森检验和Sargan检验结果是P值。

本文重点关注政府—企业间人才错配与管制寻租和跨体制社会资本变量的交互项。首先,人才错配与管制寻租变量(企业和政府打交道的天数)、新管制寻租变量(超额管理费用总额)的交叉项,估计系数均显著为正。这表明政府部门就业个体凭借其行政审批权和资源配置权进行寻租的概率增加会增强人才错配对收入分配差距的扩大。其次,人才错配与跨体制社会资本变量(职场外部交往)的交互项显著为正;同样,与新跨体制社会资本变量(单位种类)的交互项显著为正。这意味着丰富的跨体制的社会网络关系可以提供的实质性帮助,会进一步扩大人才错配对收入分配的负效应。这表明本文的经验结果是稳健的。

六、政府—企业间人才错配与收入差距：要素市场扭曲的影响

前面的回归结果表明，政府与企业间人才错配会显著扩大中国的城镇收入分配差距。但前面的研究尚未考虑所在地区要素市场扭曲存在的情况。很多学者研究表明，要素市场扭曲会通过人才配置的渠道，对地区经济造成显著的抑制作用。要素市场扭曲程度越深，社会人才配置于非生产性部门越多，地区创新强度越弱（Baumol，1990；Murphy et al.，1991；葛立宇，2018）。在我国要素市场改革相对滞后的背景下，地方各级政府在经济增长放缓的压力下，出现了单纯依靠税收减免、财政补贴、竞争性人才引进等政策来提高本地区经济的现象，然而，各地区的经济绩效却并不如人意（葛立宇，2018）。那么随之而来的问题是，政府—企业间人才错配对城镇收入差距的影响是否也会因地区要素市场扭曲程度的不同而存在差异？为了回答上述问题，我们在基准模型的基础上引入要素市场扭曲程度变量（distortion），得到如下模型：

$$incomegap_{it} = \alpha_0 + \alpha_1 misallocation_{it} + \alpha_2 misallocation_{it} \times distortion_{it} + distortion_{it} + \alpha_2 Z_{it} + v_i + \gamma_t + \varepsilon_{it} \quad (6)$$

其中，distortion 为各省市的要素市场扭曲程度变量，具体计算方法为[①]：$distortion_{it} = [\max(score_{it}) - score_{it}]/\max(score_{it})$，其中 $score_{it}$ 是要素市场发育程度指数，$\max(score_{it})$ 为样本中的最高值，$score_{it}$ 取值范围在 0~1 之间。各省份要素市场与总体市场的市场化进程指数皆来自王小鲁等（2016）。

表 8 报告了人才错配、要素市场扭曲与收入差距的回归结果。表 8 第（23）~第（25）列以及第（26）~第（28）回归结果中，人才错配变量独立项的回归系数均显著为正，即政府—企业间人才错配显著扩大了中国的城镇收入分配差距，再次证实了前面结论的稳健性。观察人才错配与市场扭曲程度交互项的回归结果，我们发现，第（23）列不纳入控制变量以及未控制省份和时间固定效应，以此作为基准回归。从中可以看出，变量 misallocation × distortion 的估计系数为正，但并不显著，这说明在不控制其他影响因素时，政府—企业间人才错配对城镇收入差距的影响受到地区市场要素扭曲的影响较为微弱。进一步地，我们在第（24）列中纳入人均 GDP 对数、政府支出、经济开放度、城市化率等控制变量，并控制了省份固定效应，结果发现变量

[①] 该计算公式在前期学者张杰等（2011）的基础上，借鉴了林伯强和杜克锐（2013）、戴魁早和刘友金（2016）。

misallocation×distortion 的估计系数通过了 10% 的显著性检验，这说明地区要素市场扭曲加剧了人才错配对城镇收入差距的扩大。进一步地，我们在第（25）列中同时控制省份和年份固定效应，结果发现 misallocation×distortion 的估计系数依然为正，并且其显著性水平进一步提高。第（26）~第（28）列的估计结果类似。

表 8　　　　　　　人才错配、要素市场扭曲与收入差距

变量	最高20%收入/最低20%收入			ln（最高20%收入 - 最低20%收入）		
	(23)	(24)	(25)	(26)	(27)	(28)
人才错配	1.047 *** (3.732)	1.043 *** (4.690)	1.042 *** (5.663)	0.221 * (1.726)	0.436 ** (2.677)	0.051 *** (3.698)
人才错配× 市场扭曲程度	0.001 (1.052)	0.002 * (1.783)	0.003 *** (3.627)	0.002 (1.366)	0.003 * (1.786)	0.002 *** (4.627)
市场扭曲程度	-0.019 *** (-6.934)	-0.015 * (-1.842)	-0.018 *** (-5.353)	-0.015 *** (-4.932)	-0.016 * (-1.746)	-0.019 *** (-4.356)
人均GDP对数		0.033 * (1.898)	0.036 *** (4.722)		0.026 * (1.598)	0.031 *** (4.766)
政府支出		0.024 ** (2.612)	0.032 *** (4.732)		0.029 ** (2.719)	0.037 *** (3.732)
城市化率		0.015 *** (4.803)	0.016 *** (4.678)		0.014 *** (3.253)	0.018 *** (5.678)
教育		-0.023 *** (-4.871)	-0.026 *** (-4.903)		-0.028 *** (-3.871)	-0.022 *** (-3.943)
常数项	0.475 *** (7.861)	0.030 *** (6.427)	0.031 *** (6.521)	0.066 *** (3.866)	0.037 *** (6.427)	0.035 *** (5.556)
省份固定效应	No	Yes	Yes	No	Yes	Yes
时间固定效应	No	NO	Yes	No	NO	Yes
安德森检验	0.000	0.000	0.000	0.000	0.001	0.002
Sargan 检验	0.124	0.111	0.125	0.122	0.121	0.112
观测值	310	310	310	310	310	310
R^2	0.347	0.235	0.376	0.347	0.235	0.376

注：使用 IV - GMM 估计；圆括号内数值为纠正了异方差后的 t 统计量；*** 、** 和 * 分别表示 1%、5% 和 10% 的显著性水平；安德森检验和 Sargan 检验结果是 P 值。

总体来看在要素市场扭曲程度越小的省份，人才错配对城镇收入差距扩大的影响就越小，即完善的要素市场配置有利于弱化人才错配对城镇收入差

距扩大的影响。这主要是因为,要素市场配置完善的地区可以使更多的人才配置于生产性部门,从而使政府部门就业者凭借其行政审批权和资源配置权进行寻租的概率减少以及跨体制的人际互动带来的政治资源交换减少,进而在一定程度上缩小了收入分配差距。此外,第(26)列与第(28)列的地区要素市场扭曲独立项的回归系数均显著为负,这表明地区要素市场扭曲程度的降低有利于缩小城镇收入差距,这与已有研究的结论较为一致(王云飞和朱钟棣,2009)。

七、结　语

人才错配影响收入不平等是一个基本共识,但该命题在理论和实证分析上的支撑却非常有限。本文以中国制度背景为切入点,构建了"人才错配—寻租管制/跨体制社会资本—收入不平等"的理论框架,进一步揭示了政府—企业间人才错配对收入差距的作用机制。然后利用中国省级面板数据,全面考察了政府—企业间人才错配对收入不平等的影响。

研究发现:政府—企业间人才错配显著扩大了中国的城镇收入分配差距,说明大量受过良好教育的人进入政府部门就业确实会导致收入差距扩大。进一步的机制贡献分解表明,上述人才错配对收入分配的总效应中有近一半是通过寻租管制和跨体制社会资本两个渠道实现的,且管制寻租的相对贡献为45%左右,跨体制社会资本的相对贡献为7%左右。并且上述结论在综合考虑了更换变量及样本、使用交互项后依然稳健。说明相比于跨体制社会资本,管制寻租是政府—企业间人才错配导致扩大收入差距的主要因素。这意味着,政府—企业间人才错配致使政府部门就业者凭借其行政审批权和资源配置权进行寻租的概率增加以及跨体制的人际互动带来的政治资源交换增加,对不同收入群体的收入流产生异质性冲击,进而扩大了收入分配差距。最后,引入要素市场扭曲的分析发现,完善的要素市场配置有利于弱化人才错配对城镇收入差距扩大的影响,即积极完善要素市场配置能缓解人才错配对城镇收入差距的扩大效应。

本文结论预示着,管制寻租是政府—企业间人才配置影响居民收入差距方面的主要推动因素。也正是由于政府对市场干预过多,出现大量市场准入限制,从而创造了权力寻租带来的非法收入,造成居民贫富差距过大。本文或许是首篇系统研究政府与企业间人才配置与收入不平等的文章,从人才配置的视角为理解近年来城镇收入差距扩大提供了新的解释,同时也有助于系统地评估人才错配导致的社会经济后果。更为重要的是,本文的研究还具有明显的政策含义。根据本文的研究,要控制中国城镇收入差距日益扩大的趋势，采取措施降低政府职位的吸引力，吸引优秀人才流向创造性的企业部门可能将是非常重要的政策，这为进一步深化收入分配领域改革提供了新的政策思路和着力点。另外，解决人才错配对收入不平等的负面冲击，需要重点关注政府部门等体制内就业者在管制寻租方面的行为，尽快提高生产性领域尤其是科学技术创新领域收入的同时，强化和规范公务员收入，降低寻租部门的收益水平，从而鼓励更多人才把才能配置到创新活动和"做大蛋糕"的生产性活动上（卢现祥和李晓敏，2010）。

参考文献

1. 白雪梅：《教育与收入不平等：中国的经验研究》，载于《管理世界》2004 年第 6 期。

2. 边燕杰、王文彬、张磊：《跨体制社会资本及其收入回报》，载于《中国社会科学》2012 年第 2 期。

3. 陈刚：《管制与创业——来自中国的微观证据》，载于《管理世界》2015 年第 5 期。

4. 陈钊、陆铭、佐藤宏：《谁进入了高收入行业？——关系、户籍与生产率的作用》，载于《经济研究》2009 年第 10 期。

5. 戴魁早、刘友金：《要素市场扭曲与创新效率——对中国高技术产业发展的经验分析》，载于《经济研究》2016 年第 7 期。

6. 葛立宇：《要素市场扭曲，人才配置与创新强度》，载于《经济评论》2018 年第 5 期。

7. 黄玖立、李坤望：《吃喝，腐败与企业订单》，载于《经济研究》2013 年第 6 期。

8. 赖德胜、纪雯雯：《人力资本配置与创新》，载于《经济学动态》2015 年第 3 期。

9. 李世刚、尹恒：《政府—企业间人才配置与经济增长——基于中国地级市数据的经验研究》，载于《经济研究》2017 年第 4 期。

10. 李四海、江新峰、刘星河：《跨体制社会资本与高管薪酬契约》，载于《经济管理》2017 年第 2 期。

11. 林伯强、杜克锐：《要素市场扭曲对能源效率的影响》，载于《经济研究》2013 年第 9 期。

12. 林臻玮：《媒体关注，企业寻租与政府补助》，厦门大学硕士学位论文，2017 年。

13. 罗楚亮：《我国居民收入分布与财产分布的极化》，载于《统计研究》2018 年第 11 期。

14. 王云飞、朱钟棣：《贸易发展，劳动力市场扭曲与要素收入分配效应》,载于《世界经济》2009 年第 1 期。

15. 卫艳青:《政府管制影响个体职业选择的经验研究》,西南政法大学硕士学位论文,2018。

16. 邢春冰、贾淑艳、李实:《教育回报率的地区差异及其对劳动力流动的影响》,载于《经济研究》2013 年第 11 期。

17. 徐舒:《技术进步、教育收益与收入不平等》,载于《经济研究》2010 年第 9 期。

18. 杨俊、黄潇、李晓羽:《教育不平等与收入分配差距:中国的实证分析》,载于《中国教育学前沿》2009 年第 3 期。

19. 杨穗、李实:《中国城镇家庭的收入流动性》,载于《中国人口科学》2016 年第 5 期。

20. 臧微、白雪梅:《中国居民收入流动性的区域结构研究》,载于《数量经济技术经济研究》2015 年第 7 期。

21. 郑新业、张阳阳、马本、张莉:《全球化与收入不平等:新机制与新证据》,载于《经济研究》2018 年第 8 期。

22. Acemoglu, D., A. Ufuk, N. Bloom, and W. R. Kerr, 2013, "Innovation, Reallocation, and Growth", NBER Working Paper, No. 18993.

23. Akcigit, U., M. A. Celik, and J. Greenwood, 2016, "Buy, keep, or sell: economic growth and the market for ideas", *Econometrica*, 84 (3), pp. 943–984.

24. Baumol, W. J., 1990, "Entrepreneurship: productive, unproductive, and destructive", *Journal of Political Economy*, 98 (5), pp. 893–921.

25. Glaeser, E. L., R. L. Porta, F. Lopez – De – Silanes, and A. Shleifer, 2004, "Do institutions cause growth?", *Journal of Economic Growth*, 9 (3), pp. 271–303.

26. Granovetter M., 1985, "Economic action and social structure: The problem of embeddedness", *American Journal of Sociology*, 91 (3), pp. 481–510.

27. Gregorio, J. D., and J. Lee, 2002, "Education and Income Inequality: New Evidence from Cross – Country Data", *Review of Income & Wealth*, 48 (3), pp. 395–416.

28. Guner, N., G. Ventura, and Y. Xu, 2008, "Macroeconomic implications of size-dependent policies", *Review of Economic Dynamics*, 11 (4), pp. 721–744.

29. Hsieh, C., E. Hurst, C. I. Jones, and P. J. Klenow, 2013, "The allocation of talent and U. S. Economic growth", NBER Working Paper, No. 18693.

30. Hsieh, C. T., and P. J. Klenow, 2009, "Misallocation and manufacturing tfp in China and India", *Quarterly Journal of Economics*, 124 (4), pp. 1403 – 1448.

31. Jones, C. I., 2013, "Misallocation, economic growth, and input-output economics". Nber Working Papers.

32. Murphy, K. M., A. Shleifer and R. W. Vishny, 1991, "The allocation of talent: implications for growth", *Quarterly Journal of Economics*, 106 (2), pp. 503 – 530.

33. Natkhov, T., and L. Polishchuk, 2013, "*Institutions and the allocation of talent*", WP 15/EC/2012, National Research University, Higher School of Economics, Moscow.

34. Nifo, A., S. Ruberto and G. Vecchione, 2018, "Does institutional quality matter for lending relationships?" *Journal of Applied Finance and Banking*, 8 (2), pp. 69 – 100.

35. Papyrakis E, Gerlagh R., 2007, "Resource abundance and economic growth in the United States", *European Economic Review*, 51 (4), pp. 1011 – 1039.

36. Pothier, D., 2017, "Occupational Segregation and the (Mis) allocation of Talent", *The Scandinavian Journal of Economics*, 12 (7), pp. 242 – 267

37. Rodríguez – Pose A, Tselios V., 2009, "Education and income inequality in the regions of the European Union", *Journal of Regional Science*, 49 (3), pp. 411 – 437.

38. Teulings, C., and R. T. Van, 2008, "Education, growth, and income inequality", *The Review of Economics and Statistics*, 90 (1), pp. 89 – 104.

Misallocation of Talent and Income Inequality: Mechanism and Contribution Decomposition

Chen Yi'an

(School of Economics, Southwest University of Political Science and Law, 401120)

[**Abstract**] At present, is misallocation of talents between government and enterprises aggravating urban income inequality? Based on the panel data of China's 31 provinces, autonomous region and municipalities from 1989 to 2015 matched with China Health and Nutrition Survey (CHNS), this paper systematically assesses the impact of government-enterprise misallocation of talent on urban income inequality. It finds that government-enterprise misallocation of talent will indeed lead to the deterioration of China's income distribution. Nearly half of the total impact of misallocation of talent on income distribution is achieved indirectly through rent-seeking regulation and cross-institutional social capital. Further contribution decomposition shows that the average relative contribution of rent-seeking regulation and cross-institutional social capital is 45% and 7%, respectively. Compared to cross-institutional social capital, rent-seeking regulation is a major factor in the government-enterprise misallocation of talents leading to the increased income gap. Finally, this paper introduces the distortion of the factor market, and finds that the perfect factor market allocation is conducive to weakening the impact of misallocation of talent on the widening urban income gap. This paper has important policy implications, controlling the growing trend of urban income gaps in China, and encouraging a large number of outstanding talents with innovative capabilities to enter the productive industries may be a very important policy, it provides new policy and efforts for deepening the income distribution reform.

[**Key Words**] Talent Allocation   Cross-institutional Social Capital   Productive Sector   Rent-seeking   Income Inequality

JEL Classifications: J24   J45   O12

市场分割还是户籍歧视*

——农民工与城镇工过度劳动差异成因分析

▶ 郭凤鸣 李志玲** ◀

【摘　要】基于2017年中国流动人口动态监测调查数据，本文分析了农民工和城镇工之间工作时间和过度劳动差异的成因。研究结果表明，相同特征的农民工与城镇工相比，工作时间明显较短，过度劳动比例明显较高。基于企业所有制类型的市场分割使得男性和女性农民工过度劳动较城镇工更加严重，但这一影响较小；在非国有部门中，户籍歧视是导致男性和女性农民工过度劳动较城镇工更加严重的主要原因；在国有部门中，户籍歧视导致男性农民工较城镇工过度劳动更加严重，但对女性农民工不存在显著影响。因此，政府部门应该加强对企业的监督，促进企业实现农民工和城镇工的同工同酬同时，减少企业通过增加农民工的工作时间而实施的歧视行为。农民工与城镇工享有相同的加班工资和加班时间待遇，将有助于农民工群体过度劳动的缓解。

【关键词】市场分割　农民工　过度劳动　工作时间

中图分类号：F245　文献标识码：A

一、引　言

中国经济体制改革促使大量农业劳动力参与非农就业。农村劳动力向城

---

* 国家社会科学基金青年项目"农民工过度劳动与劳动报酬规制研究"（15CJY022）。感谢中国国家卫生健康委员会人口服务中心提供数据支持。

** 郭凤鸣，数量经济学博士，工商管理博士后；吉林大学数量经济研究中心，吉林大学商学院副教授；地址：（130012）长春市前进大街2699号吉林大学商学院；E-mail: guofm82@jlu.edu.cn。李志玲，海南省委党校文史部副研究员。

镇劳动力市场的流动，形成了农民工群体。尽管农民工群体为城镇劳动力市场增添了活力，推动了城镇劳动力市场的快速发展，但其在就业和工资获得方面与城镇工仍存在明显差距（郭凤鸣和张世伟，2011；陈琍和徐舒，2014）。大量研究表明，农民工群体不仅工资较低，而且工作时间普遍较长，大量农民工面临严重的过度劳动（刘璐宁和孟续铎，2018）。尽管随着经济发展速度的加快，劳动者工作时间延长的现象普遍存在（Schor，1991；Galinsky et al.，2001；Giga et al.，2010；赖德胜等，2014；森冈孝二，2018），但是，与相同特征的城镇职工相比，农民工群体的工作时间明显较长，过度劳动也更加严重的事实表明，市场环境可能对农民工过度劳动产生了不利影响。市场分割和户籍歧视均可能损害农民工群体的利益，导致其过度劳动更加严重。因而，通过比较农民工和城镇工过度劳动的差异，分析市场分割和户籍歧视对农民工过度劳动的影响，将有助于进一步明确农民工群体过度劳动的成因，有助于缓解农民工群体过度劳动相关政策的制定和实施。

根据劳动力市场分割理论，劳动力市场可以划分为工作环境较好的一级劳动力市场和工作环境较差的二级劳动力市场（Ehrenberg and Smith，2003）。由于市场分割进一步带来劳动力技能固化等，市场之间的流动变得越来越困难（Ryan，1984；Dickes and Lang，1992）。以往大量研究表明，农民工群体通常就业于二级劳动力市场中，市场分割使得农民工群体工资明显低于城镇职工（Démurger et al.，2009；余向华和陈雪娟，2012；章元和高汉，2011）。因而，市场分割也可能导致农民工群体的工作时间无法获得保障，更可能处于过度劳动的状态。

根据劳动力市场歧视理论，劳动力市场中针对某一群体的工资和就业歧视可能使得该群体工资水平更低，工作条件也可能更差（Becker，1971）。以往研究表明，城镇劳动力市场在工资和就业方面均存在针对农民工群体的户籍歧视（王维国和周闯，2014；齐良书和刘岚，2019；孟凡强等，2019）。事实上，户籍歧视也可能通过增加工作时间来实施。中国劳动力市场普遍执行月工资制度，但对劳动者工作时间的限制并不严格。尽管《劳动法》规定劳动者工作时间由用人单位和劳动者共同协商决定，但由于农民工群体处于劣势地位，其对自身工作时间具有较少的决定权（董延芳等，2018；罗连化和周先波，2019）。在这种条件下，基于工资率的市场歧视更可能通过工作时间歧视表现出来，即通过延长劳动者的工作时间来降低其工资率。因此，如果劳动力市场中存在针对农民工的户籍歧视，其工作时间可能较城镇工更长，过度劳动也可能更加严重。

尽管理论上市场分割和户籍歧视均会导致农民工过度劳动的现象更加严重，但分析这两类因素对农民工过度劳动影响的实证研究却鲜见。由于过度劳动严重损害了劳动者的精神健康，致使"过劳死"现象频发，因而早期过度劳动相关实证研究更多关注精神健康受过度劳动影响较严重的知识水平较高的劳动者群体（杨河清和王丹，2011；孟续铎和王欣，2015）。近年来，一些学者开始度量农民工群体过度劳动的程度（王小洁等，2014；程名望等，2012）。随着研究的深入，部分研究开始关注农民工群体过度劳动的成因。大量研究指出农民工教育程度、年龄、健康状况等个体特征和就业职业、行业等工作特征对其工作时间和过度劳动均存在显著的影响（谢勇，2008；石丹淅和赖柳华，2014；赵小仕和于大川，2017）。也有一些研究指出与公有制企业相比，在其他非公有制企业就业的流动人口工作时间相对较长（李骏和顾燕峰，2011；罗俊峰和童玉芬，2016），这些结果暗示基于所有制类型的市场分割可能导致农民工过度劳动的加重。近年来，也有研究关注劳动力市场政策和制度等对农民工过度劳动的影响，从市场制度出发寻求缓解农民工过度劳动的有效措施（杨河清和王欣，2017；郭凤鸣和张世伟，2018）。综上所述，尽管相关研究关注了自身、企业、社会以及市场政策等因素对农民工过度劳动的影响，但相关研究普遍认为市场规制是缓解劳动者过度劳动的重要手段，应从法律制度上进行严格要求，限制企业的加班行为，缓解农民工群体的过度劳动。这些论文的研究结论为本文的研究提供了重要的参考。

综上所述，首先，本文通过回归城镇工的就业部门选择方程，并预测农民工群体的就业部门选择，分析了基于所有制类型的劳动力市场分割对农民工和城镇工工作时间和过度劳动差异的影响；其次，基于匹配样本进行回归，并分解国有部门和非国有部门内部农民工和城镇工的工作时间差异，并基于回归结果对农民工群体的工作时间进行预测，分析在国有部门和非国有部门内部劳动力市场歧视对农民工和城镇工工作时间和过度劳动差异的影响；最后，基于本文研究结果给出相关政策建议。本文的创新点体现在：首先，关注市场环境对农民工过度劳动的影响。尽管大量学者已经对农民工群体过度劳动问题进行了分析，但相关分析多关注农民工自身因素对其过度劳动的影响，对市场环境因素关注较少。事实上，关注市场环境对农民工过度劳动的影响，有助于从市场角度寻求缓解农民工过度劳动的政策措施，也有助于相关政策执行效率的提升。其次，将倾向分匹配方法和回归分解方法相结合，试图更加准确地估计户籍歧视对农民工过度劳动的影响。由于农民工和城镇工特征分布存在一定差异，直接应用回归并结合差异分解的方法分解农民工和城镇工的工作时间差异可能存在由于样本不匹配导致的回归结果偏差，而匹配的方法通过特征匹配可以消除特征差异较大样本可能导致的偏差，但由于精确匹配较难实施，基于倾向分匹配方法得到的匹配样本也存在一定特征差异。因而，本文将倾向分匹配方法与回归分解方法相结合，试图消除估计方法导致的偏差，得到更加准确的估计结果。

二、数据的统计描述

本文所用数据来源于2017年中国流动人口动态监测调查中的城乡对比调查。城乡对比调查在8个城市选择了2 000名流动人口和户籍人口进行调查，以对比这两个群体的差异。为了研究的需要，首先，在流动人口样本中，保留户口为农业的农民工个体；在户籍人口样本中，保留户口为非农业和居民的城镇工个体。其次，保留劳动年龄人口样本，即16~60岁之间的男性样本和16~55岁之间的女性样本。再次，由于自雇佣与被雇佣劳动者的过度劳动选择行为存在明显差异，而本文主要关注市场分割、市场歧视对被雇佣农民工群体过度劳动的影响，因而保留就业身份为雇员的样本。最后，由于本文研究过度劳动行为，删除周工作时间在24小时以下的非全日制就业个体①，并删除所关注的主要变量缺失和所填数值不合理的样本，得到农民工样本5 058个，其中男性2 698个，女性2 360个；城镇工样本3 265个，其中男性1 750个，女性1 515个。

需要指出的是，尽管学界对过度劳动并不存在统一的度量标准，但综合不同学者的定义可以发现，工作时间长是过度劳动的重要标志。尽管一些学者认为，过度劳动的度量应考虑劳动者的劳动强度，但关于劳动强度的度量标准难以统一，因而度量结果可比性较差。因此，本文结合《中华人民共和国劳动法》（以下简称《劳动法》）对劳动者工作时间的限制②，并借鉴车（Cha，2010）的做法基于工作时间长度度量过度劳动，将周工作时间在50小时以上视为过度劳动，周工作时间在62小时以上视为重度过度劳动。

基于所选择的样本，本文对农民工和城镇工的工作时间和过度劳动状况进行统计发现，农民工群体周平均工作时间在50小时以上，城镇工群体的平均工作时间明显低于农民工。男性农民工和城镇工之间的工作时间差异约为7.3个小时，而女性农民工和城镇工之间的工作时间差异约为6.8个小时。农民工过度劳动的概率明显高于城镇工，有一半以上的男性农民工工作时间

---

① 《中华人民共和国劳动合同法》第六十八条给出了非全日制用工的规定：非全日制用工，是指以小时计酬为主，劳动者在同一用人单位一般平均每日工作时间不超过四小时，每周工作时间累计不超过二十四小时的用工方法。

② 《劳动法》第三十六条规定："国家实行劳动者每日工作时间不超过八小时、平均每周工作时间不超过四十四小时的工时制度。"第三十八条规定："用人单位应当保证劳动者每周至少休息一日。"第四十一条规定："用人单位由于生产经营需要，经与工会和劳动者协商后可以延长工作时间，一般每日不得超过一小时；因特殊原因需要延长工作时间的，在保障劳动者身体健康的条件下延长工作时间每日不得超过三小时，但是每月不得超过三十六小时。"因而，按照每周工作6天，每天加班1个小时计算，周工作时间为50小时，而按照每天加班3个小时计算，周工作时间为62小时。

超过50小时，处于过度劳动的工作状态，处于重度过度劳动状态的农民工也超过了全体男性农民工的1/4；女性农民工也有40%以上处于过度劳动状态，近20%的女性农民工处于重度过度劳动状态。与农民工相比，城镇工的过度劳动比例较低，男性城镇工过度劳动比例较农民工低26个百分点，重度过度劳动比例低18个百分点；而女性城镇工较农民工过度劳动比例低13个百分点，重度过度劳动比例低15个百分点（结果见表1）。综上所述，农民工和城镇工之间存在明显的工作时间差异和过度劳动差异。

表1　　农民工和城镇工工作时间和过度劳动的数据统计

特征	城镇工		农民工	
	男性	女性	男性	女性
工作时间（小时）	47.09	45.02	54.34	51.86
过度劳动（%）	24.33	17.23	50.67	40.64
重度过度劳动（%）	7.48	4.03	25.32	18.81
样本量	1 751	1 515	2 698	2 360

基于所选择的样本，本文对不同类型工作单位以及不同职业中城镇工和农民工工作时间、过度劳动及就业状况进行了统计。由于男性和女性劳动者的劳动供给行为存在明显差异，因此本文对男性和女性样本分别进行了分析。表2给出了基于男性样本的统计结果。可以发现，农民工群体的工作时间普遍多于城镇工群体，因而过度劳动和重度过度劳动的概率均明显高于城镇工群体。农民工群体过度劳动问题较城镇工更加严重的一个原因可能是市场分割，即农民工群体只能在就业环境较差，工作时间要求较长的次级劳动力市场中工作。因而表2同时给出了农民工在不同所有制类型企业中就业状况的统计。

表2　　市场分割与农民工过度劳动的数据统计（男性）

企业类型	城镇工				农民工			
	工作时间（小时）	过度劳动（%）	重度过度劳动（%）	就业（人）	工作时间（小时）	过度劳动（%）	重度过度劳动（%）	就业（人）
国家机关事业单位	49.52	34.76	12.80	492	49.27	35.48	14.52	62
国有企业	47.07	23.08	5.77	260	53.48	41.83	24.84	153
集体企业	44.29	13.15	2.35	213	53.51	46.52	22.17	230

续表

企业类型	城镇工				农民工			
	工作时间（小时）	过度劳动（%）	重度过度劳动（%）	就业（人）	工作时间（小时）	过度劳动（%）	重度过度劳动（%）	就业（人）
个体工商户	48.62	30.77	13.46	104	58.06	63.25	34.28	566
私营企业	45.83	18.95	4.34	438	53.88	48.85	24.29	1087
外资合资企业	45.22	12.35	6.17	81	49.79	33.74	14.11	326
其他类型企业	46.79	25.77	6.13	163	56.19	63.87	29.56	274

从不同所有制类型企业的统计结果可以发现，城镇工在国家机关事业单位和私营企业就业比例最高，分别为28.1%和25.0%，其次是在国有企业和集体企业，就业比例分别为14.8%和12.2%；农民工在私营企业和个体工商户就业比例最高，分别为40.3%和21.0%，其次是在外资合资企业，就业比例为12.1%。城镇工和农民工在不同所有制类型企业就业存在明显差异，表明劳动力市场可能存在针对农民工群体的就业单位类型分割。农民工和城镇工在不同类型企业中的就业差异显示，城镇工在工作时间较短的企业中就业比例更高，而农民工在工作时间较长的企业中就业比例更高，表明农民工和城镇工在不同所有制类型企业中的分割可能导致两群体间的工作时间差异，以及过度劳动差异。

为了对比男性和女性的差异，表3进一步给出了基于女性样本的统计结果。可以发现，女性农民工和城镇工在不同类型企业就业的比例与男性农民工相似，同样表现出农民工群体在工作时间较长的企业中就业比例高于城镇工，而在工作时间较短的企业中就业比例低于城镇工的特征。这一结果表明，工作单位类型的分割也可能导致女性农民工和城镇工工作时间差异，进而导致群体间的过度劳动差异。

表3 市场分割与农民工过度劳动的数据统计（女性）

企业类型	城镇工				农民工			
	工作时间（小时）	过度劳动（%）	重度过度劳动（%）	就业（人）	工作时间（小时）	过度劳动（%）	重度过度劳动（%）	就业（人）
国家机关事业单位	47.04	28.37	7.04	497	48.33	27.78	8.33	72
国有企业	43.96	9.71	1.94	103	45.73	18.92	6.76	74

续表

企业类型	城镇工				农民工			
	工作时间（小时）	过度劳动（%）	重度过度劳动（%）	就业（人）	工作时间（小时）	过度劳动（%）	重度过度劳动（%）	就业（人）
集体企业	43.05	8.53	0.78	129	50.34	34.69	10.20	147
个体工商户	46.04	21.43	5.00	140	56.20	54.98	28.28	633
私营企业	44.59	12.27	3.13	383	51.15	38.28	16.53	998
外资合资企业	43.11	9.59	2.74	73	47.73	25.98	13.52	281
其他类型企业	42.50	7.89	1.05	190	52.19	45.81	23.23	155

比较男性和女性可以发现，不论是农民工还是城镇工群体，女性平均工作时间一般少于男性，女性过度劳动和重度过度劳动的比例也较男性更低（国家机关事业单位中女性城镇工过度劳动比例略高于男性城镇工），表明男性和女性劳动者对工作时间的选择存在明显差异，因而相关分析应考虑将男性和女性样本分开。

就业分割可能导致不同户籍劳动力间的过度劳动差异，但群体间个体特征差异也可能导致其过度劳动的差异。表4给出了不同所有制类型企业中农民工和城镇工的特征。国有企业中劳动者受教育水平较高，而个体和私营企业中劳动者受教育水平较低，且农民工受教育水平明显低于城镇工；不同所有制类型企业中劳动者的年龄不存在明显差异；在个体工商户中劳动者已婚比例偏低，但在其他类型企业中，已婚比例不存在明显差异，且在不同类型企业中城镇工的已婚比例明显高于农民工，这与城镇工在城市中定居时间较长，生活较稳定有关；国有部门（包括国家机关事业单位、国有企业和集体企业）中劳动者非劳动收入高于非国有部门劳动力，且农民工群体非劳动收入明显低于城镇工；国有企业中劳动者签订劳动合同的概率高于非国有企业中劳动者，且农民工签订概率明显低于城镇工。农民工和城镇工存在明显的特征差异，因而其在不同类型企业中就业的比例可能存在明显差异，在相同类型企业中也可能存在明显的工作时间差异。

表4　不同所有制企业中城镇工和农民工的特征（男性）

变量	国家机关事业		国有企业		集体企业		个体工商户		私营企业		外资合资企业	
	城镇	农民	城镇	农民	城镇	农民	城镇	农民	城镇	农民	城镇	农民
受教育年限	14.06	10.58	14.14	11.72	13.50	11.10	12.17	10.23	13.41	10.96	14.60	11.60

续表

变量	国家机关事业		国有企业		集体企业		个体工商户		私营企业		外资合资企业	
	城镇	农民	城镇	农民	城镇	农民	城镇	农民	城镇	农民	城镇	农民
小学及以下	0.00	4.84	0.00	0.65	0.47	0.00	0.00	0.88	0.00	0.55	0.00	0.00
初中	0.81	17.74	0.00	11.11	0.00	9.13	3.85	7.42	2.28	7.18	0.00	0.61
高中	10.16	29.03	8.08	24.18	16.90	36.09	25.96	51.41	11.87	42.96	2.47	35.89
中专	22.76	20.97	28.46	30.07	23.94	32.61	34.62	30.39	32.65	26.95	25.93	42.02
大专	33.74	12.90	32.31	22.22	33.80	15.22	27.88	6.71	30.14	15.46	33.33	15.95
大本及以上	32.52	14.52	31.15	11.76	24.88	6.96	7.69	3.18	23.06	6.90	38.27	5.52
年龄	36.46	37.36	36.83	34.23	35.47	34.88	33.77	31.59	34.59	34.27	33.24	30.55
已婚	72.76	75.81	80.77	74.51	80.28	75.22	72.12	64.84	71.00	77.18	90.12	67.18
非劳动收入	39.96	34.61	37.16	28.63	37.33	27.64	32.94	21.66	37.72	26.50	49.70	27.68
合同	95.09	90.32	99.61	84.87	93.84	88.26	55.88	42.42	89.15	75.68	100.0	99.08

注：为了节省表格空间，将其他类型企业省略。

三、模型与方法

以城镇工的就业和工作时间选择为标准，通过预测农民工反事实就业和反事实工作时间，可以分析市场分割和户籍歧视对农民工工作时间和过度劳动的影响。

1. 市场分割对过度劳动的影响

就业所有制类型选择方程：

$$p_{ij} = pr[y_{0i}=j] = \frac{\exp(\alpha_j + X_{ij}\beta_j)}{1 + \sum_{k=1}^{6}\exp(\alpha_k + X_{ik}\beta_k)}, \quad j=1, 2, \cdots, 6 \quad (1)$$

其中，p_{ij}表示个体i在第j类企业就业的概率，y_{0i}表示个体i就业企业的所有制类型分类。X_{ij}表示影响个体就业企业类型选择的个体特征，α_j表示第j类企业的截距项，β_j表示第j类企业的回归系数。需要指出的是，为了避免共线性，j=7作为对照组，该组中变量的回归系数设定为0。基于方程（1）回归城镇工的就业部门选择，并获得其就业于不同所有制部门的回归系数$\hat{\alpha}_j$和$\hat{\beta}_j$（j=1, 2, …, 7）。

基于城镇工所有制类型选择方程的回归系数，可以预测农民工的就业部门选择$\hat{p}_{ij}$。基于预测的就业部门选择，可以预测不存在针对农民工的市场分割条件下，即农民工与城镇工具有相同就业部门选择条件下，农民工群体的工作时间和过度劳动概率：

$$\hat{h} = \sum_{j=1}^{7} \hat{p}_{ij} \bar{h}_j \tag{2}$$

其中，$\hat{h}$表示预测得到的总平均工作时间，而$\bar{h}_j$表示在 j 类企业中农民工平均工作时间。因而，实际平均工作时间与预测得到的平均工作时间的差异表示市场分割对农民工工作时间的影响：

$$\Delta h = \bar{h} - \hat{h} = \sum_{j=1}^{7} (p_{ij} - \hat{p}_{ij}) \bar{h}_j \tag{3}$$

同理，市场分割对农民工过度劳动（或重度过度劳动）的影响可以表示为：

$$\Delta p_{overwork} = \bar{p}_{overwork} - \hat{p}_{overwork} = \sum_{j=1}^{7} (p_{ij} - \hat{p}_{ij}) \bar{p}_{overwork,j} \tag{4}$$

其中，$\bar{p}_{overwork,j}$表示在第 j 类企业中农民工过度劳动概率（或重度过度劳动概率），而$\hat{p}_{overwork}$表示预测得到的总体过度劳动概率。

2. 户籍歧视对农民工过度劳动的影响

在所有制部门内部，城镇工和农民工也存在明显的工作时间差异。为了消除个体特征的影响，可以按照个体特征将农民工和城镇工进行匹配，相同特征的农民工和城镇工之间的工作时间差异即为劳动力市场中针对农民工的歧视导致的。然而，由于精确匹配较难实施，匹配通常基于倾向分进行。通过回归劳动者的户籍分类模型计算每个劳动者的倾向分。以农民工群体为基础，在城镇工群体中寻找与其倾向分最邻近的匹配个体，为了减少匹配偏差，本文为每个农民工个体选择两个匹配个体。进而，将未匹配的城镇工样本删除，以消除农民工和城镇工之间的个体特征偏差。

由于基于倾向分匹配方法得到的匹配样本仍可能存在一定的特征差异，本文将倾向分匹配方法与回归分解方法相结合，试图消除匹配方法的偏差，得到更加准确的估计结果。因而，本文进一步对匹配样本进行回归，并结合分解方法分解出户籍歧视对农民工工作时间和过度劳动的影响。

农民工工作时间方程可以设定为：

$$lnh_i = \beta_0 + X'_{1i}\beta_1 + \mu_{1i} \tag{5}$$

其中，lnh_i表示个体 i 周工作小时数的对数，β_0表示常数项，X_{1i}表示影响个体工作时间选择的个体和企业水平特征向量，β_1表示回归系数向量，随机误差项服从正态分布，即$\mu_{1i} \sim N(0, \sigma_1^2)$。

借鉴瓦哈卡（Oaxaca，1973）和布林德（Blinder，1973）的方法，基于农民工和城镇工工作时间方程的回归结果，可以分解个体特征和户籍歧视对两群体工作时间差异的影响。假设 n 和 u 分别表示农民工和城镇工，那么农民工和城镇工工作时间的差异可以分解为：

$$\overline{\ln h_n} - \overline{\ln h_u}$$
$$= (\beta_{0n} - \beta_{0u}) + (\overline{X}'_{i,n}\beta_{1,n} - \overline{X}'_{i,u}\beta_{1,u})$$
$$= (\beta_{0n} - \beta_{0u}) + \overline{X}'_{i,n}(\beta_{1,n} - \beta_{1,u}) + (\overline{X}'_{i,n} - \overline{X}'_{i,u})\beta_{1,u}$$
$$\qquad\quad ① \qquad\qquad\qquad ② \qquad\qquad\qquad ③ \qquad\qquad (6)$$

其中，β_{0u} 和 $\beta_{1,u}$ 表示基于城镇工样本回归得到的常数项和系数向量，而 β_{0n} 和 $\beta_{1,n}$ 表示基于农民工样本回归得到的常数项和系数向量，$\overline{X}_{i,n}$ 和 $\overline{X}_{i,u}$ 分别表示农民工和城镇工个体特征变量均值向量。因而，式（6）中③表示两群体个体特征差异导致的工作时间差异，而在个体特征差异之外的差异①和②为两群体工作时间方程回归系数差异导致的工作时间差异，即劳动力市场中户籍歧视的影响。

基于城镇工工作时间选择方程的回归结果，可以预测每个农民工个体的工作时间：

$$\ln \hat{h}_n = \beta_{0u} + \overline{X}'_{i,n}\beta_{1,u} + \hat{\mu}_{1n} \qquad (7)$$

其中，$\hat{\mu}_{1n}$ 为基于农民工群体自身工作时间方程回归结果预测得到的残差值。基于预测的工作时间，可以获得农民工群体过度劳动概率（或重度过度劳动概率）的预测值。

四、结果分析

1. 市场分割对农民工和城镇工过度劳动差异的影响

基于2017年流动人口和户籍人口的调查数据，依据式（1）对农民工和城镇工的所有制类型选择进行回归。表5给出了基于男性样本的回归结果。可以发现，以国家机关事业单位为参照，受教育水平的提高使得农民工就业于国有企业的概率增加，就业于个体工商户的概率下降；年龄越大的农民工就业于私营企业的概率越低；已婚对农民工就业单位类型的影响较小；不同职业的农民工在不同所有制类型企业就业的比例也存在明显差异。与农民工相比，城镇工在不同类型企业就业选择存在一定差异，如受教育水平越高的城镇工就业于国有企业的概率越高，就业于集体企业和个体工商户的概率越低。综上所述，所有制类型选择方程的回归结果显示，农民工和城镇工的就业所有制类型选择存在明显差异，即相同特征的农民工和城镇工进入不同类型企业的概率存在明显差异，表明劳动市场可能存在针对农民工的部门分割。

表5　农民工和城镇工在不同所有制类型企业的就业选择方程回归结果（以国家机关事业单位作为参照，男性）

变量	国有企业		集体企业		个体工商户		私营企业		外资合资企业	
	农民工	城镇工	农民工	城镇工	农民工	城镇工	农民工	城镇工	农民工	城镇工
高中和中专	0.880**	0.615*	0.44	-0.678**	-0.282	-0.944***	0.185	-0.051	1.055***	1.126
大专	1.228**	0.844**	0.411	-0.313	-1.119**	-1.135***	0.291	-0.074	0.485	1.172
本科及以上	0.493	0.744**	-0.517	-0.737**	-1.905**	-2.366***	-0.601	-0.36	-0.626	0.903
年龄	-0.086	-0.063	-0.163	0.105	-0.196	-0.081	-0.211*	0.009	-0.068	0.214
年龄平方	0.001	0.001	0.002	-0.002	0.001	0000	0.002	-0.001	0.000	-0.004
已婚	0.237	0.333	0.272	0.28	0.422	0.815**	0.47	0.106	-0.2	0.982**
商业服务人员	0.126	1.290***	1.057***	2.609***	1.849***	4.176***	0.967***	3.003***	-1.005**	1.692***
生产运输人员	2.906***	3.922***	3.184***	3.644***	2.686***	4.409***	3.240***	3.963***	3.389***	3.828***
其他人员	0.169	1.286***	0.655	1.866**	0.976	3.804***	0.879	2.243***	-0.172	0.697
常数项	3.579	-1.648	5.477**	-2.52	7.525***	-0.892	8.307**	-0.714	6.438**	-5.531*

注：已控制城市虚拟变量，由于篇幅限制，其他类型企业的回归结果未列出。*、**、***分别表示10%、5%、1%的显著性水平。

基于城镇工的就业方程回归结果，对农民工群体在不同所有制企业的就业进行预测，可以得到不存在市场分割条件下，农民工群体的就业分布，进而基于不同所有制类型企业中劳动者的工作时间来预测农民工群体在不存在市场分割条件下的工作时间。表6给出了男性农民工的就业选择预测结果。可以发现，与男性农民工真实就业比例相比，预测得到的男性农民工在国家机关事业单位、国有企业和集体企业的就业比例明显增加，而在个体工商户等非国有部门就业比例明显下降，表明按照城镇工的就业选择，男性农民工在就业较稳定的国有部门就业比例将明显提升，在非国有部门就业的比例将明显下降，然而国有部门工作时间普遍较非国有部门短，因而就业所有制分割可能导致农民工工作时间的延长。

表6　农民工和城镇工在不同所有制类型企业实际就业比例及预测就业比例（男性）

企业类型	实际比例	预测比例	工作时间	过度劳动	重度过度劳动
国家机关事业单位	2.30	12.92	49.27	35.48	14.52

续表

企业类型	实际比例	预测比例	工作时间	过度劳动	重度过度劳动
国有企业	5.67	11.52	53.48	41.83	24.84
集体企业	8.52	16.03	53.51	46.52	22.17
个体工商户	20.98	11.86	58.06	63.25	34.28
私营企业	40.29	32.64	53.88	48.85	24.29
外资合资企业	12.08	4.79	49.79	33.74	14.11
其他类型企业	10.16	10.24	56.19	63.87	29.56
总体（实际值）	100	100	54.32	50.67	23.32
总体（预测值）	100	100	53.72	48.46	23.99

以不同所有制部门中现有农民工群体的平均工作时间和过度劳动概率为基础，以预测得到的农民工在不同所有制类型企业中的就业比例为权重，可以得到农民工预测工作时间以及预测过度劳动概率。预测工作时间和过度劳动概率与实际工作时间和过度劳动概率的差异为市场分割的影响。预测得到的男性农民工工作时间为53.72 小时，以实际平均工作时间相差约0.6个小时，表明市场分割使得男性农民工周工作时间增加0.6个小时，相比于男性农民工和城镇工之间7.3个小时的总体工作时间差异，这一变化仅占8.2%，显然是较小的，即市场分割对男性农民工工作时间的影响较小。预测得到的男性农民工过度劳动概率为48.46%，重度过度劳动概率为23.99%，而男性实际过度劳动概率和重度过度劳动概率分别为50.67%和25.32%，表明市场分割使得男性农民工较城镇工过度劳动概率增加2.2个百分点和1.3个百分点。市场分割对男性农民工过度劳动和重度过度劳动概率的影响同样较小。

表7进一步给出了基于女性农民工和城镇工在不同所有制类型企业中就业的比例以及农民工群体按照城镇工的就业选择预测到的就业比例。可以发现，与女性农民工真实就业比例相比，预测得到的农民工国有企业就业比例增加，在非国有企业就业比例减少。按照城镇工的就业选择来预测，女性农民工同样表现出在工作时间长的企业就业比例减少，在工作时间短的企业就业比例增加的特征。

表7　农民工和城镇工在不同所有制类型企业实际就业
比例及预测就业比例（女性）

企业类型	实际比例	预测比例	工作时间	过度劳动	重度过度劳动
国家机关事业单位	3.05	9.60	48.33	27.78	8.33

续表

企业类型	实际比例	预测比例	工作时间	过度劳动	重度过度劳动
国有企业	3.14	6.88	45.73	18.92	6.76
集体企业	6.23	8.21	50.34	34.69	10.20
个体工商户	26.82	18.15	56.20	54.98	28.28
私营企业	42.29	42.45	51.15	38.28	16.53
外资合资企业	11.91	7.64	47.73	25.98	13.52
其他类型企业	6.57	7.08	52.19	45.81	23.23
总体（实际值）	100	100	51.86	40.64	18.81
总体（预测值）	100	100	51.17	38.27	16.93

按照所有制类型企业中现有女性农民工群体的平均工作时间计算，预测到的女性农民工工作时间为51.17小时，而女性农民工实际平均工作时间为51.86小时，相差约0.7个小时，表明所有制分割使得农民工周工作时间增加0.7个小时，相比于女性农民工和城镇工之间6.8个小时的总体工作时间差异，这一变化仅占10.3%，也是较小的，即所有制分割对女性农民工工作时间的影响也较小。预测得到的女性农民工过度劳动概率为38.27%，重度过度劳动概率为16.93%，而女性实际过度劳动概率和重度过度劳动概率分别为40.64%和18.81%，表明市场分割使得女性农民工较城镇工过度劳动概率增加2.4个百分点和1.9个百分点。市场分割对女性农民工过度劳动和重度过度劳动概率的影响同样较小。

2. 劳动力市场歧视的度量

基于所有制部门的市场分割对农民工工作时间和过度劳动的影响较小，使得农民工周平均工作时间增加约0.6~0.7个小时。因而，不同所有制企业内部工作时间差异是农民工和城镇工工作时间差异的主要来源。基于倾向分匹配方法在城镇工群体中寻找农民工相似群体，可以获得个体特征差异以外的群体间工作时间差异。需要指出的是，为了降低匹配的偏差，本文在7类不同所有制企业内部进行匹配，进而将不同所有制企业分为国有部门（国家机关事业单位、国有企业和集体企业）和非国有部门（个体工商户、私营企业、外资合资企业和其他类型企业），并比较两个部门内部农民工和城镇工的工作时间差异。

尽管已经对农民工和城镇工群体进行了匹配，但由于匹配是基于单一指标——倾向分进行的，因而两群体之间仍然可能存在一定的特征差异。为了分解出特征差异和户籍歧视的影响，本文进一步对匹配样本进行回归，并应用瓦哈卡和布林德的方法对工作时间差异进行分解（结果见表8）。

表8	基于匹配样本的工作时间差异分解			单位：小时
分解	非国有部门		国有部门	
	男性	女性	男性	女性
预测工作时间	47.54***	46.51***	46.90***	46.36***
实际工作时间	54.57***	52.35***	52.91***	48.64***
差异	-7.03***	-5.84***	-6.01***	-2.28**
差异分解：				
特征差异	0.11	0.35*	-0.19	0.49
户籍歧视	-7.14***	-6.19***	-5.82***	-2.77***

注：*、**、*** 分别表示10%、5%、1%的显著性水平。

由表8可以发现，在非国有部门中，女性农民工和城镇工之间还存在显著的特征差异，而男性农民工和城镇工之间特征差异不明显，表明对女性匹配样本进一步进行回归和分解是必要的。从分解结果上看，女性农民工和城镇工之间的特征差异导致两群体存在0.35小时的工作时间差异，而户籍歧视导致两群体存在6.19小时的工作时间差异，表明户籍歧视解释了群体间工作时间差异的大部分。户籍歧视导致的男性农民工和城镇工存在7.14个小时的工作时间差异。在国有部门中，农民工和城镇工之间的个体特征差异对工作时间差异的影响并不显著，表明匹配基本消除了农民工和城镇工之间的个体特征差异。因而，在国有部门中，户籍歧视导致男性农民工和城镇工之间存在5.82小时的工作时间差异，导致女性农民工和城镇工之间存在2.77小时的工作时间差异。对比国有部门和非国有部门可以发现，户籍歧视的影响在非国有部门中更加严重。

基于城镇工的工作时间选择方程的回归结果，可以预测农民工的工作时间，进而可以计算预测得到的农民工过度劳动和重度过度劳动比例（见表9）。可以发现，预测得到的农民工群体平均周工作时间明显短于其真实值，过度劳动和重度过度劳动概率也明显降低。比较农民工群体预测的过度劳动概率和实际的过度劳动概率，可以发现户籍歧视对农民工和城镇工过度劳动差异的影响。在非国有部门中，男性预测过度劳动概率较实际过度劳动概率低约13个百分点，而预测的重度过度劳动概率较实际重度过度劳动概率低约12个百分点，表明如果男性农民工的工作时间选择与城镇工一致，那么其过度劳动概率将下降约13个百分点，重度过度劳动概率将下降约12个百分点。如果女性农民工的工作时间选择与城镇工一致，那么其过度劳动概率将下降约9个百分点，重度过度劳动概率将下降近7个百分点。这一结果表明在非国有部门中，户籍歧视导致农民工和城镇工之间存在明显的过度劳动差异，且户籍歧视对男性过度劳动的影响大于对女性过度劳动的影响。

表9　农民工实际和预测的工作时间和过度劳动　　单位：小时

变量	非国有部门				国有部门			
	男性		女性		男性		女性	
	预测值	实际值	预测值	实际值	预测值	实际值	预测值	实际值
工作时间	47.43	54.57	46.15	52.35	47.09	52.91	45.87	48.64
过度劳动	38.58	51.95	33.53	42.45	35.14	43.24	29.27	28.92
重度过度劳动	14.13	25.75	13.55	20.32	15.77	22.07	9.06	8.71

在国有部门中，如果男性农民工的工作时间选择与城镇工一致，那么其过度劳动概率和重度过度劳动概率均下降约6个百分点。尽管与实际相比，女性农民工预测工作时间也较少，但过度劳动和重度过度劳动的比例不仅没有下降，反而略有上升。这一结果表明在国有部门中，尽管户籍歧视使得女性农民工和城镇工之间存在一定的工作时间差异，但是其对两群体间过度劳动和重度过度劳动概率差异的解释作用较小。

五、结果的对比和检验

1. 基于匹配直接获得处理效应的结果对比

基于倾向分匹配方法可以获得处理效应，但是由于倾向分匹配方法将匹配样本的差异直接估计为处理效应，因而匹配样本结果变量的度量偏差均会影响匹配结果。为了对比，表10给出了基于匹配直接获得处理效应的结果。可以发现，基于匹配样本直接估计户籍歧视的影响存在一定偏差。与表8的分解结果相比可以发现，对于非国有部门女性来说，匹配样本存在显著的特征差异，因而直接估计结果存在显著偏差，但对于非国有部门的男性以及国有部门的男性和女性来说均不存在显著偏差。与表9预测结果对比可以发现，基于匹配样本直接估计结果显示，国有部门和非国有部门中农民工和城镇工的过度劳动和重度过度劳动差异均明显较大，即基于匹配样本直接估计将高估户籍歧视的影响。

表10　不同所有制类型企业内部农民工和城镇工的匹配结果（国有和非国有）

部门	变量	男性			女性		
		农民工	城镇工	差异	农民工	城镇工	差异
非国有部门	工作时间（小时）	54.57	47.54	7.03	52.35	46.51	5.84

续表

部门	变量	男性			女性		
		农民工	城镇工	差异	农民工	城镇工	差异
非国有部门	过度劳动（%）	51.95	27.67	24.28	42.45	25.59	16.86
	重度过度劳动（%）	25.75	8.85	16.90	20.34	6.36	13.98
国有部门	工作时间（小时）	52.91	46.90	6.01	48.64	46.36	2.28
	过度劳动（%）	43.24	22.41	20.83	28.92	19.23	9.69
	重度过度劳动（%）	22.07	4.84	17.23	8.71	6.29	2.42

2. 户籍歧视和群体偏好的检验

基于 O - B 分解方法，在农民工和城镇工的工作时间和过度劳动差异中，个体特征不可解释的部分均归于歧视。然而，不可解释的因素还可能来源于农民工自身的偏好，即同等条件下，农民工群体较城镇工群体更愿意工作更长的时间。尽管在享乐主义理论下这一说法是不被接受的，但本文仍对其进行了进一步的验证。检验不可解释部分归因于户籍歧视还是农民工和城镇工偏好差异，可以借助于农民工的加班工资回报来间接实现。

表 11 给出了不同类型企业中农民工和城镇工工资方程回归结果。其中，月工资、小时工资和工作时间均采取对数形式，因而回归系数表示工资对工作时间的弹性。可以发现，工作时间增加并未使得城镇工和农民工月工资得到显著增加。只有在外资合资企业中的农民工得到了相应的工资提升，但弹性仅为 0.222，而事实上不考虑加班工资，月工资对工作时间的弹性也应该在 1 左右。这一结果表明平均来看，工作时间的增加并未使得劳动者工资得到明显提升，表明劳动力市场中的工作时间大多由企业决定，且大量农民工和城镇工群体的加班工资难以保证。小时工资的回归结果显示，工作时间增加使得城镇工和农民工小时工资均明显下降，即工作时间越长，小时工资越低，进一步表明大量加班是无法获得加班工资的。

表 11 不同类型企业中农民工和城镇工的加班工资回报（女性）

企业类型	城镇工男性		城镇工女性		农民工男性		农民工女性	
	月工资	小时工资	月工资	小时工资	月工资	小时工资	月工资	小时工资
国家机关事业单位	-0.0924	-1.0924***	0.1642	-0.8358***	0.3933	-0.6067**	-0.1237	-1.1237***
国有企业	0.0247	-0.9253***	0.1494	-1.1494***	0.1488	-0.8612***	0.2159	-0.7841***
集体企业	-0.0178	-1.0178***	0.2330	-0.7670***	0.0301	-0.9699***	0.1995	-0.8005***
个体工商户	0.0620	-0.9380***	0.1427	-0.8573***	-0.1526*	-1.1526***	0.0253	-0.9747***

续表

企业类型	城镇工男性		城镇工女性		农民工男性		农民工女性	
	月工资	小时工资	月工资	小时工资	月工资	小时工资	月工资	小时工资
私营企业	-0.0940	-1.0940***	0.2458	-0.7542***	-0.0182	-1.0182***	0.0309	-0.9691***
外资合资企业	-0.2815	-1.2875***	-0.2137	-1.2137**	0.1172	-0.8828***	0.2220**	-0.7780***
其他类型企业	0.0616	-0.9384***	0.3074	-0.6926***	0.0987	-0.9013***	0.2234	-0.7766***

注：工资方程的回归控制了受教育水平、经验、经验平方、婚姻、职业和就业城市变量；**、*** 分别表示5％、1％的显著性水平。

农民工工作时间较城镇工明显延长，但工作时间的延长并没有使得其月工资得到明显提升，反而使其小时工资明显下降，因而农民工和城镇工之间工作时间差异中不可解释的部分基本是劳动力市场歧视导致的。相对于城镇工，农民工群体在城镇劳动力市场中的就业获得更少保障，且农民工群体为了工作离开家乡，丢失工作的成本更高，因而更可能接受工作时间的延长。

六、结 论

本文基于2017年中国流动人口动态监测调查数据，分析了市场分割、户籍歧视和个体特征对农民工和城镇工间工作时间差异以及过度劳动的影响。本文主要研究结论如下：

（1）农民工群体过度劳动问题严重，且农民工与城镇工之间存在明显的工作时间差异和过度劳动差异。农民工群体周平均工作时间在50小时以上，明显高于《劳动法》规定的标准工作时间44小时，过度劳动的男性农民工占一半以上，重度过度劳动的男性农民工也超过1/4；女性农民工也有40％以上处于过度劳动状态，近20％的女性农民工处于重度过度劳动状态。男性农民工和城镇工之间的工作时间差异约为7.3个小时，男性城镇工较农民工过度劳动比例低26个百分点，重度过度劳动比例低18个百分点；而女性农民工和城镇工之间的工作时间差异约为6.8个小时，女性城镇工较农民工过度劳动比例低13个百分点，重度过度劳动比例低15个百分点。

（2）基于企业所有制类型的市场分割对农民工和城镇工工作时间和过度劳动差异的影响较小。基于所有制类型的市场分割使得男性和女性农民工周工作时间较城镇工分别长约0.6个小时和0.7个小时，过度劳动概率增加2.2个和2.4个百分点，重度过度劳动概率增加1.3个和1.9个百分点。这一结果表明，尽管市场分割使得农民工和城镇工在不同所有制类型企业中就业的比例存在明显差异，农民工群体多就业于工作时间较长的非国有部门中，但从现有数据特征来看,如果使得农民工与城镇工有同样的就业机会,其进入工作时间较短的国有部门的概率将有所提高,但这一变化对农民工工作时间的影响较小。这一结果也暗示着,相对于市场分割带来的工作时间差异,在不同所有制类型内部农民工和城镇工的工作时间差异才是导致两群体工作时间差异明显的重要原因。

(3) 在非国有部门中,户籍歧视是导致农民工和城镇工工作时间和过度劳动差异的主要原因。在非国有部门,户籍歧视导致男性农民工较城镇工周工作时间长 7.14 个小时,导致女性农民工较城镇工周工作时间长 6.19 个小时。以城镇工的工作时间选择为标准,预测农民工群体的工作时间,进而预测其过度劳动概率,男性农民工过度劳动概率较实际概率下降 13 个百分点,而重度过度劳动概率也下降近 12 个百分点;女性农民工过度劳动概率下降约 9 个百分点,而重度过度劳动概率下降近 7 个百分点。这一结果表明,在非国有部门,户籍歧视使得农民工工作时间明显较长,过度劳动更加严重,且对男性的影响大于女性。这一结果意味着,消除非国有部门中的户籍歧视将导致农民工工作时间明显减少,过度劳动和重度过度劳动概率明显下降。由于男性供给弹性较小,因而雇主可以针对男性农民工实施更加严重的歧视,要求其工作更长的时间,而对其离职的影响较小。

(4) 在国有部门中,户籍歧视导致了男性农民工和城镇工工作时间和过度劳动的明显差异,导致农民工工作时间明显长于城镇工,但对女性过度劳动差异影响不显著。在国有部门,户籍歧视导致男性农民工较城镇工周工作时间长 5.82 个小时,导致女性农民工较城镇工周工作时间长 2.77 个小时。以城镇工的工作时间选择为标准,预测农民工群体的工作时间和过度劳动,男性农民工过度劳动和重度过度劳动概率均下降约 6 个百分点,但女性农民工和城镇工之间的过度劳动差异较小。这一结果表明,在国有部门,户籍歧视使得男性农民工工作时间明显较长,过度劳动概率和重度过度劳动概率明显增加。这一结果意味着,消除国有部门中的户籍歧视将导致男性农民工工作时间明显减少,过度劳动和重度过度劳动概率明显下降。由于进入国有部门较困难,而女性农民工进入国有部门更加困难,因而在国有部门就业的女性农民工可能普遍技能水平较高,因而所受到的歧视较小。

由于农民工群体在劳动力市场中处于就业的弱势,因而其为了保住工作,可能不得不接受企业的加班要求。尽管现有《劳动法》规定了标准工作时间,但对劳动时间规定及加班工资的违反只能由劳动者自己提出并寻求保护的情况下,法律约束对于农民工群体来说很难发挥作用。因此,政府部门应该从企业角度出发,加强对企业工作时间设置的监督,促进企业实现农民工和城镇工的同工同酬同时,减少企业通过增加农民工的工作时间而实施的歧视行为。农民工与城镇工享有相同的加班工资和加班时间待遇,将有助于农民工群体过度劳动的缓解。

参考文献

1. 陈琦、徐舒：《农民工与城镇职工的工资差距及动态同化》，载于《经济研究》2014年第10期。

2. 程名望、史清华、潘烜：《工作时间、业余生活与农民工城镇就业——基于上海市1446个调查样本的实证分析》，载于《农业经济问题》2012年第5期。

3. 董延芳、罗长福、付明辉：《加班或不加班：农民工的选择还是别无选择》，载于《农业经济问题》2018年第8期。

4. 郭凤鸣、张世伟：《教育和户籍歧视对城镇工和农民工工资差异的影响》，载于《农业经济问题》2011年第6期。

5. 郭凤鸣、张世伟：《最低工资提升对低收入农民工过度劳动的影响》，载于《中国人口科学》2018年第5期。

6. 赖德胜、李长安、孟大虎等：《2014中国劳动力市场发展报告——迈向高收入国家进程中的工作时间》，北京师范大学出版社2014年版。

7. 李骏、顾燕峰：《中国城市劳动力市场中的户籍分层》，载于《社会学研究》2011年第2期。

8. 刘璐宁、孟续铎：《构建和谐劳动关系背景下农民工超时工作问题探析》，载于《农村经济》2018年第7期。

9. 罗俊峰、童玉芬：《流动人口工作时间及影响因素研究——基于2013年流动人口动态监测数据的经验分析》，载于《贵州财经大学学报》2016年第3期。

10. 罗连化、周先波：《加班、工作量自主权与效用——兼论工时约束的存在性》，载于《经济学动态》2019年第3期。

11. 孟凡强、万海远、吴珊珊：《所有制分割、户籍歧视与代际城乡工资差异》，载于《当代财经》2019年第6期。

12. 孟续铎、王欣：《企业员工超时工作成因与劳动时间特征》，载于《经济与管理研究》2015年第12期。

13. 齐良书、刘岚：《中国劳动力市场上的工作时间及其户籍差距》，载于《经济学家》2019年第11期。

14. 森冈孝二：《过劳时代》，米彦军译，新星出版社2018年版。

15. 石丹淅、赖柳华：《新生代农民工的工作时间及其影响因素》，载于《现代财经（天津财经大学学报）》2014年第7期。

16. 王维国、周闯：《基于就业稳定性视角的户籍工资差异》，载于《数量经济研究》2014年第2期。

17. 王小洁、李磊、刘鹏程：《贸易开放对农民工工时的影响研究：来自

2007 年外来务工人员调查数据的经验分析》，载于《财经研究》2014 年第 5 期。

18. 谢勇：《农民工劳动权益影响因素的实证研究——以南京市为例》，载于《中国人口科学》2008 年第 4 期。

19. 杨河清、王丹：《北京商务中心区知识工作者过劳状况——现状与对策》，载于《经济与管理研究》2011 年第 10 期。

20. 杨河清、王欣：《新常态下我国过度劳动法律规制问题研究》，载于《南京大学学报（哲学·人文科学·社会科学）》2017 年第 5 期。

21. 余向华、陈雪娟：《中国劳动力市场的户籍分割效应及其变迁——工资差异与机会差异双重视角下的实证研究》，载于《经济研究》2012 年第 12 期。

22. 章元、高汉：《城市二元劳动力市场对农民工的户籍与地域歧视——以上海市为例》，载于《中国人口科学》2011 年第 5 期。

23. 赵小仕、于大川：《健康对新生代农民工劳动力市场表现的影响——基于广东省 335 份调查问卷的实证分析》，载于《当代经济管理》2017 年第 7 期。

24. Becker, Gary S., 1971, *The Economics of Discrimination*, 2nd edition, Chicago, IL: The University of Chicago Press.

25. Blinder, A., 1973, "Wage Discrimination: Reduced Form and Structural Estimates", *The Journal of Human Resources*, Vol. 8 No. 4, pp. 436 – 455.

26. Cha, Y., 2010, "Reinforcing Separate Spheres: The Effect of Spousal Overwork on Men's and Women's Employment in Dual – Earner Households", *American Sociological Review*, Vol. 75 No. 2, pp. 303 – 329.

27. Dickes, W. and Lang, K., 1992, Labor Market Segmentation Theory: Reconsidering the Evidence, NBER Working Papers 4087.

28. Démurger, S., Gurgand, M., Li, S. and Yue, X., 2009, "Migrants as second-class workers in urban China? A decomposition analysis". *Journal of Comparative Economics*, Vol. 37 No. 4, pp. 610 – 628.

29. Galinsky, E., Kim, S., and Bond, J., 2001, *Feeling Overworked: When Work Becomes Too Much*, New York: Families and Work Institute.

30. Giga, S., Jain, A. And Cooper, C., 2010, Working Longer: Hours of Work and Health, UK: Wiley – Blackwell.

31. Oaxaca, R., 1973, "Male – Female Wage Differentials in Urban Labor Markets", *International Economic Review*, Vol. 14 No. 3, pp. 693 – 709.

32. Ryan, P., 1984, "*Segmentation, Duality and the Internal Labour Market*", Wilkinson, F. (ed.) The Dynamics of Labour Market Segmentation, London: Academic Press.

33. Schor, J., 1991, *The Overworked American: the unexpected decline of leisure*, New York: William Morrow Company.

Market Segmentation or Household Registration Discrimination
—Analysis on the Causes of the Differences between Migrant Workers and Urban Workers

Guo Fengming

(Center for Quantitative Economics, Jilin University, 130012)

Li Zhiling

(Department of Culture and History, Party School of Hainan Province, 570100)

[**Abstract**] Based on the 2017 Dynamic Monitoring Survey Data of National Migrant Population, this paper analyzed the effects of market segmentation and household registration discrimination on the differences in working hours and overwork between rural migrant workers and urban workers. The results show that there is a serious problem of overwork among rural migrant workers, and there are obvious differences in working hours and overwork between rural migrant workers and urban workers. The market segmentation based on the type of enterprise ownership makes the overwork of male and female rural migrant workers more serious than that of urban workers, but this effect is less; In the non-state sector, the discrimination of household registration is the main reason that causes the overwork of male and female rural migrant workers to be more serious than that of urban workers. In the state sector, the discrimination of household registration causes male migrant workers to overwork more seriously than urban workers, but the impact on female rural migrant workers' overwork is not significant. Therefore, the government should strengthen the supervision of enterprises, promote enterprises to realize equal pay for equal work and equal working hours between rural migrant workers and urban workers, and reduce the discrimination from enterprises that implemented through increasing the working hours of rural migrant workers. Rural migrant workers and urban workers enjoy the same overtime pay and overtime time treatment, will help to alleviate the overwork of migrant workers.

[**Key Words**] Market Segmentation Rural Migrant Workers Overwork Working Hours

JEL Classifications: J22 J21 J15

保险业规模、人力资本与城乡收入差距*

——基于1999~2018年省级面板门槛模型

徐 榕 韦 倩 葛 萍**

【摘 要】本文从普及效应、人力资本效应、非均衡效应三个维度分析了保险业规模对城乡收入差距的作用机理。采用1999~2018年中国省级面板数据进行实证分析发现：第一，保险业规模扩大能够显著抑制城乡收入差距的增加；第二，人力资本的提高加剧了城乡收入不平等，这是因为城乡人力资本差距长期存在；第三，人力资本能够调节保险业规模对城乡收入差距的影响，并且由于人力资本门槛效应的存在，保险业规模对城乡收入差距的影响是非线性的，即随着人力资本的增加，保险业规模对于缩小城乡收入差距的作用逐步减弱，直至变成反向作用。本文最后从农村政策倾斜角度提出相应的政策建议。

【关键词】 保险业规模　人力资本　城乡收入差距

中图分类号：F061.4　文献标识码：A

一、引　言

2017年10月18日，习近平总书记在党的十九大报告中指出："中国特色社会主义进入新时代，中国社会主要矛盾已经转化为人民日益增长的美好

---

* 本文得到了国家"万人计划"青年拔尖人才（W03070176）、山东省"泰山学者"青年专家（TSQN20161008）、山东省高等学校"青创科技计划"（2019RWE005）的资助。

** 徐榕，山东大学经济研究院博士生；地址：（250100）山东省济南市山大南路27号；E-mail：xr0606@mail.sdu.edu.cn。韦倩（通讯作者），经济学博士，山东大学经济研究院教授、博士生导师；地址：（250100）山东省济南市山大南路27号；E-mail：weiqian1979@163.com。葛萍，齐鲁银行高级经济师；地址：（250100）山东省济南市顺河街176号齐鲁银行；E-mail：xinguechoogun@163.com。

生活需要和不平衡不充分的发展之间的矛盾。"其中，发展的不平衡，主要体现在社会生产关系中区域财富占有和收入分配方面的差距上，而城乡收入差距作为发展不平衡的一个重要方面，对于实施区域协调发展战略，乘势而上开启第二个百年奋斗新征程有着至关重要的影响。21世纪的前20年，中国在缩小城乡收入差距方面成效显著，农村居民可支配收入从20世纪末的2 210元上升至2019年的16 021元，绝对值上涨趋势喜人，但从相对值来看，2019年的城乡收入之比仍高达2.64，缩小城乡差距，破除城乡二元结构势在必行。导致城乡收入差距的原因是多方面的，不仅有初次分配的原因，也有再分配的原因，而人力资本是决定居民收入水平的直接因素，保险业是实现收入再分配的重要行业，二者均对缩小城乡收入差距有着不可替代的作用。

保险行业深度参与社会保障体系建设是个渐进过程，对城乡差距的影响也是多方面的。医疗保险作为助力脱贫攻坚的主要方式，能够显著激发贫困户的医疗保险需求，改善农村居民的健康状况（赵为民，2020），在防止因病致贫、因灾致贫方面发挥了重要作用（黄薇，2019）。并且，养老保险在农村的普及显著提高了农村老年人的收入水平、减少了贫困的发生、提高了其主观福利（He et al.，2013；张川川等，2014；李培等，2016），这些都有利于减少收入不平等（Xie et al.，2015）。但是同时，中国社会保障体系还存在覆盖面不足、发展不均衡等问题（Wu et al.，2018；王延中等，2016），城镇居民获得保险的机会多于农村居民（Frenzen，1993；Wang et al.，2010），高收入参保人群的受益超过低收入人群（周钦等，2016），加剧了城乡收入差距（Deng，2011），甚至可能出现"逆向"收入再分配效应（詹长春等，2018）。这些问题的存在放大了农村居民的"不平等"感，从而阻滞了城镇化过程中的社会融合（陈云松等，2015），因此如何充分发挥保险业的收入再分配效应是当前解决城乡二元结构的重要议题。

目前，学术界对人力资本的定义是多角度的，不仅包括文化水平、劳动技能，还涉及身体健康状况，前者直接决定收入的高低（Muntaner et al.，1996），后者通过影响劳动时间、劳动效率等来间接影响收入状况（Contoyannis et al.，1999；Benzeval et al.，2001；Baltagi et al.，2010）。陈斌开等（2010）利用CHIP数据研究发现，城镇居民人力资本水平高于农村居民，教育水平差异是中国城乡收入差距扩大最重要的影响因素，也就是说，人力资本会通过收入水平来影响城乡差距（Huang，2014；程名望等，2014）。同时，也有大量研究表明人力资本会影响保险的参与程度（Chen et al.，2006；Shi et al.，2014；黄志岭，2012），进而对城乡收入差距间接产生影响（薄滂沱等，2015）。因此，在实现城乡一体化的过程中，人力资本有着不可忽视的作用。

通过以上文献的梳理，可以发现，国内外学者大多从人力资本或者保险中的某一个角度入手来考察城乡二元结构问题,而很少有学者同时将收入的初次分配和再分配因素结合起来进行研究。为此,本文从保险业规模对城乡收入差距的影响入手,考察地区人力资本是否会对上述影响产生调节作用,更进一步地,在不同的人力资本水平阶段,保险业规模对城乡收入差距的影响程度是否一致。

本文结构安排如下:第二部分构建了一个理论分析框架并提出相应的假说;第三部分是进行计量模型构建;第四部分是实证分析与稳健性检验,主要包括基本模型和面板门槛模型的回归与分析;最后是本文的结论与政策建议。

二、理论机制分析

随着人力资本的提升,人们对于保险的看法逐渐发生转变。对于个人来说,保险可以保护财产安全、提升医疗资源利用率、改善居民健康状况等;对于国家来说,保险是构建社会保障体系的核心部分,对于扶贫攻坚、提高居民生活水平,改善收入分配结构等具有重要意义。本文将通过保险业规模影响城乡收入差距的几条传导机制来阐释其内在机理,进而提出三个重要的研究假说。

(一) 普及效应

普及效应是指由于居民投保行为普遍化而对城乡收入差距产生的影响。这种普及效应的发挥主要得益于:

(1)"社商合作"。所谓"社商合作"即指商业保险参与对社会保险的管理,目前主要有合同承包、特许经营、补贴三种方式,合作对政府和商业保险公司来说是双赢的。一方面,政府引入市场机制,有利于提高其服务质量、管理效率和保障水平,同时也降低了政府的管理成本;另一方面,保险公司在获得税费减免等优惠的同时借助政府的力量签订大量保单,公司业务规模得以扩展,并且,其通过竞标的方式获得社会保险的经办权利之后,能够掌握一手客户资料,方便后续其他商业保险的推广。

(2)农业保险的推广。为了提高农民抗风险能力,2007年,中央财政农业保险保费补贴试点首先在内蒙古、吉林、江苏、湖南、新疆和四川六省份启动,并逐步推向全国,这一政策极大地推动了中国农业保险的发展。中国银保监会官网数据显示,2007~2018年,农业保险保费收入从51.8亿元增长到572.65亿元,服务农户从4 981万户次增长到1.8亿户次。农业是典型的高风险产业,农业保险的推广提升了农民参保热情,拓展了农村保险业务,提高了农业生产抗风险能力,对于稳定农民收入具有重要意义。

(3) 居民风险意识的提高。社会保险是国家通过立法强制建立的制度,其普及在一定程度上缓解了居民面对意外时的"窘境",同时也提高了居民的风险意识。这对商业保险来说是很好的宣传和示范,农村居民对保险的接纳能力大大提升,更有可能进一步购买商业保险作为社会保险的补充。

通过上述三种途径,保险业得到快速发展,保险成为一种普遍化的金融产品。本文将保险业按照广义定义分为财产险和人身险,1999~2018年,中国保险业结构(人身险保费收入/财产险保费收入)从1.67上升至2.53,本文认为人身险保单量激增是保险业规模扩大的主要原因,其对城乡收入差距的影响具体表现在:医疗保险的普及,尤其是在农村地区的普及,有效缓解了"看病难、看病贵"的问题,显著改善了居民健康水平(赵为民,2020)。当意外发生后,农村居民不再过分担心就医费用问题,主动选择到医院就诊,显著提高了就医质量和医疗资源利用率,大大缩减了患病时长,换句话说,居民能更快地从疾病或者意外中恢复过来,愈后的劳动时间和劳动效率也能够得到保证,从而有利于稳定收入(王翌秋等,2016)。据此,本文提出假说1:

假说1:保险业规模扩大有利于提升居民健康水平,保证居民收入的稳定,即普及效应有利于缩小城乡收入差距。

(二) 人力资本效应

人力资本已经成为当今社会阶层划分的重要标尺,人才也成为各地区竞相争夺的重要资源。从个体角度出发,提升农村居民的受教育程度、加强技能培训、保持健康的状态等都对收入水平有直接的促进作用,这有利于缩小城乡差距;但是从区域发展的角度出发,城镇和农村居民获得的教育资源是不同的(陈斌开等,2010),这就导致城镇地区的升学率往往高于农村地区,只要城镇人力资本增长速度快于农村,城乡的人力资本差距就会逐步拉大,加之人力资本的流动性特征,高质量人才通常会向经济发展水平高的地区流动,进一步加剧了城乡人力资本差距,从而城乡收入差距也会同步扩大。据此,本文提出假说2:

假说2:随着人力资本的提升,城乡人力资本差距的扩大会加剧城乡收入不平等。

(三) 非均衡效应

由于城乡二元结构的长期存在,中国的城镇和农村在经济发展、金融发展、人力资本等方面存在明显差异。这种非均衡性在保险业也同样存在。具体来说,首先,虽然目前中国覆盖城乡居民的多层次社会保障体系已基本建立,但商业保险覆盖率还很低,相比于投保家庭来说,未投保家庭面对风险时往往不堪一击,一旦意外发生,他们很有可能失去收入来源,也缺乏从困境中恢复的能力,收入差距显而易见。其次,由于农村居民收入水平普遍偏低,在进行保险购买时,往往会选择最低标准的保险类型,这就使得在面对意外时,城镇居民在保额上限、报销种类等方面存在优势,城镇居民享受的保险服务明显优于农村居民(Frenzen,1993;Wang et al.,2010;周钦等,2016),从而加剧了城乡收入差距。最后,受教育程度高的人往往对保险更加了解和信任,他们通常也具有更强的保险消费能力(王宏扬等,2018),这意味着城乡人力资本的不平衡会导致城乡保险规模的差异,相比于农村居民,城镇居民购买保险的规模远大于农村居民(张冲,2013),这在一定程度上加剧了城乡收入差距。据此,本文提出假说3:

假说3:城乡保险业发展的非均衡性扩大了城乡收入差距。

三、模型构建与数据说明

(一) 计量模型

本文把保险业规模和人力资本纳入城乡收入差距的分析框架,构建如下基本模型:

$$\text{theil}_{it} = \beta_0 + \beta_1 \text{depth}_{it} + \beta_2 \text{hcap}_{it} + \beta_c CV_{it} + u_{it} + \varepsilon_{it} \tag{1}$$

其中,i表示地区,t表示时期(年份),theil_{it}表示第i个省市t时期的城乡收入差距指数,depth_{it}表示第i个省市t时期的保险业规模,hcap_{it}表示第i个省市t时期的人力资本水平,CV_{it}为控制变量,u_{it}为非观测的个体固定效应,ε_{it}为随机扰动项。

根据上一节的理论分析,保险业规模对城乡收入差距存在着多种效应,其影响可能呈现非线性关系,为检验在不同的人力资本水平下,保险业规模的扩大是否会对城乡收入差距产生不同的影响,根据汉森(Hansen,1999),本文将人力资本水平(hcap)作为门槛变量,将保险业规模(depth)作为门槛依赖变量,以双重门槛为例,在式(1)的基础上进一步构建如下面板门槛模型:

$$\text{theil}_{it} = \beta_0 + \beta_1 I(\text{hcap}_{it} \leq \gamma_1) \text{depth}_{it} + \beta_2 I(\gamma_1 < \text{hcap}_{it} \leq \gamma_2) \text{depth}_{it}$$
$$+ \beta_3 I(\text{hcap}_{it} > \gamma_2) \text{depth}_{it} + \beta_c CV_{it} + u_{it} + \varepsilon_{it} \tag{2}$$

其中，γ_i 为门槛值，$I(\cdot)$ 为指示函数，当其满足括号内的条件时取 1，否则取 0；其他变量的意义与式（1）相同。

（二）变量选取及测算方法

1. 被解释变量

本文的被解释变量是城乡收入差距。目前，大多数学者测度这一变量的方法主要有两种：城乡人均可支配收入之比（陆铭等，2004；陈斌开等，2013）和泰尔指数（王少平等，2007；龙海明等，2015）。本文选取泰尔指数（theil）作为衡量城乡收入差距的指标，主要原因是泰尔指数对高收入群体及低收入群体的收入变动较为敏感，符合目前中国高低收入两极变化的现状（王少平等，2007），其具体公式为：

$$theil_{it} = \sum_{j=1}^{2} \left(\frac{P_{ij,t}}{P_{i,t}}\right) \ln\left(\frac{P_{ij,t}/P_{i,t}}{Z_{ij,t}/Z_{i,t}}\right) \tag{3}$$

其中，i 表示地区，t 表示时期（年份），j = 1 和 2 分别表示城镇和农村地区，P 表示人均可支配收入，Z 表示常住人口数量。泰尔指数同时考虑了中国城乡居民的收入变化和人口结构变化，该数值越大说明城乡收入差距越大。

2. 核心解释变量与门槛变量

核心解释变量（depth）：本文参考阿里纳（Arena，2006）、薄滂沱等（2015）等学者的研究，将保险深度（depth）即保费与 GDP 的比值作为衡量保险业规模的核心解释变量，同时，将保险密度（density）即保费与常住人口之比用于后续的稳健性检验。

门槛变量（hcap）：根据本文的理论机制分析，人力资本在保险业规模与城乡收入差距的影响过程中可能具有调节作用。衡量人力资本水平的方法有很多：劳动生产率（薄滂沱等，2015）、每万人中在校大学生数（龙海明等，2015）、平均受教育程度（孙敬水等，2010；沈燕，2012；匡远凤，2018；杨晶等，2019）等。为了排除人口流动对人力资本水平测量造成的误差，更好地衡量每个地区的人力资本积累程度，本文从存量角度出发，根据国家统计局每年组织的人口变动抽样调查，通过计算得出平均受教育程度这一指标来衡量人力资本水平，其具体计算方法为：平均受教育程度 = 小学毕业人数占比 × 6 + 初中毕业人数占比 × 9 + 高中毕业人数占比 × 12 + 大学及以上毕业人数占比 × 16，其中，各受教育程度的人数占比均以 6 岁及 6 岁以上抽样人口数为基数。

3. 控制变量

改革开放 40 多年来，中国城乡收入差距除了受到保险业发展、人力资本水平提高的影响外，经济发展、城镇化、政府对教育投资等都不同程度地缩小了中国城乡收入差距。为了使估计结果更加准确，本文增加经济发展水平、城镇化、金融发展水平、教育投入、农业劳动生产率、产业结构等变量加以控制。

经济发展水平（lnpgdp）：著名的"库兹涅茨曲线"显示，经济发展水平与一国的收入差距呈倒U形关系，即在经济发展初期，随着经济的发展，收入差距逐渐拉大，当经济发展到拐点后，收入差距则逐步缩小。也就是说，经济发展水平是影响城乡收入差距的重要变量，本文选取人均GDP作为衡量经济发展水平的指标，同时，为了消除异方差的影响，在实证分析中对其取对数。

城镇化（urb）：城镇化过程能够有效地带动农村地区的发展，对于提高农村居民收入有重要意义。本文用城镇化率（城镇人口/总人口）来衡量该地区的城镇化水平。

金融发展水平（finan）：金融发展主要通过收入分配作用来影响城乡收入差距。本文参考龙海明（2015），选用金融相关率（金融机构本外币存贷款余额/GDP）来代表金融发展水平。

教育投入（edu）：在"大众创业、万众创新"的时代背景下，人才的培养显得尤为关键，对提升居民收入水平起着举足轻重的作用，而教育投入是培养人才的重要途径，基于此，本文选取地方财政教育支出占GDP的比重来衡量该地区的教育投入水平。

农业劳动生产率（lnfarm）：农业劳动生产率的高低直接影响农村居民收入，对于缩小城乡收入差距具有不可替代的作用。本文选用农村居民的人均农林牧渔总产值来衡量农业劳动生产率水平，并在后续的实证分析中对其取对数。

产业结构（stru）：产业结构高级化过程不仅能够驱动经济发展，也能通过资源配置作用于城乡收入差距。本文选取第三产业增加值占该地区生产总值的比重作为产业结构高级化指标。

（三）数据来源及描述性统计

本文选取的样本是1999~2018年中国31个省（区、市）的面板数据，所用到的数据均来自wind数据库、《中国统计年鉴》、《中国人口和就业统计年鉴》、《中国保险年鉴》及各省市的统计年鉴，个别缺失数据通过均值插值法予以补充。另外，为防止价格因素对模型造成偏差，本文以1999年的居民消费价格指数（CPI）为基期，对相关的原始数据进行指数平减。本文所涉及的所有变量的描述性统计如表1所示。

表1　　　　　　　　　　　变量的描述性统计

变量	观测值	平均值	标准差	最小值	最大值
theil	620	0.210	0.189	0	0.855
hcap	620	8.314	1.313	2.948	12.555
depth	620	2.713	1.079	0.530	7.164
density	620	0.759	0.836	0.022	6.403
lnpgdp	620	9.809	0.763	7.842	11.476
lnfarm	620	8.783	0.653	7.222	10.147
finan	620	2.743	1.104	1.279	8.131
urb	620	48.461	15.865	19.318	89.600
edu	620	3.354	2.084	1.172	17.331
stru	620	0.430	0.085	0.283	0.810

注：theil 的最小值是 0.0001，四舍五入后为 0。
资料来源：由 Stata 15 软件计算而得。

四、实证分析与稳健性检验

为验证前文假说，本文的实证分析主要分为两部分：首先通过基本回归的分析及交互项的引入来检验人力资本的调节作用；之后在此基础上以人力资本为门槛变量，确定门槛值，考察保险业规模在不同的人力资本水平下对城乡收入差距的影响方向和程度。值得注意的是，不论是基本回归分析，还是面板门槛模型的使用，都需要先进行豪斯曼（Hausman）检验，结果显示 chi (2) 的值为 140.56，p 值为 0.0000，即本文基于固定效应模型进行估计较为科学。

（一）基本回归分析

表 2 中模型（1）是在未控制人力资本的情况下，保险业规模对城乡收入差距的影响，显然，在控制其他变量不变的情况下，保险业规模能够显著缩小城乡收入差距；而模型（2）则考察了人力资本对城乡收入差距的影响，该系数显著为正，表明人力资本在一定程度上不利于城乡差距的缩小，本文认为其主要原因在于城乡的人力资本分布不均，这与蔡晓慧等（2013）、张文武等（2011）等的研究结论一致；模型（3）是在模型（1）的基础上控制了人力资本水平，结果显示，保险业规模和人力资本的系数符号未变，绝对值大小与模型（1）、模型（2）几乎一致，说明保险业规模确实能够缩小城乡收入差距，而人力资本水平阻碍了这一过程，假说 1、假说 2 得到验证。

表 2　　基本回归结果与人力资本的调节效应

变量	模型（1）	模型（2）	模型（3）	模型（4）
depth	-0.00997** (-2.18)		-0.00969** (-2.15)	-0.0846*** (-4.56)
hcap		0.0352*** (3.95)	0.0349*** (3.93)	0.00954 (0.89)
depth * hcap				0.00846*** (4.15)
lnpgdp	0.108*** (7.49)	0.0716*** (4.26)	0.0738*** (4.40)	0.0701*** (4.24)
edu	-0.0283*** (-7.74)	-0.0280*** (-7.75)	-0.0286*** (-7.92)	-0.0234*** (-6.18)
urb	-0.0114*** (-18.16)	-0.0117*** (-18.86)	-0.0116*** (-18.67)	-0.0115*** (-18.67)
finan	-0.00961 (-1.32)	-0.0170** (-2.43)	-0.0131* (-1.81)	-0.0139* (-1.95)
lnfarm	-0.100*** (-5.92)	-0.100*** (-5.98)	-0.0966*** (-5.76)	-0.0893*** (-5.36)
stru	0.457*** (6.82)	0.350*** (5.40)	0.395*** (5.81)	0.307*** (4.37)
_cons	0.534*** (6.65)	0.654*** (8.55)	0.596*** (7.37)	0.798*** (8.54)
N	620	620	620	620

注：括号内的值为 t 统计值；***、**、* 分别表示在1%、5%、10%的水平上显著。

为了验证人力资本水平的调节作用，本文在模型（4）中引入了保险业规模与人力资本的交互项。考虑到模型的共线性问题，本文对交互项进行了中心化处理。结果显示，保险业规模的系数依然显著为负，且其绝对数明显增大，这表明在模型（1）、模型（3）中，一部分保险业规模的负向作用被人力资本水平的正向作用抵消，使得保险业规模的真实作用被低估，换句话说，模型（1）、模型（3）估计得到的保险业规模影响系数中既包含本身的负向作用，也包含了以人力资本为调节变量的正向作用，并且前者的作用大于后者；人力资本的系数变小且显著性水平消失，说明人力资本水平独立发挥扩大城乡收入差距的作用较小；交互项系数显著为正，说明保险业规模对城乡收入差距的负向作用会随着人力资本的增大而减弱，假说3得到验证。

(二) 门槛效应分析

为了克服人为划分样本区间造成的主观偏差，采用面板门槛模型（Hansen，1999）来确定各个区间的门槛值。本文的门槛效应分析主要分为两部分：首先进行门槛识别，确定门槛个数及门槛值；然后估计在每个区间中，保险业规模对城乡收入差距的影响程度。

1. 门槛识别

为了确定门槛个数，本文采用 bootstrap 的方法在单一门槛、双重门槛、三重门槛的设定下分别估计，得到的结果如表3所示，单一门槛、双重门槛分别在1%和5%的显著性水平上显著，而三重门槛的 p 值为0.3360，拒绝存在三重门槛的假设，因此本文采用双重门槛模型。

表3　　　　　　　　　门槛个数的确定

门槛个数	F 值	P 值	10%	5%	1%
单门槛	112.66	0.0000	47.6995	55.8171	77.1682
双门槛	49.06	0.0320	34.0771	41.1149	72.4327
三门槛	26.39	0.3360	43.0833	52.9026	83.7477

同时，双重门槛的估计结果如表4所示，人力资本的两个门槛值分别为9.0415、9.9227，结合图1可以更为清晰地理解门槛值的估计和置信区间的构造方式。

表4　　　　　　　　　门槛值的确定

模型	门槛值	95%的置信区间
双门槛	9.0415	[8.9845, 9.9499]
	9.9227	[9.9095, 9.9718]

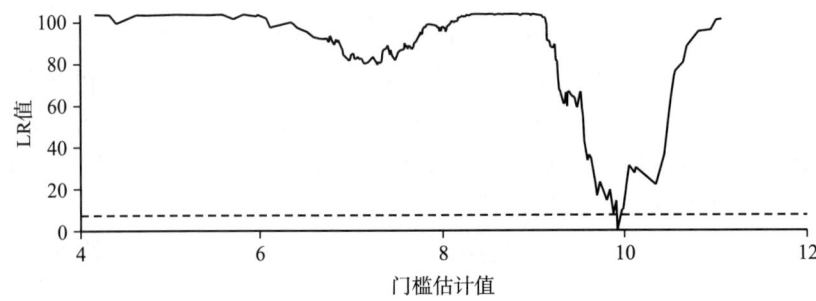

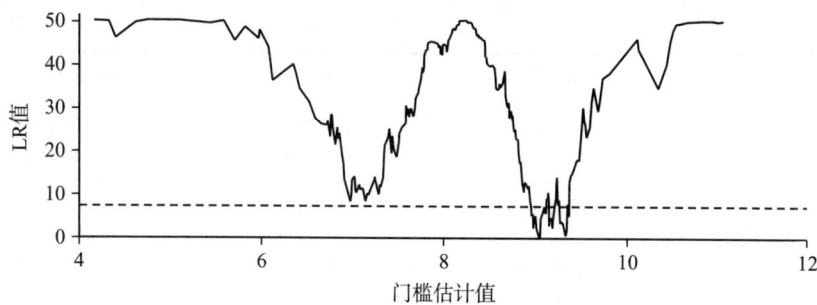

图1 门槛估计值和置信区间

2. 门槛回归分析

根据上文的两个门槛值将样本分成了人力资本低水平（hcap≤9.0415）、中等水平（9.0415＜hcap≤9.9227）及高水平（hcap＞9.9227）三个阶段，相应的估计结果如表5中模型（5）所示。在低人力资本阶段，保险业规模对城乡收入差距的影响系数为-0.0221，显著性水平为1%，说明保险业规模对缩小城乡收入差距有促进作用；在中等人力资本阶段，保险业规模的估计系数为-0.00754，通过了10%的显著性水平检验，这说明相对于低人力资本水平而言，保险业规模缩小城乡差距的作用明显减弱；而到了高人力资本水平阶段，保险业规模的估计系数为0.0232，符号由负转正，显著性水平为1%，说明在这一阶段保险业规模开始拉大城乡收入差距。与模型（4）相比，模型（5）更加准确地体现了人力资本在各个阶段的调节作用，进一步提高了模型的解释力度。

表5　　　　　　　　　　双重门槛模型回归结果

变量	模型（5）	模型（6）	模型（7）
$depth_1$	-0.0221*** (-5.21)	-0.0238*** (-5.68)	-0.0621*** (-5.29)
$depth_2$	-0.00754* (-1.76)	-0.00850** (-2.01)	-0.0362*** (-3.25)
$depth_3$	0.0232*** (4.64)	0.0224*** (4.65)	0.0547*** (4.12)
lnpgdp	0.0975*** (7.41)	0.0997*** (7.47)	0.122*** (6.64)
edu	-0.0211*** (-6.34)	-0.0224*** (-6.72)	-0.0130*** (-3.84)
urb	-0.0111*** (-19.43)	-0.0111*** (-19.44)	-0.0122*** (-22.05)

续表

变量	模型（5）	模型（6）	模型（7）
finan	-0.0205*** (-3.11)	-0.0187*** (-2.87)	-0.0184*** (-2.84)
lnfarm	-0.104*** (-6.53)	-0.102*** (-6.45)	-0.0593*** (-3.89)
stru	0.294*** (4.69)	0.271*** (4.43)	0.165*** (2.78)
_cons	0.739*** (9.62)	0.717*** (9.39)	0.108 (0.63)
N	620	620	620

注：$depth_1$、$depth_2$、$depth_3$ 分别表示人力资本低、中、高三个阶段中的保险业规模变量；括号内的值为 t 统计值；***、**、* 分别表示在 1%、5%、10% 的水平上显著。

显然模型（5）说明，随着人力资本水平的提升，保险业规模缩小城乡收入差距的作用在逐步减弱，直至高人力资本水平阶段，保险业规模继续提升则会拉大城乡差距。对此，一个合理的解释是，在不同的人力资本阶段，保险业发挥的普及效应和非均衡效应是不同的。在低人力资本水平阶段，保险业规模的扩大主要是由保险的普及引起的，尤其是人身保险的普遍化，"新农合""新农保"等社会保险在农村的深度渗透，在一定程度上也为商业保险起到了宣传和示范作用，越来越多的农民享受到保险带给他们的福利，"看病难、看病贵"问题得到缓解，农民的健康资本获得提升（Hurd et al.，1997），劳动时间及劳动效率也得到了保证（Garnaut et al.，2005；刘生龙等，2012），从而稳定了农民收入，城乡收入差距缩小；到了中等人力资本水平阶段，受政策、经济发展水平、金融覆盖率等因素的影响，在现有的约束条件下，保险覆盖率接近临界值，此时，人身保险普及所带来的缩小城乡收入差距作用明显减弱；最后当人力资本达到高水平阶段，城乡居民的人力资本存在明显差异，一方面，这种差异性使得城镇居民的投保规模远大于农村居民（张冲，2013）；另一方面，虽然此时保险覆盖率已达到现有约束条件下的最大值，但城乡居民在保险种类、保险数量等方面仍然存在较大差距，农村居民往往会选择最低标准的保险类型，从而当意外发生需要赔付时，城镇居民在报销种类、保额上限等方面存在明显优势（Wang et al.，2010；周钦等，2016），这种非均衡性使得城乡居民收入差距逐步拉大。因此，本文提出的假说3得到进一步验证。

最后，本文的模型还包含了若干控制变量，通过观察模型（5）的估计结果发现，增加教育投入、提升城镇化率、提高金融发展水平及农业劳动生产率均能在一定程度上缓解城乡收入差距，与蒙特纳（Muntaner, 1996）、陆铭（2004）、陈斌开（2010）、魏后凯（2016）等学者的研究结论一致。同时，人均 GDP 的增长率提高、产业结构的高级化过程会拉大城乡收入差距，一方面，根据库兹涅茨曲线，这可能是由于本文选取的样本数据仍处在曲线拐点之前，随着经济的发展，城乡收入差距逐步扩大；另一方面，产业结构高级化过程体现的是资源在各经济体中的配置过程，按照目前农业发展情况来看，农业本身并不是一个高利润行业，越来越多的资源汇聚到计算机服务业、房地产业、金融业等第三产业，这就使得农业在人才输入、资金吸纳等方面弱于其他行业，农民收入在一定程度上受到不利影响，城乡差距扩大。

（三）稳健性检验

通过面板门槛模型的回归发现，本文的基本结论具有一定的稳健性。为进一步增强研究结论的可信性，本文尝试进行以下两种稳健性检验：

（1）滞后项处理。考虑到保险发挥作用的时滞性，当期购买的保险可能不会立即对居民收入水平产生影响，因此本文将核心解释变量保险业规模（depth）滞后一期之后，再进行面板门槛模型回归，结果如表 5 的模型（6）所示。

（2）替换核心解释变量。目前大多数研究衡量保险业规模的变量主要是保险深度与保险密度，为了验证面板门槛模型的稳健性，本文用保险密度（density）替换了模型（5）中的保险深度（depth），同时，为了排除保险时滞性和异方差的影响，对保险密度（density）进行滞后一期及取对数处理，估计结果如表 5 的模型（7）所示。

观察模型（6）、模型（7）估计结果可以看出，与模型（5）相比，各变量的估计系数符号均未发生变化且通过了 5% 显著性水平的检验，也就是说，在低、中、高人力资本水平阶段，滞后一期的保险深度与滞后一期的保险密度估计系数同样存在由负转正的变化特征，保险业规模对于缩小城乡收入差距的作用逐步减弱，直至变成反向作用。这一结论与前面的结论是一致的，本文的研究假设得到了进一步验证。

五、结论与政策建议

本文从普及效应、人力资本效应、非均衡效应三个角度分析了保险业规模对城乡收入差距的作用机理。利用 1999~2018 年中国省级面板数据，实证考察了保险业规模对城乡收入差距的非线性影响，得到如下结论：第一，人力资本存在城乡差异，因此不利于缩小城乡收入差距，并且这种作用会通过调节城乡保险业规模作用于城乡收入差距；第二，保险业规模对城乡收入差距的影响具有双门槛效应，以人力资本为门槛的门槛值分别为 9.0415、9.9227，且通过了 5% 的显著性检验，其门槛效应具体为，随着人力资本水平的提高，保险业规模缩小城乡收入差距的作用逐步减弱，直至高人力资本阶段，城乡人力资本差异导致的保险业非均衡效应显著，从而扩大了城乡收入差距；第三，本文分别运用滞后项处理和替换核心解释变量的方法对研究结论进行稳健性检验，结果依然显著。

根据上述研究结论，本文主要从农村政策倾斜角度提出几点启示：

（1）充分发挥保险业的普及效应，去除保险覆盖死角。改革开放 40 多年，中国基本实现了全民医保，基本养老保险覆盖超过 9 亿人，医疗保险覆盖超过 13 亿人，基本医保制度减轻了参保患者的看病就医负担，然而目前仍然存在部分下岗职工缺乏自行缴纳社保的能力、农民拥有的保险种类单一等问题，因此在提高就业困难人员补贴的同时要多管齐下，发挥商业保险的补充作用，实现农村保险多重覆盖，多角度提升农村居民的抗风险能力，推动商业保险深度参与社会保障体系建设。

（2）大力推广具有倾斜性的农业保险，降低城乡保险非均衡效应的负面影响。一方面，加大农业保险的吸引力，实施倾斜性的保费补贴，适当降低免赔额、放宽最高赔付额、提升报销比例，引导和支持农村居民参加农业保险；另一方面，引导保险公司因地制宜，有针对性地拓展农业保险品种，扩大农业保险覆盖面，推动农业保险高质量发展，充分发挥农业保险在稳定农业生产、转移农产品价格风险、促进农民提效增收等方面的作用。

（3）增大农村教育经费投入，降低教育机会不平等导致的城乡人力资本差异。陈斌开等（2010）的研究表明，城市偏向的教育经费投入政策是导致城乡教育不平等的主要原因，基础教育质量差异是穷人人力资本水平提高的重要制约因素，因此，唯有大幅度增加向农村倾斜的教育经费投入，才能从根本上实现教育机会平等，提高农村居民收入，缩小城乡收入差距。同时，城乡人力资本差异问题的解决也有利于缓解保险业的非均衡效应，加强保险普及效应对缩小城乡收入差距的正向促进作用。

参考文献

1. 薄滂沱、邵全权：《保险业活动、竞争对城乡收入差距的影响》，载于《保险研究》2015 年第 8 期。

2. 蔡晓慧、余静文：《De Soto 效应、人力资本与城乡收入差距》，载于《经济问题》2013 年第 6 期。

3. 陈斌开、林毅夫：《发展战略、城市化与中国城乡收入差距》，载于

《中国社会科学》2013年第4期。

4. 陈斌开、张鹏飞、杨汝岱：《政府教育投入、人力资本投资与中国城乡收入差距》，载于《管理世界》2010年第1期。

5. 陈云松、张翼：《城镇化的不平等效应与社会融合》，载于《中国社会科学》2015年第6期。

6. 程名望、Jin Y. H.、盖庆恩、史清华：《农村减贫：应该更关注教育还是健康？——基于收入增长和差距缩小双重视角的实证》，载于《经济研究》2014年第11期。

7. 黄薇：《保险政策与中国式减贫：经验、困局与路径优化》，载于《管理世界》2019年第1期。

8. 黄志岭：《社会保险参与的城乡工人户籍差异实证研究》，载于《财经论丛》2012年第4期。

9. 匡远凤：《选择性转移、人力资本不均等与中国城乡收入差距》，载于《农业经济问题》2018年第4期。

10. 李培、刘苓玲：《我国基本养老保险扩面的收入分配效应研究》，载于《财经研究》2016年第4期。

11. 刘生龙、李军：《健康、劳动参与及中国农村老年贫困》，载于《中国农村经济》2012年第1期。

12. 龙海明、凌炼、谭聪杰、王志鹏：《城乡收入差距的区域差异性研究——基于我国区域数据的实证分析》，载于《金融研究》2015年第3期。

13. 陆铭、陈钊：《城市化、城市倾向的经济政策与城乡收入差距》，载于《经济研究》2004年第6期。

14. 沈燕：《社会保障对人力资本及其经济增长的影响——基于中国1989~2008年的数据》，载于《社会保障研究》2012年第4期。

15. 孙敬水、张周静：《人力资本对城乡收入差距及其收敛性的影响——基于我国省际面板数据分析》，载于《农业技术经济》2010年第9期。

16. 王宏扬、樊纲治：《人口结构转变与人身保险市场发展趋势——基于省际面板数据的实证研究》，载于《保险研究》2018年第6期。

17. 王少平、欧阳志刚：《我国城乡收入差距的度量及其对经济增长的效应》，载于《经济研究》2007年第10期。

18. 王延中、龙玉其、江翠萍、徐强：《中国社会保障收入再分配效应研究——以社会保险为例》，载于《经济研究》2016年第2期。

19. 王翌秋、刘蕾：《新型农村合作医疗保险、健康人力资本对农村居民劳动参与的影响》，载于《中国农村经济》2016年第11期。

20. 魏后凯：《新常态下中国城乡一体化格局及推进战略》，载于《中国农村经济》2016年第1期。

21. 杨晶、邓大松、申云：《人力资本、社会保障与中国居民收入不平等——基于个体相对剥夺视角》，载于《保险研究》2019 年第 6 期。

22. 詹长春、郑珊珊：《农村居民医疗保障"逆向"收入再分配效应形成机制及克服——以江苏省为例》，载于《农业经济问题》2018 年第 10 期。

23. 张冲：《中国人口结构对人身保险市场发展的影响研究》，载于《保险研究》2013 年第 4 期。

24. 张川川、陈斌开：《"社会养老"能否替代"家庭养老"？——来自中国新型农村社会养老保险的证据》，载于《经济研究》2014 年第 11 期。

25. 张文武、梁琦：《劳动地理集中、产业空间与地区收入差距》，载于《经济学（季刊）》2011 年第 2 期。

26. 赵为民：《新农合大病保险改善了农村居民的健康吗？》，载于《财经研究》2020 年第 1 期。

27. 周钦、田森、潘杰：《均等下的不公——城镇居民基本医疗保险受益公平性的理论与实证研究》，载于《经济研究》2016 年第 6 期。

28. Arena M., 2008, "Does Insurance Market Activity Promote Economic Growth? A Cross – Country Study for Industrialized and Developing Countries", *Journal of Risk and Insurance*, 75 (4), pp. 921 – 946.

29. Baltagi B. H, Moscone F., 2010, "Health Care Expenditure and Income in the OECD Reconsidered: Evidence from Panel Data", *Economic Modelling*, 27 (4), pp. 0 – 811.

30. Benzeval M., Judge K., 2001, "Income and Health: the Time Dimension", *Social Science and Medicine*, 52 (9), pp. 1371 – 1390.

31. Chen P., Ibbotson R. G., Milevsky M A, et al., 2006, "Human Capital, Asset Allocation, and Life Insurance", *Financial Analysts Journal*, 62 (1), pp. 97 – 109.

32. Contoyannis P., Forster M., 1999, "The Distribution of Health and Income: A Theoretical Framework", *Journal of Health Economics*, 18 (5), pp. 605 – 622.

33. Deng X., 2011, "Effects of Level and Composition of Public Spending on Urban and Rural Income Inequality: The Empirical Study from Provincial Panel Data in China", *Economic Review*, (4), pp. 63 – 69.

34. Frenzen P. D., 1993, "Health Insurance Coverage in U. S. Urban and Rural Areas", *Journal of Rural Health*, 9 (3), pp. 204 – 214.

35. Garnaut R., Song L., 2005, "The China Boom and its Discontents", ANU Press.

36. Hansen B. E., 1999, "Threshold Effect in Non – Dynamic Panels: Esti-

mation, Testing, and Inference", *Journal of Econometrics*, 93 (2), pp. 345 – 368.

37. He L., Sato H., 2013, "Income Redistribution in Urban China by Social Security System – An Empirical Analysis Based on Annual and Lifetime Income", *Contemporary Economic Policy*, 31 (2), pp. 314 – 331.

38. Huang X. M., 2014, "Income Gap, Deepening of Human Capital in the Rural Areas and the Integration of City and the Countryside", *Economist*, (01), pp. 84 – 91.

39. Hurd M. D., Mcgarry K., 1997, "Medical Insurance and the Use of Health Care Services by the Elderly", *Journal of Health Economics*, 16 (2), pp. 129 – 154.

40. Muntaner C., Parsons P. E., 1996, "Income, Social Stratification, Class, and Private Health Insurance: A Study of the Baltimore Metropolitan Area", *International Journal of Health Services*, 26 (4), pp. 655 – 671.

41. Shi X., Wang H. J., Xing C., 2014, "The Role of Life Insurance in an Emerging Economy: Human Capital Protection, Assets Allocation and Social Interaction", *Journal of Banking & Finance*, 50 (C), pp. 19 – 33.

42. Wang H. H., Huang S., Zhang L. et al., 2010, "A Comparison of Rural and Urban Healthcare Consumption and Health Insurance", *China Agricultural Economic Review*, 2 (2), pp. 212 – 227.

43. Wu Y., Xiao H., 2018, "Social Insurance Participation among Rural Migrants in Reform Era China", *Asian and Pacific Migration Journal*, (11), pp. 383 – 403.

44. Xie B. C., Han J. S., 2015, "Impacts of Basic Medical Insurance on Household Expenditure in Urban and Rural China", *Journal of Business Economics*, (5), pp. 79 – 87.

Insurance Industry Scale, Human Capital and Urban – Rural Income Gap

—Based on 1999 ~ 2018 Provincial Panel Threshold Model

Xu Rong   Wei Qian

(Center for Economic Research, Shandong University, 250100)

Ge Ping

(Qilu Bank, 250001)

[**Abstract**] This paper analyzed the effect mechanism of insurance industry scale on the urban-rural income gap from three dimensions: universal effect, human capital effect and disequilibrium effect. Empirical analysis using provincial panel data in china from 1999 to 2018 found that: firstly, the scale of insurance industry could significantly inhibit the expansion of urban-rural income gap; secondly, human capital would widen the urban-rural income gap because of the urban-rural human capital gap; thirdly, human capital could adjust the impact of insurance industry scale on the urban-rural income gap, and due to the existence of the human capital threshold effect, this impact was non-linear. Insurance industry scale could reduce urban-rural income gap, however, with the increase of human capital, the effect was gradually weakened until it became a reverse effect. Finally, this article put forward corresponding policy suggestions from the rural-oriented policies.

[**Key Words**] Insurance Industry Scale   Human Capital   Urban – Rural Income Gap

JEL Classifications: G22   R11   P25

中国人口老龄化的技术创新效应之谜研究

王林梅 段龙龙[**]

【摘 要】 立足劳动生产率变动视角,借助全国2000~2017年的省际面板数据和第六次全国人口普查134个地市层面数据对人口老龄化的技术创新效应之谜进行了重新探讨,研究发现:中国的人口老龄化技术创新效应呈现先抑制后增进的U形结构,并且这种U形结构在按照经济发展水平分组的区域间也同样明显,表现为人口老龄化的技术创新红利随着地区经济发达程度的攀升而提高;虽然中国人口老龄化趋势不可逆转,但人口老龄化可通过发挥地区劳动生产率的正向调节机制和激发"银色经济"需求来共同应对劳动力数量衰退、社会养老负担增长给地区技术创新产生的负面效应,当更换地级市样本实施模型重估后,结果依然稳健。这一结论给我国在人口老龄化加速发展阶段积极转危为机促进人口结构高质量转变与创新驱动战略协调发展提供了一条新的施策思路。

【关键词】 老龄化 人口转变 技术创新能力 劳动生产率

中图分类号:F061.3 F062.4 文献标识码:A

一、引 言

2018年底,我国60岁以上老年人口所占比重已经达到17.9%的历史新

---

[*] 基金项目:本文为国家社会科学基金项目:"新时代建设现代化经济体系的理论依据及指标体系构建研究"(18XKS009);教育部人文社会科学基金青年项目:"新时代我国城镇化与逆城镇化协调发展路径研究"(19YJC710016);四川大学中国特色社会主义政治经济学研究中心专项研究项目:"新时代我国人口高质量发展的实现策略研究"的阶段性成果。

[**] 王林梅,四川大学马克思主义学院讲师,博士后;地址:(610065)成都市一环路南一段24号;E-mail:659848322@qq.com。段龙龙,四川大学经济学院副研究员,硕士生导师;地址:(610065)成都市一环路南一段24号四川大学经济学院;E-mail:duanlonglong2006@126.com。

高位,老年抚养比也连续8年保持上升态势(见图1)。而按照联合国老龄化社会的界定标准,2018年底我国65岁以上人口所占总人口比例也提高到了11.9%,预计将在2020年正式进入所谓的"深度老龄化"阶段①(UN,2017)。在我国当前"未富先老""跨越中等收入陷阱"风险不断增加的"新常态"下,老龄化带给我国的不仅仅是表面的人口结构变化,更为重要的是其背后引发的经济变化、社会变化以及技术变化(Cuaresma,2014)。为此,党的十九大立足我国未来经济社会发展的总体趋势,专门作出了"促进生育政策和相关经济社会政策配套衔接,加强人口发展战略研究,积极应对人口老龄化"的重要指示,并专门研究出台了《国家人口发展规划(2016—2030年)》,依次从人口—经济—社会—技术—环境五个方面对我国老龄化带来的问题与潜在挑战进行了前瞻性梳理预判。从当前经济社会转型面临的压力来看,最为急迫的是要关注人口老龄化带来的技术挑战,分析老龄化引致的适龄劳动力减少和社会养老负担增加对地区和企业的技术创新能力影响,从而使得制定老龄政策更加适配"健康中国"和"创新驱动"战略实施的需要。

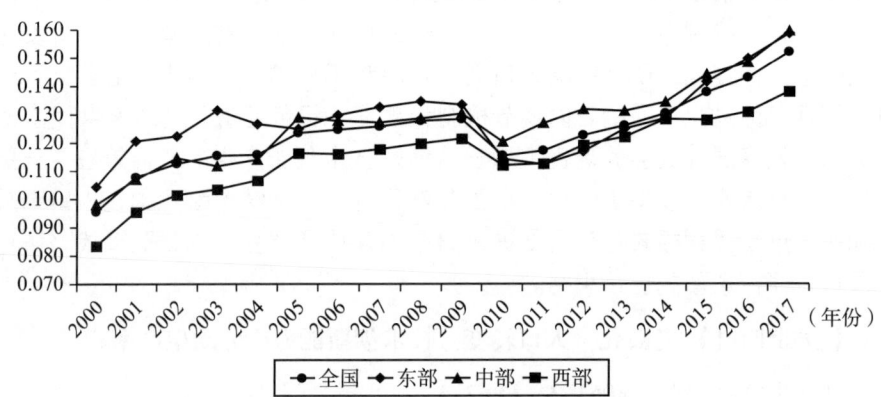

**图1 全国及东中西部历年人口老龄化(老年抚养比)演化走势
(2000~2017年)**

资料来源:《中国统计年鉴》(2001~2018)。

如果从劳动生产率变动和知识生产的角度来看,老龄人口的增加势必不利于社会总产出规模的扩张和新技术的扩散(Bloom,2013)。但是在新的"渐进式延迟退休"政策实施和"双创"政策激励下,上述传统观点可能会遭到彻底颠覆(Eiras,2012)。尤其是在人口老龄化所引发的"银色经济"发展浪潮下,人口老龄化所导致的经济—社会—技术变革更加呈现的是"危

---

① 根据1956年联合国《人口老龄化及其社会经济后果》确定的划分标准,当一个国家或地区65岁及以上老年人口数量占总人口比例超过7%时,则意味着这个国家或地区进入老龄化。65岁以上老年人达到总人口的14%即进入深度老龄化。

机"并存的双面特点（Götmark，2018），当前理论界与决策层对于老龄化带来的危险性与潜在挑战极为重视，更多地将老龄化视为一种劳动力及财政支持负担，对老龄化的技术"机遇"和产业"机遇"研究较为忽视，这不利于公正客观地认识人口老龄化的多重性质。为此，以人口老龄化所带来的技术创新效应之谜作为分析的主题和切入点，一方面很好地弥补了学术界客观理性认识人口老龄化，从技术创新层面评估人口老龄化经济社会效应的不足；也较好地解答了老龄化与创新驱动融合协调发展是否可能的理论难题。给各级政府和企业在人口老龄化背景下进一步适应劳动力市场结构性变化，顺势而为持续推进全社会技术创新提供了新思路。

二、文献评述

人口老龄化会带来怎样的技术创新后果一直是学术界争议的理论话题。早期的研究多将两者的关系看成是负向关联的或是不利的。这是因为人口老龄化带来了劳动力规模收缩，同时大幅减少了边际创新效率较高的年轻劳动力的数量，因此有碍于企业技术创新（Bianchini，2019）。同时，老龄化造成医疗费用的急剧扩张，政府不得不大幅度提高用于医疗卫生和公共养老的财政开支，从而对科技创新支出产生明显的挤出效应（杨昕，2018）。然而近期对欧美等发达经济体的实证研究表明：在各国相继进入深度老龄化社会之后，老龄化对社会技术进步和企业技术创新能力的影响可能会产生积极影响。如戈登（Gordo，2013）利用德国的劳动力市场1986~2006年的调查数据发现：老年人或年长的工作者对新技术变化的接受程度并不比年轻人更差，甚至它们在学习热情、认知并掌握新技术，传播新技术的动机还超过了年轻工作者。皮特讷（Prettner，2013）则利用1980~2005年的跨国数据研究了老龄化对不同国家技术创新效率和经济增长的影响，结果也表明：社会技术创新效率的关键并不在于劳动力数量而在于劳动力质量，而年长的劳动力由于拥有更为熟练的劳动技能和劳动经验。其在团队和组织知识生产与技术研发过程中，更有利于激发和带动其他年轻劳动力的创新动力和创新效率，从而提高了企业的整体创新能力（Zwick，2014）。在上述研究的启发下，琼尼（Jone，2010）对20世纪的所有伟大发明者的年龄结构做了细致的研究，结果表明：年龄和伟大发明数量之间呈现显著的倒U形关系，但随着社会知识存量的增长，伟大发明者的平均年龄有往后移动的趋势，50岁将是个体创新能力的巅峰。

由于人口转变速度明显快于同期西方国家且"未富先老"特征明显，弄清中国人口老龄化潜在的技术创新效应规律就显得更为急迫。为此国内学者也展开了大量前瞻性研究,取得成果丰硕。总的来看,多数学者对我国人口老龄化对技术创新的影响持辩证性观点,认为老龄化既有抑制技术创新的一面,也有促进技术创新的一面,因此强调老龄化的技术创新效应存在典型的非线性特征(黄乾,2018)。从老龄化抑制技术创新的实证观点来看,老龄化主要通过抑制产业结构升级(卓乘风,2018);降低人力资本投资水平以及加重老龄负担、挤占创新资源对技术创新产生消极影响(汪伟,2017);而从老龄化促进技术创新的研究观点来看,老龄化可借助提升劳动生产率,通过"资本—劳动"要素结构改善和人力资本要素质量提升推动了技术创新(王笳旭,2017)。随着中国人口老龄化进程的不断提速,学术界通过改进老龄化的测量维度又发现了一系列老龄化对技术创新能力影响的异质性现象,如邵汉华(2019)研究发现:老年人口比重的提升对技术创新具有显著的抑制作用,但劳动年龄人口比重的提升却能显著促进技术创新,说明人口老龄化与技术创新之间存在基于创新条件的异质性门槛效应;同理,这种异质性在我国东中西部区域乃至国别之间也相继得到了印证(杨校美,2018),从侧面进一步证实了人口老龄化与技术创新能力之间 U 形关系存在的可能性(姚东旻,2015)。

纵观国内外最新的研究成果,人口老龄化对技术创新的影响仍然是个未解之谜,基于研究视角和跨国比较的不同均能得出异质性的研究结果(邓明,2014),尤其是针对中国而言,人口老龄化的技术创新效应在区域和产业部门间的作用机制差别更为明显,需要进一步深入研究来解开其中的"传导机制黑箱"。为此,本文从劳动生产率变动的视角出发,基于省和市两个层面区域异质性的立场来重新审视中国人口老龄化对技术创新能力的影响,试图从边际贡献上将理论界对人口老龄化技术创新效应的认识推进一步,也为决策层更好更审慎地从"创新驱动"视角来出台积极应对人口老龄化的系列政策提供一项实证支持。

三、研究设计

结合本文的研究主题和目标,需要通过实证回答以下三个问题:一是中国的人口老龄化进程与地区技术创新能力之间具有怎样的相关关系?这种关系是抑制还是促进关系?二是立足劳动生产率变动的视角,解释劳动生产率在人口老龄化和技术创新能力之间是否起到了调节或中介作用。三是回答人口老龄化所引起的医疗负担、财政能力负担及其他派生效应对技术创新能力变动的影响。基于上述问题导向,我们需要先从变量选择开始利用现代计量经济学工具对其逐一做实证性验证。

（一）变量界定与初步统计推断

1. 因变量：技术创新能力的测量

理论界目前对地区技术创新能力的界定主要有基于投入导向和产出导向的两个维度。投入导向的技术创新能力强调的是在技术研发上的人员、经费以及设备等固定资产的投入规模和强度（姚东旻，2017）。而产出导向则重视的是创新结果如专利申请数量，论文发表数量等。使用R&D人员和经费等投入性指标衡量技术创新能力可能会忽略技术风险因素，而使用产出导向的专利申请数或论文发表数来测度技术创新能力又会经常受到人为因素的干扰（汪伟，2016），出于测量的准确性考虑，我们需将两者结合起来，在剔除人口规模、地区经济总量等因素的异质性影响之后，分别使用万人专利申请数量（PA）和科学研究与试验发展（R&D）投入经费强度[①]（RAD）和地区R&D人员全时当量（RPD）来作为地区技术创新能力的测度指标。

2. 核心自变量：人口老龄化的测量

对于人口老龄化的测量，学术界主要用抚养比指标和老年人口比重指标来衡量，抚养比指标主要是借助老年抚养比来测度人口老龄化的人口负担程度（冯剑锋，2019）反映的是老龄化进程在社会人口总规模当中的结构变动。由于人口老龄化是对动态人口转变的一种客观体现，因此应当将老龄化人口结构和人口负担两者综合起来衡量人口老龄化的进展程度。因此，在核心自变量的选择上，分别选用老年抚养比（ODR）和老年人口比重（APR）作为测量人口老龄化的替代指标。

3. 其他自变量的测量

除了必要的因变量和核心自变量之外，研究还需要使用到一系列其他自变量，根据先验研究，与人口老龄化相关联且对地区技术创新能力具有显著性影响的经济和社会变量包括：万人医疗机构床位数（HOS）、劳动生产率（LPR）、产业结构（IS）、外商直接投资（FDI）、城镇职工平均工资（UW）、财政自给能力（FE）。其中，劳动生产率（LPR）是老龄化技术创新效应形成中很重要的一个中间传导变量（江鑫，2019），而医疗机构床位数、产业结构、外商直接投资、工资水平和政府财政收支自给能力也都是被已有文献证实过对地方技术创新能力有显著影响的关键指标（龚锋，2015；陈丰龙，2014）。

在变量界定清楚之后，我们先对核心自变量—人口老龄化与因变量—地区技术创新能力之间进行一则初步的统计推断，利用散点图和线性拟合技术对两者的相关性进行初步研判，需要说明的是，我们的数据样本是来自2000

[①] R&D投入经费强度的计算方法是地区R&D投入经费额与地区GDP之间的比例，它衡量了国民生产总值中用于研究和发展的规模和强度，是能够进行地区和国别间实施横向比较的常用指标之一。

年到 2017 年中国 31 个省（市、自治区）的面板数据集，分别绘制的老年抚养比与万人专利数拟合图、老龄人口占比与 R&D 经费投入强度拟合图如图 2 和图 3 所示。

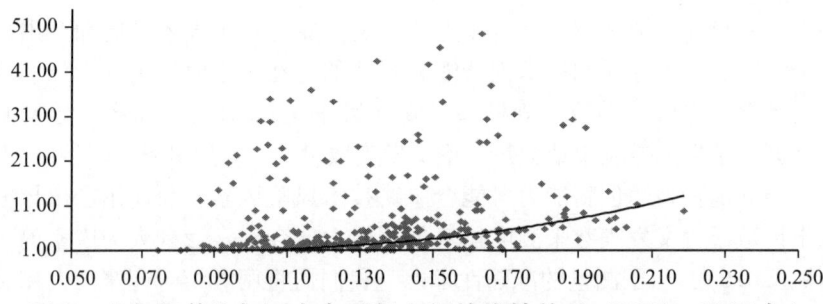

图 2　老年抚养比与万人专利数之间的线性关系（2000～2017 年）

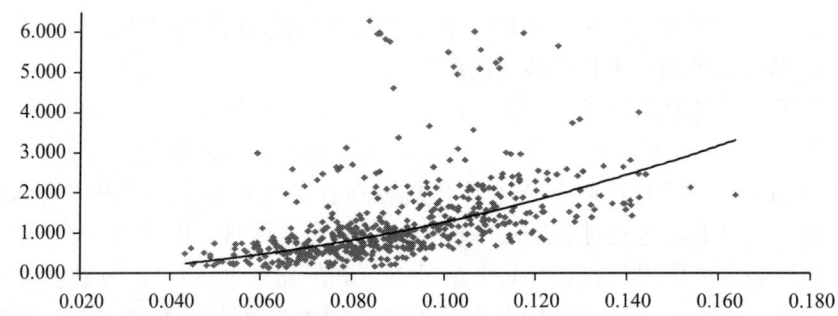

图 3　老龄人口占比与 R&D 经费投入强度之间的线性关系（2000～2017 年）

图 2 和图 3 的线性关系拟合结果表明：人口老龄化与技术创新能力之间并不是传统理论描述的负相关或简单线性关系，更近似地呈现出 U 形关系结构，为了进一步验证上述假说，我们需要建立计量经济模型对其进行更深入的参数检验。

（二）模型设定与数据来源

在计量模型形式上我们分别选择面板分位数模型（PQRM）、动态面板模型（DPD）和静态面板模型对人口老龄化与技术创新能力之间的关系进行参数估计。之所以选择面板分位数模型作为优先的计量估计工具是因为我们所研究的因变量：地区技术创新能力的核密度分布函数呈现出明显的左偏态势（见图 4），因此相较传统的 OLS 估计，使用分位数方法能够得到更为精确无偏的估计量，区分出地域层次的异质性，且不易受随机误差项属性的影响；而后续采用动态面板模型和静态面板模型则是侧重从全国层面考察人口老龄化对技术创新能力影响的平均效应,有利于解释人口老龄化与技术创新能力之间的真实相关关系。

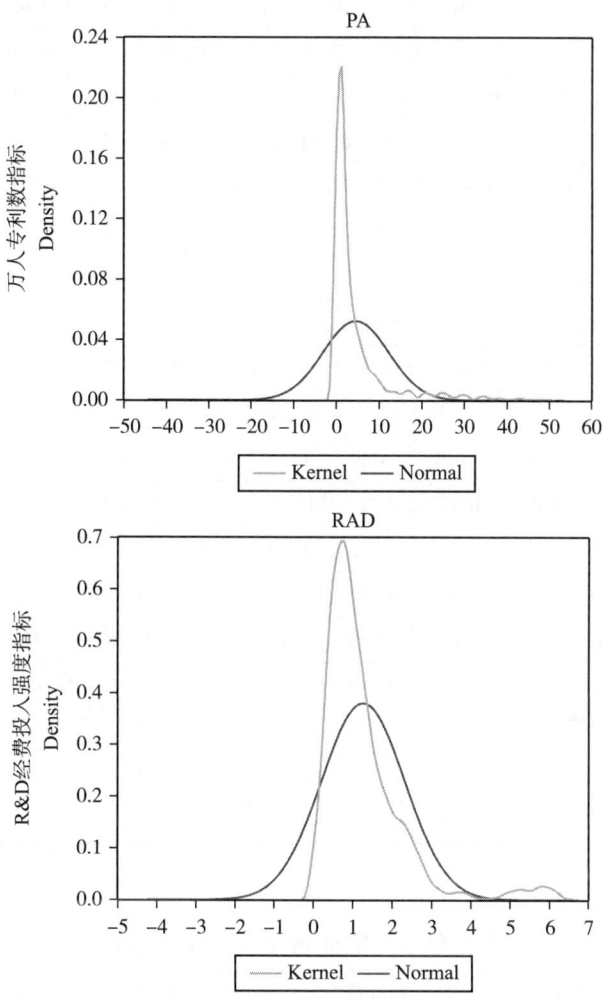

图4　中国省际技术创新能力的核密度分布函数与正态分布比较

在模型形式构建之间,需先对所有涉及变量序列的基本情况做描述性统计和单位根检验,这样做的好处是消除伪回归对模型估计有效性的影响。在我们使用的样本数据中,既有全国省际层面的经济社会数据样本,也包括134个地级市第六次人口普查所得到的样本,因此我们分成两部分进行描述性统计,为了后续研究便利,数据的来源也一并交代:全国省际层面的数据均来自中国区域统计年鉴,而第六次人口普查主要地级市样本数据则分别来自各省公布的六普详细数据和国家统计局公布的第二次R&D资源清查数据。使用EViews 9.0实施的描述性统计分析和面板单位根检验的结果如表1和表2所示。

表1　　　　　　　　　　变量序列的描述性统计

变量	全国省际层面样本（2000~2017年）										
	PA	RAD	ODR	APR	HOS	LPR	UR	FDI	UW	FE	IS
均值	4.518	1.258	0.123	0.089	37.03	5.286	0.490	1 540	34 461	0.501	16.53
中位数	1.562	0.975	0.120	0.087	35.497	3.800	0.470	358.4	29 420	0.456	7.331
最大值	49.26	6.280	0.219	0.164	68.54	22.71	0.900	12 758	131 700	0.951	303.4
最小值	0.026	0.137	0.063	0.043	15.28	0.486	0.140	2.000	6 918	0.053	1.638
标准差	7.632	1.051	0.028	0.021	12.475	4.443	0.155	2 763	22 458	0.201	33.41
偏度	3.003	2.429	0.526	0.447	0.376	1.568	0.629	2.393	1.111	0.317	4.680
峰度	12.734	10.25	3.125	3.049	2.143	5.310	3.279	7.895	4.537	2.542	28.33
样本量	558	558	558	558	558	558	558	558	558	558	558

变量	第六次人口普查主要地级市样本（2010年）									
	RPD	RAD	ODR	APR	HOS	LPR	IS	FDI	UW	FE
均值	1.33	1.072	0.177	0.124	43.73	7.126	34.151	10.143	34 836	0.547
中位数	0.450	0.842	0.171	0.125	40.73	5.645	11.21	2.474	33 303	0.540
最大值	19.20	5.688	0.372	0.235	109.9	31.20	1 479.9	111.21	71 874	1.091
最小值	0.0013	0.001	0.009	0.0066	11.807	1.276	2.428	0.004	20 136	0.067
标准差	2.506	0.8917	0.064	0.043	16.514	4.7582	130.82	19.89	8 757	0.257
偏度	4.411	1.836	0.357	-0.206	1.114	1.829	10.25	3.356	1.167	0.065
峰度	26.835	8.883	3.773	3.579	5.059	8.433	113.1	15.167	5.133	1.998
样本量	134	134	134	134	134	134	134	134	134	134

表2　　　　　　　　各变量序列的面板单位根检验结果

检验序列	检验方法（C，T，K）	LLC检验	Fisher-ADF检验	Fisher-PP检验	结论
PA	(1, 1, 0)	3.59	40.98	24.98	不平稳
ln(PA)	(1, 1, 0)	-5.55***	97.5***	110.5***	平稳
RAD	(1, 1, 0)	-3.97***	100.2***	93.7***	平稳
ODR	(1, 1, 0)	-3.82***	110.1***	96.6***	平稳
APR	(1, 0, 0)	-2.82***	70.1	92.1***	平稳
HOS	(1, 1, 0)	-6.27***	59.56	79.68**	平稳
LPR	(1, 0, 1)	-2.52***	86.1***	116.6***	平稳
UR	(1, 1, 0)	-10.7***	105.99***	86.74***	平稳

续表

检验序列	检验方法（C，T，K）	LLC 检验	Fisher – ADF 检验	Fisher – PP 检验	结论
FDI	(1, 0, 0)	18.7	8.74	6.9	不平稳
ln(FDI)	(1, 1, 0)	-1.22*	83.84**	53.9	平稳
UW	(1, 1, 0)	-2.42***	25.2	45.6	不平稳
ln(UW)	(1, 0, 0)	-11.8***	101.4***	167.9***	平稳
FA	(0, 0, 0)	-2.69***	101.4***	109.3***	平稳
IS	(1, 1, 0)	-3.76***	79.2*	45.0	平稳

注：检验方法中的 C 表示在面板单位根检验中是否考虑截距项，T 表示是否考虑时间趋势项，K 表示是否考虑差分，0 表示不选择，1 表示选择。只要三类检验中至少有 2 个通过显著性检验则可判定为序列平稳。*** 表示假设检验在置信水平为 99% 时统计显著，** 表示假设检验在置信水平为 95% 时统计显著，* 表示假设检验在置信水平为 90% 时统计显著。

表 2 中的面板单位根检验结果显示：除了万人专利数、外商直接投资和城镇职工平均工资三个序列之外，其他变量序列均通过了单位根检验，序列平稳，那么为了克服上述三个指标的非平稳性，我们分别对三个指标进行对数化变换再次实施单位根检验，发现对数化后的指标基本具备了实施参数估计的平稳性条件，我们据此来构建所需的计量回归模型。

首先，构建人口老龄化对地区技术创新能力影响的面板分位数模型：

$$\ln PA_{it} = \alpha_0^{(p)} + \alpha_1^{(p)} ODR_{it} + \alpha_2^{(p)} APR_{it} + \alpha_3^{(p)} LPR_{it} + \sum_{k=4}^{n} \alpha_k^{(p)} Control_{it} + \varepsilon_{it} \quad (1)$$

$$RAD_{it} = \alpha_0^{(p)} + \alpha_1^{(p)} ODR_{it} + \alpha_2^{(p)} APR_{it} + \alpha_3^{(p)} LPR_{it} + \sum_{k=4}^{n} \alpha_k^{(p)} Control_{it} + \eta_{it} \quad (2)$$

其中，$\ln PA_{it}$ 表示第 i 地区 t 年的对数化万人专利数；RAD_{it} 表示第 i 地区第 t 年的 R&D 经费投入强度；α_k 为一系列待估参数；$Control_{it}$ 表示万人医疗机构床位数、产业结构、对数化外商直接投资、对数化城镇职工评均工资、财政自给能力等其他自变量。ε_{it} 和 η_{it} 表示随机误差项，p 表示分位数，$0 > p > 1$。

其次，构建人口老龄化对地区技术创新能力影响关系的动态面板和静态面板模型，动态面板模型设定形式如下：

$$\ln PA_{it} = \beta_0 + \sum_{i=1}^{n} \beta_i \ln PA_{i(t-i)} + \lambda_1 ODR_{it} + \lambda_2 LPR_{it} + \sum_{k=4}^{n} \alpha_k Control_{it} + \mu_{it}$$

$$(3)$$

$$RAD_{it} = \beta_0 + \sum_{i=1}^{n} \beta_i RAD_{i(t-i)} + \lambda_1 APR_{it} + \lambda_2 LPR_{it} + \sum_{k=4}^{n} \alpha_k Control_{it} + \pi_{it}$$

$$(4)$$

其中，$\sum_{i=1}^{n} \beta_i \ln PA_{i(t-i)}$ 和 $\sum_{i=1}^{n} \beta_i RAD_{i(t-i)}$ 表示对数化万人专利数和 R&D 经费投

入强度的滞后项，$Control_{it}$ 同样表示第 i 地区 t 年其他自变量，λ_k 为模型需估计的系列待估参数；μ_{it} 和 π_{it} 表示随机误差项，性质满足高斯马尔科夫定律。

最后，变系数不变截距静态面板模型的设定形式如下：

$$\ln PA_{it} = \gamma_0 + \gamma_1 ODR_{it} + \gamma_2 ODR_{it}^2 + \gamma_3 ODR_{it} \times LPR_{it} \\ + \gamma_4 LPR_{it} + \sum_{k=5}^{n} \gamma_k Control_{it} + \phi_{it} \quad (5)$$

$$RAD_{it} = \gamma_0 + \gamma_1 APR_{it} + \gamma_2 APR_{it}^2 + \gamma_3 APR_{it} \times LPR_{it} \\ + \gamma_4 LPR_{it} + \sum_{k=5}^{n} \gamma_k Control_{it} + \tau_{it} \quad (6)$$

其中，ODR_{it}^2 为老年抚养比指标的平方项；APR_{it}^2 为老年人口比重指标的平方项；$ODR_{it} \times LPR_{it}$ 代表老年抚养比与劳动生产率的交互项；$APR_{it} \times LPR_{it}$ 为老年人口比重与劳动生产率的交互项；γ_k 为模型需估计的系列待估参数；ϕ_{it} 和 τ_{it} 表示随机误差项，属性满足独立同分布假设。

四、实证估计与分析

（一）面板分位数模型（PQR）的估计结果分析

笔者先实施面板分位数估计，考虑到我国省际人口老龄化和技术创新能力明显的区域异质性，分别选择 0.1、0.25、0.4、0.5、0.6、0.75 和 0.9 这 7 类分位数实施回归，以充分刻画人口老龄化程度的渐进变动对地区技术创新能力的影响。根据模型（1）和模型（2），我们分别使用对数化万人专利数（lnPA）和 R&D 经费投入强度（RAD）依次作为被解释变量，同时考虑到参数估计的有效性，笔者在待估参数的修正方法上进一步采取了 H－S 法和 Bootstrap 自举法实施迭代，并利用逐步回归方法最大限度地减少多重共线性对参数有效性和无偏性的影响。估计结果如表 3 所示。

表 3 中的参数估计结果显示：人口老龄化总体上对技术创新能力呈现出明确的双向变动影响。从衡量老龄化的老年抚养比维度来考察，随着老年抚养比的边际增长，老年抚养比会对万人专利数量产生显著的抑制作用，而反之，若从衡量老龄化的另一层面：老年人口比重角度来考察，老年人口比例的逐步扩张却也会一定程度上推动万人专利数量的相应增长，这种规律在被解释变量替换为 R&D 经费投入强度之时依然成立。

如果详细审视核心自变量的参数值大小，可以发现人口老龄化对技术创新能力影响的总效应（老年抚养比与老年人口比重参数估计值之和）呈现出明显的由负转正关系，表明人口老龄化在边际层面上与地区技术创新能力之

表3 人口老龄化影响技术创新的面板分位数模型（PQRM）估计结果（2000~2017年）

变量	因变量：对数化万人专利数（lnPA）							因变量：R&D 经费投入强度（RAD）						
	p=0.1	p=0.25	p=0.4	p=0.5	p=0.6	p=0.75	p=0.9	p=0.1	p=0.25	p=0.4	p=0.5	p=0.6	p=0.75	p=0.9
ODR	16.3*** (3.02)	8.93*** (1.76)	7.73*** (1.93)	1.66 (0.34)	-0.64 (-0.13)	-4.3 (-0.9)	-15.6** (-2.06)	-10.8*** (-2.62)	-7.8* (-1.98)	-14.5*** (-3.47)	-8.9* (-1.85)	-11.8*** (-2.89)	-24.5*** (-4.78)	-39.9*** (-3.67)
APR	-24.1*** (-2.94)	-11.4* (-1.62)	-9.6* (-1.61)	-0.21 (-0.03)	3.52 (0.49)	8.6 (1.24)	23.1** (2.14)	19.9*** (3.23)	17.2*** (2.91)	29.5*** (4.74)	22.3*** (3.21)	26.5*** (4.19)	45.2*** (2.68)	67.8*** (4.12)
HOS	0.03*** (8.62)	0.03*** (7.36)	0.02*** (7.74)	0.02*** (7.69)	0.02*** (7.08)	0.02*** (6.26)	0.01** (2.5)	0.006** (2.26)	-0.001 (-0.48)	-0.001 (-0.1)	-0.001 (-0.43)	0.003 (1.04)	0.01* (1.67)	0.02** (2.58)
LPR	-0.01 (-0.46)	0.006 (0.35)	0.02* (1.61)	0.01 (1.12)	0.008 (0.91)	0.007 (0.44)	-0.02* (-1.61)	-0.01 (-1.27)	0.008 (0.9)	0.02** (1.98)	0.03* (1.92)	0.005 (0.29)	0.02 (0.94)	-0.02 (-1.31)
IS	0.0003 (0.35)	-0.001 (-1.31)	-0.002** (-1.92)	-0.003*** (-3.66)	-0.004*** (-3.85)	-0.004*** (-3.33)	-0.01* (-1.69)	0.009*** (10.74)	0.008*** (9.59)	0.01*** (11.3)	0.01*** (2.57)	0.01*** (5.63)	0.02*** (5.14)	0.03*** (7.75)
ln(FDI)	0.17*** (7.3)	0.15*** (7.94)	0.14*** (9.17)	0.12*** (7.06)	0.12*** (7.6)	0.13*** (7.02)	0.07*** (3.1)	0.03* (1.73)	0.03* (1.8)	0.01 (0.71)	0.02* (1.62)	0.001 (0.09)	-0.04 (-1.53)	-0.11*** (-2.59)
ln(UW)	0.75*** (10.4)	0.82*** (11.9)	0.9*** (16.2)	1.01*** (7.06)	1.04*** (18.9)	1.14*** (17,6)	1.33*** (13.7)	0.08* (1.61)	0.17*** (3.62)	0.11** (2.2)	0.09* (1.69)	0.14** (2.43)	-0.06 (-0.79)	-0.21 (-1.32)
FA	3.03*** (11.53)	2.96*** (15.1)	3.0*** (17.8)	3.22*** (22.4)	3.16*** (22.2)	3.01*** (15.7)	3.2*** (9.54)	0.77*** (5.27)	0.94*** (6.8)	0.86*** (5.85)	0.83*** (4.64)	1.12*** (5.48)	1.2*** (4.4)	2.16*** (4.08)
C	-11.3*** (-16.02)	-11.7*** (-18.6)	-12.2*** (-24.9)	-13.1*** (-25.0)	-13.3*** (-27.4)	-14.4*** (-24.3)	-15.0*** (-18.7)	-1.37*** (-3.06)	-2.17*** (-5.07)	-1.65*** (-3.66)	-1.48*** (-4.63)	-2.0*** (-3.71)	-0.01 (-0.02)	1.26 (0.88)
Pseudo R^2	0.69	0.71	0.73	0.73	0.73	0.73	0.72	0.37	0.39	0.42	0.44	0.46	0.49	0.57

续表

变量	因变量：对数化万人专利数（lnPA）						因变量：R&D经费投入强度（RAD）						
	p=0.1	p=0.25	p=0.4	p=0.5	p=0.6	p=0.75	p=0.9	p=0.1	p=0.25	p=0.4	p=0.5	p=0.6	p=0.75	p=0.9
LR统计量	1 072.6***	1 611.4***	1 810***	1 970***	2 017***	1 798***	914***	327***	524***	666***	772***	806***	912***	640.8***
修正方法	H−S法	H−S法	Bootstrap	H−S法	H−S法	Bootstrap	H−S法	Ordinary	Ordinary	Ordinary	Bootstrap	H−S法	H−S法	Bootstrap

注：*** 表示假设检验在置信水平为99%时统计显著，** 表示置信水平95%时统计显著；* 表示置信水平90%时统计显著，括号内为T统计量。

间具备潜在的 U 形结构转换特征,只不过这种区间转换严格依赖于地区和全国层面人口老龄化的异质性因素,对于老年抚养比未达到 P=0.5 分位数的地区,老龄化会表现为对地区万人专利数增长明显的抑制效果。而当老年抚养比超过 P=0.5 分位数,老年抚养比则开始对地区万人专利数规模扩张产生积极促进效应。

同时,表 3 还探讨了劳动生产率变动和其他自变量对地区技术创新能力的影响。研究发现:劳动生产率变化的确有利于推动地区技术创新能力提升,而与已有文献结论相似的是:与人口老龄化因素间接相关的医疗卫生能力、产业结构、外商直接投资、城镇职工平均工资水平、政府财政自给能力也都与衡量技术创新能力的两个被解释变量呈现出显著的正相关关系(何干强,2014)。

尽管使用面板分位数估计方法能够一定程度上揭示我国人口老龄化技术创新效应的非简单线性特征,但这种特征还不十分明显,人口老龄化所带来的劳动生产率变动对地区技术创新能力究竟会带来怎样的影响还需进一步探讨,为此,笔者需要借助动态面板系统广义距估计(SYS – GMM)方法和静态面板广义可行最小二乘估计(FGLS)方法对上述问题进一步开展实证研究,来彻底揭开人口老龄化的技术创新效应之谜。

(二)动态面板与静态面板模型参数估计结果分析

从理论和实践上来看,一个国家和地区的人口老龄化进程往往是具有缓慢推进的"棘轮效应"特点(魏瑾瑞,2018)。而对于我国这样一个地区发展不平衡不充分的人口大国而言,人口老龄化的经济社会影响也往往是与地区初始发展水平紧密相关的,因而不能忽视地区异质性的天然存在性(李中秋,2017)。综合上述考虑,使用动态面板广义距估计方法和固定效应(FE)静态广义可行最小二乘估计的结合可以较好地解决上述问题。

在动态面板模型的具体参数估计工具选择上,笔者选择了能够较好处理模型内生性问题且参数估计精确度较高的系统广义距估计方法,同时为了最大限度上保证参数估计的稳健性特征,笔者在模型参数矫正手段的选择上使用了二阶段估计方法,因变量滞后期阶数的确定和工具变量选择的正确与否分别使用 AR 检验和 sargan 检验完成。而在静态面板模型设定中,我们使用hausman 检验来检测模型的固定效应成立与否,并使用基于残差的截面加权(Cross-section weight)修正方法对回归参数进行校正,表 4 呈现了最后的估计结果。

表 4 仍然是将被解释变量分成了对数化万人专利数和 R&D 经费投入强度两类进行了报告,其中模型(1)到模型(4),模型(7)到模型(10)报

表4 人口老龄化对技术创新能力的影响估计：全国样本（2000~2017年）

变量	因变量：对数化万人专利数（lnPA）						因变量：R&D经费投入强度（RAD）					
	模型(1) FGLS	模型(2) FGLS	模型(3) FGSL	模型(4) FGLS	模型(5) SYS GMM	模型(6) SYS GMM	模型(7) FGLS	模型(8) FGLS	模型(9) FGLS	模型(10) FGLS	模型(11) SYS GMM	模型(12) SYS GMM
l.lnPA					0.73*** (21.2)	0.76*** (28.4)						
l.RAD											0.98*** (81.6)	0.96*** (91.9)
ODR	-14.5*** (-3.0)	-23.4*** (-5.2)	-26.2*** (-5.1)	-38.0*** (-6.31)	1.05*** (2.99)		-11.8*** (-5.29)	-8.9*** (-4.3)			-0.2* (1.71)	
ODR²	38.5** (2.01)	63.4*** (4.13)	100.1*** (4.1)	149.7*** (5.44)			45.3*** (5.22)	19.2** (1.96)				
APR						1.59** (2.17)			-14.1*** (-5.2)	-8.1*** (-2.7)		-0.33*** (-3.1)
APR²									70.7*** (4.7)	5.0 (0.25)		
HOS	0.02*** (9.02)		0.02*** (7.52)		-0.002* (-1.72)	-0.004*** (-3.25)	-0.002* (-1.85)	-0.004*** (-3.19)	-0.002 (-1.49)	-0.003** (-2.29)	-0.002*** (-6.22)	-0.01 (-1.02)
LPR	0.017** (2.45)	-0.03* (-1.61)	0.02** (2.38)	-0.02 (-0.86)	-0.002 (-0.58)	-0.008** (-2.36)	0.03*** (11.4)	-0.04*** (-2.92)	0.03*** (10.7)	-0.07*** (-4.03)	-0.008*** (-4.77)	-0.006*** (-4.95)

续表

变量	因变量：对数化万人专利数（lnPA）						因变量：R&D经费投入强度（RAD）					
	模型(1) FGLS	模型(2) FGLS	模型(3) FGSL	模型(4) FGLS	模型(5) SYS GMM	模型(6) SYS GMM	模型(7) FGLS	模型(8) FGLS	模型(9) FGLS	模型(10) FGLS	模型(11) SYS GMM	模型(12) SYS GMM
LPR*ODR		0.46***(3.67)						0.52***(4.49)				
LPR*APR				0.44**(2.38)						0.89***(5.24)		
IS	0.001(0.67)	-0.005***(-6.82)	-0.001(-0.48)	-0.005***(-5.98)	-0.001***(-5.42)	-0.001***(-3.43)	0.007***(4.9)	0.005***(3.78)	0.007***(5.3)	0.004***(3.5)	0.001***(5.28)	0.007***(9.8)
lnFDI	0.14***(3.25)	0.19***(4.39)	0.14***(3.81)	0.18***(4.36)	0.06***(3.08)	0.06*(1.74)	0.008(0.63)	-0.01(-0.78)	0.01(0.92)	0.11***(2.65)	0.013(0.76)	0.01*(1.76)
ln(UW)	0.95***(16.6)	1.26***(20.3)	1.02***(14.8)	1.34***(20.8)	0.44***(10.96)	0.44***(12.0)	0.23***(9.43)	0.34***(10.2)	0.24***(8.9)	0.36***(10.83)	0.06***(4.64)	0.05***(3.8)
FA	-0.16(-0.71)	-0.51*(-1.75)	-0.12(-0.49)	-0.47*(1.7)	0.72***(5.23)	0.62***(6.45)	-0.44***(-3.87)	-0.36**(-2.35)	-0.44***(-3.88)	-0.32**(-2.03)	0.13***(4.1)	0.13***(3.83)
C	-9.8***(-21.4)	-11.5***(-19.9)		-11.9***(-21.8)	-5.03***(-12.4)		-0.37***(-2.87)	-1.2***(-5.44)	-0.55***(-4.13)	-1.6***(-6.7)	-0.6***(-9.8)	-0.47***(-6.73)
R^2	0.98	0.97	0.98	0.98			0.94	0.95	0.94	0.95		
Arellano-Bond test for AR(1)					-2.59***	-2.6***					-3.3***	-3.28***

续表

变量	因变量：对数化万人专利数（lnPA）						因变量：R&D经费投入强度（RAD）					
	模型(1) FGLS	模型(2) FGLS	模型(3) FGSL	模型(4) FGLS	模型(5) SYS GMM	模型(6) SYS GMM	模型(7) FGLS	模型(8) FGLS	模型(9) FGLS	模型(10) FGLS	模型(11) SYS GMM	模型(12) SYS GMM
Arellano-Bond test for AR(2)					-0.15	-0.1					-0.07	-0.09
Sargan test/ Hausman test	64.9***	69.5***	64.4***	65.1***	30.19(1)	30.4(1)	50.5***	66.2***	66.9***	80.8***	30.2(1)	28.3(1)
估计方法	FE	FE	FE	FE	两阶段稳健估计	两阶段稳健估计	FE	FE	FE	FE	两阶段稳健估计	两阶段稳健估计

注：*** 表示假设检验在置信水平为99%时统计显著，** 表示置信水平95%时统计显著，* 表示置信水平90%时统计显著，括号内为T统计量，FE 表示固定效应，RE 表示随机效应。Sargan test 中的括号表示卡方检验的显著性概率值，LlnPA 表示 lnPA 的滞后1期变量。

告的是使用静态面板可行最小二乘估计的结果，而模型（5）、模型（6）和模型（10）、模型（12）展示的是动态面板系统广义距估计的结果。

先从静态面板模型估计的最终结果来看，结论支持人口老龄化与技术创新能力间呈现 U 形相关的先验假说，并且这一结论不论是解释变量是用产出导向的专利数量抑或是用投入导向的 R&D 经费投入强度都同时成立。笔者将衡量人口老龄化的两种核心自变量进行替换，结论依然支持两者 U 形关联的假设。同时在引入劳动生产率与人口老龄化的交互效应后，人口老龄化所引致的劳动生产率变动效应显著为正，说明交互效应的形成已明显促进了地区技术创新能力的提升，表明劳动生产率在人口老龄化和技术创新能力之间起到了显著的正向调节作用。

而后来探讨动态面板模型的估计结果。在动态模型估计过程中，笔者选择了城镇化率和财政赤字率指标作为替代产业结构和政府财政自给能力的工具变量（IV），估计结果除了证实了我国人口老龄化的确存在明显的"惯性效应"外，与前文面板分位数估计结论基本一致，进一步印证了老龄化技术进步效应 U 形形态存在的真实性。

此外，表 4 中还报告了其他自变量的估计显著性情况。除了衡量医疗费用水平的万人医疗机构床位数和政府财政自给能力指标在参数估计符号上出现了逆转之外，其他自变量都满足稳健性和先验假说标准。为了得到更加准确的估计结果，笔者需要替换研究样本再次实施稳健性分析来确定各项指标的相关性问题。

五、稳健性分析

为了进一步消除参数估计中的内生性问题和多重共线性偏误，笔者需要对人口老龄化的技术创新效应实施进一步的稳健性分析。传统的稳健性分析要么借助替换工具变量的方法，要么通过更替参数估计工具或替换样本的方式进行，笔者在这里采取了替换样本的方法。当前大多数研究文献偏好于使用省际层面样本进行分析，而对地市级样本的分析并不多，因此给我们的模型重估提供了一个较好的契机。因此我们选择地级市人口老龄化和地方技术创新能力数据最为齐全精准的 2010 年作为研究对象[①]，系统搜集了 134 个地级市相关数据，将搜集到的地区 R&D 人员全时当量（RPD）和 R&D 经费投入强度（RAD）[②] 重新遴选为模型构建的被解释变量进行重新估计，由于模

---

① 之所以说 2010 年的数据采集最为齐全和精确，是因为 2010 年恰好是第二次全国 R&D 清查和第六次人口普查交汇的年份，因此数据的规模、精度度要远高于其他年份的抽样调查数据。

② 这里的 R&D 经费投入强度计算方法与前面相同。

型为典型的截面数据模型,因此十分容易发生异方差现象,笔者在参数估计的最后均逐一进行了怀特异方差检验,并使用加权最小二乘(WLS)技术对参数进行了修正。最终得到的参数估计结果如表5所示。

表5 人口老龄化的技术创新效应影响稳健性估计(地市样本)

变量	因变量:R&D人员全时当量(RPD)				因变量:R&D经费投入强度(RAD)			
	模型(13)	模型(14)	模型(15)	模型(16)	模型(17)	模型(18)	模型(19)	模型(20)
ODR	-4.1** (-1.92)				1.91* (1.71)		-5.7*** (-3.19)	
APR		-7.6** (-1.93)				3.5** (1.92)		-9.7** (-1.97)
HOS	0.02* (1.62)	0.02* (1.76)	0.02* (1.62)	0.02* (1.8)	0.02*** (3.02)	0.02*** (3.04)	0.02*** (5.59)	0.01*** (2.79)
LPR	-0.01 (-0.18)	-0.02 (-0.35)	0.1* (1.62)	0.11* (1.71)	-0.01 (-0.25)	-0.01 (-0.46)	-0.13*** (-5.1)	-0.17*** (-3.38)
LPR*ODR			-0.66** (-2.15)				1.17*** (5.05)	
LPR*APR				-0.98* (-1.80)				1.5** (2.49)
IS	0.005*** (4.92)	0.005*** (6.15)	0.005*** (5.87)	0.005*** (6.16)	0.001 (0.66)	0.0002 (0.36)	-0.001* (-1.63)	-0.002* (1.62)
lnFDI	0.54*** (5.72)	0.6*** (5.92)	0.56*** (5.87)	0.62*** (6.1)	0.18*** (3.85)	0.17*** (3.7)	0.17*** (4.34)	-0.07 (-1.2)
ln(UW)	3.51*** (3.88)	4.2*** (4.15)	3.55*** (3.93)	4.16*** (4.09)	0.79* (1.88)	0.97** (2.16)	0.67*** (2.12)	-0.46 (-0.79)
FA	-1.87* (-1.81)	-2.46** (-2.25)	-1.68* (-1.62)	-2.4** (-2.17)	-0.48 (-0.93)	-0.58 (-1.13)	-0.96** (-2.13)	3.23*** (6.08)
C	-39.8*** (-4.37)	-47.3*** (-4.66)	-41.0*** (-4.5)	-47.8*** (-4.7)	-9.81** (-2.29)	-11.6** (-2.56)	-7.3** (-2.1)	5.53 (0.86)
R^2	0.58	0.64	0.59	0.64	0.38	0.38	0.51	0.38
F统计量	25.2***	32.7***	25.5***	32.5***	10.7***	11.3***	16.1***	9.5***
White异方差检验	2.89***	3.17***	5.27***	4.56***	2.32***	2.44***	2.17**	2.23***
修正方法	WLS	WLS	WLS	WLS	WLS	WLS	WLS	WLS

注:*** 表示假设检验在置信水平为99%时统计显著,** 表示置信水平95%时统计显著;* 表示置信水平90%时统计显著,括号内为T统计量,WLS表示加权最小二乘估计法。

模型（13）~模型（16）呈现了地市层面人口老龄化对R&D人员全时当量的影响，结果表明：在不考虑老年抚养比、老年人口比重与劳动生产率之间的交互效应下，人口老龄化与R&D人员全时当量之间呈现出显著性的负相关关系，而考虑交互效应后，交互效应显著地提升了劳动生产率并对地区技术创新产生积极促进作用。

相反，模型（17）~模型（20）报告的是地市层面人口老龄化对R&D经费投入强度的影响。结果显示：单纯看待人口老龄化与R&D经费投入强度之间的联系，这种关系是显著正相关的。但若纳入老年抚养比、老年人口比重与劳动生产率的交互项因素，则交互相应会对地区技术创新能力提升产生正面促进作用。

更值得一提的是，之前存在明显符号逆转的两个其他自变量：万人医疗机构床位数和政府财政自给能力与地区技术创新能力之间的相关关系得到了一致性估计，即：万人医疗机构床位数的增加有助于提高医疗服务需求从而改善地区技术创新能力，而以增加政府收入而缩减公共服务开支为特征的政府财政自给能力提升却不利于地区技术创新能力的进一步提高。

六、进一步讨论与政策意蕴

毋庸置疑的是，老龄化将在今后我国社会生产力的发展进程中持续扮演重要角色。因而正确看待老龄化所引发的经济与社会问题并制定积极应对老龄化的制度安排体系将是未来我国各级政府推动经济增长、产业结构调整以及技术创新的重大战略任务。笔者以劳动生产率为独特出发点，基于我国省际和地市层面的数据维度，较为详细地考察了中国人口老龄化的技术创新效应之谜，为从自主创新和技术进步层面观察人口老龄化的经济社会后果提供了一则窗口，虽然本文在样本容量，老龄化对技术创新效应影响的传导机制层面仍有待深化，但得到的诸多实证研究结论也可为政府调整和优化现行老龄化政策提供助益。

总结起来，研究得到的主要研究结论包括如下几个方面：

第一，与众多研究中国人口老龄化技术创新效应呈现线性关系的结论不同，我们的结论证实中国的人口老龄化与技术创新能力之间呈现的是典型的U形关系。并且由于我国中东西部、市与市间人口老龄化的进程不同，因此老龄化对当地的技术创新能力的影响存在显著的异质性特点。简而言之，这种异质性既表现为老龄化程度低的地区技术创新能力低，老龄化程度高的地区技术创新能力高；也表现为老龄化进程对地区技术创新能力传导作用的结构性突变特征，证实了老龄化与技术创新能力存在最优关系的理论观点。

第二，由于人口老龄化的测量维度一直在发生动态调整，因此利用不同维度测量老龄化的指标来考察其与技术创新能力之间的关联关系均可能在实证上得到不一致或相反的结果，这是当前学术界形成人口老龄化技术创新效应之谜的直接诱因，但更为重要的是，笔者揭示了研究劳动生产率变动规律将是打开中国人口老龄化技术创新效应黑箱的"一把钥匙"。正是由于劳动生产率变动与人口老龄化进程相互作用且互相影响，人口老龄化才能有效通过劳动生产率的调节作用对技术创新能力产生直接或间接影响，从而使得两者关系发生"结构性"突变。

第三，基于其他指标的考察结果发现：人口老龄化所导致的医疗服务需求，更加偏向于行业软化的产业结构调整，城镇工资水平上涨以及政府财政能力变化都会对地区技术创新能力产生不同影响，这些指标恰恰体现为人口老龄化催生的"银色经济"所带来的一系列社会总需求变化，而这些变化与地区技术创新能力之间又正好表现为一种正向积极的关联（陈俊华，2015）。

既然中国的人口老龄化会对全社会技术创新造成如此多的影响，那么从积极应对老龄化的层次来看，及时优化调整现有政策安排便成为一种合理合情的现实诉求，各级政府可吸收借鉴的政策意蕴主要有以下几点：

一是本文证实了中国的老龄化与社会技术创新能力之间不是单纯的抑制或促进关系，而是两者交融发展动态更替的过程。如此一来，政府部门的所有老龄化应对政策不能仅从老龄化的人口负担、养老负担或生产率角度来设计，而要将延长人力资本生命周期，实施人口数量与人口质量双平衡战略及顺势培育壮大老龄产业视为老龄化即将进入后半程持续发挥老龄化机遇的重大战略性政策来抓，以此快速推动老龄化从经济社会结构性"威胁"向战略性"机遇"转变。

二是本文揭示了中国人口老龄化进程与技术创新能力协同发展的理论可能性。这种可能性在实践上需要政府的积极引导才能变为现实，因此这一政府干预策略的转变给现实中的"渐进式退休"政策、人口生育计划的全面放开以及实施无年龄段限制的"大众创业、万众创新"政策提供了支持，而更重要的是，各级政府应该在未来将两者协同发展的重点落脚在提升劳动生产率的层面上来，围绕劳动生产率变革制定"一揽子"涉及教育培训、组织管理、金融与财税乃至产业扶持政策，以缩短和烫平人口老龄化技术创新抑制效应向增进效应转换的发展周期。

参考文献

1. 陈丰龙、徐康宁：《经济转型是否促进技术溢出：来自23个国家的证据》，载于《世界经济》2014年第3期。
2. 陈俊华、黄叶青、许睿谦：《中国老龄产业市场规模预测研究》，载于

《中国人口科学》2015 年第 5 期。

3. 邓明：《人口年龄结构与中国省际技术进步方向》，载于《经济研究》2014 年第 3 期。

4. 冯剑锋、陈卫民、晋利珍：《中国人口老龄化对劳动生产率的影响分析》，载于《人口学刊》2019 年第 2 期。

5. 龚锋、余锦亮：《人口老龄化、税收负担与财政可持续性》，载于《经济研究》2015 年第 8 期。

6. 何兴强、欧燕、史卫、刘阳：《FDI 技术溢出与中国吸收能力门槛研究》，载于《世界经济》2014 年第 10 期。

7. 黄乾、李修彪、李竞博：《人口老龄化对创新的影响：基于中国宏观与微观数据的实证研究》，载于《现代经济探讨》2018 年第 12 期。

8. 江鑫、黄乾：《劳动生产率呈倒"U"型变化趋势的人口老龄化因素分析》，载于《当代经济研究》2019 年第 3 期。

9. 李中秋、马文武、李梦凡：《我国人口老龄化的经济效应：来自省级面板数据的证据》，载于《人口与发展》2017 第 6 期。

10. 邵汉华、汪元盛：《人口结构与技术创新》，载于《科学学研究》2019 年第 4 期。

11. 汪伟、姜振茂：《人口老龄化对技术创新的影响机制分析》，载于《上海财经大学学报》2017 年第 6 期。

12. 汪伟、姜振茂：《人口老龄化对技术进步的影响研究综述》，载于《中国人口科学》2016 年第 3 期。

13. 王笳旭、王淑娟：《人口老龄化、技术创新与经济增长：基于要素禀赋结构转变的视角》，载于《西安交通大学学报（社会科学版）》2017 年第 6 期。

14. 魏瑾瑞、夏宁潞、陈子昂：《老龄化、延迟退休与财政可持续性》，载于《统计研究》2018 年第 10 期。

15. 杨校美：《人口老龄化会影响技术创新吗》，载于《华东经济管理》2018 年第 6 期。

16. 杨昕、左学金、王美凤：《前瞻年龄视角下的人口老龄化及其对我国医疗费用的影响》，载于《人口研究》2018 年第 2 期。

17. 姚东旻、李三希、林思思：《老龄化会影响科技创新吗：基于年龄结构与创新能力的文献分析》，载于《管理评论》2015 年第 8 期。

18. 姚东旻、宁静、韦诗言：《老龄化如何影响科技创新》，载于《世界经济》2017 年第 4 期。

19. 卓乘风、邓峰：《人口老龄化、区域创新与产业结构升级》，载于《人口与经济》2018 年第 1 期。

20. David E., Alfonso S., 2013, "*Ageing and Productivity: Introduction*"

IZA Discussion Paper No. 7205, pp. 1 – 16.

21. Frank Getal., 2018, "Aging Human Populations: Good for Us, Good for the Earth" *Trends in Ecology & Evolution*, Vol. 33, pp. 851 – 862.

22. Jesus C., Martin L., 2014, "Prospective ageing and economic growth in Europe", *The Journal of the Economics of Ageing*, Vol. 3, pp. 50 – 57.

23. Jones B. F., 2010, "Age and Great Invention", *The Review of Economics and Statistics*, Vol. 92, pp. 1 – 14.

24. Martin G., Dirk N., 2012, "Ageing, government budgets, retirement, and growth", *European Economic Review*, Vol. 56, pp. 97 – 115.

25. Prettner, K., Bloom, D. E., Strulik, H., 2013, "Declining fertility and economic well – being: do education and health ride to the rescue?" *Labour Economics*, Vol. 22, pp. 70 – 79.

26. Romeu Gordo, L., Skirbekk, V., 2013, "Skill demand and the comparative advantage of age: Jobs tasks and earnings from the 1980s to the 2000s in Germany", *Labour Economics*, Vol. 22, pp. 61 – 69.

27. Stefano B., Gabriele P., 2019, "Innovation persistence and employment dynamics", *Research Policy*, Vol. 48, pp. 1171 – 1186.

28. Zwick, T., Göbel, C., 2013, "Are Personnel Measures Effective in Increasing Productivity of Old Workers?" *Labour Economics*, Vol. 22, pp. 80 – 93.

Research on the Mystery of Technological Innovation Effect of China's Aging Population

Wang Linmei

(School of Marxism, Sichuan University, 610051)

Duan Longlong

(School of Economics, Sichuan University, 610051)

[Abstract] Based on the perspective of changes in labor productivity, the study revisited the mystery of the technological innovation effect of population aging by using the provincial panel data from 2000 to 2017 and the 134 city-level data of the sixth national census. The study found that China's population aging technology innovation effect showed a "U" structure that was first suppressed and enhanced. And this "U" structure is equally evident among the regions grouped according to the level of economic development. It shows that the aging technology innovation dividend has increased with the rise of regional economic development. Although China's population aging trend is irreversible, but aging can cope with the negative effects of the decline in labor force and the growth of social pension burden to regional technological innovation by exerting the positive adjustment mechanism of regional labor productivity and stimulating the demand of "silver economy". When replacing the prefecture-level city sample implementation of the revaluation model, the result is still robust. This conclusion provides a new strategy for China to promote the high-quality transformation of population structure and the coordinated development of innovation-driven strategy.

[Key Words] Aging Population Change Technological Innovation Capability Labor Productivity

JEL Classifications: J14 O15 O31

知识产权保护制度环境与OFDI逆向技术溢出效应[*]

——基于东道国国别数据的经验研究

▶ 朱 慧 张重略[**] ◀

【摘　要】知识经济时代，技术（知识）领域已成为全球对外直接投资最活跃的板块。本文在参考国际产权指数（IPRI）的基础上，构建了一个新的体系来衡量知识产权保护制度环境，并采用2007~2017年46个东道国国别面板数据，实证检验了知识产权保护制度环境对母国对外直接投资（OFDI）逆向技术溢出的作用机理。研究发现，东道国知识产权保护制度环境将通过制度环境效应、替代效应有效促进OFDI逆向技术溢出，且两者之间存在倒U形关系；低水平的逆向技术外溢所引起的基础研发投入不足，容易致使母国企业受自身的技术吸收门槛效应制约；当知识产权保护制度环境达到较高水平后，东道国企业或政府会倾向于利用其垄断优势效应来保护本国先进技术，以限制逆向技术溢出。

【关键词】知识产权保护　制度环境　逆向技术溢出　东道国

中图分类号：F062.3　F752　文献标识码：A

一、引　言

自全面加入世界贸易组织（WTO）以来，随"走出去"战略和"一带一路"倡议的深入推行，中国在狠抓创新的同时，也进一步拓宽了国际技术传

---

[*] 课题资助：本研究得到浙江省自然科学基金（LY18G030010）的资助。
[**] 朱慧，浙江工商大学经济学院教授，硕士生导师。张重略（通信作者），浙江工商大学经济学院硕士研究生；邮编：310018，地址：浙江省杭州市下沙高教园区学正街18号；E-mail：381113419@qq.com。

递手段的边界,反过来利用发达国家或是其他发展中国家的技术创新资源,依靠 OFDI 逆向技术溢出效应主动吸收先进技术,以促进本国技术进步,为新型经济增长奠基。《世界投资报告 2018》也指出,技术(知识)领域已成为全球对外直接投资最活跃的板块。

而当今世界经济、政治等领域所存在的诸多不确定性,为中国对外直接投资决策引致种种制约:自 2012 年以来,国际直接投资回报率下行;诸如地缘政治风险、贸易争端、贸易保护主义以及发达国家对外商投资并购实施更趋严苛的监管和限制,都将为中国 OFDI 企业的对外直接投资形成诸多阻力;同时,中国国内正处于结构调整攻关期,劳动力成本与日俱增,资源环境承载力也不断趋紧,技术型导向的变革发展使得传统国际贸易理论中依靠劳动和资源密集型投入的发展模式及竞争优势遭遇瓶颈,处于全面开放新格局中的中国亟须加快培育本国企业的竞争新优势(王胜文、顾大伟和邢厚媛,2018)。

近年中国的海外投资活动在先进科技领域频频受阻,更趋严苛的投资管制措施致使中国 OFDI 企业"走出去"的成本日益攀升。过分看重市场、要素禀赋等传统因素,而忽视暗含于技术外溢机理中的东道国制度环境因素,特别是直接影响技术外溢板块的知识产权保护,致使中国企业 OFDI 活动举步维艰。因此,在现实背景下从东道国知识产权保护制度环境视角探讨 OFDI 逆向技术溢出有其必要性。

二、文献综述

跨国企业对外投资是一种在地域上脱离母体而移师他国的商业活动,这也意味着跨国企业在进行 OFDI 区位决策时不得不面临拥有规划投资环境的他国政府及企业来自制度环境上的调控压力。另外,知识要素流动的转移及扩散,能够有效地将各式资源"盘活",其在国际贸易和吸引跨国投资中的作用和地位举足轻重。作为蕴于制度环境之中的关键部分之一,如今,知识产权保护已成为国际经济新秩序的战略制高点,这不仅关系到技术、知识的创新和传播,而且对企业投资的区位选择、进入方式、市场定位和产品结构都非常重要(李晓玲,2015)。

遗憾的是,目前学术界以知识产权保护为切入视角来研究 OFDI 逆向技术溢出的文献比较匮乏。国外学者的研究聚焦点在于从知识产权保护视角分析国际直接投资(FDI),认为知识产权保护和外国直接投资之间的关系复杂性的部分原因在于东道国之间的制度差异(Antonio Saravia, Gustavo J. Canavire – Bacarrezaand Fernando Rios – Avila, 2017),但尚未得出一致的结论。例如，李和曼斯菲尔德（Jeong-Yeon Leeand Edwin Mansfield，1996）认为，完善的知识产权保护体系能够为海外投资者拥有的知识产品提供恰当法律保护，进而推动其投资和生产的扩大，因为较低的知识产权保护水平引致泄密行为和企业独有技术被非法模仿的风险，而企业的创新技术一旦被模仿，将进一步减少受保护产品的净需求。克莱因（Michael A. Klein，2018）研究了FDI带来的溢出效应在发展中国家如何影响知识产权保护方面的政策改革，实证检验发现外国直接投资流入与该国的知识产权以及邻近国家的知识产权均呈正相关，且邻近国家之间存在多边效应。而卡洛斯和卡斯滕（Carlos A. Primo Bragaand Carsten Fink Primo，2000）研究发现，一个强大的知识产权制度体系与FDI之间存在着负效应，引发跨国企业的退资，致使跨国企业进入市场方式的转变，比如在东道国投资生产与技术许可模式生产经营两种模式之间的转换。还有部分学者从行业特征视角（Michael W Nicholson，2007）、政府管制视角（Belay Seyoum，1996）来解说和论证知识产权保护与FDI的关系。

国内学者研究OFDI逆向技术溢出效应的文献已经不胜枚举，但与知识产权保护密切相关的文献大部分只停留在影响因素分析层面之上。笔者对研究OFDI逆向技术外溢影响因素的文献进行了梳理：一些是基于东道国视角的。其中具有代表性的是，蔡冬青和刘厚俊通过影响因素分析，认为东道国知识产权保护制度越严格、公共政策越高效、市场体制越完善，那么母国OFDI企业越容易获得逆向技术溢出（蔡冬青和刘厚俊，2012）。还有其他学者关注于经济发展水平（陈昊和吴雯，2016）、文化距离（綦建红、李丽和杨丽，2012）等方面。也有学者从母国特征视角出发的，探讨母国技术创新能力（何建华、陈阳阳和彭建娟，2016）、技术吸收能力（尹建华和周鑫悦，2014）、制度环境（李梅、袁小艺和张易，2014）等因素对逆向技术溢出的影响。

在系统梳理国内外相关文献的基础上，笔者发现：一方面，前人以知识产权保护为切入视角的制度环境作为OFDI逆向技术溢出的主要研究对象的文献比较匮乏，而且几乎都是基于母国视角下的知识产权保护制度研究（姜巍和吴燕君，2012；李平和史亚茹，2019）；另一方面，因制约于东道国数据收集条件，尤其是国际数据搜集的难度导致了知识产权保护考察、衡量方面的局限性，进而很难构建一个较为科学、合理的衡量体系。以上问题亟待进一步深入研究。

因此，笔者将从东道国的角度，将知识产权保护纳入制度环境之中，构建知识产权保护制度环境这一概念，试图寻求一个科学的衡量指标。随之从OFDI相关经典理论为出发点，构建OFDI逆向技术溢出机理的理论框架，并利用东道国国别数据进行实证检验，最后提出结论与政策建议。

三、理论分析与研究假设

本文所研究的知识产权保护制度环境水平,既涵盖了以规范性和管制性的社会结构、活动为基础的制度环境这一集合概念,也囊括了知识产权保护,即法律赋予知识产品(包括符合条件的发明、其他成果或著作)的所有人在规定期限内享有的独占权。这是一个覆盖面相对较广的概念。知识产权保护制度环境可以描述和刻画为法律和政治环境与知识产权保护两部分的加总。知识产权保护制度环境可以通过不同渠道对 OFDI 逆向技术溢出产生影响,下文将从四个效应维度提出假说,对其机理进行阐释。

(一)制度环境效应

在梳理相关文献时,笔者发现从东道国制度环境方面入手分析其对中国 OFDI 的影响及传导方式,是部分国内学者所关注的重点。例如,蒋冠宏和蒋殿春重点考察了东道国制度对中国 OFDI 的影响,认为东道国政权稳定性和监管质量,法制、制度质量,腐败控制和政府效率等多方面的东道国制度环境的调整对 OFDI 逆向技术溢出所产生的影响举足轻重(蒋冠宏和蒋殿春,2012)。因此,在考量之前相关学者的观点之后,笔者做出如下分析:

其一,基于制度环境复杂性角度考虑。若是知识产权保护制度环境水平较为完善,意味着该国的法律约束力和产权保护力度也相对较强,跨国公司投资的环境复杂性则相对较低,致使中国技术寻求型 OFDI 企业在东道国的子公司所面临的环境不确定性(风险程度)也相对较低。

其二,基于东道国政府腐败行为的控制角度考虑。引入法律和政治环境后,制度环境可能会依靠贪腐控制这一条渠道作用于 OFDI 逆向技术溢出。相较于东道国的本土企业,跨国投资的母国子公司会承担更大的风险。东道国不完善的法律体系意味着"有限理性"视角下的政府和厂商的机会主义行为,即交易双方的信息不对称致使母国子公司的部分利润进入了东道国政府管理者的囊下。企业跨国投资的成本因政府的腐败而增加,则跨国资本的流入受到了强大的阻碍作用。东道国较完善的法制环境在一定程度上有效约束了寻租者的行为能力,倘若贪腐行为得以控制,则母国企业在国外经营时环境风险将会降低(徐旸懋和姜建刚,2014)。

其三,基于东道国企业合同履行力度角度考虑。产权的保护是整个社会经济活动的基础,促进了投资和资源分配,知识产权亦然。企业间的合同履行力度与东道国产权保护的制度水平之间必然存在正向关系。而且合约的执行能力对于跨国投资而言举足轻重,这是由于跨国投资的沉没成本之高所导致的,众多母国企业因这一门槛止步于国外市场。整个社会的合约履行力度有了保障,进而会增加母国企业在东道国投资的意愿(Victor M. Gastanaga, Jeffrey B. Nugent and Bistra Pashamova, 1998)。另外,东道国的社会合约履行力度与跨国企业和其上下游关联企业之间存在的违约风险程度也密切相关,合约执行能力的提高增强了企业间的信任度,节约了交易成本,从而更好地将节省的成本分摊到研发投入之上。

东道国知识产权保护环境越严苛,对东道国企业创新活动的激励与保护作用越强,增加创新技术的专有性可以直接提高企业的研发投入水平,进而提升创新产出。从长期角度看,缺乏完善的知识产权保护制度会迫使企业丧失创新积极性,这会从根源上抑制国际技术溢出。倘若国内创新活动的积极性受到打击,那么逆向技术溢出也就无从谈起。东道国企业的创新活动越频繁,客观上创造了更多转移技术的可能以及母国子公司向东道国企业学习并提高自身技术的机会。因此,母国企业的投资方向也会倾向于技术密集型产业,这将进一步推动母国企业获取逆向技术溢出。综上所述,本文提出假说1。

假说1:制度环境效应引致更为严苛的东道国制度环境,从而干预了母国以及东道国企业的决策,依靠东道国企业创新的积极性提高、双方频繁的技术交流活动以及母国企业对外直接投资向技术密集型产业倾斜三个渠道,对OFDI逆向技术外溢产生正向影响。

(二)替代效应

知识产权保护的强弱程度影响了外资进入市场的方式(Beata Smarzynska Javorcik, 2004):一般来说,若东道国知识产权保护程度较为严苛,技术得以在东道国得到良好的保护,母国企业倾向于将进入市场的方式由当地投资生产转变为技术授权模式;随着知识产权保护水平下降,企业开始转而以投资的方式来降低技术的溢出;对于知识产权水平较弱的东道国,在最大限度避免技术被模仿的动机支配之下,母国企业就会以出口分销的方式来输出产品和占有市场。本文的替代效应解释为技术进入市场的方式发生了转变,即技术外溢的方式发生了替代。换句话说,改变外资进入市场的方式也带动了技术外溢方式的转变。随着知识产权保护水平上升,技术进入市场的方式由贸易分销转为投资生产导向,最终向技术授权模式靠近。综上所述,本文提出假说2。

假说2:替代效应致使母国企业随东道国知识产权保护水平上升,技术进入市场的方式从贸易分销转为投资生产导向,最终向技术授权模式靠近。在这一系列的转变过程中,技术外溢的效率也逐渐提高,从而促进了母国OFDI逆向技术外溢。

(三)垄断优势效应

跨国企业在进行OFDI活动时不得不面临着拥有规划投资环境的他国政府及企业来自制度环境上的调控压力,且高水平的制度质量通常伴随着保护主义以维持自身的技术优势(窦虹麟和屠金萍,2018)。根据海默(Stephen H. Hymer,1960)在其博士论文中提出的垄断优势理论,若是东道国政府出于保护本国的先进技术的动机,在高科技领域产业外资管制政策措施上加大限制程度,同时构建一个更为严苛的投资环境加剧母国企业的技术学习、模仿成本,以阻碍逆向技术溢出效应。站在东道国企业角度考虑也是如此。知识产权保护水平在提高到一定程度之后会赋予产权所有者一定的垄断势力,站在维持自己的所有权优势的角度,并且以实现自身利益的动机支配下,技术垄断者,也就是东道国企业会充分利用政府机构制定的法律政策,增设严格的保护壁垒,以防止核心技术外泄,进而增加了母国企业技术使用者的成本。此外,保护力度的加大所致使的垄断还会限制自由竞争。综上所述,本文提出假说3。

假说3:垄断优势效应意味着严苛的知识产权环境下,东道国企业或政府利用其形成的垄断优势,构建强大的保护壁垒,使技术转移、学习及模仿变得昂贵,从而对母国OFDI逆向技术外溢产生负向影响。

(四)技术吸收门槛效应

科恩和利文索尔(Cohen W M and Levinthal D A,1989)认为知识具有较强的自我积累和路径依赖的特征,即新知识都是建立在沿袭原有知识基础之上的,知识存量的提高促进新知识产品的开发。研发投入对母国企业所产生的新知识产品也是如此,在引致直接的技术创新效应同时,也为母国企业对技术模仿、学习以及吸收能力打下了基础。因此,倘若双方技术差距存在不可逾越的鸿沟,即使技术领先的一方为技术落后的一方提供了技术学习、模仿的空间,技术落后的一方自身也没有足够的吸收能力来获取、消化,乃至开发这些先进技术,致使逆向技术溢出效应受到抑制(徐旸慜,2015)。巴特(Verspagen Bart,1992)认为技术条件收敛理论能更合理地阐释技术落后一方对技术领先一方的学习、模仿行为,而不是技术绝对收敛理论。理论中最主要的条件就是技术落后的一方在技术吸收能力层面上能够突破有效吸收技术领先一方先进技术的最低门槛。综上所述，本文提出假说4。

假说4：技术吸收门槛效应意味着倘若母国企业由于自身研发投入不足没有跨过技术吸收门槛，即吸收东道国先进技术的能力不足。东道国知识产权保护制度环境水平对逆向技术外溢带来的正向作用就会表现得不那么显著，从而为逆向技术外溢引致抑制作用。

综上所述，笔者将以上提出的假说归纳整理。图1为知识产权保护制度环境与OFDI逆向技术溢出两者间关系的传导机理。如图1所示，东道国知识产权保护制度环境依靠前面所述的四个效应（渠道）作用于OFDI逆向技术外溢。图1上半部分是从母国企业决策视角出发的，下半部分是从东道国企业决策视角出发的，进一步对作用渠道进行了整合与梳理。

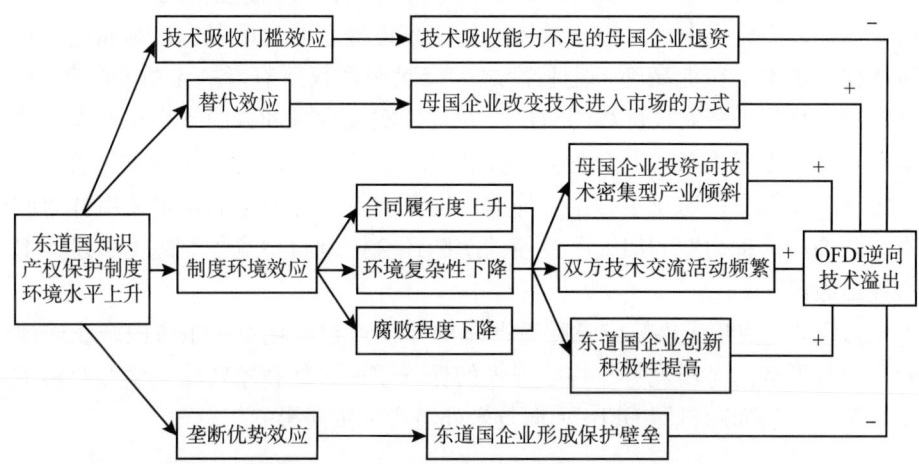

图1　知识产权保护制度环境与OFDI逆向技术溢出的传导机理
注：+表示促进作用，−表示抑制作用。

四、研究设计与数据说明

本文为考察东道国知识产权保护制度环境对中国OFDI逆向技术溢出的影响，构建如下面板数据模型作为基准回归模型：

$$\ln S_{i,t}^f = \alpha_i + \beta_1 \text{LPIP}_{i,t} + \beta_2 \ln \text{INN}_{i,t} + \beta_3 \text{HR}_{i,t} + \beta_4 \text{FMD}_{i,t} + \beta_5 \text{CD}_{i,t} + u_{i,t} \quad (1)$$

以式（1）为基准回归模型，研究知识产权保护制度环境与中国OFDI逆向技术溢出效应之间所蕴含的关系。下文将对式（1）中各变量分别进行阐释。

（一）研发资本存量 S^f 的变量定义

被解释变量 $S^f_{i,t}$ 表示中国在 t 时期通过 OFDI 渠道向 i 国获取的研发资本存量，以衡量 OFDI 逆向技术溢出效应的程度大小。本文沿用了 L-P 溢出模型方法进行测度（Bruno van Pottelsberghe de la Potterie and Frank Lichtenberg，2001），其表达式为：

$$S^f_{i,t} = \frac{OFDI_{i,t}}{GDP_{i,t}} S^d_{i,t} \quad (2)$$

式（2）中的 $OFDI_{i,t}$ 表示 t 时期中国对 i 国的对外直接投资存量，该数据源于历年的《中国对外直接投资统计公报》。本文选择 2007~2017 年对外直接投资存量数据，以 2007 年为基期，并依据各国 GDP 平减指数（该数据源于世界银行网站）计算出不变价 OFDI 存量数据；$GDP_{i,t}$ 表示 t 时期 i 国的不变价 GDP 总值，同样依据各国 GDP 平减指数得到，该数据同样源于世界银行网站；$S^d_{i,t}$ 表示 t 时期 i 国国内研发资本存量，计算方法采用永续盘存法，表达式为：

$$S^d_{i,t} = (1-\sigma) S^d_{i,t-1} + RD_{i,t} \quad (3)$$

式（3）中的 σ 表示研发资本存量的折旧率，本文取值为 9.6%；$S^d_{i,t-1}$ 表示 t-1 期 i 国的研发资本存量并依据上述方法计算出不变价值，其中基期存量的表达式为：

$$S^d_{i,0} = RD_{i,0} / (\sigma + g) \quad (4)$$

式（4）中的 g 取各国 2007~2017 年研发支出增长率的算数平均数。$RD_{i,t}$ 为 t 时期 i 国的研发资本投资流量，本文依据研发支出占 GDP 的比重（该数据源于世界银行网站）这一指标并结合经平减后不变价的 $GDP_{i,t}$ 计算得出。经过上述数据处理，本文计算得出以 2007 年为基期的各东道国历年研发资本存量值 $S^f_{i,t}$ 作为被解释变量来衡量 OFDI 逆向技术溢出效应的大小。

（二）知识产权保护制度环境水平 LPIP 的变量定义

式（1）中的 $LPIP_{i,t}$ 表示 t 时期 i 国的知识产权保护制度环境水平，作为主要解释变量。该变量的取值参考了国际产权指数 IPRI。产权联盟（PRA）于 2007 年建立了国际产权指数 IPRI，作为世界各国产权状况的"晴雨表"。国际产权指数 IPRI 主要由三个部分组成：法律和政治环境 LP；物质产权 PPR；知识产权保护 IPR。

本文的解释变量 LPIP 取自国际产权指数 IPRI 的法律和政治环境以及知识产权保护部分，加以糅合，并重新定义为知识产权保护制度环境。图 2 为知识产权保护制度环境指标 LPIP 的具体构成。

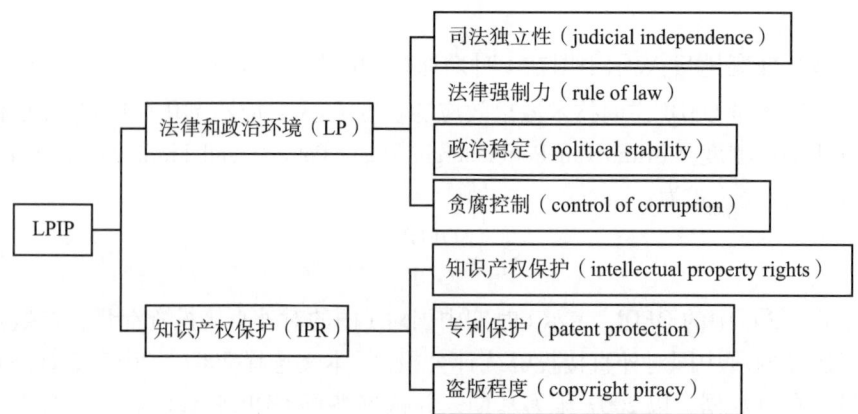

图 2　知识产权保护制度环境指标 LPIP 构成

如图 2 所示，法律和政治环境（LP）部分由 4 个要素组成：司法独立性（judicial independence）、法律强制力（rule of law）、政治稳定（political stability）、贪腐控制（control of corruption）；知识产权保护（IPR）部分由 3 个要素组成：知识产权保护（intellectual property rights）、专利保护（patent protection）、盗版程度（copyright piracy）。表 1 为变量 LPIP 各分指标的具体阐述：

表 1　LPIP 各分指标的具体阐述

分指标名称	指标说明	资料来源
司法独立性	司法机关免受政治、个人或商业团体影响的自由称之为司法独立性	全球竞争力指数
法律强制力	法律强制力综合了公平、诚实、执法、速度、法院负担能力制度、私有产权保护、司法和行政问责制等在内多个指标	世界银行全球治理指标
政治稳定	政治稳定包括国家主权、政策、政治生活秩序稳定等方面	世界银行全球治理指标
贪腐控制	贪腐程度影响人们对于产权保护制度的信心	世界银行全球治理指标
知识产权保护	知识产权保护是指赋予符合条件的知识产品拥有者在法律规定期限内享有的独占权	全球竞争力指数
专利保护	专利保护采用知识产权保护强度指数（GP 指数）衡量，指数涵盖了国家专利法的五项标准内容，包括国际公约成员国资格、覆盖范围、执法机制、保护的丧失以及保护期限	专利权指数（Park 2018）数据集每五年一次，最近一次为 2015 年

续表

分指标名称	指标说明	资料来源
盗版程度	盗版程度在知识产权执法领域是衡量其有效性的重要指标之一	2018年全球软件调查报告（BAS软件联盟）

考虑到各个指标不同方式的排序和比例，笔者重新调整了数据的取值，以便准确地比较它们，并计算出总分。指标的具体计算方法如下所述。

对于同方向的有界数据序列：

$$\frac{(该国现值 - 原值域最小值)}{(原值域最大值 - 原值域最小值)} \times (新值域最大值 - 新值域最小值) + 新值域最小值$$

对于逆方向有界数据序列：

$$10 - \frac{(该国的现值 - 原值域最小值)}{(原值域最大值 - 原值域最小值)} \times (新值域最大值 - 新值域最小值) + 新值域最小值$$

对于同方向的无界数据序列：

$$\frac{(序列最大值 - 该国现值)}{(序列最大值 - 序列最小值)} \times 10$$

LPIP 计算：

$$LP = 1/4 \times (司法独立性 + 法律强制力 + 政治稳定 + 贪腐控制)$$
$$IP = 1/3 \times (知识产权保护 + 专利保护 + 盗版程度)$$
$$LPIP = 1/2 \times (LP + IP)$$

LPIP 最后计算结果的值域为 [0, 10]，其中 10 为最高，代表一国知识产权保护制度环境的最高衡量数值。LPIP 计算方法非笔者原创，而是参考了国际产权指数公报2018年版（DR. Sary Levy - Carciente, 2018）中各指标的计算方法。

（三）相关控制变量定义

如式（1）所示，根据现有文献的研究成果，笔者加入下列相应控制变量：$INN_{i,t}$ 为 i 国在 t 时期的技术创新水平。本文采用经过平减后的东道国 R&D 经费支出来衡量，数据源于世界银行网站；$HR_{i,t}$ 为 i 国在 t 时期的人力资本水平。本文采用人类发展指数 HDI 来衡量，人类发展指数 HDI 包含了多方面的含义，包括出生时的期望寿命、成人识字率、综合毛入学率以及实际人均 GDP（PPP＄），能够更加综合全面地衡量东道国人力资本水平，计算方法及数据均源于联合国开发计划署的《人文发展报告》；$FMD_{i,t}$ 为 i 国在 t 时期的金融市场发展水平，本文采用全球竞争力指数中的金融市场发展指数来衡量；$CD_{i,t}$ 为东道国 i 国在 t 时期与中国的文化距离。霍夫施泰德（Geert Hofstede, 1993）提出的国家文化理论，并利用该理论涵盖的多维度文化指标来构造衡量文化差异指标。霍夫施泰德（Hofstede）指标体系涵盖六个维度，通过各维度的得分差异计算两国之间文化距离的大小。由于各国家的文化数据完整程度的差异性，本文在霍夫施泰德（Hofstede）指标体系下，选取四个单维文化指数，并借鉴李文宇、刘洪铎所构造的计算文化距离的方法（李文宇和刘洪铎，2016），加入了变量 $T_{i,t}$，即中国与各东道国的建交年数，将文化距离指数动态化合成如下反映中国与各东道国文化交融程度的综合性指标，具体计算方法如下：

$$CD_{i,t} = \frac{1}{\sqrt{\sum_{j=1}^{4}\left[\frac{(C_{i,j}-C_{c,j})^2}{V_j}\right] \times 1/4} + 1/T_{i,t}} \quad (5)$$

在式（5）中，下标 i、c 和 j 各表示东道国 i 国、中国以及东道国第 j 个维度的文化指数，V 表示中国与沿线国家间某一维度文化指数差值的方差，$T_{i,t}$ 表示中国与东道国 i 国在 t 时期这一时刻的建交年数，以解决过往大多数研究文献假定跨国间的文化差异程度不随时间变化的不合理性。

由于中国香港、开曼群岛、英属维尔京群岛等国家和地区通常作为对外直接投资的中转站（避税天堂），因此，本文将这些国家和地区剔除，在考虑东道国特征数据的完整性与可得性之后，选取了 2007~2017 年中国对外直接投资的 46 个东道国作为样本国家，进行实证检验。表 2 是各时期中国从东道国获取的研发资本存量 $S^f_{i,t}$ 的描述性统计。表 3 为式（1）中各变量的描述性统计。

表 2　2007~2017 年中国 OFDI 对外直接投资存量的描述性统计

单位：万美元

年份	平均值	标准差	最大值	最小值	偏度
2007	3 610.59	7 490.23	35 210.34	1.38	2.58
2008	4 716.66	10 072.87	46 346.71	1.89	2.80
2009	7 501.06	15 404.97	69 004.59	2.44	2.71
2010	11 100.39	22 399.11	101 130.74	2.76	2.61
2011	17 246.54	36 082.95	187 616.33	2.48	3.12
2012	27 832.41	62 104.78	355 023.62	2.61	3.74
2013	35 309.12	78 172.58	456 770.04	2.52	3.95
2014	51 808.32	126 962.58	790 479.64	2.57	4.71
2015	68 256.65	152 406.90	849 174.92	5.29	3.66
2016	85 632.14	208 706.37	1 277 957.85	5.08	4.55
2017	98 076.98	236 619.83	1 422 427.14	5.05	4.39

注：所有结果均保留 2 位小数。

表3　　　　　　　　　主要变量的描述性统计

变量	观察值	均值	最大值	最小值	标准差
$\ln S^f_{i,t}$	506.0000	7.3753	14.2000	0.3195	3.1015
$LPIP_{i,t}$	506.0000	6.4129	8.8911	3.1985	1.5287
$\ln INN_{i,t}$	506.0000	12.7406	17.8000	8.3716	2.1241
$FMD_{i,t}$	506.0000	5.6905	8.6155	2.4899	1.2186
$HR_{i,t}$	506.0000	0.8383	0.9530	0.6210	0.0735
$CD_{i,t}$	506.0000	0.6259	1.5075	0.4499	0.1690

注：所有结果均保留4位小数。

五、实证结果与解释

（一）基准面板数据回归及分析

为初步观察东道国知识产权保护制度环境 LPIP 对 OFDI 逆向技术溢出效应的影响，在通过异方差、相关序列、多重共线性及 LLC 单位根等一系列检验后，本文对式（1）的混合效应、固定效应和随机效应回归模型进行了选择。随后经 F 检验、LM 检验及修正的豪斯曼统计量检验，认为固定效应模型优于混合回归模型，随机效应模型。综上所述，基准回归最终选择了固定效应模型，以解决因个体和时间变化而产生遗漏变量所引致的内生性问题。本文在此基础上采用了广义矩估计（GMM），以内生变量的滞后变量作为工具变量，进一步解决内生性问题。表4为式（1）的混合效应、固定效应和 GMM 的回归结果。

表4　　　　　　　　　基准面板数据回归结果

解释变量	被解释变量 $\ln S^f_{i,t}$		
	混合效应	固定效应	GMM
$LPIP_{i,t}$	0.716*** (4.41)	0.677** (2.47)	1.432*** (4.17)
$\ln INN_{i,t}$	1.028*** (20.83)	0.964*** (4.00)	1.166*** (4.31)
$FMD_{i,t}$	-0.490*** (-3.65)	-0.882*** (-8.64)	-1.375*** (-8.44)

续表

解释变量	被解释变量 $\ln S_{i,t}^f$		
	混合效应	固定效应	GMM
$HR_{i,t}$	-3.923* (-1.69)	60.64*** (13.76)	54.03*** (10.80)
$CD_{i,t}$	3.080*** (5.49)	-33.99 (-1.28)	-41.05 (-1.29)
截距项	-6.166*** (-4.13)	-33.79** (-2.15)	
观察值	506	506	506

注：混合效应、固定效应的括号内数值为 T 统计量，GMM 的括号内数值为 Z 统计量值，*、**、*** 分别表示 10%、5%、1% 的显著性水平。

从表 4 中的回归结果来看，无论是混合效应、固定效应，还是 GMM 回归中，知识产权保护制度环境变量 LPIP 的系数均为正数，且均在 1% 的水平下显著。同时这也意味着知识产权保护制度环境均对母国 OFDI 的逆向技术溢出效应主要表现为促进作用，即制度环境效应和替代效应在影响 OFDI 逆向技术溢出的渠道中发挥着主导作用；而其他对 OFDI 逆向技术溢出产生抑制作用的效应还有待进一步检验。随后考察针对知识产权保护制度环境对 OFDI 逆向技术溢出的影响的复杂性而引入的一些控制变量，发现大部分控制变量（包括技术创新水平、金融市场发展水平、人力资本水平）并没有与前人研究结果产出显著冲突，但文化距离的回归系数在固定效应和 GMM 回归下均为负，但不显著。原因可能在于其指标衡量的复杂性，还需要进一步考察。

（二）异质性检验及分析

1. 发达国家和发展中国家分组检验

从 OFDI 动机探讨研究的历史发展视角考虑，20 世纪 80 年代，国内学者研究聚焦日本、美国、英国等发达国家，而忽视了对发展中国家的 OFDI 动机探讨。随后，于 2000 年前后，有越来越多的学者对发展中国家企业进行 OFDI 活动的经济合理性进行了解说和论证。相较于发达国家，更多学者认为发展中国家企业在进行 OFDI 活动的动机上存在不同点。因此，本文将 46 个国家分成发达国家和发展中国家两组，进行异质性检验。

表 5 为发达国家、发展中国家固定效应下 GMM 检验的回归结果。如表 5 所示，回归结果在发达国家和发展中国家之间呈现出了明显差异性。发达国家的变量 LPIP 的系数（1.230）显著高于发展中国家的系数（0.526），这也

进一步论证了制度环境效应中母国企业更倾向于在环境复杂性相对较低的国家进行技术寻求型 OFDI 活动；另外，前面的技术吸收门槛效应也可以为该结果提供相关解说，可能也是引起发展中国家的 LPIP 系数较低的原因之一，且有待进一步验证。

表 5　发达国家和发展中国家的 GMM 检验回归结果

解释变量	被解释变量 $lnS_{i,t}^f$	
	发达国家	发展中国家
$LPIP_{i,t}$	1.230 ** (2.08)	0.526 * (1.91)
$lnINN_{i,t}$	1.195 ** (2.17)	2.002 *** (5.85)
$FMD_{i,t}$	-0.960 *** (-5.42)	-0.402 *** (-2.81)
$HR_{i,t}$	93.43 *** (9.90)	29.09 *** (4.81)
$CD_{i,t}$	-105.3 *** (-2.78)	501.3 *** (4.60)
观察值	250	210

注：括号内数值为 Z 统计量值，*、**、*** 分别表示 10%、5%、1% 的显著性水平。

2. 知识产权保护制度环境 LPIP 区间分组检验

据前面的理论分析所述，知识产权保护制度环境存在各种渠道作用于 OFDI 逆向技术溢出，则两者之间的关系可能并非线性。以基准面板数据回归中所表征的正向显著关系来涵盖整个作用机理是缺乏说服力的。因此，笔者根据 LPIP 的计算统计结果，将其平均划分为 3 个区间，进一步来探讨在不同程度的知识产权保护制度环境下对 OFDI 逆向技术溢出所表现出来的差异性。

分组的具体细则如下：计算每个国家 2007～2017 年知识产权保护制度环境 LPIP 的组内平均值之后，笔者发现所有组内平均值处于区间（3，9）之间。因此，笔者将知识产权保护制度环境的 3 个区间的取值范围分别定为（3，5］、（5，7］、（7，9）。各区间内的国家数量配比也较为均匀，以防止出现"短面板"变成"长面板"的问题。表 6 为知识产权保护制度环境水平区间分组的 GMM 回归结果，每个区间内都分别进行了混合效应及固定效应下的 GMM 检验。

表6　知识产权保护制度环境水平区间分组 GMM 检验

解释变量	被解释变量 $\ln S^f_{i,t}$					
	(3, 5]		(5, 7]		(7, 9)	
	混合效应	固定效应	混合效应	固定效应	混合效应	固定效应
$LPIP_{i,t}$	0.964** (2.47)	0.276 (0.87)	2.741*** (6.87)	1.874*** (2.99)	−0.785 (−1.13)	2.317*** (2.70)
$\ln INN_{i,t}$	1.021*** (11.15)	1.286*** (3.95)	1.143*** (19.14)	4.268*** (5.52)	0.613*** (4.98)	3.812*** (4.20)
$FMD_{i,t}$	−1.096*** (−2.63)	−0.388** (−2.20)	−1.147*** (−5.67)	−1.822*** (−6.44)	−0.116 (−0.40)	−1.141*** (−4.06)
$HR_{i,t}$	16.67*** (4.16)	35.42*** (5.13)	−22.36*** (−7.70)	12.00 (1.13)	33.68*** (3.23)	100.1*** (10.18)
$CD_{i,t}$	−1.496 (−0.72)	738.5*** (5.39)	1.855 (1.56)	−206.4 (−1.16)	3.651*** (4.54)	−164.5*** (−4.19)
截距项	−16.45*** (−4.90)		−0.451 (−0.18)		−24.64*** (−2.72)	
观察值	120	120	180	180	160	160

注：括号内数值为 Z 统计量值，**、*** 分别表示 5%、1% 的显著性水平。

从三组混合效应回归系数的角度分析，知识产权保护制度环境 LPIP 的系数呈现出倒 U 形关系（0.964→2.741→−0.785），但（7, 9）区间内的系数并不显著。随 LPIP 提高，其对 OFDI 逆向技术溢出的促进作用逐渐提升。但当 LPIP 进入（7, 9）区间，即高水平的知识产权保护制度环境后，垄断优势效应产生的影响也越来越大，东道国政府或企业开始构建技术保护壁垒，致使制度环境效应和替代效应的促进作用变得不那么明显了；从三组固定效应回归系数的角度分析，在固定所有截距项之后，剔除原有 OFDI 逆向技术外溢存量的影响之后，三个区间的系数均为正数（0.276→1.874→2.317），且随区间取值的上升而上升。这也再一次佐证了基准回归的结果，即制度环境效应和替代效应的促进作用占据了主导地位；同时，随着 LPIP 上升，系数增加的速度却反而减慢了，这也可以用上面的垄断优势效应进行解说和论证。

综上所述，处于中等水平的 LPIP 区间（5, 7]内，其对 OFDI 逆向技术外溢的促进作用是最强的；LPIP 进入高水平区间（7, 9）时，逆向技术外溢会受到垄断优势效应的限制；而对于低水平区间（3, 5]，其混合效应和固定效应的系数分别为 0.964 和 0.276，且固定效应的系数并不显著，这可能是技术吸收门槛效应作用的结果，但还需进一步探讨。

（三）分位数回归及分析

为了进一步考察不同条件下知识产权保护制度环境作用的差异性，本文在公式（1）的基础上，构建如下的面板数据分位数回归模型：

$$q_{\ln S_{i,t}^f}(\theta \mid \alpha_i, X_{i,t}) = \alpha_i + \beta_1(\theta)LPIP_{i,t} + \beta_2(\theta)\ln INN_{i,t} + \beta_3(\theta)HR_{i,t} + \beta_4(\theta)FMD_{i,t} + \beta_5(\theta)CD_{i,t} \quad (6)$$

其中，θ表示分位数，β(θ)是因变量的第θ分位数回归系数数列，$X_{i,t}$是解释变量。当分位数θ在（0，1）上变动时，求解加权绝对残差最小化问题得到不同分位数上的参数估计值。表7为基准OLS回归及分位数回归结果的汇总。图3为东道国各特征变量对中国OFDI逆向技术溢出的分位数回归系数图。如表7所示，随分位数的增加（10%→30%→50%→70%→90%），知识产权保护制度环境的分位数回归系数呈现先升后降的趋势（0.124→0.440→0.507→0.732→0.463），呈现倒U形关系（具体变化可见LPIP的分位数回归系数图）。这表明知识产权保护制度环境对中国OFDI逆向技术外溢的条件分布的中间部分之影响远大于其两端的影响，即知识产权保护制度环境的提高对于低水平和高水平OFDI逆向技术外溢的影响相对较小，而最大受益者则存在于中间部分。

表7　　　　　OLS及分位数回归的结果

解释变量	OLS	10%分位点	30%分位点	50%分位点	70%分位点	90%分位点
$LPIP_{i,t}$	0.716 *** (4.41)	0.124 (0.51)	0.440 ** (2.15)	0.507 *** (3.02)	0.732 *** (2.78)	0.463 (1.39)
$\ln INN_{i,t}$	1.028 *** (20.83)	1.151 *** (15.35)	1.196 *** (19.18)	1.070 *** (20.91)	1.002 *** (12.53)	0.685 *** (6.73)
$FMD_{i,t}$	-0.490 *** (-3.65)	-0.609 *** (-2.98)	-0.640 *** (-3.77)	-0.456 *** (-3.28)	-0.444 ** (-2.04)	0.137 (0.49)
$HR_{i,t}$	-3.923 * (-1.69)	11.59 *** (3.28)	-0.494 (-0.17)	-1.162 (-0.48)	-3.733 (-0.99)	-2.129 (-0.44)
$CD_{i,t}$	3.080 *** (5.49)	5.380 *** (6.32)	3.413 *** (4.82)	3.864 *** (6.65)	3.107 *** (3.42)	1.810 (1.57)
截距项	-6.166 *** (-4.13)	-19.83 *** (-8.75)	-9.900 *** (-5.25)	-8.495 *** (-5.49)	-5.579 ** (-2.31)	-1.786 (-0.58)
观察值	506	506	506	506	506	506

注：括号内数值为T统计量，*、**、***分别表示10%、5%、1%的显著性水平。

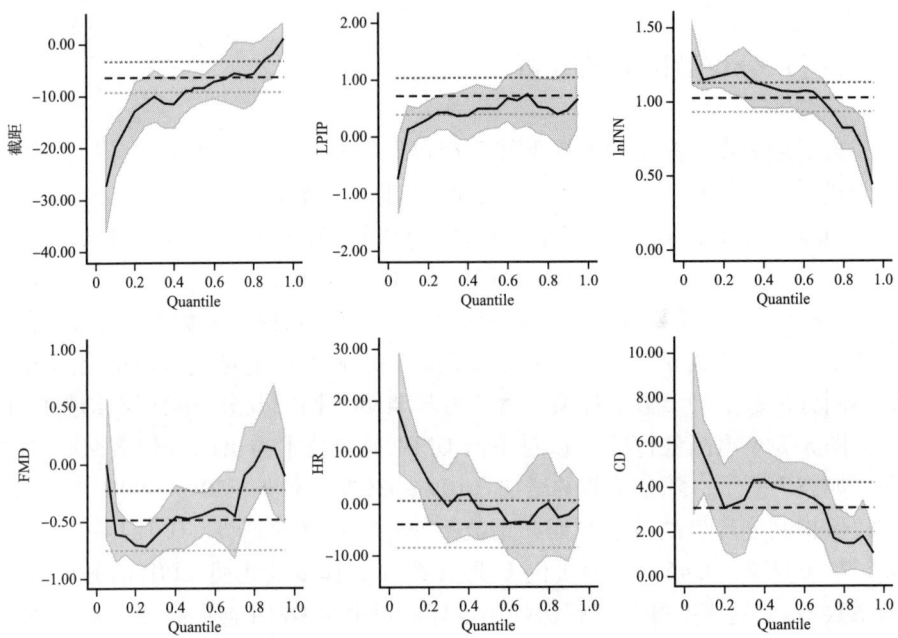

图3 东道国各特征变量对中国 OFDI 逆向技术溢出的分位数回归系数
（阴影为系数95%的置信区间）

如 LPIP 的分位数回归系数图所示，分位点位于40%以下部分时，系数相对较小，且存在一段系数增长率突然"变缓"的现象，即斜率发生突变。这一现象对前面还有待检验的技术门槛效应进行的验证。分位点较低意味着 OFDI 逆向技术外溢的存量较低，即技术落后的一方前期基础研发投入不足，这将导致其技术吸收能力难以突破最低门槛。在跨过这一门槛之后，知识产权保护制度环境的提高对 OFDI 逆向技术外溢的正向影响也会发生较大的变化；当分位点处于60%左右时，系数达到了峰值，意味着 LPIP 对这一部分的 OFDI 逆向技术溢出影响最大。母国企业在位于此区间的国家进行 OFDI 技术寻求活动，不仅已跨过了技术吸收门槛，而且东道国并没有形成相对严苛的知识产权制度环境，此时促进作用正位于其受益最大阶段；当分位数越过70%，乃至80%时，系数开始下降，如垄断优势效应所述，东道国对高端技术保护手段也开始正式开始发挥效果，从而抑制逆向技术外溢。

六、结论与展望

本文采用46个东道国国家2007~2017年的面板数据实证检验了知识产权保护制度环境对 OFDI 逆向技术溢出的影响。研究表明：第一，知识产权保护制度环境将通过制度环境效应、替代效应、垄断优势效应及技术吸收门槛效应作用于 OFDI 逆向技术溢出，且其中制度环境效应、替代效应的正向促进作用占据了主导地位，而垄断优势效应、技术吸收门槛效应在一定条件下存在，且对逆向技术溢出呈负向影响；第二，发达国家的知识产权保护制度环境对 OFDI 逆向技术溢出的正向影响显著超过了发展中国家；第三，知识产权保护制度环境与 OFDI 逆向技术溢出之间存在倒 U 形关系，且由垄断优势效应、技术吸收门槛效应所导致。低水平的 OFDI 逆向技术外溢所引致的前期基础研发投入不足，容易致使母国企业受自身的技术吸收门槛效应制约。当知识产权保护制度环境达到较高水平后，东道国企业或政府会倾向于利用其垄断优势效应来保护本国先进技术，以限制技术溢出。因此，在中等水平的知识产权保护制度环境的东道国进行 OFDI 技术寻求活动所获取的收益相对较高。据此，本文针对中国如今面临的对外直接投资困境提出几点政策启示：

第一，企业作为 OFDI 活动区位选择的主体，在进行决策之前，母国企业首先须衡量经济实力、基础研发投入及投资动机等自身状况，以防陷入技术吸收能力不足的陷阱之中；

第二，跨国企业子公司的区位决策须建立在对东道国投资环境（包括市场、要素禀赋及知识产权保护制度环境）充分了解的基础上，做好前期的调研工作，特别关注企业利益是否会很大程度上受到东道国政府及企业保护壁垒和机会主义行为的限制，以选择能够适宜发挥自身企业优势的投资区域；同时，须关注外资进入市场方式的转变，以做出相应的对策调整。

第三，从政府角度出发，政府在完善双边投资协定（BIT）的同时，旨在为 OFDI 海外企业创造更为稳定的东道国投资制度环境，以推动其由依靠劳动和资源密集型投入的发展模式向技术导向发展模式变革。

参考文献

1. 蔡冬青、刘厚俊：《中国 OFDI 反向技术溢出影响因素研究——基于东道国制度环境的视角》，载于《财经研究》2012 年第 5 期。

2. 陈昊、吴雯：《中国 OFDI 国别差异与母国技术进步》，载于《科学学研究》2016 年第 1 期。

3. 窦虹麟、屠金萍：《中国对外直接投资的逆向技术溢出机理研究——基于母国和东道国双重视角》，载于《现代商业》2018 年第 6 期。

4. 何建华、陈阳阳、彭建娟：《OFDI 逆向技术溢出与我国技术创新能力关系研究》，载于《统计与决策》2016 年第 2 期。

5. 姜巍、吴燕君：《我国知识产权保护对 OFDI 逆向技术溢出效应的影响》，载于《科技与经济》2012 年第 5 期。

6. 蒋冠宏、蒋殿春：《中国对发展中国家的投资——东道国制度重要吗?》，载于《管理世界》2012 年 11 期。

7. 李梅、袁小艺、张易：《制度环境与对外直接投资逆向技术溢出》，载于《世界经济研究》2014 年第 2 期。

8. 李平、史亚茹：《知识产权保护对 OFDI 逆向技术溢出的影响》，载于《世界经济研究》2019 年第 2 期。

9. 李文宇、刘洪铎：《多维距离视角下的"一带一路"构建——空间、经济、文化与制度》，载于《国际经贸探索》2016 年第 6 期。

10. 李晓玲：《东道国知识产权保护对中国 OFDI 区位选择的影响》，山东大学 2015 年硕士学位论文。

11. 綦建红、李丽、杨丽：《中国 OFDI 的区位选择：基于文化距离的门槛效应与检验》载于《国际贸易问题》2012 年第 12 期。

12. 王胜文、顾大伟、邢厚媛：《中国对外投资合作发展报告 2018》，中华人民共和国商务部 2018 年版。

13. 徐旸憨：《中国对外直接投资逆向技术溢出效应研究》，浙江大学 2015 年博士学位论文。

14. 徐旸憨、姜建刚：《东道国制度视角下我国对外直接投资的决定因素》，载于《上海经济研究》2014 年第 2 期。

15. 尹建华、周鑫悦：《中国对外直接投资逆向技术溢出效应经验研究——基于技术差距门槛视角》2014 年第 3 期。

16. Antonio Saravia, Gustavo J. Canavire – Bacarreza, and Fernando Rios – Avila, 2017, "Intellectual Property Rights, Foreign Direct Investment and Economic Freedom", *Global Economy Journal*, Vol. 17, No. 2, pp. 1 – 13.

17. Beata Smarzynska Javorcik, 2004, "The Composition of Foreign Direct Investment and Protection of Intellectual Property Rights: Evidence from Transition Economies", *European Economic Review*, Vol. 48, No. 1, pp. 39 – 62.

18. Belay Seyoum, 1996, "The Impact of Intellectual Property Rights on Foreign Direct Investment", *Columbia Journal of World Business*, Vol. 31, No. 1, pp. 50 – 59.

19. Bruno van Pottelsberghe de la Potterie, and Frank Lichtenberg, 2001, "Does Foreign Direct Investment Transfer Technology across Borders?", *The Review of Economics and Statistics*, Vol. 83, No. 3, pp. 490 – 497.

20. Carlos A. Primo Braga, and Carsten Fink Primo, 2000, "International Transactions in Intellectual Property and Developing Countries", *International Journal of Technology Management*, Vol. 19, No. 1, pp. 35 – 56.

21. Cohen W. M., and Levinthal D. A., 1989, "Innovation and Learning:

The Two Faces of R&D", *Economic Journal*, Vol. 99, No. 397, pp. 569 – 596.

22. D. R. Sary Levy – Carciente, 2018, "International Property Rights Index Full Report 2018", Property Rights Alliance, Report.

23. Geert Hofstede, 1993, "Cultural Constraints in Management Theories", *The Executive*, Vol. 7, No. 1, pp. 81 – 94.

24. Jeong – Yeon Lee, and Edwin Mansfield, 1996, "Intellectual Property Protection and U. S. Foreign Direct Investment", *The Review of Economics and Statistics*, Vol. 78, No. 2, pp. 181 – 186.

25. Michael A. Klein, 2018, "Foreign Direct Investment and Collective Intellectual Property Protection in Developing Countries", *Journal of Economic Behavior & Organization*, Vol. 149, pp. 389 – 412.

26. Michael W. Nicholson, 2007, "The Impact of Industry Characteristics and IPR Policy on Foreign Direct Investment", *Review of World Economics*, Vol. 143, No. 1, pp. 27 – 54.

27. Stephen H. Hymer, 1960, "International Operational of National Firms: A Study of Direct Foreign Investment", Massachusetts Institute of Technology, Doctoral Dissertation.

28. Verspagen Bart, 1992, "Endogenous Innovation in Neoclassical Growth Models: A survey", *Journal of Macroeconomics*, Vol. 14, No. 4, pp. 631 – 662.

29. Victor M. Gastanaga, Jeffrey B. Nugent, and Bistra Pashamova, 1998, "Host Country Reforms and FDI Inflows: How Much Difference do they Make?", *World Development*, Vol. 26, No. 7, pp. 1299 – 1314.

Institutional Environment of Intellectual Property Rights Protection and the Effect of Reverse Technology Spillover of OFDI
—Empirical Research Based on Data of Host Countries

Zhu Hui　Zhang Chonglüe

(School of Economics, Zhejiang Gongshang University)

[**Abstract**] The technology (knowledge) field has become the most active section of global Outward Foreign Direct Investment (OFDI) in the knowledge economy period. Based on the reference to the International Property Rights Index (IPRI), the study constructs a new system to measure the Institutional Environment of Intellectual Property Right Protection. Subsequently, using the panel data of 46 host countries from 2007 to 2017, the author finds that the Institutional Environment of Intellectual Property Right Protection in host countries will have effective effect on Reverse Technology Spillover of OFDI by institutional environment effects and substitution effects, and there is an Inverted – U relationship between them. Insufficient investment in basic research caused by low-level Reverse Technology Spillover of OFDI can easily cause parent country companies to be constrained by their own technical absorption threshold. When the Institutional Environment of Intellectual Property Right Protection reaches a high level, host country governments or companies tends to use their monopolistic advantages to protect the advanced technologies to limit Reverse Technology Spillover.

[**Key Words**] Intellectual Property Rights Protection　Institutional Environment　Reverse Technology Spillover　Host country

JEL Classifications: K11　F21　O34

政府知识产权关注、企业创新投入和财务绩效

刘金林　李晓龙　陆松开　武新丽**

【摘　要】本文基于外部性理论，创新地使用各省级知识产权局向国家知识产权局报送的重要新闻稿件作为政府知识产权关注的代理变量，并使用政府增长目标作为工具变量，研究了政府知识产权关注对企业创新投入和财务绩效的影响。结果表明：政府自身的知识产权关注活动能够对企业创新投入产生显著的正向影响。这种正向影响在国有企业和机构投资者持股更多的企业中更加显著。最终，政府知识产权关注能够显著地提升企业财务绩效。综合本文研究结果，笔者认为政府可通过加强知识产权活动的宣传力度，引导企业创新，保护知识产权，建设创新型国家。

【关键词】政府知识产权关注　企业创新投入　公司治理　财务绩效

中图分类号：F832.33　文献标识码：A

一、引　言

党的十九大报告指出，要加快建设创新型国家，创新是引领发展的第一动力，是建设现代化经济体系的战略支撑。同时也指出要深化科技体制改革，

---

* 国家自然科学基金项目"我国地方政府隐性债务形成机理、规模估算及风险管控研究（批准号：71963002）"的阶段性成果，感谢山东大学黄少安老师的指导。

** 刘金林，广西民族大学民族学与社会学学院博导、教授；E-mail：260373309@qq.com。李晓龙，暨南大学经济学院博士后，江门农商银行博士后研究员；地址：广东省广州市黄埔大道西601号暨南大学；E-mail：13570310968@139.com。陆松开，暨南大学管理学院博士生；地址：广东省广州市黄埔大道西601号暨南大学；E-mail：jnugy06xl@163.com。武新丽（通讯作者），广西大学行健文理学院讲师，华南理工大学工商管理学院博士生；地址：（530004）广西大学行健文理学院；E-mail：proflh@qq.com。

建立以企业为主体、市场为导向、产学研深度融合的技术创新体系，加强对中小企业创新的支持，促进科技成果转化。同时倡导创新文化，强化知识产权创造、保护、运用。可见，政府对知识产权等创新活动的关注已上升为国家战略，亟须研究。

早在 2016 年 5 月，我国政府就提出《国家创新驱动发展战略纲要》，加强知识产权保护，促进经济发展。法与金融学的核心观点认为完善的法律体系是保障经济快速发展的重要因素（La Porta et al.，1997），但这与艾伦等（Allen et al.，2005）研究的中国近些年来快速增长的现实不符。因为在西方主流学者看来，中国经济法律体系尚不健全，难以实现经济快速增长。但不可忽视的事实是，中国经济在改革开放的 40 多年中，实现了可持续的高速增长，产品和服务正在由中国制造变成中国创造。由此可见，西方主流理论并不能很好地解释中国经济增长的现实，需要立足于中国乡土，扎根中国国情构建中国理论，理解并促进中国经济发展（陈冬华和李真，2015）。吴超鹏和唐菂（2016）也指出法与金融学理论难以解释为什么中国知识产权保护薄弱，但中国与知识产权相关的研发投入却快速增长。这是否意味着在中国乡土情境下，除了正式制度如知识产权法律体系外，是否还存在着其他非正式制度替代机制。

目前的研究主要是跨国比较的角度，考察各国知识产权保护水平对国内生产总值增长率的影响（Gould and Gruben，1996）、对公司成长性的影响（Claessens and Laeven，2003）以及对外商直接投资的影响（Du et al.，2008）。随着中国经济的强势崛起，学者们逐渐关注中国特有制度背景下，知识产权保护对非上市公司技术创新的影响（史宇鹏和顾全林，2013）和上市公司技术创新的影响（吴超鹏和唐菂，2016；黎文靖和郑曼妮，2016）。上述研究为我们的研究提供了理论基础，但忽略了地方政府对知识产权关注的自身直接行为对企业创新行为和财务绩效的影响。

综上所述，本文基于省级层面比较研究的视角，检验各省级知识产权部门对知识产权的关注对我国上市公司创新投入和财务绩效的影响机理。主要检验以下三个方面的问题：第一，地方政府的知识产权部门对知识产权的关注是否会显著影响企业创新投入？第二，地方政府知识产权关注对企业研发投入的影响机理如何，是否会由于企业产权性质和机构投资者的不同而不同？第三，地方政府加强知识产权关注影响企业创新投入后，是否有效提升了企业财务绩效。针对上述问题，本文以 2008~2018 年 A 股的非金融行业上市公司为样本，从我国地方政府对知识产权关注的角度，使用地方知识产权门户网站统计数据作为代理变量，实证检验政府知识产权关注活动对企业研发创新投入和财务绩效的影响。

本文研究发现：地方政府对知识产权关注，能够对企业研发创新活动产生显著的正向影响，这种影响在国有企业和机构投资者持股角度的企业中更为显著。这说明尽管中国知识产权保护法律体系不健全，但通过各级政府的知识产权部门对知识产权活动的大力关注，会产生良好的外部示范效应，对企业创新行为形成潜移默化的影响。由于国有企业和机构投资者对长期价值的关注，这种影响在国有企业和机构投资者持股更多的企业中更为显著。最终，政府对知识产权的关注能够提高企业财务绩效。有别于前人的研究，本文希冀在以下三个方面做出贡献：

第一，从研究视角上看，本文主要从各省级政府的知识产权主管部门对知识的宣传报道的角度来探究会议等非正式制度行为对企业创新投入的影响。纵观当前国内和国外的研究，都是从正式的法律角度来出发，探究知识产权保护对企业的影响，而忽略了在正式法律实施前，大量的会议和宣传报道等政府非正式制度行为对企业的影响。而本文的研究正是关注政府宣传报道等对知识产权关注的非正式行为，探究非正式制度对企业创新行为的影响。

第二，从研究内容上看，本文创新地基于地方政府知识产权主管部门的会议和宣传报道数据来检验政府直接主管部门的行为对公司创新行为的影响，直接探究政府主管部门的直接非正式行为对企业行为和财务绩效的影响，有效补充了政府部门直接行为对企业活动和公司治理的文献。

第三，从研究变量上看，本文创新采用政府直接主管部门对知识产权的会议宣传报道统计，作为政府知识产权关注的代理变量，不仅直接有效，而且具有显著的外生性，能成功地克服公司治理研究中最大的内生性问题。本文既不同于国际上主要采用吉那尔特和帕克（Ginarte and Park，1997）以及帕克（Park，2008）使用依据各国颁布的知识产权法律和签订国际公约所构建的各国知识产权保护指数，也不同于吴超鹏和唐菂（2016）从行政执法、司法保护与执法效果三个维度来构建省级层面的知识产权保护执法指数，这些研究由于国家地区之间法律条文的差异和执法水平的不同，无法有效区分。本文使用直接代理变量，为政府某项活动影响公司治理行为和财务绩效提供更直接的证据。

二、理论分析与研究假设

知识产权相关的技术创新都是企业竞争力和国家竞争力的基石。在此背景下，学术界和实务界对如何通过实施创新驱动，进而提升公司核心竞争力和提升公司价值的研究在不断深化。下面将从政府知识产权关注是否影响企业创新行为、如何影响和影响后果三个方面研究。

（一）政府知识产权关注对企业创新投入的影响

依据外部性理论，吴超鹏和唐菂（2016）指出政府产权保护行为能够产生良好的外部效应，显著影响企业的创新行为。霍伊特和阿洪（Howitt and Aghion, 1998）指出在公平合理的市场竞争环境中，新兴企业出于生存与发展的目的有着极强的进行创新的动力，进而增加创新投入。总体而言，政府加强知识产权关注可能通过两个方面影响企业行为：一是通过知识产权保护宣传，能够使得企业逐渐意识到通过对专利和软件著作权等知识产权成果的研发，能够增加行业进入门槛，最终提升企业创新能力和核心竞争力，获得预期收益，从而促使企业进行更多的创新投入；二是政府通过加强对知识产权侵权行为的打击力度，减少外部性问题，降低企业通过研发所获得专利、软件著作权等知识产权被侵犯的风险，从而使得企业更愿意投入更多的研发创新投入。综上所述，本文认为政府加强知识产权关注力度，可以形成良好的外部示范效应，既可以从加强知识产权产生预期收益的角度促使企业增加研发创新投入，也可以从降低知识产权被侵犯的风险的角度引导企业增加研发创新投入。尤其是在中国市场经济逐步完善，全球知识产权保护力度逐步加强的大背景下，政府主管部门通过加强对知识产权关注的力度，可以有效引导企业加大研发创新投入。因此，本文提出研究假说1：

假说1：政府加强知识产权关注力度，将引导企业加大研发创新投入。

（二）政府知识产权关注和企业创新投入的影响机理

如前假设，政府加强知识产权关注会显著影响企业研发创新投入，那么将通过何种路径影响？詹森和麦克林（Jensen and Meckling, 1976）指出企业是一系列契约的结合体，存在一定的委托代理问题。企业管理者很可能为了自身短期利益而损害股东的长期价值。由于企业创新投入周期长和风险大，因此企业创新投入需要关注公司长期价值的股东的大力支持。从公司治理角度讲，相对于民营性质的法人股东和散户投资者，国有性质的法人股东和机构投资者更关注企业长期价值。因此政府知识产权关注对企业创新行为的影响可能会由于股东性质和机构投资者占比的不同而不同。

1. 国有股权性质对政府知识产权关注和企业创新投入的影响

对于国有企业来讲，由于国有企业股东和政府天然的联系，一方面，国有企业在财务和政治上能得到政府更多的照顾和支持（饶品贵等，2013；李世辉等，2018），例如获得更多的银行信贷资金支持（Allen et al., 2005；胡奕明和谢诗蕾，2005）和政府补助（黎文靖和李茫茫，2017）；另一方面，与民营企业相比，在党组织领导下，国有企业更会积极响应政府号召，支持政府行为（罗党论等，2009；陈仕华和卢昌崇，2014）。因此综上所述，国有企业会第一时间学习相关政府部门的方针路线和政策，积极响应政府部门对知识产权活动的关注，加大创新投入。可见，政府对创新活动的关注对国有企业比民营企业产生更加深刻的影响。尤其在党和国家将创新驱动战略上升为国家战略的新时期,全面加强国有企业党委领导的情境下,国有企业会进一步加强对政府相关部门政策和精神的学习,加大创新投入。因此,本文提出研究假说2:

假说2:当企业是国有企业时,政府加强知识产权关注力度对企业创新投入的影响程度更大。

2. 机构投资者持股对政府知识产权关注和企业创新投入的影响

机构投资者是资本市场的重要组成部分。中国资本市场的机构投资者,包括证券基金、合格的境外机构投资者QFII、保险公司、社会保障基金、券商等。伯德里纳斯等(Badrinath et al.,1989)指出机构投资者遵循谨慎原则,选择优质股票。史永东和王谨乐(2014)、肖星和王琨(2005)指出机构投资者倾向于选择财务状况好、管理效率高的公司。本文认为企业当机构投资者较多时,会构建良好的公司治理机制,更加注重企业研发创新投入所产生长期价值。尤其当政府加强知识产权关注时,同时打击短期操纵市场行为时,机构投资者持股越多的企业,会越加大研发创新投入而提升企业价值。因此,本文提出研究假说3:

假说3:当企业的机构投资者较多时,政府加强知识产权关注力度对企业创新投入的影响程度更大。

(三)政府知识产权关注对企业财务绩效的影响

企业研发投入越多,企业未来的经营业绩将得到显著的提升(Pandit et al.,2011;吴超鹏和唐菂,2016)。进一步地,我们推测若政府加强知识产权关注力度,则企业创新对未来业绩的影响将更大,原因是:当政府知识产权保护较强时,会形成产业积聚效应和规模效应,企业的创新概率较高,因此研发投入和专利技术所带来的技术创新利润将会提高,这将提升企业的未来财务绩效。因此,本文提出研究假说4:

假说4:随着政府知识产权关注度的加强,企业的研发投入可以在更大程度上提升企业未来的财务绩效。

三、研究设计

(一)样本选取

本文关于政府知识产权关注的数据来源于手工整理。根据中国知识产权局官方网站要求，我国知识产权局于 2006 年开始要求各地方知识产权局报送新闻信息，并对下级地方知识产权局子站发布在国家知识产权局首页"地方知识产权"和"要闻"栏目中的新闻信息数量进行统计。下级地方知识产权局子站主要包括除台湾、香港和澳门地区外的 22 个省、5 个自治区、4 个直辖市和 15 个副省级城市和 1 个新疆建设兵团。为此，本文手工收集了从 2008 年到 2018 年国家知识产权局发布的各地子站报送的数据，作为地方政府知识产权关注的代理变量。为了统一保持研究的一致性，在数据处理过程中，我们将 15 个副省级城市的地方知识产权局报送的信息数据合并到他们相对应的省级层面数据中，新疆建设兵团的知识产权局报送的数据合并到新疆维吾尔自治区的知识产权局报送的数据中。累计得到除台湾、香港和澳门地区外的 31 个省级层面知识产权关注度数据。

本文所用的企业创新投入、国有股权性质、机构投资者持股和宏观经济数据来自 Wind 数据库，其他公司财务数据来自 CSMAR 数据库。在样本选取的过程中，我们进行了筛选：第一，剔除所有金融类上市公司，因为这些公司与普通的公司在数据结构上存在很大区别；第二，为减少变量异常值对实证结果的影响，对于存在异常值的观测值，我们进行了 99% 分位和 1% 分位的缩尾处理（Winsorization）。

（二）研究变量定义

1. 因变量

（1）企业创新投入。关于企业创新投入，我们借鉴吴超鹏和唐菂（2016）的研究方法，使用研发费用支出（Ree）、研发支出资本化（Rec）和研发费用支出合计（Rett）。在描述性统计分析中，为了准确分析，我们使用亿元为单位；在多元回归分析中，为了保持量纲的一致性，我们对研发费用取自然对数。

（2）财务绩效。关于财务绩效，我们使用总资产收益率（Roa）来衡量，它等于净利润除以平均资产，其中平均资产等于期初和期末总资产之和再除以2。

2. 自变量

（1）政府知识产权关注（Guanzhu）：各省级的知识产权局每年向国家知识产权局报送的，并且刊登在国家知识产权局首页的新闻报道的总数。在多元回归分析中，为了保持量纲的一致性，我们对各省级知识产权报道的总数取自然对数。

（2）国有股权性质（State）：借鉴江伟和姚文韬（2016），我们使用哑变量，如果公司的最终控制人为国有性质，取 1，否则取 0。

（3）机构投资者持股（Inst）：关于机构投资者，我们借鉴史永东和王谨乐（2014）、许年行等（2011）等的研究方法，使用机构投资者持股数量来衡量。在多元回归模型中,我们使用机构投资者持股数量的自然对数来探究机构投资持股对政府知识产权关注和企业创新投入的影响。

3. 控制变量

在多元回归模型中,我们借鉴吴超鹏和唐菂(2016)、聂辉华和蒋敏杰(2011)的研究,加入了其他可能影响企业创新投入的企业特征和省际特征控制变量。企业特征的控制变量,包括企业规模(Size)、资产负债率(Lev)、盈利能力(Roa)和前十大股东持股比例(Top10)等。其中,企业规模等于企业年末总资产的自然对数;企业资产负债率等于企业年末总负债除以总资产的账面价值。关于省级特征的控制变量,我们使用每个省的国内生产总值的自然对数(Lgdp)作为控制变量。为了减少内生性问题的干扰,我们将所有控制变量均滞后一期。此外,模型中还加入行业固定效应和年份固定效应。关于行业变量(Ind),根据证监会2012年制定的分类标准,并将制造业行业单独划分,将上市公司划分为22个行业并设置相应的虚拟变量;关于年度变量(Year),特设置年份变量为虚拟变量。

(三)模型选择

首先,本文的研究假设1主要检验的是政府知识产权关注与企业创新投入的关系,因此我们建立回归模型(1)来验证假设1。

$$Innovation_{i,t+1} = \beta_0 + \beta_1 Guanzhu_{i,t} + \beta_2 Size_{i,t} + \beta_3 Lev_{i,t} + \beta_4 Roa_{i,t} + \beta_5 Top10_{i,t} + \beta_6 Lgdp_{i,t} + \beta_7 Ind_{i,t} + \beta_8 Year_{i,t} + \varepsilon_{i,t} \quad (1)$$

其次,本文的研究假设2主要检验的是国有股权性质对政府知识产权关注和企业创新投入的影响,因此建立回归模型(2)来验证假设2。

$$Innovation_{i,t+1} = \beta_0 + \beta_1 Guanzhu_{i,t} + \beta_2 State_{i,t} + \beta_3 Guanzh_{i,t} \times State_{i,t} + \beta_4 Size_{i,t} + \beta_5 Lev_{i,t} + \beta_6 Roa_{i,t} + \beta_7 Top10_{i,t} + \beta_8 Lgdp_{i,t} + \beta_9 Ind_{i,t} + \beta_{10} Year_{i,t} + \varepsilon_{i,t} \quad (2)$$

再次,本文的研究假设3主要检验的是机构投资者持股对政府知识产权关注和企业创新投入的影响,因此建立回归模型(3)来验证假设3。

$$Innovation_{i,t+1} = \beta_0 + \beta_1 Guanzhu_{i,t} + \beta_2 Inst_{i,t} + \beta_3 Guanzhu_{i,t} \times Inst_{i,t} + \beta_4 Size_{i,t} + \beta_5 Lev_{i,t} + \beta_6 Roa_{i,t} + \beta_7 Top10_{i,t} + \beta_8 Lgdp_{i,t} + \beta_9 Year_{i,t} + \beta_{10} Ind_{i,t} + \varepsilon_{i,t} \quad (3)$$

最后,本文的研究假设4主要检验的是政府知识产权关注对企业财务绩效的影响,因此建立回归模型(4)来验证假设4。

$$Roa_{i,t+1} = \beta_0 + \beta_1 Guanzhu_{i,t} + \beta_2 Innovation_{i,t} + \beta_3 Guanzhu_{i,t} \times Innovation_{i,t} + \beta_4 Size_{i,t} + \beta_5 Lev_{i,t} + \beta_6 Roa_{i,t} + \beta_7 Top10_{i,t} + \beta_8 Lgdp_{i,t} + \beta_9 Year_{i,t} + \beta_{10} Ind_{i,t} + \varepsilon_{i,t} \quad (4)$$

四、实证结果及分析

（一）描述性统计分析

由表1可以看出，衡量政府知识产权关注的各省级知识产权的报道数量（Guanzhu）的平均值为93.515，中位数为84.000，标准差为63.037，最小值为2.000，最大值为294.000，说明政府知识产权关注在各个省份之间存在显著的差异。机构投资者持股（Inst）的平均值是3.920亿股，而中位数是0.885亿股，标准差是32.186，这说明机构投资者持股在不同的公司之间存在显著的差异。

表1　　　　　　　　主要变量的描述性统计

变量	变量说明	样本量	平均值	中位数	标准差	最小值	最大值
Guanzhu	政府知识产权关注	22 002	93.515	84.000	63.037	2.000	294.000
Inst	机构投资者持股	21 687	3.920	0.885	32.186	0.000	1 594.772
Ree	研发费用支出	6 270	1.458	0.419	5.692	−0.180	113.796
Rec	研发费用资本化	2 739	0.435	0.075	1.460	−0.112	28.514
Rett	研发费用支出合计	7 142	1.570	0.470	5.687	0.000	127.621
Roa	财务绩效	22 002	0.037	0.037	0.068	−0.251	0.221
Size	企业规模	22 002	21.845	21.694	1.280	19.114	26.007
Lev	企业资产负债率	22 002	0.458	0.456	0.224	0.048	1.099
Top10	前十大股东持股	22 002	57.003	57.890	15.771	21.320	90.160
State	企业产权性质	21 736	0.430	0.000	0.495	0.000	1.000
Gdp	省级国内生产总值	22 002	29 489.331	23 567.695	20 322.994	290.760	79 512.050

由表1也可以看出，代表企业创新投入的研发费用支出（Ree）的平均值是1.458亿元，中位数是0.419亿元，标准差是5.692；研发费用资本化（Rec）的平均值是0.435亿元，中位数是0.075亿元，标准差是1.460；研发费用支出合计是1.570亿元，中位数是0.470亿元，标准差是5.687。由此可见中国上市公司的创新投入中的费用化支出显著的大于资本化支出，也说明企业追逐短期效益比较明显，很有可能是一种策略性创新，这与黎文靖和郑曼妮（2016）的研究一致。并且各个数据的标准差显著大于平均值，说明

企业之间的创新投入差异很大。

(二) 回归分析

在多元回归分析中,借鉴彼特森(Petersen,2009)的研究方法,在公司层面进行聚类分析,如表2所示。表2检验了政府知识产权关注对企业创新投入的影响。由表2的第(1)列和第(3)列可以看出,政府知识产权关注(Guanzhu)对企业的研发费用支出(Ree)和研发费用支出合计(Rett)存在正向影响,并且都在1%的显著性水平上为正。这充分说明地方政府知识产权关注能够显著地促进企业研发创新投入,这支持了本文的假设1。

表2　　　　　政府知识产权关注与企业研发投入

变量	(1) REE	(2) REC	(3) RETT
Cons	-2.323*** (-5.01)	1.532 (1.40)	-2.022*** (-4.85)
$Guanzhu_{t-1}$	0.076** (2.33)	-0.032 (-0.43)	0.082*** (2.80)
$Size_{t-1}$	0.744*** (45.29)	0.665*** (16.99)	0.764*** (51.75)
Lev_{t-1}	-0.598*** (-5.91)	-0.106 (-0.42)	-0.567*** (-6.27)
Roa_{t-1}	3.311*** (11.46)	1.703** (2.29)	2.832*** (10.97)
$Top10_{t-1}$	-0.000 (-0.46)	-0.006** (-2.27)	-0.001 (-1.37)
$State_{t-1}$	-0.015 (-0.39)	-0.219** (-2.38)	-0.049 (-1.41)
$Lgdp_{t-1}$	0.242*** (6.40)	0.007 (0.08)	0.188*** (5.53)
Year	Yes	Yes	Yes
Ind	Yes	Yes	Yes
N	5 742	1 990	6 551
R^2	0.413	0.236	0.431

注:括号内的数值为T值;***、**分别表示1%、5%的显著性水平。

表 2 的结果也表明了政府对知识产权的关注，可以营造良好的营商环境，产生正的外部效应，引导企业加大研发创新投入。然而有趣的是，政府知识产权关注与企业研发支出资本化负相关，尽管不显著，但也表明，从长期看，政府知识产权关注对企业创新投入的影响有限。控制变量中，上市公司规模（Size）、上市公司的资产回报率（Roa）和省级国内生产总值（Lgdp）对企业创新投入中的研发费用支出（Ree）和研发费用总支出（Rett）存在显著的正向影响，而资产负债率（Lev）却对企业创新投入中的研发费用支出和研发费用总支出存在显著的负向影响。这与吴超鹏和唐菂（2016）有关知识产权保护对企业创新投入影响的研究结果一致。

表 3 检验了国有股权性质对政府知识产权关注和企业创新投入的影响。由表 3 中的第（1）列、第（2）列和第（3）列可知，衡量政府知识产权关注的"Guanzhu"和衡量企业国有股权性质的"State"的交乘项系数"Guanzhu×State"对衡量企业创新投入的企业研发费用支出、研发支出资本化和研发费用支出合计均存在正向影响，并在对企业研发费用支出和研发费用支出合计分别在 10% 和 1% 的水平上显著为正。并且与表 2 不同的是，无论是研发支出的短期费用化还是长期资本化均存在正向影响，这充分说明相对于民营和外资等其他产权性质的企业，国有企业和政府的天然联系，国有企业能够积极响应的政府相关政策，使得政府政策有效地促进企业研发投入。这支持了本文的研究假设 2，这一结果表明当企业属于国有企业时，政府对知识产权关注的加强对企业创新投入的促进作用更大。

表3　　　　国有股权性质、政府知识产权关注与企业创新投入

变量	(1) REE	(2) REC	(3) RETT
Cons	−2.183*** (−2.73)	1.904 (1.11)	−1.752** (−2.29)
$Guanzhu_{t-1}$	0.046 (1.11)	−0.067 (−0.77)	0.035 (0.87)
$State_{t-1}$	−0.473* (−1.66)	−0.658 (−1.25)	−0.795*** (−2.81)
$Guanzhu_{t-1} \times State_{t-1}$	0.114* (1.70)	0.112 (0.88)	0.186*** (2.79)
$Size_{t-1}$	0.744*** (26.61)	0.661*** (10.77)	0.763*** (28.02)
Lev_{t-1}	−0.594*** (−3.94)	−0.072 (−0.21)	−0.554*** (−3.89)

续表

变量	(1) REE	(2) REC	(3) RETT
Roa_{t-1}	3.289*** (8.07)	1.666* (1.69)	2.803*** (7.50)
$Top10_{t-1}$	-0.000 (-0.23)	-0.006* (-1.74)	-0.001 (-0.69)
$Lgdp_{t-1}$	0.240*** (4.28)	-0.008 (-0.06)	0.182*** (3.44)
Year	Yes	Yes	Yes
Ind	Yes	Yes	Yes
N	5 736	1 988	6 544
R^2	0.414	0.238	0.434

注：括号内的数值为T值；***、**、*分别表示1%、5%、10%的显著性水平。

表4检验了机构投资者持股对政府知识产权关注和企业创新投入的影响。由表4中的第（1）列、第（2）列和第（3）列可知，衡量政府知识产权关注的"Guanzhu"和衡量机构投资者持股的"Inst"的交乘项系数"Guanzhu × Inst"对衡量企业创新投入的企业研发费用支出、研发支出资本化和研发费用支出合计均存在正向影响，并在对企业研发费用支出和研发费用支出合计分别在5%和1%的水平上显著为正。这一结果表明当机构投资者持股越多，政府对知识产权关注的加强对企业创新投入的促进作用更大，这支持了本文的研究假设3。

表4　　机构投资者、政府知识产权关注与企业创新投入

变量	(1) REE	(2) REC	(3) RETT
Cons	-2.268*** (-2.67)	2.091 (1.11)	-1.739** (-2.15)
$Guanzhu_{t-1}$	0.034 (0.83)	-0.095 (-1.20)	0.008 (0.21)
$Inst_{t-1}$	-0.091* (-1.81)	-0.111 (-0.95)	-0.102** (-2.20)
$Guanzhu_{t-1} \times Inst_{t-1}$	0.004** (2.11)	0.005 (1.14)	0.006*** (3.49)

续表

变量	(1) REE	(2) REC	(3) RETT
$Size_{t-1}$	0.745 *** (24.33)	0.633 *** (9.08)	0.755 *** (25.69)
Lev_{t-1}	-0.576 *** (-3.81)	-0.096 (-0.28)	-0.556 *** (-3.87)
Roa_{t-1}	3.377 *** (8.46)	1.830 * (1.90)	2.905 *** (7.92)
$Top10_{t-1}$	-0.000 (-0.12)	-0.007 * (-1.87)	-0.001 (-0.64)
$Lgdp_{t-1}$	0.221 *** (3.90)	-0.001 (-0.01)	0.161 *** (2.97)
Year	Yes	Yes	Yes
Ind	Yes	Yes	Yes
N	5 814	2 023	6 658
R^2	0.413	0.230	0.433

注：括号内的数值为T值；***、**、*分别表示1%、5%、10%的显著性水平。

表5检验了政府知识产权关注对企业创新投入和财务绩效的影响。由表5中的第（1）列可知，在全样本中，衡量政府知识产权关注的"Guanzhu"和企业创新投入的研发费用支出"Ree"的交乘项系数"Guanzhu×Ree"对衡量企业财务绩效的（Roa）存在正向影响，并在1%的水平上显著为正。此外，由表5中的第（2）列和第（3）列可知，这种影响无论在国有企业中（State=1）还是在非国有企业中（State=0）均显著存在。这充分说明，当政府知识产权关注较强时，企业的创新投入对未来财务绩效的提升作用更大，这支持了本文的研究假设4。

表5 政府知识产权关注、企业创新投入和财务绩效

变量	(1) Roa All	(2) Roa State=1	(3) Roa State=0
Cons	0.052 * (1.70)	0.048 (0.95)	0.045 (1.07)
Ree_{t-1}	-0.005 *** (-4.03)	-0.004 ** (-2.20)	-0.006 *** (-3.45)

续表

变量	(1) Roa All	(2) Roa State =1	(3) Roa State =0
$Guanzhu_{t-1}$	-0.033*** (-5.93)	-0.030*** (-3.30)	-0.037*** (-4.97)
$Guanzhu_{t-1} \times Ree_{t-1}$	0.002*** (6.13)	0.002*** (3.44)	0.002*** (5.18)
$Size_{t-1}$	0.001 (0.84)	-0.000 (-0.15)	0.002 (1.40)
Lev_{t-1}	-0.030*** (-5.96)	-0.040*** (-4.55)	-0.026*** (-4.02)
Roa_{t-1}	0.591*** (41.68)	0.577*** (22.30)	0.595*** (34.73)
$Top10_{t-1}$	0.000** (2.09)	0.000 (0.88)	0.000** (2.13)
$State_{t-1}$	-0.005*** (-2.80)		
$Lgdp_{t-1}$	0.004** (2.33)	0.004 (1.19)	0.005** (2.14)
Year	Yes	Yes	Yes
Ind	Yes	Yes	Yes
N	3 574	1 245	2 329
R^2	0.479	0.461	0.463

注：括号内的数值为 T 值；***、**、* 分别表示1%、5%、10%的显著性水平。

五、内生性检验

政府知识产权关注和企业创新投入之间可能存在内生性问题，因此我们各个省级政府的政府增长目标和滞后一期的创新关注作为工具变量，解决可能存在的内生性问题。

表 6 第（1）~ 第（3）列报告了 IV 估计的回归结果。这时，在第（1）列和第（3）列中，政府关注的回归结果显著仍然为正，说明本文的研究结果存在较小的内生性。

表6　IV估计

变量	(1) REE	(2) REC	(3) RETT
Cons	-2.339*** (-4.86)	1.113 (0.96)	-2.005*** (-4.61)
$Guanzhu_{t-1}$	0.097* (1.90)	-0.104 (-0.84)	0.110** (2.38)
$Size_{t-1}$	0.743*** (44.79)	0.677*** (17.16)	0.763*** (51.13)
Lev_{t-1}	-0.617*** (-6.05)	-0.201 (-0.79)	-0.582*** (-6.39)
Roa_{t-1}	3.333*** (11.47)	1.556** (2.07)	2.864*** (11.01)
$Top10_{t-1}$	-0.001 (-0.69)	-0.007*** (-2.63)	-0.001 (-1.54)
$State_{t-1}$	-0.007 (-0.17)	-0.201** (-2.15)	-0.040 (-1.14)
$Lgdp_{t-1}$	0.238*** (5.06)	0.058 (0.51)	0.177*** (4.15)
Year	Yes	Yes	Yes
Ind	Yes	Yes	Yes
N	5 625	1 959	6 437
R^2	0.410	0.233	0.429
过度约束检验（p值）	0.203	0.126	0.224

注：括号内的数值为T值；***、**、*分别表示1%、5%、10%的显著性水平。

六、稳健性检验

为了使得研究结果更加稳健，我们分别使用企业的创新专利（Patent）衡量企业创新，来检验政府知识产权关注对企业创新投入的影响，如表6所示。同时，也使用研发费用合计支出来检验政府知识产权关注对企业创新投入和财务绩效的影响，如表7所示。

表7　　政府知识产权关注对企业创新专利的影响

变量	(1) Patent All	(2) Patent State = 1	(3) Patent State = 0
Cons	-13.058*** (-26.49)	-14.219*** (-19.64)	-11.820*** (-16.79)
$Guanzhu_{t-1}$	0.074** (2.26)	0.093** (2.01)	0.057 (1.21)
$Size_{t-1}$	0.533*** (27.63)	0.601*** (20.74)	0.455*** (16.86)
Lev_{t-1}	-0.504*** (-4.20)	-1.024*** (-5.15)	-0.047 (-0.31)
Roa_{t-1}	0.301 (0.88)	-0.716 (-1.28)	1.221*** (2.83)
$Top10_{t-1}$	0.003** (2.12)	0.003 (1.50)	0.002 (1.17)
$State_{t-1}$	-0.007 (-0.15)		
$Lgdp_{t-1}$	0.324*** (7.56)	0.292*** (4.56)	0.361*** (6.09)
Year	Yes	Yes	Yes
Ind	Yes	Yes	Yes
N	6 830	2 820	4 010
R^2	0.246	0.290	0.209

注：括号内的数值为T值；***、**分别表示1%、5%的显著性水平。

由表7的第（1）列可知，在使用企业创新专利的自然对数作为被解释变量时，衡量政府知识产权关注的"Guanzhu"的系数也在5%的显著水平下为正，这再一次表明政府知识产权关注确实能够对企业创新投入产生正向影响，这支持本文的假设1。并且由表7的第（2）列和第（3）列可以看出，政府知识产权关注效应在国有股权性质（State = 1）的企业中较为显著，这也支持了本文的假设2。这充分表明，政府对知识产权关注越高，越能够产生正的外部效应，促进上市公司加大创新投入，也充分说明我们的前述研究结论稳健。

表8使用了衡量企业创新投入的研发费用支出合计进行稳健性检验。由表8中的第（1）列可知，在全样本中，衡量政府知识产权关注的"Guanzhu"和企业创新投入的研发费用支出合计"Rett"的交乘项系数

"Guanzhu×Rett"的系数在 1% 的水平上显著为正。此外,由表 8 中的第(2)列和第(3)列可知,这种影响无论在国有企业中(State=1)还是在非国有企业中(State=0)均显著存在。这也支持了本文的研究假说 4,说明前述研究结论稳健。

表 8　政府知识产权关注、企业费用支出合计与财务绩效

变量	(1) Roa All	(2) Roa State=1	(3) Roa State=0
Cons	0.110 *** (3.86)	0.079 * (1.67)	0.137 *** (3.52)
$Rett_{t-1}$	−0.009 *** (−7.00)	−0.006 *** (−3.40)	−0.011 *** (−6.30)
$Guanzhu_{t-1}$	−0.047 *** (−8.64)	−0.038 *** (−4.28)	−0.054 *** (−7.76)
$Guanzhu_{t-1} \times Rett_{t-1}$	0.003 *** (8.76)	0.002 *** (4.24)	0.003 *** (8.04)
$Size_{t-1}$	0.001 (1.32)	0.000 (0.23)	0.002 (1.40)
Lev_{t-1}	−0.033 *** (−7.36)	−0.041 *** (−5.19)	−0.030 *** (−5.39)
Roa_{t-1}	0.595 *** (47.53)	0.572 *** (24.28)	0.603 *** (40.49)
$Top10_{t-1}$	0.000 ** (2.47)	0.000 (1.13)	0.000 * (1.94)
$State_{t-1}$	−0.004 *** (−2.68)		
$Lgdp_{t-1}$	0.004 *** (2.94)	0.004 (1.52)	0.005 ** (2.50)
Year	Yes	Yes	Yes
Ind	Yes	Yes	Yes
N	4 737	1 493	3 244
R^2	0.478	0.461	0.463

注:括号内的数值为 T 值;***、**、* 分别表示 1%、5%、10% 的显著性水平。

七、结论与启示

本文基于外部性理论,以2008~2018年我国A股上市公司为样本,探究政府知识产权关注对企业创新投入和财务绩效的影响。本文创新地使用地方政府知识产权主管部门的会议和宣传报道数据这一最直接的变量来衡量政府知识产权关注度,避免了先前学者使用媒体报道研究知识产权保护的间接性和主观性。进而展开实证检验发现:地方政府加强知识产权关注力度,可以有效激励当地企业加大创新投入,并提升创新产出。政府知识产权关注对企业创新投入的影响会随着企业国有股权性质和机构投资者持股的不同而不同,最终会对企业的财务绩效产生正向影响。

在全面贯彻落实党的十九大精神的新时代,本文的结论不仅具有理论贡献,同时还对我国地方政府和企业建设创新型社会具有重要的启发意义。首先,本文发现政府加强知识产权关注力度,对促进企业创新投入具有正面影响,因此各级政府部门可以继续通过加强知识产权关注力度,改善企业面临的创新环境,引导企业加大创新投入,以科技创新驱动供给侧改革,建设创新型社会。其次,政府加强知识产权关注的着力点除了继续使用官方渠道和媒体宣传外,也应该以实际行动加强企业知识产权的长远保护,切实推进创新驱动发展战略的实施。

参考文献

1. 陈冬华、李真:《乡土与城邦》,载于《会计研究》2015年第1期。

2. 陈仕华、卢昌崇:《国有企业党组织的治理参与能够有效抑制并购中的"国有资产流失"吗?》,载于《管理世界》2014年第5期。

3. 胡奕明、谢诗蕾:《银行监督效应与贷款定价——来自上市公司的一项经验研究》,载于《管理世界》2005年第5期。

4. 江伟、姚文韬:《〈物权法〉的实施与供应链金融——来自应收账款质押融资的经验证据》,载于《经济研究》2016年第1期。

5. 黎文靖、李茫茫:《"实体+金融":融资约束、政策迎合还是市场竞争?——基于不同产权性质视角的经验研究》,载于《金融研究》2017年第8期。

6. 黎文靖、郑曼妮:《实质性创新还是策略性创新?——宏观产业政策对微观企业创新的影响》,载于《经济研究》2016年第4期。

7. 李世辉、胡江峰、何绍丽:《资本结构决策的"同伴效应"与国有企业过度负债——基于我国A股上市公司经验证据的分析》,载于《商业研究》

2018年第1期。

8. 罗党论、刘晓龙：《政治关系、进入壁垒与企业绩效——来自中国民营上市公司的经验证据》，载于《管理世界》2009年第5期。

9. 饶品贵、姜国华：《货币政策对银行信贷与商业信用互动关系影响研究》，载于《经济研究》2013年第1期。

10. 史永东、王谨乐：《中国机构投资者真的稳定市场了吗?》，载于《经济研究》2014年第12期。

11. 史宇鹏、顾全林：《知识产权保护、异质性企业与创新：来自中国制造业的证据》，载于《金融研究》2013年第8期。

12. 吴超鹏、唐茜：《知识产权保护执法力度、技术创新与企业绩效——来自中国上市公司的证据》，载于《经济研究》2015年第11期。

13. 肖星、王琨：《证券投资基金：投资者还是投机者?》，载于《世界经济》2005年第8期。

14. 许年行、洪涛、吴世农、徐信忠：《信息传递模式、投资者心理偏差与股价"同涨同跌"现象》，载于《经济研究》2011年第4期。

15. Allen F., Qian J., Qian M., 2005, "Law, Finance, and Economic Growth in China", *Journal of Financial Economics*, 77 (1), pp. 57 – 116.

16. Badrinath, Swaminathan G., Gerald D. Gay, and Jayant R. Kale, 1989, "Patterns of Institutional Investment, Prudence, and the Managerial Safety-net Hypothesis", *Journal of Risk and Insurance*, pp. 605 – 629.

17. Claessens S, Laeven L, 2003, "Financial Development, Property Rights, and Growth", *The Journal of Finance*, 58 (6), pp. 2401 – 2436.

18. Du J., Lu Y., Tao Z., 2008, "Economic Institutions and FDI Location Choice: Evidence from US Multinationals in China", *Journal of Comparative Economics*, 36 (3), pp. 412 – 429.

19. Ginarte J. C., Park W. G., 1997, "Determinants of Patent Rights: A Cross-national Study", *Research Policy*, 26 (3), pp. 283 – 301.

20. Gould D. M., Gruben W. C., 1996, "The Role of Intellectual Property Rights in Economic Growth", *Journal of Development Economics*, 48 (2), pp. 323 – 350.

21. Howitt P., Aghion P., 1998, "Capital Accumulation and Innovation as Complementary Factors in Long-run Growth", *Journal of Economic Growth*, 3 (2), pp. 111 – 130.

22. Jensen M. C., Meckling W. H., 1976, "Theory of the Firm: Managerial Behavior, Agency Costs and Ownership Structure", *Journal of Financial Economics*, 3 (4), pp. 305 – 360.

23. La Porta R. , Lopez-de – Silanes F. , Shleifer A. , et al, 1997, "Legal Determinants of External Finance", *Journal of Finance*, pp. 1131 – 1150.

24. Pandit S. , Wasley C. E. , Zach T. , 2011, "The Effect of Research and Development (R&D) Inputs and Outputs on the Relation between the Uncertainty of Future Operating Performance and R&D Expenditures", *Journal of Accounting, Auditing & Finance*, 26 (1), pp. 121 – 144.

25. Park, Walter G. , 2008, "International Patent Protection: 1960 ~ 2005", *Research Policy*, pp. 761 – 766.

26. Petersen M. A. , 2009, "Estimating Standard Errors in Finance Panel Data Sets: Comparing Approaches", *Review of Financial Studies*, 22 (1), pp. 435 – 480.

Government Intellectual Property Rights Concern, Firm Innovation Investment and Financial Performance

Liu Jinlin

(School of Ethnology and Sociology of Guangxi University for Nationalities, 530006)

Li Xiaolong

(School of Economics of JINAN Universtiy, 510632; Jiangmen Rural Commercial Bank Company Limited, 529100)

Lu Songkai

(School of Management of JINAN Universtiy, 510632)

Wu Xinli

(College of Science and Liberal Arts, Guangxi University, 530004)

[Abstract] Based on the externality theory, this article innovatively uses the important news submitted by the provincial IP Offices to the State Intellectual Property Office as the agent variables of the government's IPR concern, and explores the influences of the government's IPR concern on the company's innovation investment and financial performance. The result shows that the government's IPR concern can significantly positively affect enterprise innovation input. This positive impact is more pronounced in companies with more ownership of state-owned enterprises and institutional investors. In the end, the government's IPR concern can significantly improve the financial performance of enterprises. Based on the result of this study, we believe that the government can promote the innovation of enterprises by strengthening the publicity of intellectual property activities. Furthermore, promote the supply-side structural reform and build an innovation-oriented country.

[Key Words] Government Intellectual Property Rights Concern Enterprise Innovation Investment Corporate Governance Financial Performance

JEL Classifications: H11

沿着国际贸易理论发展方向解析中国企业出口行为选择

汤二子[*]

【摘　要】 开放是中国必将长期坚持的国家宏观战略，本土微观企业的出口行为选择是实施开放战略的一个关键。西方经济理论家构建了主流国际贸易理论体系，直接照搬这些理论来指导中国企业的出口选择不符合运用理论所应遵循的基本原则。将中国企业出口选择纳入已经被前沿国际贸易理论所更替的绝对优势、相对优势与资源禀赋理论之中，发现原本正确的贸易理论在当时可以提供所谓"正确"的指导，但理论一旦被其他贸易理论所替代以后，这些理论对实践所给予的指导又会显得非常片面。利用当前被认为是正确的前沿国际贸易理论来指导中国企业出口选择之时必须谨慎，因为前沿贸易理论也完全具有被替代的可能。即使前沿贸易理论是完全正确的，其基于相对严格的假设条件所构建的模型也很可能不具有理论上的一般性。结合异质性企业贸易理论所依赖的理论基础即新贸易理论，从需求、生产与现实基础三个方面探讨前沿的异质性企业贸易模型在经济理论上的一般适用性，解析直接利用该理论指导中国企业出口选择之时所可能产生的疑惑。最后，西方主流国际贸易理论所宣称的核心观点是国际贸易对参与贸易的各方都有益，但自私自利的企业可能会做出与经济整体利益不相符的决策，如西方院外集团干预政治决策以实现贸易保护等行为。在中国特色的政治与经济环境之下，尽管企业的目标也是尽可能地追求利润，但本土企业的经营目标要以国家利益与政策导向为基本前提。在利用西方主流国际贸易理论来指导中国企业出口行为选择之时，不能盲目崇拜这些理论，并且中国企业出口行为选择模式是本土学者突破西方主流国际贸易理论分析框架而推动贸易理论向前发展的一个切入点。

【关键词】 国际贸易理论　中国企业　出口行为　经济现实

中图分类号：**F740.2**　文献标识码：**A**

---

[*] 汤二子，南京大学商学院博士研究生，南京审计大学经济学院助理研究员；地址：(211815) 江苏省南京市浦口区雨山西路86号南京审计大学经济学院；E-mail: tangerzi_nau@126.com。

一、引　言

在经济学理论体系中，国际贸易理论家构建了很多理论框架来分析国际贸易收益与分配等问题，为推进贸易自由化而辩护。的确，国际贸易涉及主权国家之家的利益交往与权力博弈，其理论研究所要关注的点比其他经济学问题要多，涉及政治、民族、语言乃至空间距离等。在国际贸易研究领域颇有建树并因此而获得诺贝尔经济学奖的保罗·克鲁格曼及其合作者相当自信地表示"对国际贸易和国际金融的研究是经济学作为一门学科的标志"[①]。对国际贸易的研究标志着经济学作为一门学科可能有些夸大其词，但国际贸易在经济实践中所发挥的巨大作用却毋庸置疑。回顾中国发展历史，古代的闭关锁国与近代中国贫穷落后形影相随（乔瑞雪，2011），四十余年前的改革开放与新时代中国的繁荣富强联结在一起。中国增长奇迹被经济理论家当作国际贸易对主权国家发展具有重大作用的一个佐证，并用来指导其他发展中国家（Frankel，2016；Rodrik，2018；Almås and Johnsen，2018）。中国顶层设计者把开放作为延续增长奇迹与促进经济持续与健康发展的主要理念。开放是五大发展理念之一，作为新发展理念不可或缺的一部分写进了中共十九大报告之中[②]，勾勒出中国经济发展的蓝图。2019年10月31日中共十九届四中全会审议通过的《中共中央关于坚持和完善中国特色社会主义制度　推进国家治理体系和治理能力现代化若干重大问题的决定》，把建设更高水平开放型经济新体制作为推动经济高质量发展的中国之治的组成部分，足见开放在中国未来发展中是不可或缺的。总而言之，在国际贸易理论方面，西方主流经济学家致力于建构越来越完备的经济理论。在国际贸易实践方面，中国长期坚持并业已写入国家治理体系中的开放战略成为国际贸易带动发展的典型案例。中国对外贸易实践验证了西方主流经济学家所提出的贸易是有益的这一主要论点，接下来应该回答西方主流经济学家所构建的国际贸易理论对中国对外贸易实践究竟有何意义这一问题？惯常的思维模式是理论可以用来指导实践，但在中国特定的政治与经济环境下，要说由西方经济学者所构建出来的主流国际贸易理论可以直接用来指导中国对外贸易实践，很显然不符合实际情况。

尽管国际贸易对于整个主权国家来说能带来可观的收益，而实际中充当

[①] 保罗·R. 克鲁格曼、茅瑞斯·奥伯斯法尔德：《国际经济学：理论与政策》（第八版），中国人民大学出版社2011年版，第1页。

[②] 习近平：《决胜全面建成小康社会　夺取新时代中国特色社会主义伟大胜利——在中国共产党第十九次全国代表大会上的报告》，人民出版社2017年版，第21页。

国际贸易执行者的是众多负责生产的企业以及致力于赚取贸易差价的商人。被称为经济学鼻祖的亚当·斯密在研究城市工商业如何促进农村改良时说道"领主们为了宝石钻戒而放弃了自己先前的权利，成为城市中的市民和商人"①，可见能被独占的经济利益对理性个体来说，其重要性远大于名誉与身份。如果国际贸易对于所有生产性企业都能带来利益，那么国际贸易在文明的主权国家中应该也就不存在什么严重问题了，然而情况并非如此。哪怕是在初级的经济学教材中，几乎都会提到贸易保护以及利益集团等概念②。经济体中某些生产性企业特别是大型企业的利益可能会因为国际贸易而受损，进而促使其通过寻租等手段从内部影响主权国家对外贸易政策。如此看来，西方主流经济学家在国际贸易理论研究中只去论证国际贸易对国家所能带来的收益看似是不够的，所以也论证了与贸易保护主义相关的其他理论问题（Melitz，2005）。这些理论其实也可归结到自由贸易能对国家产生收益这一范畴，因为对贸易保护主义的论证几乎都是说明该行为破坏了自由贸易，进而对整个经济体产生了危害。马克思非常形象地说过，"对英国教会，你在三十九个信条中攻击了他三十八条倒不要紧，他也许还会原谅你，但若你在他的收入中，夺去了他的三十九分之一，他一定恨你入骨"③，所以具有资本主义逐利信仰的生产性企业不会因为国际贸易对国家有利就自然地支持贸易，它们会为了保护国内市场而甘愿放弃对外出口，只要这种做法对企业自身有利就行。换言之，西方主流国际贸易理论无法直接用来指导所有的西方企业如何做出出口行为选择，遑论指导中国企业的对外贸易营销决策。中国本土学者也在理论分析中研究贸易利得（李建萍和辛大楞，2019），但受到西方主流国际贸易理论分析框架的严重影响，难以把中国元素包含在理论构建之中。在主流国际贸易理论中看似存在可以用来指导中国企业出口行为选择的某些信条，比如在异质性企业贸易理论中，高生产率是企业具备出口能力的必要条件。根据这一论点，在经济实践中就宣称企业要想出口，就得想办法提高自身的生产率，比如研发活动等（孙晓华和王昀，2015）。然而，这些论点究竟能不能对中国企业出口行为选择提供有价值的启示意义，并不是一个简单的问题。

为了回答以上问题，必须解答三个子问题：国际主流国际贸易理论到底是不是正确的理论？如果是正确的，其具不具有理论上的一般性？如果具有一般性，如何把中国特色的经济现实纳入其中？只有解决了这三个子问题，才能彻底明晰西方主流国际贸易理论能对中国企业出口行为选择发挥出何种作用。如果不能正确认识这三个子问题，直接套用西方主流国际贸易理论来

---

① 亚当·斯密：《国富论》，江苏人民出版社2011年版，第165页。
② N. 格里高利·曼昆：《宏观经济学》（第九版），中国人民大学出版社2016年版，第124页。
③ 马克思：《资本论》，上海三联书店2011年版，第3页。

指导中国企业的出口行为选择，就有可能出现错用理论的结果。西方的异质性企业贸易理论强调了生产率对企业出口的作用，中国学者就大为突出了提高生产率对刺激本土企业出口的重要性（叶娇等，2018）。幸运的是，即便异质性企业贸易理论的这一信条在未来的某一天被证明是片面的，在实际中该信条所造成的损失应该不会很大，因为鼓吹企业提高自身生产率，至少在目前来看不会产生什么严重危害。然而，因为直接照搬这一理论与中国现实相结合，已经在学术界引起了一些疑惑，比如中国出口企业"生产率悖论"问题就是其中一个（汤二子，2017）。在国际贸易理论发展中，某些当时被认为是"金科玉律"的观点，后来被证明是错误的或片面的，如绝对优势理论与要素禀赋理论等，在经济实践中到底有没有造成损失，其实是值得深思的。

二、国际贸易理论的正确性

主流国际贸易理论致力于论证贸易能够给经济体带来收益，其实很容易看出该论点在一般意义上均成立。对于一个主权国家，如果世界上没有国际贸易，那么它的备选物集所组成的集族$\Re = \{(自给自足)\}$。如果允许国际贸易，只要这一经济体具有主权国家的性质，那么备选物集所组成的集族就变为$\Re = \{(拒绝与他国贸易)，（同意与他国贸易)\}$。自由贸易增加了主权国家的备选物集，它至少可以选择拒绝同他国贸易以实现与自给自足同等的经济收益。历史上存在被迫参与国际贸易而不利于国内收益的情况，所以国家具有主权以自由裁决是否参与国际贸易是贸易能够带来收益的先决条件。国际贸易对主权国家所带来的额外机会使得国际贸易能够产生贸易利得，这是比较明显的结果，主流国际贸易理论学家为了证明这一论点耗费了巨大精力。建构国际贸易理论所依赖的假设越来越接近经济现实，同时用以建构理论的数理模型越趋完备，基本上就是国际贸易理论发展的方向。

在经济效益层面，自由贸易对国家的好处可谓非常明显，所以某些追求个体利益最大化的私人企业可能会反对自由贸易，韦尔在研究经济增长时注意到有些国家的领导人不希望本国经济得到增长或发展，因为经济增长对于主权国家的作用应该要比自由贸易的作用显著得多，而掌握国家权力的个别领导人会坚定地排斥经济增长，那么拒绝自由贸易就更具可能性。特别地，国内民众一般不会支持领导人做出阻碍经济增长的决策，但很有可能在民族情绪被点燃的情况下大力支持领导人拒绝自由贸易。换言之，对于一个主权国家来说，拒绝自由贸易远比拒绝经济增长要容易。主流的增长理论可以聚焦于研究影响增长的各种要素如储蓄、技术等（Ramsey, 1928; Romer,

1990），主流的国际贸易理论却不能置干扰获取贸易利得的各种政治因素而不顾。尽管中西方经济理论家在这方面投入了精力，比如对所谓的幼稚工业论、战略性贸易政策等议题所进行的研究（Brander，1995；Tsai et al，2018；金祥荣，1994；何欢浪，2019），但其相对于主流国际贸易理论在论证贸易利得上所取得的成果要逊色一些。凯恩斯说过经济学家与政治哲学家的思想统治了这个世界，实干家很可能是某个已故的经济学家的奴隶①。凯恩斯认为经济理论的实践价值是非常大的，他个人所创建的总需求理论的确得到了极具价值的广泛使用。然而，在主流国际贸易理论体系中，论证贸易利得这一核心论点最多会在贸易纠纷谈判桌上，成为一方用来劝解另一方放弃贸易保护主义措施的一个理由。得益于保护主义的生产性企业不会因为国际贸易理论家的论证就会放弃原有的排斥国际贸易的立场，得益于自由贸易的企业或商人也不会因为国际贸易理论家放弃论证国际贸易能带来好处就拒绝对外贸易，即自由决策下的那只"看不见得手"所产生的影响比数学符号所组成的国际贸易理论要大得多。企业等经济单位的决策与行为选择受到国际贸易理论的影响比较小，而后者的发展所依赖的实践基础却是这些经济单位的行为模式。

由于国际贸易理论取决于实体经济单位的行为这一实践基础，从而这些理论的正确性具有动态变化的特征。亚当·斯密从经济体之间的行为合作以及出自私利的相互帮助出发，发现经济体专业化生产自己擅长的东西并用来交换，会对各方都有利。这种古典的经济学思想被认为是经济学的开始，其实中国古代思想家早已观察到专业化分工与相互交易的好处。比如《孟子》中记录了"古之为市也，以其所有易其所无者，有司者治之耳"②，即发现了用于交易的市场对民众互通有无的重要性，并且非常前瞻地提出了政府干预市场的思想。汉代开了一场著名的官员述职与民众议政的盐铁会议，其会议记录《盐铁论》上记载着"工不出，则农乏用；商不出，则宝货绝。农用乏，则谷不殖；宝货绝，则财用匮"③，生动描绘了在农业经济体中，农工商之间相互合作的重要性。中国古代的这些经济思想要比亚当·斯密早了大约两千年，但此处不为谁先谁后去作辩护，只凝练经济实践基础：经济个体之间的相互交易可促使其专业化生产自己擅长的物品，这样可以提高彼此的经济利益。当把主权国家这一经济体看成是一个特定的经济个体时，国家之家的相互交易即国际贸易可以让这些主权国家专业化生产自己擅长的商品，从而带来经济利益即贸易利得，这就是绝对优势理论的核心观点（方向和魏艾，2018）。这种根植于经济体行为实践的国际贸易理论在其被提出后，成为刚刚初生的国际贸易理论的核心部分，当然也是首次论证国际贸易利得的主

---

① 约翰·梅纳德·凯恩斯：《就业、利息和货币通论》，译林出版社2019年版，第331页。
② 方勇：《孟子（译注）》，中华书局2010年版，第78～79页。
③ 陈桐生：《盐铁论（译注）》，中华书局2015年版，第9页。

流理论。不过,绝对优势理论很快就在实践中遇到了挑战,因为其分析的假设条件很容易被质疑。绝对优势理论一般假设存在两个经济体并各自生产两种物品,通过生产单位物品所投入的劳动量来确定每个经济体在何种物品上具有绝对优势。当假设更具一般性的时候,比如存在很多个经济体并生产很多种商品时,究竟如何比较绝对优势就成了一大难题。特别地,即使是在两个经济体与两种商品的假设下,绝对优势理论也会出现逻辑上的严重矛盾,即一个经济体可能在两种商品的生产上都没有绝对优势,进而得到这一经济体什么也不生产这种严重错误的结论。

尽管绝对优势理论早已被更替,它对经济学理论研究以及经济政策制定者所提供的启示却是重大而深远的。可以想象一下,如果绝对优势理论现在还是主流的国际贸易理论,用这个理论来指导中国企业的出口行为选择会发生什么呢?大量出口附加值较低的工业制成品这种贸易模式,显示了中国企业在这方面可能具有所谓的绝对优势,在附加值较高的高技术产品方面可能具有绝对劣势。用绝对优势理论指导中国企业出口行为与专业化生产的话,必然会认为中国企业应该专注于附加值低的工业制成品的生产,放弃在附加值高的科技产品领域的探索与生产。很明显,这是一种极为严重的理论指导错误,与中国这一大国经济正致力于提升核心竞争力的外贸战略格格不入(洪世勤和刘厚俊,2013;易先忠和欧阳峣,2018)。绝对优势理论已被抛弃,当然现在也不会利用这种理论来指导实践,但引以为戒的是现在正在利用的西方经济理论家所构建的主流国际贸易理论,不能保证其一定就是正确的,甚至会在不久的将来就被其他理论所替代。在历史上,绝对优势理论对某些秉持这一理论的经济体有没有产生不利影响,还真的让人怀疑,比如某些农业国一心发展农业而放弃不具有绝对优势的工业,肯定会对长期的经济发展造成不利影响。

直接替代绝对优势理论的国际贸易理论是相对优势理论,学术界公认李嘉图是该理论的创建者并持续为此提供实证经验(薛蕊和苏庆义,2014)。比较优势理论解决了绝对优势理论中的绝大部分逻辑矛盾,比如某个国家在两种产品的生产方面均要比其他国家更为劣势,但总会在某些产品的生产上具有相对优势。集中生产具有相对优势的产品并与其他国家交易获得相对劣势的产品,就会产生贸易利得。即使存在多种产品,比较优势链条也可以非常清晰地告知单个经济体应该如何集中资源去生产,甚至可以在连续商品的假定下利用比较优势理论来进行分析(Dornbusch et al,1977)。比较优势理论时至今日还在被贸易研究者用来分析国际贸易(郑文博,2019),甚至还能得到高度赞誉,比如把比较优势视为国际贸易的基石(吴杨伟和王胜,2018)。在国际贸易理论发展过程中,比较优势理论的生命力的确要比其他理论更为顽强。不过,用比较优势理论来指导经济个体的行为选择时,其"非白即黑"的选择方式即只生产具有相对优势的产品而放弃生产相对劣势的产品,对于大型经济体来说不太合适。把中国作为案例,如此庞大的一个经济体在比较优势理论指导下直接放弃所谓的比较劣势产品的生产,仅依赖于进口来满足本土需要,显然是一种非常不安全的经济发展模式。特别地,就中国目前的经济发展状况来看,相对于其他发达国家存在比较劣势的产品,很有可能正是当前中国产业政策努力调配各种资源予以重点发展的领域(张莉等,2017;杨继东和罗路宝,2018),如某些高新技术产业等。在特定情况下,大国应该有不依靠外部经济的能力,这就是经济安全。中国企业生产的某些具有比较劣势的产品很可能是国民经济所必需的,就必须持续生产下去。此外,在当前的国际产业发展之中,衡量产品的主要竞争优势是产品的技术含量、附加值以及质量等因素,要素投入量的相对高低即比较优势或劣势已经不是唯一的生产指示器了。让中国企业退出比较劣势产品的生产而专门生产具有比较优势的产品,尽管听起来似乎很有意义,但却远离中国经济与社会发展的现实,因为这么做会让中国企业在某些领域的劣势相对于西方发达国家而变得更加明显。

绝对优势或相对优势理论依托整个经济体不同生产部门的效率状况,论证了劳动分工以及国际贸易的巨大收益,尽管现在也会提及这些理论,但其逐渐淡出了国际贸易理论的主流。在实际的经济运行中,绝对或相对优势理论只能给予某些粗略指导,比如某个小型经济体根本不存在某种自然资源,那么致力于生产需要大量使用这种自然资源的商品对这一小型经济体来说应该就不可取,因为该经济体在这类商品的生产上不存在绝对优势,也很可能不存在相对优势。利用经济体的要素禀赋来指导生产与国际贸易模式,其实就是国际贸易理论中的 H-O 理论(Heckscher-Ohlin theory)的精髓(王岚和罗小明,2012)。H-O 理论证明了主权国家应该集中生产密集使用资源相对充裕的产品,接着相互之间进行国际贸易,从而能够给贸易双方带来收益。某个经济体在某种资源上的拥有量是否"充裕",并非取决于该资源的绝对数量,而是受制于该资源与其他资源的相对数量。在这个层面,资源禀赋理论其实是一种广义上的比较优势理论。林毅夫和李永军(2003)相当客观地评价了比较优势理论对要素相对密集度方面所给予的参考原则,同时表示单个企业甚至整个经济体无法进入这个国家所有具有比较优势的行业。造成所有具有比较优势的行业无法全部囊括在经济体的生产环节之中的原因还是要归结为资源的稀缺性,所以考虑了资源禀赋的比较优势理论要比只根据生产相对效率来确定比较优势更具现实意义。时至今日,依然存在部分学者利用资源禀赋来确定个体企业的竞争优势,比如李晓华(2011)认为企业的国际竞争力建立在国家特征的资源禀赋条件与企业特征的核心能力之上,中国企业跨境并购屡遭失败的重要原因就是本土资源禀赋条件会随着企业"走出去"而消失。在H-O理论中,要素禀赋的相对比率很有可能会发生变动,莱布茨欣斯基(Rybczynski,1955)就注意到资源供给变动对生产偏向性影响所产生的国际贸易动力。要素禀赋充裕程度的变动情况可以为主权国家贸易变动提供某种解释,比如某个劳动相对资本更为充裕的经济体首先会集中生产劳动密集型产品并出口,同时进口资本密集型产品用于生产或消费。随着这种贸易模式的逐步发展,该经济体可能会积累大量的资本,劳动力因为人口总数增长缓慢而受到限制,使其变成资本相对劳动更加充裕的经济体,让国际贸易的动力发生了变化。在技术变迁极为快速的科技时代,要素充裕程度的变动速度应该没有技术或生产效率变化的快,所以依靠资源充裕程度的变动来解释国际贸易模式变动,不如利用生产效率变动进行解释更具说服力。在中国刚实行改革开放之时,庞大的劳动力资源使得中国集中生产劳动密集型产品并出口,如加工贸易(陈陶然等,2018)。经过40多年的经济积累,中国经济中资本存量远非改革开放之初所能比拟,从而出现了资本密集度越高的行业越有可能选择国际化经营战略如对外直接投资(金晓梅等,2019)。这种贸易模式转变可能会受到资本积累程度变化的影响,但改革开放后中国本土科学技术进步以及企业生产效率的大量释放(汤二子等,2013),应该是中国企业出口行为决策与模式变化更为主要的原因。

要素禀赋理论在论证国际贸易动力以及贸易利得等方面均没有冲破比较优势理论的研究范畴,如果想利用该理论指导当前中国企业出口行为选择的话,比较优势理论比它更直截了当。在理论上,H-O理论很容易受到贸易保护主义者的攻击,比如斯托尔珀和萨缪尔森(Stolper and Samuelson,1941)就一针见血地指出贸易保护主义会让禀赋相对不足的那类要素的实际支付如实际工资或实际租金得到提高,因为要素禀赋理论指导下的生产模式与国际贸易会降低这些要素所获得的实际支付,从而劳动力相对不足的国家为了保护本国劳动者,就应该实行贸易保护政策。这么来看,绝对优势、相对优势以及要素禀赋理论在刚被提出之时,都是国际贸易理论的主流,也都论证了自由贸易的收益。它们都来源于经济参与者的实践,在解释某些经济现象时推动了国际贸易理论向前发展。尽管在当前国际贸易理论与政策研究中,它们还时不时地被提及,甚至被直接用来指导实践,但其理论之光业已暗淡多了。这三种国际贸易理论均在整个国家层面给出了"非黑即白"的逻辑理念,即集中生产某一大类产品而放弃生产另一大类产品,这既被经济行为的实践所否定,更不会成为一个追求稳定发展的大国经济政策导向。因此,新的国际贸易理论产生了,即新贸易理论与新-新贸易理论。

新贸易理论特别是新-新贸易理论是当前国际贸易理论中的前沿,也是被学者们大量用来研究与指导企业出口行为选择的主流国际贸易理论。绝对优势、相对优势及H-O理论在其成立之初也被认为是"完全正确"的国际贸易理论，但后来的经济实践证明这些理论均具有较大的片面性。因此，国际贸易理论的正确与否是其能否用来指导企业出口行为选择的关键。历史的经验显示国际贸易理论的正确性具有动态变化的特征，所以目前被认为是"前沿"的国际贸易理论也有可能在将来被证明是片面的，从而利用该理论去指导对外贸易实践时，务必应该小心谨慎。即使把前沿的国际贸易理论视为这些理论追随者口中"完全正确"的理论，也不能直接用来指导中国企业的出口行为选择，因为这一所谓的前沿国际贸易理论很可能不具备一般性。

三、国际贸易理论的一般性

在国际贸易理论研究中，取得实质性理论飞跃的当属经济学家保罗·克鲁格曼，他所构建的国际贸易理论被称赞为新贸易理论（雷达和刘元春，2005）。克鲁格曼注意到已有从国家层面所探讨的贸易模式无法用来解释新的经济现象，即不同经济体会在类似产品之间进行相互贸易，对此绝对优势、相对优势与H-O理论显得苍白无力。克鲁格曼（Krugman，1979）构建了一般均衡模型，讨论了国际贸易如何建立在规模经济生产的基础之上。完全相同的两个经济体，即没有一个具有绝对优势、相对优势或资源禀赋优势，也没有任何技术优势，但这两个经济体之间依然可以产生国际贸易，并且通过释放生产中规模经济的力量以产生贸易利得。克鲁格曼（Krugman，1980）构建了与其本人前一年度（1979）所发表的成果非常相似的一个均衡模型，专门用来解释国际贸易如何通过实现产品多样化而给普通消费者带来收益。克鲁格曼的两个均衡模型既论证了国际贸易产生的根源，也识别了国际贸易如何使得贸易双方获益，即经济体中的生产者会因为规模经济而受益，消费者会因为商品多样化而得益。克鲁格曼连续两年所构建的模型在数理层面是相当完备的，但其所依赖的较为严格的假设条件依然会让人去审视该理论具不具有一般适用性。克鲁格曼本人也意识到这一点，所以在1980年的那篇文章中主动谈到了一般化利用该模型的问题。克鲁格曼（1980）指出由于假定需求弹性固定不变，从而得不到前一年论文（1979）中所论证的贸易可以引起规模经济生产而使经济体受益这一命题。这两个模型在形式上是非常接近的，且出自同一位经济学家，仅因为一个假设条件的不同，就无法得到新贸易理论体系中贸易引致规模经济生产而得益这一最重要的命题，足见数理层面上非常完备的经济模型也非常"脆弱"。在实践中利用经济理论之时，把握该理论在构建时所依赖的假设条件是衡量其是否具有一般适用性的关键。经济理论家经常会为自己的理论所设定的假设条件去辩护，如范里安就形象地指出"一张以1:1的比例画出的地图是毫无用处的"，进而表示"一个经济模型也无须描绘出现实世界的每一个方面"①。然而，如果经济理论或模型所依赖的假设条件过于苛刻的话，就会越来越不具有一般性。在利用丧失一般适用性的经济理论来阐述政策启示时，更应该小心谨慎，因为手中的理论"法宝"很可能不符合实际条件。

通过改变克鲁格曼新贸易理论模型中的一个主要假设条件而推动国际贸易理论再向前迈出一步的经济学家就是马克·梅利兹。克鲁格曼模型中假设同一产业中的企业是同质的，这的确是一个很强的假设条件，由于克鲁格曼所构建的模型在数理逻辑上是相当完备的，所以想变革他的这一假设条件而构建完备的一般均衡模型并非易事，所以在隔了将近25年以后，梅利兹（Melitz，2003）才把同质企业假定变革为异质企业假定，构建了用于分析国际贸易模式的一般均衡模型，成为异质性企业贸易理论的开山之作。异质性企业贸易理论的确更接近经济现实，也更容易用于指导企业的出口行为选择，因而该理论成为当前国际贸易理论的前沿。兰詹和雷乔杜里（Ranjan and Raychaudhuri，2016）把梅利兹（2003）模型作为主体的异质性企业贸易理论称为新-新贸易理论。尽管名称可以唤为"新-新贸易理论"，但笔者认为新贸易理论并非如同它自身替代其他贸易理论一样被异质性企业贸易理论所替代，所以没有把新贸易理论放在审查理论正确性的部分中。将新贸易理论与新-新贸易理论放在一起来审视国际贸易理论的一般性，主要有以下三点考虑：第一，异质性企业贸易理论的确是国际贸易理论中的最新前沿，但是新贸易理论是国际贸易理论更新换代的巨大飞跃，异质性企业贸易理论充其量只是对新贸易理论的扩展，所以将异质性企业贸易理论当作完全替代了新贸易理论是不公平的；第二，新贸易理论在异质性企业贸易理论被提出以后依然得到了广泛使用，且该理论可以用于产业领域中某些非常有价值的分析，比如新贸易理论在新兴的文化产业贸易中具有较好的适用性（程相宾，2018）；第三，异质性企业贸易模型与新贸易理论的经典模型之间存在高度相似性，同时异质性企业贸易模型是在突破新贸易理论模型的假设条件基础上构建出来的，因此在探讨异质性企业贸易理论的假设条件是否具有一般性之时，结合新贸易理论予以评述将更有启示意义。

1. 需求方面

尽管梅利兹构建的异质性企业贸易模型突出了生产环节中企业生产率异质性所产生的影响，但构成其数理模型框架的基础是对市场需求方面的设定。梅利兹（2003）设定代表性消费者的效用函数②是 $U = [\int_{\omega \in \Omega} q(\omega)^\rho d\omega]^{\frac{1}{\rho}}$，

---

① 哈尔·R. 范里安：《微观经济学：现代观点》（第九版），格致出版社、上海人民出版社2015年版，第1页。

② 为了论述的简洁，直接引用已有文献上的公式时，不再重复性地介绍各种变量及参数的含义，下同。

这是连续的 C. E. S. 型效用函数，这一效用函数决定了特殊的市场需求。在微观经济理论中，决定需求行为的内在原始动力应该是消费者的偏好，效用函数仅仅是描述具有某些性质的偏好的一种数理形式，同时任何对效用函数的正单调变换均代表了相同偏好[①]。由于参数 $0<\rho<1$，从而效用函数 $U = \int_{\omega\in\Omega} q(\omega)^\rho d\omega$ 与梅利兹所设定的 C. E. S. 效用函数代表了相同偏好，所决定的需求也就具有相同特征。如果把连续效用函数 $U = \int_{\omega\in\Omega} q(\omega)^\rho d\omega$ 写成离散形式，那么就是 $U = \sum_i q_i^\rho$，这与克鲁格曼（1980）所设定的效用函数在形式上是完全一致的，只是克鲁格曼写成了 $U = \sum_i c_i^\theta$ 而已。梅利兹（2003）所构建模型的需求与克鲁格曼在23年前所建模型是相同的，之所以使用看似较为复杂一点的 C. E. S. 型效用函数（Dixit and Stiglitz, 1977），取决于该函数在处理某些棘手问题之时，能带来某些直觉上的认知力，如克鲁格曼（Krugman，1991）在研究产业集聚的经济地理问题时，就因为 C. E. S. 型效用函数的这一优点而使用了它。只要把效用函数设定为 C. E. S. 等特定形式，即使该函数在数理分析中具有非常优越的特征，就已经不具备经济理论上的一般性了，所以克鲁格曼（1991）在使用 C. E. S. 效用函数之前，强调了自己所构建的理论框架是极为特别的（admittedly special）。杨和海伊德拉（Yang and Heijdra, 1993）试图在 D–S 框架基础上拓展这一分析，以求使其更具使用价值。雷丁和韦恩斯坦（Redding and Weinstein, 2020）在发展 C. E. S. 偏好基础上提出了新的更为精确的价格指数测算方法，也在试图回避 C. E. S. 型效用函数所造成的不利影响。为了理论上的一般化需要，构建效用函数的隐函数形式可能更有适用性，克鲁格曼（1979）就是利用隐函数形式的效用函数进行的数理分析。

为了看出梅利兹（2003）利用的效用函数所推导出的需求到底有多特殊，先写出该模型中的（瓦尔拉斯）需求函数 $q(\omega) = Q\left[\dfrac{p(\omega)}{P}\right]^{-\sigma}$。需求函数中没有包含收入，即暗含了收入不影响商品需求这一假定。梅利兹在分析生产过程时把劳动者工资标准化为1，同时依据他对福利变化的分析来看，其所做的代表性消费者假定应该表示规范的代表性消费者，从而经济体中的总收入即 $wL = L$ 应该要包含在需求函数之中。利用 C. E. S. 效用函数进行分析时，却"自然地"排除了收入因素。在一般性意义上，对于价格向量 $p = (p_1, p_2, \cdots, p_L)^T$ 与收入 w，可微的瓦尔拉斯需求函数 $x(p, w)$ 在满足瓦

[①] 杰弗里·A. 杰里、菲利普·J. 瑞尼：《高级微观经济理论》，中国人民大学出版社2012年版，第15页。

尔拉斯法则（必须在收入用完之时才会得到最大满足）、零次齐次性（价格与收入同比例变化不影响需求）以及显示偏好弱公理这三个相对稳健的性质时，在 $L>2$ 的情况下，以下 Slutsky 矩阵 $S(p, w)$ 仅仅是负半定的[①]：

$$S(p, w) = \begin{pmatrix} \frac{\partial x_1(p, w)}{\partial p_1} + \frac{\partial x_1(p, w)}{\partial w} x_1(p, w), & \cdots, & \frac{\partial x_1(p, w)}{\partial p_L} + \frac{\partial x_1(p, w)}{\partial w} x_L(p, w) \\ \vdots & \ddots & \vdots \\ \frac{\partial x_L(p, w)}{\partial p_1} + \frac{\partial x_L(p, w)}{\partial w} x_1(p, w), & \cdots, & \frac{\partial x_L(p, w)}{\partial p_L} + \frac{\partial x_L(p, w)}{\partial w} x_L(p, w) \end{pmatrix}$$

(1)

如果需求来自理性偏好的最大化决策，其实等价于显示偏好强公理对需求施加了约束，导致 $S(p, w)$ 具有对称性。显示偏好强公理是比显示偏好弱公理更为严格的假设条件（Houthakker，1950），所以 $S(p, w)$ 的对称性意味着性质并不稳健，即在 $L>2$ 时，下式已经算是比较严格的条件了：

$$\frac{\partial x_i(p, w)}{\partial p_j} + \frac{\partial x_i(p, w)}{\partial w} x_j(p, w) = \frac{\partial x_j(p, w)}{\partial p_i} + \frac{\partial x_j(p, w)}{\partial w} x_i(p, w), \quad \forall i, j$$

(2)

对于梅利兹（2003）的需求函数，由于 $Q \equiv U$ 且 $P = M^{\frac{1}{1-\sigma}} p(\tilde{\varphi})$，所以在某一静态时点上，从离散的角度来看，其 Slutsky 矩阵 $S(p, w)$ 为：

$$S(p, w) = \begin{pmatrix} -\sigma Q \frac{P^\sigma}{p_1^{\sigma+1}}, & 0, & \cdots, & 0 \\ 0, & -\sigma Q \frac{P^\sigma}{p_2^{\sigma+1}}, & \cdots, & 0 \\ \vdots & \vdots & \ddots & \vdots \\ 0, & 0, & \cdots, & -\sigma Q \frac{P^\sigma}{p_L^{\sigma+1}} \end{pmatrix}$$

(3)

这是一个极为特殊的对称矩阵，从而严重影响了由其出发所构建的经济理论的一般性。从原理上看，梅利兹（2003）的理论模型在静态时点上抛弃了商品的市场需求取决于收入以及其他产品价格的假定。在产品差异化视角下讨论国际贸易的产品流动时，不同经济体之间相互贸易的商品之间的替代或互补性质其实是决定贸易模式的关键。因此，仅从商品价格相互影响的视角出发，梅利兹（2003）模型在需求层面的一般适用性甚至都不及博弈论中常用的关税和不完全国际竞争模型，如吉本斯（Gibbons，1992）设定企业 $i=1, 2$ 分别为两个国家中企业，分别为国内市场与国外市场提供的商品量为

[①] 安德鲁·马斯-克莱尔、迈克尔·D. 温斯顿、杰里·R. 格林：《微观经济理论》，中国人民大学出版社 2014 年版，第 32 页。

h_i 和 e_i，经济体 1 与 2 中的商品总量分别为 $Q_1 = h_1 + e_2$ 与 $Q_2 = h_2 + e_1$，市场出清价格为 $P_i = a - Q_i$。这种直接设定市场需求形式，淡化从理性偏好消费者最大化决策中求解市场需求的分析过程，尽管也很特殊，但其至少包含了商品之间价格的相互影响，从而在一定程度上突出了相互贸易的商品之间的某些内在关联。

梅利兹在 2003 年之后，依然在异质性企业贸易模型的构建方面倾注了大量心血，确实也把这一理论框架继续向前推进了很多，梅利兹和奥塔维亚诺（Melitz and Ottaviano, 2008）的模型就是重要成果之一。梅利兹和奥塔维亚诺（2008）放弃了 C.E.S. 效用函数的假定，构造了被称为 OTT 形式（刘海洋等，2012）的拟线性效用函数，计算得到的产品市场需求为：

$$q_i = \frac{\alpha L}{\eta N + \gamma} - \frac{L}{\gamma} p_i + \frac{\eta}{\eta N + \gamma} \frac{L}{\gamma} \int_{i \in \Omega^*} p_i di \tag{4}$$

由于单位化了工资，劳动力总量 L 代表了经济体中的总收入，从而商品 i 的需求在某个静态时点上取决于总收入，同时也能发现会受其他商品价格的影响。由于梅利兹和奥塔维亚诺（2008）假定每个消费者具有相同偏好，求出个人需求函数并对其进行加总以得到市场需求函数，完全不同于梅利兹（2003）所作的代表性消费者假定，导致市场需求函数的 Slutsky 矩阵取决于收入分配等因素。仅从需求函数并依赖固定程序去计算，式（4）的 Slutsky 矩阵依然是相当特殊的，但比梅利兹（2003）所确定的 Slutsky 矩阵更加具有一般化。为了论述的简洁性，在此不给出这一替代矩阵的具体计算结果。简言之，为了推动国际贸易理论向前发展，变革影响市场需求方面的效用函数假定以求更接近现实，可能是理论上的一大突破口。

前沿国际贸易理论模型的基础来自商品市场的需求特征，后者又取决于所使用的能够代表某种特殊偏好的效用函数。消费者偏好建立在个人的心理基础之上，从而依据某种带有自省性质的个人价值导向以重新设定效用函数，那么就有可能改变前沿国际贸易理论的核心论点。比如中华传统美德中含有节俭的内在要求，这种美德建立在淡化个人欲望的基础之上。中国古代思想家极力告诫"目好色，耳好声，口好味，接而说之，不知利害，嗜欲也"[1]，强调修身养性的重点就是节欲。晚清时期掌握统治阶层话语权的权贵人物依然在宣传这种观点，即"降龙以来养水，伏虎以养火。古圣所谓窒欲，即降龙也；所谓惩忿，即伏虎也"[2]。如果把某个经济体中的代表性消费者的偏好建立在这种节制欲望的自省基础之上，从而构造的效用函数将与现代经济理论中所用的效用函数极为不同，对国际贸易理论的分析也将产生实质性影响，甚至得不到主流国际贸易理论中所努力证明的贸易能够带来收益这一结论。

---

[1] 陈广忠：《淮南子（译注）》，中华书局 2012 年版，第 817 页。
[2] 谭作文：《曾国藩家书（译注）》，中华书局 2017 年版，第 1684 页。

比如在严格节制欲望的假设下,个体应该会警惕"五色令人目盲,五音令人耳聋,五味令人口爽,驰骋畋猎令人心发狂,难得之货令人行妨"①,努力排除产品的多样化,从而也就得不到国际贸易理论所证明的贸易能让消费者因产品多样化而获益这一论点。尽管以复古的视角去考虑消费者偏好及其所确定的效用函数可能要比已有的经济理论中如异质性企业贸易理论所设定的消费者偏好更为"特殊",但其所给予的警示意义却是至关重要的,即主流国际贸易模型的构建取决于消费者偏好的假定,而假定的特殊性影响到所建模型的适用性。只要简单地变换效用函数的设定方式,可能就会全盘否定所构建的国际贸易模型,遑论用这种特殊的模型去对经济行为给予指导。变换效用函数的经验基础是广泛存在的,比如行为经济学中经常探讨的某些消费者行为,就有可能来自非理性的偏好。总之,从效用函数所决定的市场需求出发,可以非常清晰地看出如果照搬所谓的前沿国际贸易理论来指导微观企业出口行为决策,就忽略了理论的一般适用性。

2. 生产方面

梅利兹(2003)沿用了克鲁格曼(1979,1980)对生产所做出的只使用一种要素即劳动 l 且每个企业只生产一种产品这种假定,梅利兹把生产函数设定为线性的:$l = f + \frac{q}{\varphi}$。究其本质来看,梅利兹所设定的生产函数与克鲁格曼(1979,1980)是完全一致的。克鲁格曼设定的生产函数为 $l = \alpha + \beta x$,这里的 α 与梅利兹模型中的 f 均代表生产中的固定成本,β 与 φ 均代表生产中把可变要素变为产出的能力即生产率,只是 β 表示的是生产率的倒数而已。梅利兹所做的假定与克鲁格曼的唯一不同之处就在于企业生产率 φ 的异质性,克鲁格曼模型中的 β 对所有企业均相同。需求与供给(生产)构成了一般均衡模型的两个最为重要的方面,结合需求与生产方面的设定,可以看出梅利兹(2003)与克鲁格曼(1980)在数理框架上的高度相似性。

对于企业生产中只使用一种要素即劳动力这一假定,显然与现实情况是完全不符合的,因为企业生产需要的要素多种多样,就在最为简洁的实证研究之中,至少也要把劳动与资本这两种要素看成是企业生产所必需的。汤和彭(Tang and Peng, 2017)在利用梅利兹(2003)框架来分析中国能源消费如何通过产品特别是工业制成品的出口而贡献于世界其他国家时,假定了包含能源在内的所有资源这种组合体即"混合资源"s,这种混合性质的资源假定能够非常简便地利用异质性企业模型框架来分析诸如能源等要素如何随着企业出口而变化这类问题。在"纯"经济理论分析之中,梅利兹与克鲁格曼等学者所做的只使用一种要素假定应该可以接受,只是他们把要素命名为具有单一确定性指向的"劳动"而容易引起疑惑罢了。不同经济体在各种生

---

① 汤漳平、王朝华:《老子(译注)》,中华书局2014年版,第45页。

产要素的资源禀赋上存在了很大差异，同时不同经济体中生产性企业的技术特征也不尽相同，从而如何把经济体中的所有生产要素设定成单一的要素用于经济分析是很重要的（Tang et al.，2018）。

梅利兹（2003）在生产要素假定上偏离一般化最为严重的是关于劳动力总量完全无弹性假定，梅利兹本人在后续研究中就做过完全不一样的假定，如科斯坦蒂尼和梅利兹（Costantini and Melitz, 2007）就设定了劳动力这一要素供给满足完全弹性这样的假定，所给理由是：在局部均衡模型中分析某个产业时，可以把经济体提供给这个产业的劳动力看成是完全弹性的。经济体对某个产业的劳动力供给到底是完全弹性还是完全无弹性，直接关系到异质性企业贸易理论的核心论点，比如汤二子（2014）说明了如果在梅利兹（2003）模型中把劳动力供给的完全无弹性假定变为劳动力供给的完全弹性假定，那么梅利兹（2003）中低生产率企业因为出口贸易而被逐出市场这一重要命题将不复存在。在现实中，经济体对于某个产业的要素供给应该介于这两者之间，既不可能充裕到对于某个产业的劳动力要素供给是无限制的（完全弹性），也不可能缺乏到对这一产业的要素供给是完全不变的（完全无弹性）。经济体对某一产业的要素供给量应该直接取决于该产业对要素的实际支付，这种实际支付的数量又取决于要素在生产过程中所带来的边际产品，而梅利兹（2003）单位化了要素价格即工资水平，使得这种分析要素需求与供给的模型无法展开，影响了理论上的一般性。

中国作为劳动力资源极为充裕的经济大国，其始终存在的自然失业率意味着长期中劳动力资源在生产中没有出现供不应求的局面，年度城镇调查失业率可能要比自然失业率的估算值更高一些（张世伟和司颖华，2018；王东京，2019）。因此，在任何时点上，中国这一经济体对于任意产业的劳动力供给都不可能是完全无弹性的。即使把所有生产要素当作一个整体来看待，中国作为经济规模如此之大的一个经济体，单个产业中的要素投入在总要素中所占比率应该不高。如果对产业划分得更加细致，尽管这会更接近异质性企业贸易理论的研究环境，但是单个产业吸纳的要素所占比率就会更低，从而更应该拒绝劳动供给完全无弹性假定。尽管特定的行业可能需要特殊技能的劳动力，使得在某一时点上，经济体对该行业的劳动力供给接近于完全无弹性。在劳动力流动性越来越大的背景之下，这种专门为生产某种特殊商品而所拥有的特殊生产要素的数量固定不变，显得越来越不符合经济现实，对于大型经济体来说更是如此。另外，对行业特殊性做出过于严格的限制，又有可能违背梅利兹（2003）在市场需求方面所做出的行业中差异化产品之间具有固定替代弹性这一假定。总之，对于中国这一大型经济体来说，科斯坦蒂尼和梅利兹（2007）的劳动供给完全弹性要比梅利兹（2003）的劳动供给完全无弹性更接近现实一些。只要突破了梅利兹（2003）完全无弹性劳动供给这一假定，异质性企业贸易理论本身都难以立足，遑论用来指导中国企业的出口行为选择。

梅利兹（2003）假定所有企业都面临相同的固定成本 f，在工资单位化的情况下，f 可直接写入用劳动力代表的生产函数之中。梅利兹（2003）与克鲁格曼（1979，1980）对于企业生产固定成本的假定完全相同，只是所使用的符号不同而已。企业要想投入生产并取得盈利，经营之前投入某一固定数量的成本确实比较接近现实。然而，对于应不应该设定固定成本这一问题，梅利兹本人却无法保持一致。梅利兹和奥塔维亚诺（2008）用边际生产成本表示企业所具有的异质性生产率，就假定了企业生产不存在固定成本，所给的直接理由是为了数理分析的简便性（for simplicity）。汤二子（2017）指出梅利兹及其合作者不设定固定成本的真实原因其实来自不同的效用函数所带来的不同市场需求，在梅利兹（2003）模型中，如果假定不存在固定成本，那么将无法求解模型，而梅利兹和奥塔维亚诺（2008）中的拟线性偏好所确定的市场需求本身就能作为一个条件用于模型求解。皮建才和仰海锐（2017）在构建经济理论模型时，强调出于不考虑企业自由进入的需要，把企业生产的固定成本设定为 0。梅利兹和奥塔维亚诺（2008）研究了企业自由进入的均衡，但没有设定固定生产成本。在梅利兹作为主要合作者的比尔比亚等（Bilbiie et al., 2019）文献中，假定企业投入生产需要支付沉没成本（sunk entry cost），但不存在固定生产成本（fixed production cost）。梅利兹被视为主流国际贸易理论中新-新贸易理论的开创者，但在对企业生产的各种设定中，多次做出"前后矛盾"的假定来服务于特定模型的构建，如经济体对单个产业的劳动力供给是否满足完全无弹性以及固定成本是否存在等，均无法保持前后一致，意味着他所创建的国际贸易理论在实际运用中必然存在着片面性。

对于所有企业面临相同的固定生产成本这一假定，其实也有待商榷。对某个经济体中的某个行业，所包含的生产性企业的确存在着非常相似的生产特征，从而假设这些企业具有相同的固定生产成本具有一定的现实基础。不过，梅利兹（2003）设定了企业生产率的异质性，如果所有企业面临的固定生产成本因为所属行业相同而被设定为相同的数值，那么更加依赖于行业特点的生产技术与经营效率，所有企业的差别就不会很大。换言之，在梅利兹（2003）与克鲁格曼（1979，1980）这三篇文献中，尽管都设定了所有企业面临相同的固定生产成本，但由于梅利兹（2003）又设定了生产率异质性，从而让该假定所造成的逻辑矛盾就更大一些。另外，企业生产率可能会取决于所投入的固定生产成本，因为固定成本投入量越大，比如建造的生产车间越大，会让企业管理者更容易协调劳动者之间的合作，进而提高了生产率，即 $\varphi = \varphi(f)$。为了单独分析异质性生产率的影响，可以构建反函数 $f = b(\varphi)$ 代入到原生产函数中，得到 $l = b(\varphi) + \frac{q}{\varphi}$。尽管这样做可能会让理论模型更具一般化，但却很难求解所构建的一般均衡模型。总之，所有企业面临相同的固定生产成本是个较强的假定，在生产率异质性这一前提下，相同的固定生产成本假定就会显得更为特别。

3. 生产率假定

在梅利兹（2003）模型中，把克鲁格曼（1979，1980）关于企业具有相同生产率的假定变革为企业具有异质性生产率的假定。那么，必然要问的一个问题是这样的假设变化更接近于经济现实，从而让异质性企业贸易理论更具一般性吗？如果仅从企业生产的实际情况出发，异质性生产率肯定要比同质性生产率更具一般化，因为每个企业在生产上的优劣差异是存在的。然而，梅利兹（2003）所做出的异质性生产率假定也有一些问题，如在考虑企业固定生产成本假设时所指出的那样，企业面临相同的固定生产成本对理论研究所产生的影响因为异质性生产率假定而更为严重。换言之，引入异质性生产率假定的确能够更接近现实一些，从而对经济理论的构建具有某些积极意义，但对理论研究中其他设定所造成的负面冲击也不容忽视。

企业生产中所波及的面是极为广阔的，既然通过设定生产率异质性可以研究如何影响企业出口等经营问题，那么研究者自然会想到再去变革生产率的异质性来研究企业生产决策，比如段玉婉和杨翠红（2018）从加工贸易与一般出口这种不同贸易方式的生产异质性出发，研究了中国地区出口增加值的分解问题；祝树金等（2019）在研究企业产品出口加成率这一重要问题时，分别基于企业所有制异质性、进口状态异质性、产品集中度异质性、产品出口贸易方式异质性、出口产品用途异质性等领域去从事检验与分析；孙敬水和丁宁（2019）聚焦于创新能力、生产率、资本密集度与技术密集度、出口补贴、人力资本等多重异质性，研究企业出口与工资溢价的关系。这种突出企业多重异质性来研究相关议题，在实证研究中相对具有可操作性，但在理论研究中就难以进行了，因为很有可能求解不了所构建的数理模型。尽管在国际贸易理论发展过程中，通过引入生产率之外的其他异质性来拓展异质性企业贸易理论难有建树（汤二子，2017），但其所带来的启示意义却很重要，那就是在指导中国企业出口行为选择时，仅仅对照企业之间的生产率差异去识别出口动能是不够的。

尽管在生产率之外，其他异质性因素已经被研究人员用来思考企业出口的决定机制问题，但生产率异质性假定所产生的影响却是深远的，因为生产率会让研究者对接受异质性企业贸易理论产生"惯性"。换言之，中国本土研究人员在国际贸易理论与实证研究中，没有过多质疑这一由西方学者提出并被称为国际贸易前沿理论的主要原因正是该模型突出了生产率而非其他。在市场竞争中，企业应该想尽办法提高自身生产率，并把提高生产率当成企业避免"死亡"的唯一"药方"（汤二子，2016）。企业为了拥有更高生产率，只能寻求生产技术进步或生产效率增进，这两者一般不会对企业造成危害。在利用异质性企业贸易理论来指导中国企业出口行为选择时，把提高生产率作为桥梁的各种政策建议均鼓励企业加大技术投入或释放生产效率，这类建议自动拥有某种"合理性"而让人们广泛接受，如通过研发创新带动企业出口竞争力的提升等（毛其淋和方森辉，2018）。一旦研究人员完全信任基于异质性企业贸易理论所提出的各种所谓"合理的"政策建议时，就容易把该理论直接套用到中国实践之中，并把任何与之不相一致的现象当成是违背该理论的事物去看待，没有勇气去思考该理论究竟能不能适用于中国，更没有胆量去系统地质疑并拓展这一所谓的前沿理论。通过深入地分析，让人看出这种突出生产率异质性所构建的理论模型，依赖的假设条件是相当苛刻的，在理论上的一般适用性应该受到质疑。

四、中国现实

在利用异质性企业贸易理论来解决某些实际问题时，特别是对中国这类大型经济体，应该努力做到理论联系实际，绝不能完全照搬这些所谓的前沿国际贸易理论。如若不然，就很可能造成某些令人疑惑的问题，如曾经引起国内学术界热切关注的中国企业"出口—生产率悖论"（李春顶和尹翔硕，2009），究其本质就是在利用异质性企业贸易理论来研究中国企业出口问题时，忽视了经济理论的一般适用性而造成了困扰。梅利兹（2003）在构建异质性企业贸易模型时，的确是基于行业中出口企业相对拥有更高生产率这一经济现实（Bernard and Jensen，1999）。从现实到理论，梅利兹构建的一般均衡模型却绝对化了这个经济现实，推导出"生产率高的企业出口而生产率低的企业内销"这一命题。直接利用这个命题，能够得到"出口企业生产率均值要高于内销企业"这一推论。利用该模型来研究中国问题时，发现了与之完全相反的情况，即中国出口企业的生产率均值低于内销企业，它被称作"出口—生产率悖论"。李春顶（2015）详细评述了"悖论"，汤二子（2017）初步探讨了悖论的存在性如何影响理论与现实之间的逻辑联系。然而，不从理论的一般适用性角度去深入探讨，"悖论"始终是干扰中国企业合理做出出口选择的一个困惑。

在梅利兹（2003）模型中，假设所有"存活"企业的生产率区间为 $[\varphi_{min}, \varphi_{max}]$，那么存在一个生产率 φ_0，使得生产率处在 $[\varphi_{min}, \varphi_0)$ 之间的所有企业只会内销，而生产率处在 $[\varphi_0, \varphi_{max}]$ 之间的所有企业将选择出口。这种理论研究所得的绝对化结果，严格到梅利兹所依赖的伯纳德和詹森（1999）文献中的经验都难以满足。

对于任意经济体，不妨设 $\varphi_{min}^x = \min\{\varphi: \varphi$ 是某个行业中出口企业的生产率$\}$，同样假设 $\varphi_{max}^d = \max\{\varphi: \varphi$ 是某个行业中只会内销企业的生产率$\}$，只有在 $\varphi_{min}^x > \varphi_{max}^d$ 成立时，梅利兹（2003）模型推导的结果才具有逻辑上的一致性。然而，通过直觉就能轻易地判断 $\varphi_{min}^x > \varphi_{max}^d$ 难以成立，因为经济中一个行业所包含的企业数量较多，即使是非常细分的行业类别，企业数量也不在少数，因而要求出口企业中生产率的最低值比内销企业中生产率的最高值都要大，显然是极为苛刻的条件。对于中国这种大型经济体来说，由于每个行业所包含的出口与内销企业的数量比较多，从而 $\varphi_{min}^x > \varphi_{max}^d$ 就更难以满足。如果接受 $\varphi_{min}^x \leq \varphi_{max}^d$ 这一更符合现实的条件，那么梅利兹（2003）所推导的"出口企业的生产率均值要高于内销企业"就不会必然存在。换言之，所谓的中国企业"出口—生产率悖论"在 $\varphi_{min}^x \leq \varphi_{max}^d$ 条件下是一个正常的经验现象。因此，如果仅去考察异质性企业贸易理论，就没有必要纠结这种"悖论"是否存在，更无须花费精力去寻找导致这种"悖论"存在的各种原因。

如果条件 $\varphi_{min}^x \leq \varphi_{max}^d$ 成立，是否可以彻底否定梅利兹（2003）模型呢？如果仅从举反例的角度严格对待理论的话，的确可以否定掉异质性企业贸易模型。不过，更有价值的发现是可利用 $\varphi_{min}^x \leq \varphi_{max}^d$ 这一条件来证明梅利兹（2003）模型的假设条件过于严格，导致其缺乏理论上的一般性。需要强调的是 $\varphi_{min}^x \leq \varphi_{max}^d$ 与梅利兹（2003）所依赖的生产率高的企业更有可能出口这一经济现实是相容的（汤二子，2017）。例如把企业按照生产率由低到高等量分为五个区间 $[\varphi_{min}, \varphi_1)$、$[\varphi_1, \varphi_2)$、$[\varphi_2, \varphi_3)$、$[\varphi_3, \varphi_4)$ 与 $[\varphi_4, \varphi_{max}]$，每个区间中出口企业所占的比率分别为 $\lambda_i(i=1, \cdots, 5)$，只要 $\lambda_1 \leq \lambda_2 \leq \lambda_3 \leq \lambda_4 \leq \lambda_5$ 成立，梅利兹（2003）模型就有现实基础，这一条件比 $\varphi_{min}^x > \varphi_{max}^d$ 宽松，和 $\varphi_{min}^x \leq \varphi_{max}^d$ 也是相容的。对于条件 $\lambda_1 \leq \lambda_2 \leq \lambda_3 \leq \lambda_4 \leq \lambda_5$，还可继续放松，只要序列 $\{\lambda_i\}_{i=1}^5$ 具有递增的趋势，就能成为梅利兹（2003）模型的现实基础。如果把企业生产率区间继续细分，按照单个企业生产率由低到高进行排序，形成生产率序列 $\{\varphi_n\}_{n=1}^N$。随着这个序列，只要出口企业出现的频率越来越高，就能成为梅利兹（2003）模型的实践基础[①]，该条件比 $\lambda_1 \leq \lambda_2 \leq \lambda_3 \leq \lambda_4 \leq \lambda_5$ 宽松，与 $\varphi_{min}^x \leq \varphi_{max}^d$ 没有任何抵触。因此，异质性企业贸易模型只因其理论上的一般化问题而存在局限，在经济现实支撑与模型构建及求解过程等方面，目前还没有发现其存在严重的问题，这与其他被替代的

---

① 如果把企业的出口状况写成序列 $\{EX_n\}_{n=1}^N$，其中企业 n 出口的话，$EX_n = 1$，否则 $EX_n = 0$。把序列 $\{\varphi_n\}_{n=1}^N$ 与序列 $\{EX_n\}_{n=1}^N$ 是否满足正相关性作为梅利兹（2003）模型的现实基础是非常严格的。因为这两个序列如果在统计上具有正相关性，那么 $\varphi_n = a + bNX_n + \varepsilon_n$ 的 OLS 回归结果就会显示 $\hat{b} > 0$，从而就能得到出口企业生产率均值严格高于内销企业的结论，也就是说中国企业"出口—生产率悖论"与之不能相容。因此，只能从出口企业的分布状况去梳理梅利兹（2003）的现实基础，不能从生产率与出口虚拟变量的相关性角度去寻找现实支撑。

国际贸易理论是不同的。当然，根据国际贸易理论变革与发展的特点，未来也有可能出现更替异质性企业贸易理论的新理论，同时中国经济状况可能会为新的国际贸易理论的构建提供有力的现实支撑。

尽管主流国际贸易理论处在更替与发展之中，但这些理论均致力于论证国际贸易能够带来收益。从整体经济福利角度出发，国际贸易可以带来好处应该是自由贸易者、政策制定者、学术研究者唯一能够达成共识的地方。在西方经济环境下，经常会出现不能代表主权国家的非政府组织如某些利益集团或院外集团通过游说影响甚至改变政府的贸易政策（Mitra，1999）。在中国经济与政治环境下，历史经验证明了开放有利于整个国家的利益，从而开放战略是不允许任何个人或组织予以质疑的，正如习近平总书记所强调的"中国开放的大门不会关闭，只会越开越大"。即使在具体的对外贸易政策制定中，除了通过合理渠道提出建议之外，中国政府从来不允许任何利益集团直接干涉相关政策的制定与实施（王孝松和谢申祥，2010）。特色的政治与经济环境让中国成为国家与民族利益至上的经济体，从而完全的贸易利得在中国实现的可能性反而要高于西方经济体，因为国家主导下的贸易政策所受到的内部干扰相对较小。中国企业在制定出口行为决策时，要始终把越来越开放的中国经济当成既定事实，这样才能做出合理选择。企业想通过游说政府而改变贸易政策，以求做出利于私人而损害公利的出口行为，在中国是行不通的。在开放战略下，中国企业面临的国际竞争必然会越来越强烈，不能刻意躲避这些外来的竞争，通过出口等国际化手段积极参与世界市场才是取胜之钥。

中国特别是在改革开放后所出台的对外贸易政策，很多在为世界上其他国家或地区的企业进入中国市场提供便利。2019年3月15日通过的《中华人民共和国外商投资法》，主要目的就是保护外商投资的合法权益，进而推动形成全面开放新格局。在具体政策实施层面，2020年1月1日起施行的《中华人民共和国外商投资法实施条例》，明确了如何保护与优化外商在中国的投资。在当代多边贸易体制下，除了少数地区之外，国际贸易基本上都建立在主权国家之间。中国鼓励本土企业"走出去"，比如"一带一路"倡议就为中国本土企业"走出去"提供了机会与动力（徐念沙，2015）。中国对外贸易政策致力于为其他国家或地区的企业提供更为优越的经营环境，其实也在间接地为中国本土企业进入其他国家或地区提供帮助。主权国家之间所形成的贸易政策是经过双边甚至多边的谈判才能达成的，其他主权国家因为中国为其企业提供了越来越优良的经营环境，自然会为中国本土企业进入其市场提供更好的环境。反之，如果逆历史潮流与发展方向变对外开放为闭关锁国，世界上其他国家或地区自然也不会对本土企业给予公正的国际贸易条件。这就是说，秉持开放战略的中国为外商提供越来越优越的条件，能和世界上其他国家或地区在国际贸易与合作上形成良性循环，使得中国本土企业更加容易地进入世界市场。如果中国本土企业受到世界上其他国家或地区的不公正对待，中国向世界全面开放的巨大国内市场是国际贸易谈判人员为本土企业争取合法权益的最大筹码。因此，中国本土企业不能把对外企越来越优越的经营条件视为对自己的一种威胁，应该把这种致力于"引进来"的对外贸易政策当作国家鼓励其"走出去"的间接激励条件。尽管有学者对国家致力于"引进来"与促使本土企业"走出去"这方面进行了研究（李丹和董琴，2019），但主流国际贸易理论对两者关系所给予的关注并不多，但中国的开放政策就含有这种国际贸易互动机制。这意味着直接照搬主流国际贸易理论难以完全容纳中国对外开放元素，也就难以对中国本土企业的出口行为选择给予有效指导。

  国际贸易涉及不同国家之间的货物交换，国家之间的距离一般要远于国内不同地区之间的距离，因而与国际贸易相伴的运输成本一直是主流国际贸易理论所感兴趣的问题。运输成本对国际贸易模式的影响应该是深刻的，亚当·斯密在他那个时代举了一个极为有趣的例子：英国只会进口爱尔兰瘦的牲畜而不要肥的牲畜，原因是"肥的牲畜无法行走太远，所以只有输入瘦牲畜"[①]。这种亚当·斯密时期的贸易图景在运输业愈发先进的当今时代是匪夷所思的，其所给予的贸易会严重受到运输技术及其成本影响的启示意义却是久远的。在主流国际贸易理论中，把国际贸易的运输成本模型化为"冰山成本"非常有益于理论构建（Samuelson，1954），异质性企业贸易模型就是以"冰山成本"来处理国际贸易运输成本的（Melitz，2003）。"冰山成本"的确可以抓住国际贸易运输成本的实质并大为简化模型的求解过程，但是却非常依赖于其他假定条件，使得基于该假设所构建的理论对诸如中国这种地域广阔且接壤国家或地区较多的经济体来说，很可能不再适用。梅利兹（2003）设定 $\tau>1$ 为"冰山成本"，企业在出口市场销售额就是 $r_x(\varphi) = \frac{1}{\tau^{\sigma-1}} r_d(\varphi) = \frac{R}{\tau^{\sigma-1}}(P\rho\varphi)^{\sigma-1}$，这意味着只要企业进入国外市场且不需要支付固定进入成本的话，那么就一定能够得到正的出口利润，即 $\pi_x(\varphi) = \frac{r_x(\varphi)}{\sigma} > 0$，从而所有企业都会出口，这与经济现实不符。为了避免这种情况，梅利兹（2003）引入了出口固定成本 f_x 以得到出口市场的零利润条件。在梅利兹和奥塔维亚诺（2008）模型中，也利用"冰山成本"来处理国际贸易的运输成本问题，但他们却舍弃了出口固定成本 f_x 假定。对比这两个模型中的"冰山成本"与出口市场固定进入成本假定，造成不一致的主要原因还是效用函数所决定的市场需求结构不同，但显示出理论构建的脆弱性。

[①] 亚当·斯密：《国富论》，江苏人民出版社 2011 年版，第 190 页。

在中国企业出口行为选择中，出口固定成本与运输成本所产生的影响一般都比较显著。出口固定成本指生产者寻找与通知国外买者并学习出口市场结构、研究国外市场规制并努力使其产品符合国外市场标准等所产生的费用（Roberts and Tybout，1977；Melitz，2003），也就是生产性企业调研出口市场所应支付的与出口贸易量无关的成本。在中国对外开放越来越大的背景之下，生产性企业通过贸易中介来间接出口的趋势愈发显著（郑小碧，2019）。在贸易中介存在的假定下，梅利兹（2003）模型中出口固定成本所起到的限制作用将变小，让生产率低的企业通过出口实现盈利的机会变大。因此，利用异质性企业贸易理论指导中国企业出口行为选择时，低生产率的本土企业应该考虑通过贸易中介这种方式间接出口。中国广袤的地理空间以及漫长的国境线，在考虑国际贸易运输成本时应该小心谨慎。"冰山成本"的本质就是出口到国外市场的运输成本要高于国内市场，但在中国这种地理环境下，出口的运输成本低于内销运输成本是很有可能出现的。比如位于中国云南或广西的生产性企业，出口产品到越南所花费的运输成本可能远低于把产品运输到中国东北地区。同时，在国家对外战略部署与规划中，一些国际贸易运输方式如中欧班列等（许英明等，2019），本土企业应充分利用，尽可能降低运输成本对其参与国际贸易所造成的不利影响。

努力追求最大化的利润水平是企业积极开拓国际市场的内在动机，中国特色社会主义经济体制下，同样鼓励企业合理合法地追求利润并进入出口市场。中国本土企业把集体利益放在首位（王彩霞和李春秋，1999），相关舆论与评价体系也促使企业要以大局为重（朱方明和刘得扬，2009）。在国家或民族利益因为国际贸易而受到损害之时，与西方经济体中以追求私利为先的企业不同，中国本土企业一般都会坚定地站在维护国家与民族利益的层面，在特定情形下会果断放弃某些颇具盈利机会的对外贸易。集体利益导向下的中国本土企业，与西方主流国际贸易理论所依赖的追求私利企业是不一致的，不顾及中国现实而直接利用这些理论来指导中国本土企业对外贸易实践也就欠妥了。

五、结论性评述

在中国本土的学术研究中，过于强调西方主流国际贸易理论在资源配置与贸易动能方面的指导地位，也情愿跟在所谓前沿国际贸易理论的身后裹足不前。西方经济学家特别是国际贸易理论家对于建构国际贸易理论付出了巨大努力，也取得了很多学术成果。然而，这些主流国际贸易理论，包括依然被奉为前沿的异质性企业贸易理论，其理论本身所存在的局限性是值得深思的。首先，这种局限性使其不能直接用于指导中国本土企业的出口行为选择；

其次，揭示理论中的这些局限性，可能是本土学者推动国际贸易理论向前发展的一个突破口；最后，对于规模与影响力愈发显著的中国经济体，把其中具有鲜明特色的经济元素纳入审视西方主流国际贸易理论的局限性之中，可为西方经济理论家提供蕴含中国特色的理论建构思路。

对于主流国际贸易理论的发展脉络，本土乃至世界上很多学者进行过大量的评论，但其主要工作是梳理国际贸易理论如何实现更新换代的。本文以如何利用理论来指导中国企业出口行为选择这一实践作为切入点，探究在国际贸易理论发展过程中，理论应该如何与实践相结合。当前看似完全正确的国际贸易理论，很有可能如同该理论所替代的原有理论一样，在未来的某个时刻被证明是不能直接用来指导实践的。这样的话，在利用当前的被认为是"正确"的国际贸易理论指导中国企业出口行为选择时，应该谨慎对待。即使在很久的将来，现有的前沿国际贸易理论依然被视为正确之说，也不能完全照搬这一理论来指导中国企业出口行为选择，因为该理论在一般适用性方面存在较大局限。中国作为大型经济体，所包含的可用于支撑经济理论建构的信息是非常之多的。如果能够基于中国现实准确回答如何利用国际贸易理论来指导中国企业出口行为选择这一问题，就能为国际贸易理论体系添砖加瓦。简言之，研究西方主流国际贸易理论的发展能够发现已有理论不能照搬过来用于指导中国的实践，解析中国企业出口行为选择又能察觉到推动国际贸易理论向前发展的可能突破点。实现这种理论与实践的完美结合，既能对中国企业出口行为选择提供正确指导，也是本土学者实现国际贸易理论创新的绝好机会。

参考文献

1. 陈陶然、谭之博、张慧慧：《出口变动、产业特性与失业——基于中国微观数据的实证研究》，载于《国际贸易问题》2018年第2期。

2. 程相宾：《文化贸易理论视角下我国民族文化产业快速发展的对策研究》，载于《黑龙江民族丛刊》2018年第5期。

3. 段玉婉、杨翠红：《基于不同贸易方式生产异质性的中国地区出口增加值分解》，载于《世界经济》2018年第4期。

4. 方向、魏艾：《基于马克思霸权周期理论解析当前中美贸易关系》，载于《学术研究》2018年第10期。

5. 何欢浪：《供给侧改革背景下出口政策和竞争政策协调研究——以战略性资源产品出口为例》，载于《国际贸易问题》2019年第4期。

6. 洪世勤、刘厚俊：《出口技术结构变迁与内生经济增长：基于行业数据的研究》，载于《世界经济》2013年第6期。

7. 金祥荣：《中国幼稚工业及其保护机制的选择》，载于《国际贸易问题》1994年第9期。

8. 金晓梅、张幼文、赵瑞丽：《行业要素结构与对外直接投资：来自中国工业企业的经验研究》，载于《世界经济研究》2019年第6期。

9. 雷达、刘元春：《新贸易理论与自由主义：冲突与融合中的发展》，载于《世界经济》2005年第5期。

10. 李春顶：《中国企业"出口—生产率悖论"研究综述》，载于《世界经济》2015年第5期。

11. 李春顶、尹翔硕：《我国出口企业的"生产率悖论"及其解释》，载于《财贸经济》2009年第11期。

12. 李丹、董琴：《全球价值链重构与"引进来""走出去"的再思考》，载于《国际贸易》2019年第9期。

13. 李建萍、辛大楞：《异质性企业多元出口与生产率关系视角下的贸易利益研究》，载于《世界经济》2019年第9期。

14. 李晓华：《比较优势、竞争优势与中国企业的跨境并购》，载于《经济管理》2011年第5期。

15. 林毅夫、李永军：《比较优势、竞争优势与发展中国家的经济发展》，载于《管理世界》2003年第7期。

16. 刘海洋、马靖、宋巧：《中国地级以上城市的工资差异：原因及趋势》，载于《中国软科学》2012年第5期。

17. 毛其淋、方森辉：《创新驱动与中国制造业企业出口技术复杂度》，载于《世界经济与政治论坛》2018年第2期。

18. 皮建才、仰海锐：《京津冀协同发展中产业转移的区位选择——区域内还是区域外？》，载于《经济管理》2017年第7期。

19. 乔瑞雪：《从多元视角解析清朝闭关锁国政策的产生根源》，载于《内蒙古大学学报（哲学社会科学版）》2011年第3期。

20. 孙敬水、丁宁：《企业异质性、出口对工资溢价的影响——基于中国工业企业微观数据的经验证据》，载于《经济理论与经济管理》2019年第5期。

21. 孙晓华、王昀：《研发、出口与全要素生产率：基于联立方程模型的实证检验》，载于《管理工程学报》2015年第4期。

22. 汤二子：《生产率、市场规模对企业生存空间的影响》，载于《财经科学》2016年第7期。

23. 汤二子：《中国企业"出口—生产率悖论"：理论裂变与检验重塑》，载于《管理世界》2017年第2期。

24. 汤二子、刘凤朝、张娜：《生产技术进步、企业利润分配与国民经济发展》，载于《中国工业经济》2013年第6期。

25. 王彩霞、李春秋：《国家民族利益高于一切——"乐凯人"的价值选择》，载于《道德与文明》1999年第1期。

26. 王东京：《中国经济稳中求进的优先目标及其宏观政策取向》，载于《管理世界》2019年第5期。

27. 王岚、罗小明：《从俄林到克鲁格曼：区位对贸易意味着什么？——区际贸易理论和新经济地理学的比较》，载于《当代财经》2012年第12期。

28. 王孝松、谢申祥：《中国出口退税政策的决策和形成机制——基于产品层面的政治经济学分析》，载于《经济研究》2010年第10期。

29. 吴杨伟、王胜：《再论比较优势与竞争优势》，载于《经济学家》2018年第11期。

30. 徐念沙：《"一带一路"战略下中国企业走出去的思考》，载于《经济科学》2015年第3期。

31. 许英明、邢李志、董现垒：《"一带一路"倡议下中欧班列贸易通道研究》，载于《国际贸易》2019年第2期。

32. 薛蕊、苏庆义：《相对技术差异对贸易结构的影响有多大？》，载于《国际经贸探索》2014年第4期。

33. 杨继东、罗路宝：《产业政策、地区竞争与资源空间配置扭曲》，载于《中国工业经济》2018年第12期。

34. 叶娇、赵云鹏、和珊：《生产率、资本密集度对企业国际化模式选择决策的影响》，载于《统计研究》2018年第1期。

35. 易先忠、欧阳峣：《大国如何出口：国际经验与中国贸易模式回归》，载于《财贸经济》2018年第3期。

36. 张莉、朱光顺、李夏洋、王贤彬：《重点产业政策与地方政府的资源配置》，载于《中国工业经济》2017年第8期。

37. 张世伟、司颖华：《"物价—失业"关系的再探讨——基于"三角"菲利普斯曲线》，载于《中央财经大学学报》2018年第1期。

38. 郑文博：《新结构经济学与新兴古典经济学的理论融合：一个比较优势理论的扩展模型》，载于《经济问题探索》2019年第10期。

39. 郑小碧：《贸易中介空间集聚如何提升出口边际：沟通外溢性视角》，载于《世界经济研究》2019年第9期。

40. 朱方明、刘得扬：《国家利益与中国企业国际化发展》，载于《财贸经济》2009年第4期。

41. 祝树金、钟腾龙、李仁宇：《进口竞争、产品差异化与企业产品出口加成率》，载于《管理世界》2019年第11期。

42. Almås, I. and Johnsen, Å., 2018, "The cost of a growth miracle-reassessing price and poverty trends in China", *Review of Economic Dynamics*, XXX, pp. 239–264.

43. Bernard, A. and Jensen, B., 1999, "Exceptional Exporter Performance: Cause, Effect, or Both?", *Journal of International Economics*, XLVII (1), pp. 1 – 25.

44. Bilbiie, F., Ghironi, F. and Melitz, M., 2019, "Monopoly Power and Endogenous Product Variety: Distortions and Remedies", *American Economic Journal: Macroeconomics*, XI (4), pp. 140 – 174.

45. Brander, J., 1995, "Strategic trade policy", *Handbook of International Economics*, III, pp. 1395 – 1455.

46. Costantini, J. and Melitz, M., 2007, "The Dynamics of Firm – Level Adjustment to Trade Liberalization", in The Organization of Firms in a Global Economy, Helpman, E., Marin, D. and Verdier, T (ed). Cambridge: Harvard University Press.

47. Dixit, A. and Stiglitz, J., 1977, "Monopolistic Competition and Optimum Product Diversity", *American Economic Review*, LXVII (3), pp. 297 – 308.

48. Dornbusch, R., Fischer, S. and Samuelson, P., 1977, "Comparative Advantage, Trade, and Payments in a Ricardian Model with a Continuum of Goods", *The American Economic Review*, LXVIII (5), pp. 823 – 839.

49. Frankel, J., 2016, "Globalization and Chinese Growth: Ends of Trends?", HKS Working Paper No., pp. 16 – 29.

50. Gibbons, R., 1992, *Game Theory for Applied Economists*, Princeton, New Jersey, Princeton University Press.

51. Houthakker, H., 1950, "Revealed Preference And The Utility Function", *Economica*, XVII (66), pp. 159 – 174.

52. Krugman, P., 1979, "Increasing Returns, Monopolistic Competition, and International Trade", *Journal of International Economics*, IX, pp. 469 – 479.

53. Krugman, P., 1980, "Scale Economies, Product Differentiation, and the Pattern of Trade", *The American Economic Review*, LXX (5), pp. 950 – 959.

54. Krugman, P., 1991, "Increasing Returns and Economic Geography", *Journal of Political Economy*, XCIX (3), pp. 483 – 499.

55. Melitz, M., 2003, "The Impact of Trade on Intra – Industry Reallocations and Aggregate Industry Productivity", *Econometrica*, LXXI (6), pp. 1695 – 1725.

56. Melitz, M., 2005, "When and How Should Infant Industries Be Protected?", *Journal of International Economics*, LXVI, pp. 177 – 196.

57. Melitz, M. and Ottaviano, G., 2008, "Market Size, Trade, and Productivity", *Review of Economic Studies*, LXXV (1), pp. 295 – 316.

58. Mitra, D., 1999, "Endogenous Lobby Formation and Endogenous Pro-

tection: A Long – Run Model of Trade Policy Determination", *American Economic Review*, LXXXIX (5), pp. 1116 – 1134.

59. Ramsey, F., 1928, "A Mathematical Theory of Saving", *The Economic Journal*, XXXVIII, pp. 543 – 559.

60. Ranjan, P. and Raychaudhuri, J., 2016, "The " New – New" Trade Theory: A Review of the Literature", In: Roy, M., Sinha, Roy S. (eds) International Trade and International Finance. Springer, New Delhi.

61. Redding, S. and Weinstein, D., 2020, "Measuring Aggregate Price Indices with Taste Shocks: Theory and Evidence for CES Preferences", *The Quarterly Journal of Economics*, CXXXV (1), pp. 503 – 560.

62. Rodrik, D., 2018, "An African Growth Miracle?", *Journal of African Economies*, XXVII (1), pp. 10 – 27.

63. Romer, P., 1990, "Endogenous Technological Change", *Journal of Political Economy*, XCVIII (5), pp. 71 – 102.

64. Rybczynski, T., 1955, "Factor Endowment and Relative Commodity Prices", *Economica*, XXII, pp. 336 – 341.

65. Samuelson, P., 1954, "The transfer problem and transport costs, II: Analysis of effects of trade impediments", *The Economic Journal*, LXIV, pp. 264 – 289.

66. Stolper, W. and Samuelson, P., 1941, "Protection and Real Wages", *The Review of Economic Studies*, IX (1), pp. 58 – 73.

67. Tang, E., Peng, C., 2017, "The global contribution of energy consumption by product exports from China", *Environmental Science and Pollution Research*, XXIV (17), pp. 14690 – 14699.

68. Tang, E., Peng, C. and Xu, Y., 2018, "Changes of energy consumption with economic development when an economy becomes more productive", *Journal of Cleaner Production*, CXCVI, pp. 788 – 795.

69. Tsai, S., Tsai, P. and Weng, Y., 2018, "Endogenous strategic trade policy: The case of the third market model", *International Review of Economics & Finance*, LVIII, pp. 676 – 682.

70. Yang, X. and Heijdra, B., 1993, "Monopolistic Competition and Optimum Product Diversity: Comment", *The American Economic Review*, LXXXIII (1), pp. 295 – 301.

The Behavior Choice of Chinese Firms' Export in the Process of International Trade Theory Development

Tang Erzi

(School of Business, Nanjing University, 210093; School of Economics, Nanjing Audit University, 211815)

[**Abstract**] The behavior choice of Chinese firms' export is a key to implement the opening strategy which is the long-term strategy in China. Western economic theorists have constructed the main international trade theory, and directly use the theory for guide the behavior choice of Chinese firms' export is not accurate as it is not in accordance with the basic principles of applying theory. If takes the behavior choice of Chinese firms' export into these theories, absolute advantage theory, comparative advantage theory and H – O theory, which were replaced by newer trade theory, we can find that the original correct trade theory can provide the so-called "correct" guidance at that time, but once the theory is replaced by other trade theories, the guidance given by these theories to practice is obviously one-sided. Hence, people are necessary to be cautious when using the currently correct frontier international trade theory to guide the behavior choice of Chinese firms' export, frontier trade theory also has the possibility of being replaced by a newer theory. Even if the frontier trade theory is completely correct, its model based on relatively strict assumptions is likely to not have theoretical generality. Combined the heterogeneous enterprise trade theory with its theoretical basis of the new trade theory, this paper discusses the general applicability of the frontier heterogeneous enterprise trade model in economic theory from three aspects of demand, production and practical basis, analyzes the possible doubts when directly using the theory to guide the behavior choice of Chinese firms' export. Finally, the core view of western mainstream international trade theory is that international trade is beneficial to all parties involved in trade, but self-interested enterprises may make decisions that are inconsistent with the overall economic interests, such as the intervention of foreign groups in political decisions to achieve trade protection. In the political and economic environment with Chinese characteristics, although the goal of enterprises is to pursue profits as much as possible, the operation goal of local enterprises should be based on national interests and policy orientation. When using the western mainstream international trade theory to guide the behavior choice of Chinese firms' export, we should not blindly worship these theories. At the same time, the behavior choice of local firms' export is a possible key for Chinese scholars to expend the analysis framework of western mainstream international trade theory and promote the development of trade theory.

[**Key Words**] International Trade Theory   Chinese Firms   Export Behavior   Economic Practice

JEL Classifications: F11   F14   F43

参照系理论与农地流转市场转型：基于中国案例的探讨

> 仇童伟

【摘　要】 中国农地流转市场具有典型的"差序格局"特征。近来发现，熟人间流转呈现大规模市场化趋势，但尚无研究探究其形成机理。文章利用奥利弗·哈特提出的参照系理论分析了农地流转市场化的内在机制。研究认为，局部市场交易形成的流转租金，通过改变村庄其他流转合约的参照系，使得事先签订的空合约或价格区间与市场价格区间有重叠的合约，都会因为交易双方存在损失厌恶而显著提高违约损失或交易费用，从而诱发合约价格向市场价格收敛。在重复博弈的过程中，只要外部参照系变动造成的物理损失小于因损失厌恶所造成的交易损失，双方将重新拟约，并向市场价格逼近。引入熟人网络后发现，熟人流转具有放宽合约价格区间的作用，但偏离外部参照系仍造成违约成本和交易费用的增加。即，熟人间流转具有市场化的内在动力。本文表明，外部参照系是农地流转市场自发市场化的重要诱因，中国特殊的流转市场转型为参照系理论的运用及拓展提供了现实案例。

【关键词】 农地流转　市场转型　参照系理论　重复博弈　熟人网络

中图分类号：F304.7　F069.9　F061.3　文献标识码：A

一、引　言

中国农地流转市场具有典型的人格化特征，信任"差序格局"诱发的交

---

* 本文受到国家社会科学基金重大项目"乡村振兴与深化农村土地制度改革研究"（19ZDA115）的资助。

** 仇童伟，华南农业大学经济管理学院副教授；地址：（510642）广东省广州市天河区五山路483号华南农业大学经济管理学院705-2室；E-mail：15150561782@163.com。

易"差序格局"是其独特的交易特性（仇童伟等，2017）。不可否认，近年来我国农地流转市场已取得长足发展。例如，本杰明和布兰特（Benjamin and Brandt，2002）的调查显示，1988年和1995年，中国农户租入的农地面积占总承包地面积的比例分别不足1%和3%。到2000年，已经有7%的承包地被流转（Zhang et al.，2002）。马贤磊等（Ma et al.，2017）指出，自20世纪90年代以来，中国的农地流转市场发展迅速。这得益于户籍制度改革和农村劳动力的大规模非农转移（Cai，2018）。进入2000年之后，马贤磊（Ma，2013）对江西省的调查发现，2008年和2010年仅有15%的样本农户租入了农地。到了2012年，已经有19.52%的农户参与到农地流转之中（Wang et al.，2018）。冀县卿和钱忠好（2018）利用2006~2013年4省的调查数据发现，样本村的农地流转率从10.02%升至21.89%，农户的农地流转参与率则从20.87%增至85.49%。何欣等（2016）利用2013~2015年中国29省份的农户调查数据发现，参与农地流转的农户占比从2013年的24.1%增至2015年的31.4%。

然而，人格化的流转交易在农地流转市场中依然占据重要地位（罗必良，2017a）。冯淑怡等（Feng et al.，2010）、马贤磊等（Ma et al.，2015）研究发现，中国农地流转市场中存在大量的非正式交易，其往往发生在亲友或其他具有紧密社会关系的主体之间。例如，马贤磊等（2015）对江西和甘肃的调查结果显示，分别有95%和85%的农地流转是发生于同村农户之间。王辉等（Wang et al.，2015）则发现，85.47%的农地流转发生在村庄内部。同时，熟人之间的农地流转往往伴随着更低的书面合同签订率和更短的流转期限（Feng and Heerink，2008；Deininger and Jin，2009）。钱龙等（2015）利用贵州省的农户调查数据发现，交易对象为外乡人时，书面合同的签订率为65.85%，但兄弟姐妹之间的流转合同签订率仅为1.39%，同一小组内的则为7.12%。洪名勇等（2016）的研究则表明，信任"差序格局"是书面合约签订的重要决定因素。此外，罗必良等（2016）发现，农地流转期限为1~3年的交易占比为25.73%，流转期限不确定的比例则达到了36.64%。邹宝玲和罗必良（2016）的研究则表明，分别有42.6%和37.7%的不定期期限的流转发生于亲友邻居和本村农户之间，他们之间具有10年以上流转期限的交易仅占0.2%和0.1%。

近年来研究则表明，中国农地流转市场正呈现深刻的转型趋势。仇童伟等（Qiu et al.，2019）利用全国29省份的农户调查数据发现，虽然仍有89.6%的转入户是与本村农户发生的交易，但熟人之间的农地流转有52.5%是出于营利性动机，且其平均租金水平达到了168.62元/亩。他们还发现，当仅考虑熟人之间的营利性交易时，农地租金水平将升至320.165元/亩，且与非熟人交易的租金趋同。此外，仇童伟等（2018）在考察熟人间与非熟人间的流转在书面合同签订、流转期限方面的差异时发现，尽管租金水平趋同，但熟人间的流转合约依然更具口头化和短期化。由此，仇童伟等（2019）指出，中国农地流转市场中的熟人交易正处于过渡阶段，兼具市场和非市场特征。考虑到熟人间声誉和信任机制的存在，合约的口头化实际上并不会影响合约的有效实施（罗必良，2017b）。然而，学界对这一特殊发展趋势并未给予充分关注，由此造成的政策调整延误和理论拓展滞后尤其值得反思。

以往研究所探讨的农地流转影响因素主要集中在农地产权（Bezabih and Holden，2006；Deininger et al.，2008；Mullan et al.，2011）、农村劳动力非农转移（Feng et al.，2010；Su et al.，2018）、农户家庭特征等（徐占军等，2008；宋辉、钟涨宝，2013；杨卫忠，2015）方面，但这些因素所内含的农村劳动力非农转移和村庄开放程度的提高，并不足以解释熟人社会中农地流转的市场化趋势。农地的不可移动性决定了，外出务工人员无法将其自由交易至具有市场需求的区域。即使农村劳动力呈现大规模非农转移，也并不意味着村庄会内生出对农地规模化经营和市场型交易的需求。大量研究显示，随着我国城镇化的加快和农村劳动力的非农转移，农地抛荒现象正变得严重（Liu et al.，2010；Liu，2018）。随着村庄开放程度的提高，如果劳动力流动能够自发地内生出对农地经营权交易的需求，何以出现农村空心化和农地抛荒现象的蔓延？显然，与农地非农化带来的高收益不同，农地经营权的交易受限于其较低的使用价值。尤其在务农成本不断上升的背景下，非农就业的高收益将把农村劳动力从农业中抽离（Luo，2018）。换言之，农业与非农就业收益差距的增加，将显著提高农地经营权的供给，但对需求的激励作用不足。

在村庄难以内生出市场型交易时，熊彼特的"创造性毁灭"概念将提供有益帮助。他指出，新的外生冲击是打破旧的技术或认知的关键。当熟人网络中出现外来承租人，并以市场价格主导农地流转，才可能打破原有的封闭格局。外生冲击诱发的局部交易市场化，具有形成个体对群体，"差序格局"外沿交易对内沿交易的参照系作用，进而诱发农地流转的市场化范围扩大和交易格局的市场化。哈特和莫尔（Hart and Moore，2007，2008），以及哈特（Hart，2008）发现，合约为交易双方提供了参照系，并通过影响交易双方是否得到合约规定权益的获得感，进而决定合约的稳定性和可执行性。同时，市场上其他交易也会成为买卖双方的参照系，偏离市场价格将导致道德风险和"敲竹杠"问题。随着局部市场交易的出现，农地流转的价格信号将在小范围内迅速传递，并引导人们从合约执行角度实施交易。一方面，转出户的"眼红"和"吃亏"心态会使得他们无法接受低于外部市场价格的租金。另一方面，转入户又难以接受明显高于市场价格的租金，但其又不会明显压低租金，以免造成"敲竹杠"问题。尽管熟人网络会使得市场交易形成的参照系更具弹性，但外部获利机会无疑降低了熟人网络对市场交易的抑制性，从而在根本上改变农地流转的交易格局。

必须承认是，自参照系理论提出至今，仍未关照现实世界，且理论拓展主要集中在约束条件的放宽方面。该理论认为，合约为交易关系提供了一个参照系。准确地说，合约为交易双方的获得感提供了参照。拟约一方的事后表现依赖于他是否获得了合约所规定的收益，一旦被欺骗，他将采取报复性违约行为（Hart and Moore, 2007, 2008; Hart, 2008）。参照系理论可以追溯至社会心理学和行为经济学（Fehr et al, 2008）。例如，卡尼曼和特沃斯基（Kahnemann and Tversky, 1979）提出的预期理论（Prospect Theory）认为，损失比收益对人们效用函数的边际影响更大，即损失厌恶。该理论又称作"参照依赖偏好"（Reference – Dependent Preference）（Köszegi and Rabin, 2006）。表现在交易决策中，人们往往倾向于对自己拥有的物品赋予更高的价值，从而使得意愿出售价格高于购买相同物品的价格。卡莫和塞勒（Camerer and Thaler, 1995）将该现象称之为"禀赋效应"。显然，当主体因未获得合约规定的收益而形成损失感时，他们采取违约行为所造成的损失将高于给予他们相同收益所带来的绩效改善。巴布科克和罗文斯坦（Babcock and Loewenstein, 1997）则提出了"自利性偏见"概念，他们认为，人们往往将有利于自己与公平混为一谈，因损失造成不公平感，进而诱发报复性行为。

在参照系理论的模型构建中，事前完全竞争市场和事后双边垄断市场被假设。同时，包括专用性资产投资、结果导向等均被做了严格界定（Hart and Moore, 2007）。菲尔等（Fer et al., 2008）采用实验经济学方法验证了参照系理论的假设，即在合约不完全和存在事前不确定性的环境中，固定和非固定合约都能达到均衡状态。他们还发现，事前竞争可使合约合法化，而损害和违约也主要是针对合约内容的。菲尔等（2009）通过放松竞争性合约签订的假设发现，以非竞争方式签订合约会导致合约的参照系作用消失。由此表明，从竞争市场向双边垄断市场的转变是合约成为参照系的关键。菲尔等（2011）进一步从非正式协议和事后重新谈判考察了交易关系，并发现合约的参照系功能对非正式协议和事后重新谈判的存在是稳健的。他们还发现，非正式协议和事后重新谈判可以改变交易双方对合约执行结果的评估。整体上看，参照系理论的形成为交易中的合约实施问题提供了解释，其后续发展主要集中在假设检验和约束条件拓展等方面，但仍缺乏在经验研究中的应用和在社会网络中的拓展。

上述分析表明，农地流转市场中熟人交易转型的特殊性为参照系理论的验证和拓展提供了重要素材，参照系理论又有益于探讨农地流转市场转型的发生逻辑。参照系理论从被提出伊始，围绕理论中的几个约束条件进行拓展，缺乏对现实世界的关照。同时，西方经济理论最大的特点莫过于遵循市场逻辑，将理论的演绎置于竞争与逐利的范畴之下。这样的设置契合发达国家的发展状态，但在仍以熟人社会网络为互动和交往媒介的中国农村则难以适用。中国农地流转交易的特殊性，恰好为参照系理论的拓展提供了机遇。农地流转市场的转型，尤其是在中国农村特殊的信任"差序格局"背景下，具有创新农业发展理论的可能。同时，通过将奥利弗·哈特（Oliver Hart）提出的参照系理论首次运用至农地流转研究领域，对其有效性和可拓展性均存在有益补充。本文的理论价值包括如下方面：

第一，剖析我国农地流转市场转型的特殊性，探究其背后的深层逻辑，有助于深化农业经济发展理论和交易理论。西方发达国家的农地流转一般不具备信任"差序格局"的社会背景，故市场主导农业要素配置。中国农村继承的历史文化传统，使得道德、风俗、习惯等非市场因素对农业要素配置发挥着重要作用。目前我国农地流转市场的转型意味着，市场与非市场因素的平衡正在被打破，这为构建中国特色的农业经济发展理论提供了有利契机。

第二，通过探讨市场交易形成的参照系对村庄流转交易格局的影响，可以深化公共治理理论。政府与市场的边界问题一直是学界争论的焦点。本项目的研究提供了一种新的思路，它表明，"看得见的手"并非一定要去干预"看不见的手"才能发挥作用。通过为"看不见的手"提供内生动力，使其诱发新的价格形成机制，可以实现比"看得见的手"更佳的效果。即，以市场治理市场。

第三，运用参照系理论有助于厘清农地流转交易格局市场化的理论逻辑，引入熟人网络则拓展了参照系理论的外延。对奥利弗·哈特的参照系理论的创新性运用，不仅助于揭示局部市场交易向群体性市场交易的合约治理逻辑，还有助于挖掘合约实施有效性对熟人交易的影响。与此同时，参照系理论并没有关注熟人网络对市场的排斥性或弹性。通过拓展参照系理论，不仅能够解释熟人交易偏离市场的弹性空间，还能够揭示市场中的参照系是如何诱发熟人交易市场化的。

本文的研究内容包括两方面：第一，基于参照系理论，通过引入重复博弈概念并构建局部市场流转的示范效应，剖析其他交易是如何在合约拟定中将外部参照系引入，并转变为市场交易的；第二，将熟人网络引入参照系理论模型之中，考察合约中的价格区间是如何被熟人网络拓宽的，以及偏离市场价格对熟人流转中合约实施的影响。

二、基于重复博弈的参照系理论演绎

为运用及拓展参照系理论，其基本假设描述为：首先，考虑消费者 B 和出售者 S，他们处于一种长期的关系中。双方在时期 0 相遇，在时期 1 交易。

在时期 0，双方面临的是完全竞争市场，但在时期 1 随即进入双边垄断状态。其次，假设时期 0 的不确定性在时期 1 被解决，信息完全对称，交易双方风险中性且无预算约束。最后，假设事后交易部分可拟约，履约所消耗的成本不显著高于敷衍了事（即一方在履约和违约上是完全无差异的），一方的履约状况以时期 0 的合约为参照系（如果被友好对待将履约），交易双方存在"自利性偏见"，未获得合约规定的收益将造成违约。

给定一个农地流转合约 $[\underline{p}, \bar{p}]$（后面将定义另一个外生的价格区间，以识别外部参照系的作用），且转入户和转出户都认为他对能从合约中获得最大化收益具有合法性。但是，他们又意识到，他们并不能从合约中获得交易 100% 的利润。由此，$p = \min(v, \bar{p})$ 为转出户认为自己应该获得流转价格，其中 v 表示转入户从租入农地中可以获得的收益。转入户则认为自己应该支付 $p = \max(c, \underline{p})$ 的流转租金，其中 c 表示转出户转出农地的机会成本。因此，累计损害为 $\{\min(v, \bar{p}) - \max(c, \underline{p})\}$。最优的安排如下：

$$\max_{\underline{p}, \bar{p}} \int_{\substack{v \geq c \\ v \geq \underline{p} \\ c \leq \bar{p}}} [v - c - \theta\{\min(v, \bar{p}) - \max(c, \underline{p})\}] dF(v, c) \quad (1)$$

其中，θ 表示由合约对双方的损害所造成的实际损失的比例。换言之，交易双方在合约中由于不能够完全得到合约规定的最大收益，那么必然存在心理上的落差，这种落差会反映为不履约或敷衍了事，进而造成交易的直接损失。很显然，只要存在 v≥c，那么 $[\underline{p}, \bar{p}]$ 越大，流转交易就越可能。当然，这也意味着违约造成的损失也会随之增加。实际上，式（1）隐含的假设还包括 v≥$\underline{p}$ 以及 c≤$\bar{p}$。

在式（1）的基础上，进一步假定原先封闭的村庄农地流转市场出现了外来流转主体，他们与村庄少部分农户发生了市场交易。由于是以完全竞争的方式达成的流转价格，故具有天然的合法性（Fer et al., 2009）。本文所要阐述的，正是由外来流转主体与村民所达成的局部市场交易，是如何发挥其外部参照系作用，进而影响村庄中其他流转交易的市场化或合约执行的。

假定村庄存在农地流转的市场交易价格 $[p_{min}, p_{max}]$，该价格区间外生且被认为是合理的。同时，存在 v≥c，v≥p_{min} 和 c≤p_{max}。外部参照系的作用在于，不仅能够影响交易双方从现有合约收益中所能得到的满足感，也会在没有合约的情况下影响交易双方的讨价还价。例如，现实中存在这样的情形，由于村庄内部出现了大型企业承租土地，且租金水平较高，以至于原来将农地流转给村庄其他主体的转出户，违约收回农地。而且，现实中很多流转合同采取的是空合约，市场价格的出现也会使得讨价还价和流转纠纷更为普遍①。假定在时期 0 的流转合约确定了价格区间 $[\underline{p}, \bar{p}]$，且转出户和转入户分别认为自己应该获得和支付 $p = \min(v, \bar{p})$ 和 $p = \max(c, \underline{p})$。显然，市场租金区间 $[p_{min}, p_{max}]$ 具备外部参照系作用的前提是，$p_{min} > \min(v, \bar{p})$ 或 $p_{max} < \max(c, \underline{p})$。换言之，如果存在 $[p_{min}, p_{max}] \supseteq [\underline{p}, \bar{p}]$，那么市场上的农地租金不具有外部参照系作用。此外，当市场价格区间低于 $\max(c, \underline{p})$ 时，转入户愿意支付的农地租金将低于 $\max(c, \underline{p})$。当市场价格区间高于 $\min(v, \bar{p})$ 时，那么转出户愿意接受的农地租金也会相应高于 $\min(v, \bar{p})$。

基于上述分析，转入户感觉合理的支付价格为 $\min(\max(c, \underline{p}), p_{max})$，转出户感觉合理的出租价格则为 $\max(\min(v, \bar{p}), p_{min})$。此时，式（1）将变为：

$$W = \int_{\substack{v \geq c \\ v \geq \underline{p} \\ c \leq \bar{p}}} [v - c - \theta \{\max(\min(v, \bar{p}), p_{min}) - \min(\max(c, \underline{p}), p_{max})\}] dF(v, c, p_{min}, p_{max})$$

(2)

式（2）隐含的一个基本假设是，时期 0 存在 $[\underline{p}, \bar{p}]$ 的初始合约。显然，如果存在 $p_{min} > \bar{p}$ 或者 $p_{max} < \underline{p}$，那么违约或敷衍的可能性会显著增加。直观的解释是，如果市场中的最低交易价格高于时期 0 的合约价格，转出户对合约合法性的认同下降。类似地，如果市场中的最高交易价格低于时期 0 的合约价格，转入户对合约合法性的认同下降。而且，$[\underline{p}, \bar{p}]$ 区间越大，那么交易越可能发生，但随之违约损失也会增加。

在中国农村，村庄内部的农地交易往往发生在熟人之间，且空合约盛行。这类合约的典型特征是，无合约结构和合约内容，即租金、权责关系、期限等均不作商议。这造成的后果是，时期 0 不存在流转价格。此时，式（2）将转换为：

$$W = \int_{\substack{v \geq c \\ v \geq \underline{p} \\ c \leq \bar{p}}} [v - c - \theta \{\min(v, p_{max}) - \max(c, p_{min})\}] dF(v, c, p_{max}, p_{min})$$

(3)

式（3）中，假定了 $p_{max} \geq c$，$p_{min} \leq v$，$v \geq c$，否则交易不会发生。可以发现，在时期 0 不存在流转合约时，外部参照系的出现将改变农户的行为模式。尤其考虑到，$p_{min} = -\infty$ 和 $p_{max} = \infty$ 的情形，事先设置 $p_{min} = \underline{p}$ 及 $p_{max} = \bar{p}$ 的价格区间与事先不拟约具有类似效果。此外，当价格区间 $[p_{min}, p_{max}]$ 很小，甚至存在 $p_{min} = p_{max} = p$ 时，违约或敷衍造成的预期性损失将显著降低

---

① 感谢华南农业大学经济管理学院李琴教授提供的经验素材。

或基本为0。因此，当存在外部参照系，尤其是单一市场价格时，农地流转的净收益将达到最大值。显然，这也是封闭村庄中农地流转市场化的一个重要原因。

然而，小社区的典型特征是，存在重复博弈。尤其是涉及多年期的流转交易，合约执行面临事后调整的可能。逻辑上说，当交易一方提出重新谈判并涉及价格变动时，双方就会意识到，价格的任何调整都是可能的。只有当重新谈判能使双方都实现帕累托改进时，重新拟约才会成为可能。现考虑如下情形：

情形1：农地流转双方在时期0确定了$[\underline{p}, \bar{p}]$的初始合约，那么当v和c的不确定性在时期1消除后，$v > c$以及$v < \underline{p}$或$c > \bar{p}$的成立，将使得交易有效，但交易并不会发生；

情形2：假定一方提出存在价格变化，并希望再商议合约内容。此时，唯一可能的合约调整是存在$(v-c)(1-\theta) \geqslant v - c - \Delta + \delta$。其中，$\Delta$和$\delta$分别表示由于流转农地不确定性（即产品的不确定性）所导致的转入户流转收益的减少和转出户机会成本的减少，这实际上是流转农地特性所造成的交易直接损失。当$\Delta \cong \delta$时，流转合约不会再进行重新协定。换句话说，如果由于农地流转本身造成的物理性损失小于交易双方心理损失，那么重新拟约是有益的。直观地看，在流转交易中，当出现新的价格时，流转双方的收益或机会成本都会出现不同程度的变化。如果双方的直接经济损失小于由经济损失造成的心理损失（即，由于未获得外部参照系所规定的最大收益而采取的违约或敷衍所造成的交易损失），那么通过改变合约结构或合约内容，将显著改善交易双方的收益。

此外，还可以考虑由外部参照系出现所导致的重新拟约情形。罗必良（2017b）提出中国农地流转市场普遍存在空合约，即交易双方不对流转合约的结构或内容做任何界定，完全依赖于信任和声誉保证交易实施。基于声誉和信任进行的农地流转虽然具有积累社会资本的功用，但不可否认的是，外部获利机会的出现会降低传统治理方式或交易形式的效力（Li，1993；Dixit，2004）。如上所述，空合约即在时期0交易双方未签订合约，但在重复博弈的过程中并不必然保持稳定。一种特殊的情形是，外部参照系的价格区间在无穷小和无穷大之间，此时空合约能持续下去。但是，随着外部市场价格的区间缩小，空合约所造成的交易损失将不断增加。尤其考虑到零租金的存在，转出户的损失厌恶感将持续增加，进而增加交易损失，直至超过市场价格变动带来的物理损失。此时，重新拟约将不可避免。贝克尔（Becker，1974）的社会互动模型提供了类似的洞见。他指出，人们的效用函数不仅取决于自身所获得的，也取决于周围人所获得的。由此，他将其他主体的所获引入目标主体的效用函数中，从而发现，人们与周围主体保持一致的倾向，会使得交易或行为具有收敛趋势。从"自利性偏见"的角度来看，与他人不一致（主要是指自己所获低于别人）将造成不公平感，由此诱发报复性行为，在威胁合约稳定时会催生重新谈判。

三、基于熟人网络的参照系理论拓展

为进一步探讨熟人网络对参照系作用发挥的影响，假设在时期 1，转入户从租入农地中可以获得 v 的收益，转出农地则会给转出户带来 c 的机会成本。$v \geq c$ 被假设以保证交易的有效性。假设在第 0 期，v 和 c 作为变量被交易双方以一定的概率知晓。同时假定，a 和 b 分别为熟人网络内部和外部的违约参数，且外生，并满足 $0 < a < b \leq 1$。同时，假定转入户和转出户能对称地采取欺骗行为。考虑到熟人网络对价格变化的敏感性较低，以及关系型投资存在于交易之中，故有 a 小于 b（Hart and Moore，2008）。此外，p 为合约价格，并设置 $c \leq p \leq v$ 以保证交易能够发生。我们假设存在交易价格区间 $[\underline{p}, \bar{p}]$，且只有当转入户能在该区间内找到一个合适价格流转才可能发生。考虑到交易双方都认为自己应该获得合约规定的最高收益，以及自己不能获得交易中的全部收益，因此，转出户将认为自己应该获得 $p = \min(v, \bar{p})$，转入户则认为自己应支付 $p = \max(c, \underline{p})$。故，累计损失值为 $\{\min(v, \bar{p}) - \max(c, \underline{p})\}$。由此，排除额外损失后，熟人网络内部和外部的最优合约安排所能带来的总盈余分别为：

$$R_1 = \max_{\underline{p}, \bar{p}} \int_{\substack{v \geq c \\ v \geq \underline{p} \\ c \leq \bar{p}}} [v - c - a\{\min(v, \bar{p}) - \max(c, \underline{p})\}] dF(v, c) \quad (4)$$

$$R_2 = \max_{\underline{p}, \bar{p}} \int_{\substack{v \geq c \\ v \geq \underline{p} \\ c \leq \bar{p}}} [v - c - b\{\min(v, \bar{p}) - \max(c, \underline{p})\}] dF(v, c) \quad (5)$$

其中，$R_1 \geq R_2$ 成立。如果有 $\bar{p} = \infty$ 和 $\underline{p} = -\infty$，那么 $v - c$ 决定了预期的欺骗损失。但无论满足哪个条件，只要存在 $\{\min(v, \bar{p}) - \max(c, \underline{p})\} \geq 0$，$R_1 \geq R_2$ 依然成立。这表明，欺骗系数越小，亏损就越小，农地租金的波动性就越大。实际上，a 和 b 可以用农地流转过程中关于细节的争论进行表征，例如讨价还价和其他会导致额外损失的事件。由于违约行为无法确证，故也难以合约化（Hart and Moore，2008）。然而，考虑到小社区内信息的对称性，较小的违约风险有利于降低额外损失并提高交易盈余。

此外，市场中其他交易也会影响交易价格，并发挥参照系作用。之前的交易价格也会被新的合约拟定所参考。参考上文，假定存在合理的价格区间 $[p_{\min}, p_{\max}]$，且有 $v \geq p_{\min}$ 和 $c \leq p_{\max}$ 成立，以保证外部参照系和内在价值与成本不会差距过大。由此，农地流转的盈余可表达为：

$$R_1 = \max_{\underline{p}, \overline{p}} \int_{\substack{v \geq c \\ v \geq \underline{p} \\ c \leq \overline{p}}} [v - c - a\{\max(\min(v, \overline{p}), p_{\min}) - \min(\max(c, \underline{p}), p_{\max})\}]dF(v, c, p_{\min}, p_{\max}) \quad (6)$$

$$R_2 = \max_{\underline{p}, \overline{p}} \int_{\substack{v \geq c \\ v \geq \underline{p} \\ c \leq \overline{p}}} [v - c - b\{\max(\min(v, \overline{p}), p_{\min}) - \min(\max(c, \underline{p}), p_{\max})\}]dF(v, c, p_{\min}, p_{\max}) \quad (7)$$

其中，假设 $p_{\min} = -\infty$ 和 $p_{\max} = \infty$，那么式（4）和式（5）分别变换为式（6）和式（7）。然而，熟人间的流转会表现出更多的盈余和更高的价格波动概率。如果在第 0 期不存在合约（即 $\underline{p} = -\infty$ 和 $\overline{p} = \infty$），那么外部参照价格区间 $[p_{\min}, p_{\max}]$ 将成立。此时，式（6）和式（7）将分别转换为式（8）和式（9）：

$$R_1 = \max_{\underline{p}, \overline{p}} \int_{v \geq c} [v - c - a\{\min(v, p_{\max}) - \max(c, p_{\min})\}]dF(v, c, p_{\min}, p_{\max}) \quad (8)$$

$$R_2 = \max_{\underline{p}, \overline{p}} \int_{v \geq c} [v - c - b\{\min(v, p_{\max}) - \max(c, p_{\min})\}]dF(v, c, p_{\min}, p_{\max}) \quad (9)$$

其中，转出户认为自己应该获得 $\min(v, p_{\max})$，而转入户认为自己应该付出 $\max(c, p_{\min})$。然而，由于我们已经假定 $v \geq p_{\min}$ 和 $c \leq p_{\max}$ 成立，那么当 $v \geq c$ 被设定时交易才可能发生。很显然，我们的假设决定了 $\min(v, p_{\max}) \geq \max(c, p_{\min})$。当 $\min(v, p_{\max}) \neq \max(c, p_{\min})$ 时，$a > b$ 造成 $R_1 > R_2$。这一发现意味着，当农地流转发生在熟人之间，农地租金更可能偏离参照系。

需要指出的是，参照系理论假设买卖双方在第 0 期具有完全的市场信息，该假设仅在小社区范围内是成立的。此外，哈特和莫尔（2008）并未提及之前的违约表现会被作为社会关系网络中其他交易的参照，这将使得那些违约的交易主体在未来面临更多的额外损失。如果考虑熟人网络或声誉机制对主体行为的约束，那么 a 将显著小于 b，而熟人间农地租金的方差也会相应提高。但是，我们也发现，随着熟人间农地租金区间的扩大，熟人交易的额外损失将超越其他交易。换言之，在非熟人网络中，参照系在合约执行中将被严格遵守。而在熟人网络中，偏离合理价格区间的程度越大，转入双方的损失厌恶感也会越大，由此导致更高的讨价还价成本和其他损失。

四、进一步讨论

中国传统农村的封闭性和聚村而居的自然特性,加之血缘和地缘关系的传统使得信任"差序格局"内生于乡村传统。反映在农地流转市场之中,信任"差序格局"诱发的交易"差序格局",造成市场价格机制的失灵。逻辑上说,农村不签订合约的农地流转属于空合约范畴,其既没有合约结构,又缺乏合约内容。那么问题在于,该合约类型的形成机制何在?曹正汉和罗必良(2003)曾指出,一套低效率的制度之所以能够长期存在,是由于存在来自其他制度的支持,"中心—外围"的制度或合约治理模式是关键。正是由于存在传统的信任,熟人网络,声誉等社会契约,才使得农地流转的空合约能够存在。目前,学界坚持的主要观点仍是中国农地流转市场存在大量的非正式交易,尤其是发生于熟人之间的农地流转。然而,无论是空合约,还是合约治理合约,均属于静态比较分析范畴,并未从动态博弈或重复博弈视角观察合约的演变。如果在理论层面缺乏探讨,那么表现在经验中就是,信任"差序格局"扎根于学术研究,阻碍学者们对农地流转,尤其是对熟人间农地流转市场化的有效观察。

对趋势观察的滞后当然有理论拓展不足的原因,另一个基本的事实是,交易的发展也有其阶段性特征,且演变具有多重均衡的可能。迪克西特(Dixit,2004)指出,人格化交易和市场交易是交易的两种均衡状态或极端形式。从人格化交易向市场交易转变,将经历一个效率更低的阶段。由于市场交易往往借助组织发挥作用,在市场容量较低,组织效率无法发挥时,交易费用将显著大于交易剩余。在现实中,可以观察到这样的情形,一个村庄出现大企业租地,整村的农地流转都实现市场交易。一旦企业离开,又进入人格化交易的状态。有些村庄则呈现人格化交易与非人格化交易并存的情形。这种反复的,多状态的合约形式转变早已被菲尔等(2011)论证。他们发现,交易双方的拟约并不排斥根据外界环境来重新作出。即使存在损失厌恶的心理,市场价格的消失或熟人网络也是拟约必须考虑的。当然,农地的不可移动性是其交易状态反复的根源。很显然,局部空合约的均衡,和整体交易形式的反复,要求将捕捉动态变化的,锚定不同参照系的理论体系引入与拓展。

参照系理论的优势在于,将人类损失厌恶的心理特征引入合约理论,通过多阶段的动态博弈,考察合约的拟定和实施。从心理状态出发的理念完全契合农村居民普遍存在的"眼红""嫉妒"等心理特征,且符合"不患寡而患不均"的心理特征。然而,参照系理论运用的最大挑战在于,缺乏对现实世界的关照,以及约束条件的苛刻。实际上,无论是哪种理论,其适用范围都是有限的。关键在于,如何根据所处情景进行相应的调整和转换。毫无疑问,即使将参照系理论置于熟人网络之中,其效力依然存在。尤其考虑到小社区中重复博弈的可能性,参照系的调整和对市场价格的锚定都成为运用该理论的有利条件。参照系理论为看待中国农地流转市场转型提供了一种思路,中国实践则为该理论的运用和拓展提供了肥沃的土壤。合约的多样性、市场化程度的差异、熟人网络、多样化的租金类型,都是合约理论需要关注的内容。这些因素既可以改变合约的形式,也可以干扰合约的自我执行,甚至可以影响交易的达成,并最终决定要素的配置和使用效率。

五、结论与思考

农地流转市场转型,尤其是熟人交易从人格化向非人格化的转变,意味着中国农村要素市场正在发生深刻变革,其内含的农村社区关系的经济性也在增强。本文基于参照系理论对该趋势进行了机理性分析。研究表明,村庄局部市场流转中的租金,具有形成其他流转合约参照系的作用,使得事先签订的空合约或价格区间与市场价格区间有重叠的合约,都会因为交易双方存在损失厌恶而可能导致违约或敷衍,进而诱发合约价格向市场价格的调整。在重复博弈的过程中,只要外部参照系变动造成的物理损失小于因损失厌恶所造成的交易损失,流转双方将重新拟约,并向市场价格逼近。基于熟人交易的特性,本文还设置了熟人网络和非熟人网络的差异化损失厌恶系数,研究发现,即使熟人网络由于信任和声誉等的存在会使得租金的分散化程度更高,但偏离外部参照系仍会显著提高违约损失和交易费用,进而促使熟人交易价格向外部参照系收敛。

实际上,目前学界在讨论熟人间农地流转的人格化特征,或强调空合约时,都忽略了他们应加以强调的一点,即社区熟人网络未被打破。其实,从参照系理论的视角出发,可以将封闭流转市场中的空合约视为市场参照系。当大家都基于社会网络配置要素时,小社区内的声誉机制会约束其他流转合约偏离空合约这个均衡点。然而,空合约的均衡是极不稳定的。当出现外生冲击时,原有的交易模式会因为经济利益而受到破坏。最为显著的是,目前农村社会关系已经由"情感"联结向"情感+利益"联结转变(于光君,2006)。农村居民越发向"经济人"转变,社区关系也越发具有市场关系的味道。尽管并不能单纯地认为农地流转已经完全由市场主导,但农业生产要素的配置向经济利益诉求方向转变的趋势并没有结束。一方面,市场需求使得农地交易价值不断增加。另一方面,农村居民对农业收入的依赖性下降,使得试图以流转农地来获得社会资本的可能性越来越低。这两方面的原因无疑将压缩空合约的生存空间。

此外，参照系作用的发挥为农村要素市场，甚至其他要素市场的发育提供了重要借鉴，并为公共治理提供了重要思路。它表明，"看得见的手"并非一定要去干预"看不见的手"才能发挥作用。通过为"看不见的手"提供内生动力，使其诱发新的价格形成机制，可以实现比"看得见的手"更佳的效果。即，以市场治理市场，而非政府治理市场，重要的是发挥政府的引导和服务功能，强化市场合约之间的互动和信息的披露。

然而，必须对本文研究思路可能面临的质疑做出回应。逻辑上说，当出现外来流转主体，也就意味农地经营权的需求在增加，那么是否可以认为其他交易中的价格增加是由于供求关系紧张造成的呢？对于该质疑，笔者认为存在的唯一可能性是村庄出现大企业将全村农地全部租赁，或者村庄所有农地均进入流转交易平台，否则不会出现因供不应求造成的价格普遍提高。在中国农村，普遍存在的情形是仅村庄部分农地被外来主体租赁。由于缺乏租赁主体，其他农地实际上并不存在可明确兑现的市场交易价值，那么何来供求关系紧张一说呢？唯一可以解释从部分市场交易到熟人间市场化流转的逻辑在于，市场交易通过某种方式改变了熟人间的流转形式，将"差序格局"所依赖的社会网络打破。显然，参照系理论所依赖的损失厌恶的心理特征为此提供了解释。当农地转出户认为农地的市场交易价值高于流转所积累的社会资本，他们会参考市场交易价格，从而将流转合约置于市场经济范畴内。此时，即使熟人网络会降低交易费用，也无法抵消偏离参照系所造成的违约成本。

必须承认的是，参照系理论的运用只是一次尝试，对农地流转市场转型的探讨也只处于起步阶段。本文之所以将两类新生事物放在一起，是因为合约的存在依赖于相关合约的支持，而情景的转变则会改变合约稳定所依赖的外围条件。合约的调整完全由交易双方的动机和认知所决定，忽略来自心理和行为的不理性和"自利性偏见"是难以理解合约的拟定和实施的。正是基于"外生冲击—参照系调整—心理干预—重新拟约"的分析思路，本文为理解中国农地流转市场转型提供了待验证的分析视角。

参考文献

1. 曹正汉、罗必良：《一套低效率制度为什么能够长期生存下来——广东省中山市崖口村公社体制个案》，载于《经济学家》2003年第6期。

2. 仇童伟、罗必良、何勤英：《农地流转市场转型：理论与证据——基于对农地流转对象与农地租金关系的分析》，载于《中国农村观察》2019年第4期。

3. 仇童伟、杨震宇、马贤磊:《农村土地流转中"差序格局"的形成与破除——基于交易"差序格局"和第三方实施的分析》,载于《农林经济管理学报》2017 年第 4 期。

4. 何欣、蒋涛、郭良燕、甘犁:《中国农地流转市场的发展与农户流转农地行为研究——基于 2013~2015 年 29 省的农户调查数据》,载于《管理世界》2016 年第 6 期。

5. 洪名勇、龚丽娟、洪霓:《农地流转农户契约选择及机制的实证研究——来自贵州省三个县的经验证据》,载于《中国土地科学》2016 年第 3 期。

6. 冀县卿、钱忠好:《如何有针对性地促进农地经营权流转?——基于苏、桂、鄂、黑四省(区)99 村、896 户农户调查数据的实证分析》,载于《管理世界》2018 年第 3 期。

7. 罗必良:《科斯定理:反思与拓展——兼论中国农地流转制度改革与选择》,载于《经济研究》2017 年第 11 期。

8. 罗必良:《合约短期化与空合约假说——基于农地租约的经验证据》,载于《财经问题研究》2017 年第 1 期。

9. 罗必良、邹宝玲、何一鸣:《农地租约期限的"逆向选择"——基于 9 省份农户问卷的实证分析》,载于《农业技术经济》2016 年第 1 期。

10. 钱龙、洪名勇、龚丽娟、钱泽森:《差序格局、利益取向与农户土地流转契约选择》,载于《中国人口·资源与环境》2015 年第 12 期。

11. 宋辉、钟涨宝:《基于农户行为的农地流转实证研究——以湖北省襄阳市 312 户农户为例》,载于《资源科学》2013 年第 5 期。

12. 徐占军、张绍良、张建、刘卫、朱新华:《农地流转影响因素:基于农户层面的实证研究——以江苏省为例》,载于《农村经济》2008 年第 11 期。

13. 杨卫忠:《农村土地经营权流转中的农户羊群行为——来自浙江省嘉兴市农户的调查数据》,载于《中国农村经济》2015 年第 2 期。

14. 于光君:《费孝通的"差序格局"理论及其发展》,载于《社会科学论坛:学术研究卷》2006 年第 12 期。

15. 邹宝玲、罗必良:《农地流转的差序格局及其决定——基于农地转出契约特征的考察》,载于《财经问题研究》2016 年第 11 期。

16. Babcock, L., Loewenstein, G., 1997, "Explaining Bargaining Impasse: The Role of Self - Serving Biases", *Journal of Economic Perspectives*, 11 (1), pp. 109 - 126.

17. Becker, G. S., 1974, "A Theory of Social Interactions", *Journal of Political Economy*, 82 (6), pp. 1063 - 1093.

18. Benjamin, D., Brandt, L., 2002, "Property Rights, Labour Markets, and Efficiency in a Transition Economy: The Case of Rural China", *Cana-*

dian *Journal of Economics/revue Canadienne Déconomique*, 35, pp. 689 – 716.

19. Bezabih, M., Holden, S., 2006, *Tenure Insecurity, Transaction Costs in the Land Lease Market and Their Implications for Gendered Productivity Differentials*, Paper Presented at 26th International Conference of the International Association of Agricultural Economists, Brisbane, Australia.

20. Cai, F., 2018, "The Great Exodus: How Agricultural Surplus Laborers Have Been Transferred and Reallocated in China's Reform Period?", *China Agricultural Economic Review*, 10 (1), pp. 2 – 15.

21. Camerer, C., Thaler, R. H., 1995, "Anomalies: Ultimatums, Dictators and Manners", *Journal of Economic Perspectives*, 9 (2), pp. 209 – 219.

22. Deininger, K., Ali, D. A., Yamano, T., 2008, "Legal Knowledge and Economic Development: The Cause of Land Rights in Uganda", *Land Economics*, 84 (4), pp. 593 – 619.

23. Deininger, K., Jin, S., 2009, "Securing Property Rights in Transition: Lessons from Implementation of China's Rural Land Contracting Law", *Journal of Economic Behavior & Organization*, 70, pp. 22 – 38.

24. Dixit, A. K., 2004, *Lawless and Economics: Alternative Modes of Governance*, Princeton: Princeton University Press.

25. Fehr, E., Hart, O., Zehnder, C., 2008, *Contracts as Reference Points – Experimental Evidence*, NBER Discussion Paper No. 14501. http://www.nber.org/papers/w14501.

26. Fehr, E., Hart, O., Zehnder, C., 2009, "Contracts, Reference Points, and Competition – Behavior Effects of the Fundamental Transformation", *Journal of the European Economic Association*, 7 (2 – 3), pp. 561 – 572.

27. Fehr, E., Hart, O., Zehnder, C., 2011, *How do Informal Agreements and Renegotiation Shape Contractual Reference Points*? NBER Discussion Paper No. 17545. http://www.nber.org/papers/w17545.

28. Feng, S., Heerink, N., 2008, "Are Farm Households' Land Renting and Migration Decisions Inter – Related in Rural China?", *NJAS – Wageningen Journal of Life Sciences*, 55 (4), pp. 345 – 362.

29. Feng, S., Heerink, N., Ruben, R., Qu, F., 2010, "Land Rental Market, Off – Farm Employment and Agricultural Production in Southeast China: A Plot – Level Case Study", *China Economic Review*, 21, pp. 598 – 606.

30. Hart, O., 2008, "Economica Coase Lecture: Reference Points and the Theory of the Firm", *Economica*, 75 (299), pp. 404 – 411.

31. Hart, O., Moore, J., 2007, "Incomplete Contracts and Ownership:

Some New Thoughts", *American Economic Review*, 97 (2), pp. 182 – 186.

32. Hart, O., Moore, J., 2008, "Contracts as Reference Points", Quarterly Journal of Economics, 123 (1), pp. 1 – 48.

33. Kahneman, D., Tversky, A., 1979, "Prospect Theory: An Analysis of Decisions under Risk", *Econometrica*, 47 (2), pp. 263 – 291.

34. Köszegi, B., Rabin, M., 2006, "A Model of Reference – Dependent Preferences", *Quarterly Journal of Economics*, 121 (4), pp. 1133 – 1166.

35. Li, J. S., 1993, "The Benefits and Costs of Relation – Based governance: An Example of the East – Asian Miracle and Crisis", *Review of International Economics*, 11, pp. 651 – 673.

36. Liu, Y. S., 2018, "Introduction to Land Use and Rural Sustainability in China", *Land Use Policy*, 74, pp. 1 – 4.

37. Liu, Y. S., Liu, Y., Chen, Y. F., Long, H. L., 2010, "The Process and Driving Forces of Rural Hollowing in China under Rapid Urbanization", *J. Geogr. Sci.*, 20 (6), pp. 876 – 888.

38. Luo, B., 2018, "40 – year Reform of Farmland Institution in China: Target, Effort and the Future", *China Agricultural Economic Review*, 10 (1), pp. 16 – 35.

39. Ma, X., 2013, *Does Tenure Security Matter? Rural Household Responses to Land Tenure Reforms in Northwest China*, PhD Thesis, Wageningen University, Wageningen, NL.

40. Ma, X., Heerink, N., Feng, S., Shi, X., 2015, "Farmland Tenure in China: Comparing Legal, Actual and Perceived Security", *Land Use Policy*, 42, pp. 293 – 306.

41. Ma, X., Zhou, Y., Shi, X., 2017, *Tenure Security, Social Relations and Contract Choice: Endogenous Matching in the Chinese Land Rental Market*, Geophysical Research Abstracts, Vol. 19, EGU2017 – 11617.

42. Mullan, K., Grosjean, P., Kontoleon, A., 2011, "Land Tenure Arrangements and Rural-urban Migration in China. World Development", 39, pp. 123 – 133.

43. Qiu, T., Luo, B., He, Q., 2018, *Are Land Rents Lower in Transactions between Acquaintances? New Evidences from Rural China*, SSRN Working Paper. SSRN: https://ssrn.com/abstract = 3269680.

44. Qiu, T., Luo, B., He, Q., 2019, *Do Land Rents among Acquaintances Deviate from the Reference Point? Evidence from Rural China*, China & World Economy. https://doi.org/10.1111/cwe.12294.

45. Su, W. , Eriksson, T. , Zhang, L. , 2018, "Off-farm Employment, Land Renting and Concentration of Farmland in the Process of Urbanization: Chinese Evidence", *China Agricultural Economic Review* 10, pp. 338 – 350.

46. Wang, H. , Riedinger, J. , Jin, S. , 2015, "Land Documents, Tenure Security and Land Rental Development: Panel Evidence from China", *China Economic Review*, 36, pp. 220 – 235.

47. Wang, Y. , Li, X. , Li, W. , Tan, M. , 2018, "Land Titling Program and Farmland Rental Market Participation in China: Evidence from Pilot Provinces", *Land Use Policy*, 74, pp. 281 – 290.

48. Zhang, L. , Huang. J. , Rozelle. S. , 2002, "Employment, Emerging Labor Markets, and the Role of Education in Rural China", *China Economic Review*, 13, pp. 313 – 328.

The Theory of Reference Point and the Transition of Land Rental Markets: An Analysis Based on the Chinese Case

Qiu Tongwei

(College of Economics and Management, South China Agricultural University, 510642)

[**Abstract**] There exist typical characteristics of "Difference Pattern" in Chinese land rental markets. Recent studies show that the marketization of land rentals between acquaintances dramatically increases, but this phenomenon is under-analyzed. This paper employs the theory of reference point advanced by Oliver Hart to analyze the transitional mechanism of land rental markets. The analytical results indicate that the land rents in partial market-oriented transactions change the reference point of other transfer contracts in the markets, and then the empty contracts in advance or the contracts which have overlapping price range with the market price involve high default losses or transaction costs because of the loss aversion of transaction parties, which is likely to converge the contract price and the market price. During the process of repeated games, only if the physical losses caused by the change of reference point are less than the transaction costs caused by the loss aversion, transaction parties will redraw the contract and then the contract price will be close to market price. When introducing acquaintance networks, we find that land rentals between acquaintances can relax the range of contract price, but deviating from the reference point still increases default losses and transaction costs, which implies that the land rentals between acquaintances have internal motivations of marketization. Our analysis shows that external reference point is an important cause of autogenic marketization of land rental markets, and the special marketization of Chinese land rental markets provides practical case for the using and the expanding of the theory of reference point.

[**Key Words**] Land Transfers   Market Transition   Theory of Reference Point   Repeated Games   Acquaintance Networks

JEL Classifications: D23

掠夺性定价与有效资本市场

马泰成[*]

【摘　要】 本文探讨掠夺性定价、深口袋与市场竞争间的关系。结果显示：由于信息科技创新、金融管制放松形成的有效资本市场与完全信息的产业环境，允许高效率的被掠夺者，能取得充裕资金，对抗拥有深口袋的掠夺者。因此，相关案例多涉及滥讼争议，亦即：低效率的原告鉴于市场竞争失利，期望借由反托拉斯诉讼，干扰高效率的竞争对手。

【关键词】 掠夺性定价　有效资本市场　深口袋

中图分类号：**F41**　文献标识码：**A**

一、引　言

掠夺性定价是指：经营效率较"低"的独占者事业利用资金优势，能够较长期地以低于成本的定价销售产品，使资金不足但效率较"高"的竞争对手不堪累赔退出市场，以取得独占地位，再将价格调高到独占水平，以回本削价亏损。掠夺性定价为一不确定性甚高的法律概念，执法者很难区分合法的降价竞争与违法的掠夺定价，更不可能逾越该等灰色地带，订出一套放诸四海皆准的指导原则。因此，竞争机关管制事业该等定价行为所承担的执法错误，远高于其他限制竞争行为者。所幸本文发现：近数十年来，资本市场全球化与自由化的快速发展，允许资金得以大规模、快速地移动到不足之处，使各国金融市场资金不虞匮乏、市场竞争益趋激烈，加以金融创新亦促使各式借贷与衍生性金融商品大量出现，便利事业取得营运所需资金。此诸趋势

---

[*] 马泰成，美国约翰霍普金斯大学（Johns Hopkins University）经济学博士，（中国台湾）中国文化大学经济系教授；地址：台北市 11114 阳明山华冈路 55 号；E-mail：tcma1234@gmail.com；mtc@faculty.pccu.edu.tw。

一则允许金融市场有充裕资金满足事业融资需求；再则也促成有效资本市场（efficient capital market），减少信息不对称并提升征信效率，使金融机构能有充裕的信息分辨厂商经营效率之高低。值此宽松的资金环境，只要厂商经营效率够高，就能得到市场肯定，透过公开募股、私募基金、银行借贷、货币市场等多元化管道，轻易地筹募所需资金，以应付掠夺性竞争，不至于发生因口袋过浅，被逐出市场的现象。因此，掠夺性定价发生概率微乎其微。诚如美国最高法院于1986年嘉吉案（Cargill）案所言："掠夺性定价非但极端罕见，而且更难成功。"① 法官伊斯特布鲁克（Easterbrook, 1981）甚至宣称掠夺性定价根本就是：600年前欧洲曾出现喷火龙的传奇轶闻。值此之际，相关案例多数源自低效率的原告鉴于市场竞争失利，期望借由反托拉斯诉讼，伤害高效率的竞争对手，所引发的滥讼事件。

在以上趋势下，美国最高法院终于在1993年的布鲁克集团（Brooke Group）判例②一锤定音，宣布绝大多数的降价竞争都是合法行为，并要求原告需负举证责任，以避免滥讼。自此，从美国到欧盟再无掠夺性定价出现于联邦终审法院或是欧洲法院（ECJ），象征着亏损定价在先进国（无论降幅多高、价格多低或为负）几已合法化。

针对以上发展，以下首先拟回顾掠夺性定价的经济理论与竞争法实务，并说明掠夺性定价一般判断原则。其次，探讨深口袋是否真能，或是在何种条件下，能够促成掠夺定价，并探讨有效资本市场在其中所扮演的角色。最后，本文建议：执法机关宜放宽管制掠夺定价，以增加消极执法错误（将有罪行为推定为无罪）换取减少积极执法错误（将无罪行为推定为有罪）。原因在于：越严格的规范标准（极端的做法是将所有独占事业的降价行为皆视为掠夺性定价），虽可彻底根绝掠夺行为，吓阻事业不敢任意降价；但却提高了将无罪行为推定为有罪的误判风险，以致扼杀许多基于正常竞争的降价行为。反之，宽松执法虽可能将有罪的掠夺定价行为推定为无罪的竞争行为；但由于掠夺性定价发生概率过低，即使执法机关全面允许降价竞争，所导致的消极执法错误也是极其轻微。因此整体而言，宽松执法可鼓励高效率厂商勇于降价，有助于市场竞争，迫使低效率厂商退出市场。此一做法不仅能促进产业新陈代谢，也能嘉惠消费大众。反之，竞争机关如过度管制厂商的降价行为，恐将大幅增加积极执法错误，将正常竞争行为判定为有罪；非但在短期内，不利于市场竞争，使消费者无法享受低廉价格；长期间，更会伤害高效率厂商，影响产业技术创新，导致极高的社会成本。

---

① Cargill, Inc. v. Monfort of Colorado, Inc., 479 U.S. 104, 119, n.15 (1986).
② Brooke Group Ltd. v. Brown & Williamson Tobacco Corp., 509 U.S. 209 (1993).

二、掠夺性定价的经济理论与司法实务

(一) 掠夺性定价的定义与法律概念的不确定性

法律定义上,掠夺性定价是指:掠夺者利用深口袋的资金优势,能够较长期地以低于成本的定价销售产品,使资金不足的竞争对手不堪累赔退出市场,并取得独占地位,再将价格调高到独占水平,以回本削价亏损。[①] 但就经济分析言,以上定义遗漏了效率因素。亦即:掠夺者若为效率较高的大厂,利用资金与成本优势,将效率较低的小厂逐出市场,本是市场竞争的正常过程,不应视之为非法行为。鲍莫尔(Baumol,1996)因而为法律定义附加了一项经济条件,认为违法前提必须是:独占者利用优势的财务地位,以亏损定价的方式将效率较高(或相同)的竞争对手赶出市场。反之,如果被逐出市场者为效率较低的小厂,则该等降价就是正常的竞争行为。

违法掠夺性定价与合法降价竞争(例如,独占者为因应新进者所带来的竞争加剧,因而降低产品售价),往往只有一线之隔、极难分辨,只是前者含有垄断市场的非法意图,后者仅是单纯的竞争策略。因此,掠夺性定价为一不确定性甚高的法律概念。特别是,在不同经济发展阶段或产业结构下,其对市场竞争与消费福祉也会有不同的影响。执法标准必须因时制宜,依据环境变迁适时调整,不可能固定不变。以下尝试说明:欧美竞争法制如何因应产业环境变迁,调整对掠夺性定价之管制,并进一步探讨深口袋论述于其间所扮演的角色。

(二) 深口袋论述的背景与发展

掠夺性定价必须立基于深口袋之上,亦即掠夺者必须拥有较强的资金优势,才能较长期地承担亏损,迫使效率较高、资金不足的竞争对手不堪累赔,退出市场。反之,如果效率较高的对手有充裕资金,则掠夺性定价根本不会发生。然而何以效率较高的厂商会因资金不足,面临被掠夺的风险?亦即何以高效率厂商无法在资金市场筹措所需资金,以应付价格战?此点在学界曾有一系列的辩论:

首先,此处所谓的市场资金涵盖范围甚广,从发行股票、公司债等有价

[①] Merriam – Webster Law Dictionary (since 1828) NY: Amazon. https://www.merriam-webster.com/legal/predatory%20pricing.

证券,到银行贷款与融资租赁,皆包括入内。其次,高效率厂商能由资本市场取得充裕的资金,以应付掠夺性定价,必须满足两个前提:一是市场资金必须充裕;二是金融市场必须具有效率,没有信息不对称,能够分辨高效率与低效率厂商,不致发生逆选择。如此一来,金融市场不但能允许高效率厂商贷得资金,应付价格战;也能避免低效率厂商为规避市场竞争,由市场取得大量资金,发动非法的削价竞争。因此,厂商间的掠夺行为与金融市场的发展存在密切关系。以下,谨以全球产业与金融市场发展为背景,说明欧美竞争法制如何界定深口袋与掠夺性定价间的关系。

1. 严格管制掠夺性定价时期:19~20世纪中叶

(1) 产业高度集中。

19世纪末期由于工业革命所衍生的各种科技广泛地运用于生产之上,因而推动了钢铁、汽车与石化等重工业发展,而这些产业又必须透过大型生产方能达成效率,因而导致企业规模急速扩大与产业高度集中。再加上,当时全球经济体系又因国际贸易尚未普及、运输通信落后、政府管制过多等因素影响,使得该等产业存有极高的进入障碍,从而导致独占者有充分的经济诱因与财务优势,实施掠夺性定价,将新进者排出市场。但是,何以被掠夺厂商无法取得充裕资金以应付价格战?则与金融发展密切相关。

(2) 金融发展落后:小厂难由正式管道取得融资。

当时欧美金融体系发展落后,银行囿于资金有限、创新不足等限制,无法提供足够融资给企业。再加上,各国政府率多管制银行贷款利率不得过高。以美国为例,自17世纪起,多数州均实施高利贷法,规定贷款利率上限为6%,但民间实际借贷利率却远高于此。但因正规融资管道多为财团控制,规模较小的新进事业很难从银行贷到所需资金,必须转向利率较高的地下金融。及至20世纪30年代经济大恐慌时期,由于资金流动性不足,银行利率与黑市利率差距更大,当时美国民间借贷年利率曾高达240%~1 500%(Homer,1963);但在正规融资管道方面,1933年美国《银行法》[①]竟规定联邦准备会员银行定存利率不得超出上限3%;再加上,经济大恐慌导致大量银行连锁倒闭(仅1930~1933年就有7 763家银行倒闭),以致金融市场严重混乱。不公平的利率管制自然有助于大财团能从正规金融体系取得大笔低利融资;但另一方面,自有资金不足的小厂商即使生产效率再高,也很难从银行取得融资,必须转向利率极高的地下金融。来往之间,小厂囿于资金不足与利息成本过高,自然面临来自大厂的掠夺威胁,亟须竞争机关保护。

(3) 金融发展落后:资金市场无法分辨厂商效率高低。

至于有效资本市场方面,当时欧美资金市场也不具备信息流通条件。一

---

① 该法案于1933年11月1日生效,又称"Q条例"。张坤:《利率市场化与美国银行业危机》,载于《银行家》2016年第12期,第86~89页。

则由于信息科技落后，银行难以取得正确、实时的商业数据，以判断事业经营效率与产品发展潜力。再则，欧战促成大量欧洲资金流入美国，导致美国股市投机风潮大盛，股价与房地产价格飞涨。在资本泡沫化之下，股票与债券多成为投机工具，高效率的小厂或具有潜力的创业投资，很难自资本市场取得营运所需资金。

（4）政府严格管制掠夺性定价。

在以上背景下，有效市场假说（efficient market hypothesis）所主张：高效率厂商能自资本市场取得充裕资金的论述，根本无法成立。财大气粗的集团企业，诸如，标准石油（Standard Oil）与美国钢铁（US Steel）用雄厚的自有资金，四处掠夺与并购市场，以致引起各界对独占事业的高度质疑，(Emch and Leonard, 2009) 因而衍生出由罗宾逊（Robinson, 1941）、史蒂格勒（Stigler, 1952）、特斯勒（Telser, 1966）、班诺特（Benoit, 1983）所提出的深口袋（long purse）论述，认为小厂或新进者由于经营资金取得不易（特别是在独占者发动价格战，所引发的短期、突发性资金需求），使资金雄厚的掠夺者有机可乘，得以直接利用割喉竞争将竞争对手逐出市场，或是间接利用割喉竞争迫使对方接受并购等方式，以排除效率较优的对手。另就社会层面而言，由于资本主义历经数百年发展，过度自由放任造成社会财富为商人垄断与劳工收入偏低。例如，皮卡迪（Piketty, 2014）就指出：20世纪初，英国与美国上层1%的贵族富豪分别拥有社会22%与18%的财富，导致所得分配的高度不公，进而引发强烈民怨与政治不安。贫富差距非但在欧陆与日本导致帝国主义与法西斯主义兴起，在英美等海洋国家也有由中产阶级所组成的费边社与工党等社会主义路线出现，影响各国政策逐渐"左"倾，相继严格执行反托拉斯并加强对掠夺性定价的管制，因而累积了诸如，标准石油（Standard Oil）与美国烟草（American Tobacco）等①多项案例。时至今日，该等主张仍为许多后芝加哥学派（post - Chicago）引用，认为政府应特别留意：新进者有资金筹措困难、市场存有高度进入障碍的产业（Baker, 1994）。②

2. 放宽管制掠夺性定价时期：20 世纪中叶迄今

20 世纪 70 年代之后，由于国际贸易普及，再加上金融发展更上层楼，导致产业竞争环境产生基本性的变化，弱化了深口袋论述的说服力，促使各国（特别是英美法系）执法机关普遍放宽对掠夺性定价的管制。

（1）国际贸易促成全球竞争市场，舒缓了产业集中压力。

第二次世界大战结束后，美国的资本及科技，透过各种不同经济援助及

---

① Standard Oil Co. of New Jersey v. United States, 221 U. S. 1 (1911); United States v. American Tobacco Company, 221 U. S. 105.

② 参见贝克尔（Baker, 1994）。

国际合作管道，加速移转至西欧、日本及其他各国，资本、科技及较低的工资等因素普遍提高了各国产业的竞争力量，因而有助于全球性竞争市场的形成；再加上，一系列的多边贸易谈判，也解除了长久树立的贸易壁垒；[1] 而WTO成立之后，更将重点置于各国服务业贸易的开放，其范围广及通信、配销、金融、观光旅游与运输等重要产业。此诸因素终于使得全球贸易大幅扩增，事实上，2014年全球贸易总额已较1911年标准石油掠夺性定价案时期增加将近50倍。

或许在封闭的市场下，独占事业有充分的诱因，利用低价竞争将竞争者排出市场，然后在进入障碍的保护下回本削价竞争时的损失，这为掠夺性定价提供了一个合理的解释基础。但是，一旦市场开放程度提高、进入障碍减少使得回本可能性减少后，事业实施掠夺性定价的垄断诱因势必大幅减少，因而使学界对政府取缔掠夺性定价的必要性产生怀疑。该等怀疑首现于麦基（McGee，1958）以美国Standard Oil案[2]为研究对象，所完成之个案分析。他认为：掠夺性定价对独占事业而言，根本就是一项不符合经济效益的非理性行为，反倒是结合（甚至是联合）才能符合事业短期与长期利益。原因包括：一是事业透过结合取得其他事业经营权，所花费之交易成本低于削价战的降价损失；二是利用结合取得他事业经营权后，即可立即展开营运，并取得独占利润，不须负担资金成本积压；反之，掠夺性定价尚须经历一段漫长的价格战方能将对手赶出市场，且胜负难料，从而形成经营风险、资金积压与利息负担；三是以结合方式取得竞争对手，其生产设备与人员可取为己用。反之，低价竞争导致对方倒闭，其生产设备可能会被其他潜在竞争者低价收购，以致形成成本较低的新对手，使得自己必须再度面临价格战与亏损。同理，时代背景的变化也使得深口袋理论难以成立。

（2）深口袋论述难以成立：金融创新与解除管制提高资本市场效率。

20世纪80年代以来，全球化与自由化为蔚为风潮，各国政府皆解除对金融市场的管制，例如，1980年美国实施《解除存款机构管制与货币管制法》，逐步取消对存款利率的最高限制，英国、日本、德国也相继采取类似措施；在国际资金移动方面，全球贸易的急剧增长也促使各国放宽对资本流动的管制，例如，解除外汇管制、采取浮动汇率、允许国际资本流动、放宽法人进出国际金融市场；最后，金融创新与财务工程的发展更导致衍生性金融商品大量出现，提供各种收益与风险比例组合的投资管道。凡此均有助于资金市场规模扩大与效率提高，从而有利于融资市场的信息对称与征信效率，减缓贷款人（金融与投资机构）相对借款人（企业经营者）

---

[1] 诸如，1962~1967年肯尼迪回合协议（Kennedy Round），将工业国家间的关税降低1/3；1966年的东京回合，又降低40%。

[2] Standard Oil Co. of New Jersey v. United States, 221 U.S. 1 (1911).

因信息不对称所造成的逆选择问题，允许高效率厂商能在外部金融市场取得充裕资金应付掠夺性竞争；或是低效率厂商无法取得资金发动掠夺性竞争。

（3）深口袋论述难以成立：宽松货币政策导致全球市场资金泛滥。

近十余年来，主要国家央行陆续采取扩张性货币政策，导致各国资金充裕与利率水平一再下降，货币政策保守的日本甚至出现负利率的情形。于此宽松的资金环境，只要厂商能够说服投资人自己的经营效率与产品潜力，自然能够轻易地由金融市场筹募到所需资金，而非只有独占事业才能拥有深口袋。

（三）阿里达—特纳的成本基础检定法与鲍莫尔的诠释

产业环境变迁允许中小企业得以取得充裕资金，以应付或吓阻大厂商发动亏损降价，掠夺性定价自然逐渐减少。再加上，合法的市场竞争与违法的掠夺定价往往只有一线之隔，执法机关很难区分其间差异，做出正确判断，容易导致积极的执法错误。因此，自20世纪80年代之后，掠夺性定价逐渐被利用成为滥讼的工具，只要独占厂商（被告）为因新进者（原告）竞争，而采取降价策略，就很容易被法院认定为掠夺性定价。然而正常的市场运作原本就是：新进者进入会增加整体货源，提高既有厂商所面对的市场竞争与需求弹性，导致其产品营销不顺，必须降价。此等降价竞争一则能刺激市场需求增加，扩大市场以容纳更多厂商；再则也能使消费者享受低价福利，并非单纯的掠夺行为。此外，厂商降价原因除了市场竞争加剧或掠夺性定价外，尚涵盖许多因素，例如，借降价刺激产量增加，以达到规模经济并强化学习效果，进而降低生产成本；将产品作为损失领导物（loss leader）刻意降价，以吸引顾客购买其他商品；低价促销主体产品（例如，打印机），以吸引顾客购买利润较高的附件产品（例如，墨盒）；新品牌上市与促销等。

总之，这些市场变迁显示：反托拉斯规范必须因时空变化适时调整，以考虑市场全球化与有效资本市场，并对厂商降价竞争采取更宽容与客观的做法。而其中最重要的转折点就是阿里达—特纳成本基础检定法（Areeda and Turner, 1975）与美国法的布鲁克集团公司（Brooke Group）判例。①

1. 成本基础检定法

理论上，竞争市场价格应等于厂商边际成本，但边际成本为一抽象的数学观念，不存在于现实世界。因此，阿里达—特纳（Areeda and Turner,

---

① Brooke Group Ltd. v. Brown & Williamson Tobacco Corp., 509 U. S. 209 (1993).

1975）提出以实务上较易计算的平均变动成本（average variable cost，AVC）代替边际成本，并主张：只有在售价低于AVC时，才构成滥用独占力的违法要件。实务上，该检定法的优点有二：第一，允许执法机关客观地由事业的财务报表取得判定掠夺性定价的成本依据；第二，限制执法机关不能单以独占厂商因新进者竞争而采取的降价行为，作为判定违法的犯罪事实。亦即掠夺性定价成立的前提是：厂商不但降价，而且价格还必须低到无法回本AVC。由于该检定的客观性、简单性、数据容易取得，因而在贝瑞莱特公司控诉国际电话与电报公司（Barry Wright Corp. v. ITT Grinnell）案[①]后普遍为司法实务接受，作为判定掠夺性定价的成本基础。

2. 鲍莫尔（Baumol）对成本基础检定的诠释：强调经济效率

成本基础法之所以能够普遍为各国竞争机关接受，也与鲍莫尔（William Baumol，1996）的大力支持有关。他认为该检定不仅为执法机关提供了一个客观标准，用以判定独占者是否具有垄断市场的意图，更减少了许多消耗社会资源的滥讼。他进一步强调：效率高低才是判定掠夺性的唯一基础，亦即违法前提必须是：独占者基于垄断意图，透过优势的财务地位，以亏损的方式将效率较高（或相同）的竞争对手赶出市场。反之，如果被逐出市场者为效率较低的小厂，则该等降价行为就是正常的竞争行为。例如，有两家厂商：独占者A与新进者B，且后者效率优于前者（$AVC_B \leqslant AVC_A$）。此时，只要独占者定价高于AVC，使得$P_A \geqslant AVC_A \geqslant AVC_B$，厂商B所能决定的价格不但足以弥补AVC，甚至可能低于厂商A，将独占者赶出市场。因此，只要定价能够高于AVC，就不会发生效率较高的厂商反被逐出市场的掠夺性问题。

鲍莫尔进一步指出：由于激烈的市场竞争与违法的掠夺性定价往往只有一线之隔，容易被认定为阻碍性滥用。因此，竞争机关有必要提供明确的合法/违法准则，除供执法参考，将误判风险降到最低；更能提供厂商作为遵法行为之守则，避免经营所面临的法规不确定性。此时，利用厂商定价是否高于AVC的成本基础检定法就是判断掠夺性定价最明确的准则。然而时至今日，当时的鲍莫尔却忽略了有效资本市场的快速发展，已允许投资机构得以掌握正确市场信息，能对高效率厂商提供适量融资对抗亏损定价，使得掠夺性定价发生概率微乎其微，导致美国最高法院实质上已将降价竞争合法化，AVC亦退化成为判定掠夺定价的门槛条件。

（四）成本基础检定与深口袋论述

若新进者效率优于独占者，其固定与变动成本均较独占者为低，一旦独

[①] Barry Wright Corp. v. ITT Grinnell Corp., 724 F. 2d 227, 232（1st Cir. 1983）.

占者采取掠夺性定价，将价格定于 AVC 之下，在进行相当时间后，因独占者成本高于新进者，其实是独占者先退出市场，而非新进者。因此，理论上，低效率的独占者通常不会采取定价亏损的自杀策略。实务上，发生价格低于 AVC 的重要原因就是：独占者享有深口袋优势，比竞争对手更能忍受短期亏损。此时，只要新进者效率较独占者为高，价格是否高于 AVC 就是独占者是否拥有深口袋与独占市场意图的最佳指标。

但是，阿里达—特纳与鲍莫尔没有考虑到的是：万一深口袋论述果真成立，效率较低但口袋较深的独占者仍然能循法律漏洞，在不违反成本基础法的前提下，将价格定在 AVC 与 AC 之间（AVC < P < AC），同样能透过亏损销售，将效率较高但财力薄弱的竞争对手逐出市场。因此，认定掠夺性定价的关键在于：口袋深浅与效率高低，而非价格与 AVC。

三、美国与欧盟对掠夺性定价的管制

在以上背景下，美国竞争法制自 20 世纪 80 年代起开始放宽对掠夺性定价的管制，最高法院并于 1993 年布鲁克集团（Brooke Group）案中，将案件处理原则正式定调为：双轨检定法（two-pronged test）。[①] 在此一原则下，掠夺性定价的成立必须符合两个条件：首先，在价格战发生的掠夺阶段，原告必须证明独占事业之定价低于合理的成本。[②] 其次，在竞争对手退出市场的回本阶段，原告必须证明被告将原告逐出市场重新取得独占地位后，有相当高的概率会将价格调高到独占水平，并能回收当初削价战时的亏损，亦即掠夺性定价必须是有利可图的，此一部分又称掠夺行为的回本分析（recoupment analysis）。

由于最高法院认定掠夺性定价几乎不可能发生，因此，双轨检定法将掠夺性定价诉讼的举证责任归诸原告，以杜绝滥讼。更重要的是，该检定法的重点在于回本检定，而非定价亏损。按掠夺性定价是独占厂商以亏损"当前确定的"寡占利润，换取"未来不确定的"独占利润，因此，除非后者的折现值与风险贴水显著高于前者，否则事业不可能承担利息损失与经营风险，贸然发动亏损的价格战。然而市场果真存在如此超高的独占利润，也会吸引新进者进入市场，侵蚀独占利润，使独占者永远无法回本。最高法院因此认为：理性的生产者不可能实施掠夺性定价，为减少司法资源浪费并杜绝滥讼，因而要求原告需负举证责任。

[①] Brooke Group Ltd. v. Brown & Williamson Tobacco Corp., 509 U.S. 209 (1993).

[②] 虽然最高法院并未确指出合理成本为何，但多数法院（亚特兰大的第十一巡回法庭除外）均将平均变动成本（AVC）认定为合理成本，详细内容参见哈芬坎普（Hovenkamp, 2015）。

在布鲁克集团案中，被告布朗与威廉斯公司（Brown & Williams，品牌香烟业者）因为原告李格特公司（Liggett，生产廉价的无品牌香烟业者）的低价竞争，于是着手开发了自己的无品牌香烟，并将价格调降到原告价格水平之下，因而遭原告控诉为掠夺性定价。在该案审理过程中，最高法院虽然认定本案有充足事证，显示被告确有反竞争意图，甚至以低于成本的价格销售无品牌香烟达18个月之久。但重点是，无论是原告或法院都没有足够的证据显示：被告能合理地预见未来能够收回其低于成本的定价亏损，因而无法通过回本检定。此时，价格战不但代表市场确实存在竞争，更显示被告有更高的效率与更低廉的成本结构，能对原告形成威胁。因此，价格低于成本的事证并不构成违法要件。该案判决出炉后，美国虽曾发生美国司法部控诉美国航空公司案（U. S. v. American Airlines）、[①] 泰勒出版公司控诉强斯腾公司案（Taylor Publ'g Co. v. Jostens）[②]、克拉克公司控诉流体测量公司案（Clark v. Flow Measurement）[③]、卖客佳希公司控诉普罗潘瓦斯公司案（McGahee v. N. Propane Gas）[④] 等多起掠夺性定价诉讼，但所有案件皆经法院认定为合法的降价行为。基本上，美国法对于掠夺性定价的管制有两个特点：

1. 不强调犯罪意图

就谢尔曼法（Sherman Act）的执法而言，掠夺性定价与其他限制竞争行为案件的不同之处在于：法院并不特别强调犯罪意图。原因是执法机关无法区分：基于竞争压力的降价与基于垄断市场的降价。美国法官伊斯特布鲁克（Easterbrook）于审理玫瑰亩公司（Rose Acre）案[⑤]就指出：反托拉斯唯一目的就是保护居于弱势的消费者福利。既然在短期内，独占者降价必能嘉惠消费者。此时，判定掠夺性定价最重要的原则就是：即使在长期，独占者也无法利用涨价回本降价的损失（Zerbe and Coope, 1982）。在此一标准下，掠夺性定价必须以回本为前提，否则任何邪恶的垄断市场意图，都不能够伤害市场竞争。因此，掠夺性定价与其他限制竞争行为的最大不同之处就是：违法与否的判定并不强调低价与犯罪意图间的联系。[⑥]

[①] U. S. v. AMR Corp., 335 F. 3d 1109 (10th Cir. 2003).
[②] Taylor Publ'g Co. v. Jostens, Inc., 216 F. 3d 465, 478 – 79 (5th Cir. 2000).
[③] Clark v. Flow Measurement, Inc., 948 F. Supp. 519, 526 (D. S. C. 1996).
[④] McGahee v. N. Propane Gas Co., 858. 2d 1487, 1498 (11th Cir. 1988).
[⑤] A. A. Poultry Farms, Inc. v. Rose Acre Farms, Inc., 881 F. 2d at 1396, 1400 – 1401 (7th Cir. 1989).
[⑥] 在美国最高法院 Brooke Group 统一见解之前，地方与巡回法院对于审理掠夺性定价案件应否考虑垄断市场意图，其实见解纷纭，但不考虑犯罪意图主张者似居多数，例如，Morgan v. Ponder, 892 F. 2d 1355, 1359 (8th Cir. 1989); Ball Memorial Hosp. v. Mutual Hosp. Ins., 784 F. 2d 1325, 1338 – 39 (7th Cir.), reh'g denied, 788 F. 2d 1223 (1986); Barry Wright, 724 F. 2d at 232。

2. 以消极执法错误的增加，换取积极执法错误的减少

双轨检定法反映出美国法对于掠夺性定价可能性的质疑。首先，最高法院将举证责任归于原告，使其必须面对复杂的数据搜证、数字计算，证明被告价格确实低于变动成本。更困难的是，被告必须提出证据证明：一旦原告退出市场后，被告会提高价格，并有充裕的时间，可以回本先前亏损。这些证据主要包括三大项目：第一，市场具有高度进入障碍；第二，市场没有潜在的进入者；第三，市场没有适当的替代品（需求弹性甚低），使被告可以回本掠夺性定价时的损失。此一做法虽可避免积极执法错误（误无罪为有罪）与滥讼；但另方面，却因回本检定不易通过，因而承担较多的消极执法错误（误有罪为无罪）。但由于实务上，掠夺性定价如凤毛麟角，几乎不可能发生。因此，以较低的消极执法错误换取较高的积极执法错误，自然能够减少总执法错误，提高执法效率。更重要的是，最高法院表示：即使被告的降价动机就是为了损害原告利益，也不构成违法要件。原因是：即使在最坏的情形下，降价导致对手退出市场，原告重新调高价格，但在价格战期间，消费者仍得以享受低价。因此，法院如果遏止原告降价，并迫使事业维持高于竞争水平的价格，因而剥夺消费者在价格战期间所享受的低价利益，就不是正确的反托拉斯政策。

至于在欧盟方面，执委会于 2008 年所公布的第 82 条指导准则（Guidance on the Commission's Enforcement Priorities in Applying Article 82 EC Treaty to Abusive Exclusionary Conduct by Dominant Undertakings），大幅放宽其于 1991 年阿克苏诺贝尔公司（AKZO）案对掠夺性定价案件所确立的严格规范原则。在该案处理过程中，执委会在不考虑厂商效率高低的情况下，即认定阿克苏诺贝尔公司（AKZO，化学品制造商）针对其竞争对手 ECS 诺丁罕公司［ECS（Nottingham）］产品的降价竞争涉有掠夺性定价并加以处分。然而在新修正的第 82 条指导准则，欧盟也开始强调鲍莫尔所主张的效率原则，并提出所谓的"同等效率的竞争对手检定"（equally efficient competitor test），亦即掠夺性定价的前提必须是：独占事业挟其优势财务能力，将效率较自己为高或相同的竞争对手逐出市场。该原则修正后，自 2010 年以来，欧盟已无掠夺性案件成立，显示：随着全球化与有效资本市场的发展，亏损定价在欧美各国几已合法化，执法机关并高度强调效率原则在判断掠夺性定价成立与否的重要性。这使得症结点回到本文研究重点：认定掠夺性定价应在于具有深口袋优势的独占厂商是否滥用定价亏损策略，使效率较高但财务能力较差（且无法取得融资）的新进者不堪亏损，形成反淘汰的阻碍性滥用。

四、掠夺性定价、深口袋、效率

(一) 深口袋论述的关键

低效率的独占者利用深口袋,透过亏损竞争,逐出效率高、口袋浅新进者的反淘汰现象。文献上最早提出此一顾虑者为史蒂格勒(Stigler, 1952)与特斯勒(Telser, 1966)。特斯勒更提出一个两期模型证明:只要①新进者在筹募资本与银行举债的财务能力逊于独占者;②独占者收到前述信息,了解自身的深口袋优势。此时,独占者就会以低于 AVC 的定价,使新进者因亏损累积,耗尽现金流量而退出市场;其后,独占者再将价格调高回独占水平以回本降价损失。因此,掠夺性定价成立的关键在于:首先,掠夺者是否愿意"理性地"以低于成本的定价出售商品,借着牺牲当前确定的竞争利润,以换取将来不确定的垄断利润?其次,被掠夺者是否愿意"理性地"冒着被掠夺的风险进入市场?上开两点始终是学界争议不休的课题。

(二) 深口袋论述须以信息不对称为前提

依逻辑推论:在市场信息完全流通使得掠夺者与被掠夺者信息对称的前提下,掠夺性定价是非理性行为,既不符合厂商的利润最大化目标,也不是市场均衡的结果。例如,在信息对称的纳许均衡(Nash equilibriumd)之下,即使独占者认定掠夺性定价有利可图,乃是最佳策略。因此,一旦新进者进入市场,独占者必定利用深口袋优势,执行割喉竞争,将竞争对手逐出市场。但关键在于:在信息对称的前提下,新进者也会知道:"独占者知道采取掠夺性定价有利可图,遇有对手进入,必定降价割其喉"。既然新进者知道自己进入市场一定惨遭割喉,以致血本无归,则新进者根本不会进入市场,而掠夺性定价也不会发生。

反之,如果新进者知道自己有丰富的资金、口袋甚至较独占者为深;或是知道"独占者知道降价战后,无法回本降价损失"。因此,新进者知道自己进入市场,独占者不会降价竞争。此时,新进者必然进入市场、独占者也不敢降价,掠夺定价还是不会出现。因此,在信息透明化的均衡状态下,掠夺性定价根本无从发生,这也就是著名的赛尔顿矛盾(Selten's Paradox)(Selten, 1978)。

基于上述推论,掠夺性定价发生的唯一情境就是:去除信息透明化前提,使市场呈现信息不对称,让厂商不知道彼此的降价成本、效益、口袋深浅,使两者误判情势,形成由随机错误所导致的价格战。至于该等错误发生概率的高低,则是见仁见智,学界分为两种不同看法:

1. 芝加哥学派

芝加哥学派认为在现今信息透明化的市场环境下,该等错误在现实世界不可能发生,因而主张掠夺性定价根本就是凤毛麟角,执法机关不需浪费资源,关注该等案件。反之,如果执法机关硬行干预厂商降价,就必须承担极高的积极执法错误风险,将促进竞争的降价行为认定成阻碍竞争的掠夺定价,导致极高的社会成本。

2. 后芝加哥学派

后芝加哥学派主张信息不对称是市场常态,认为掠夺性定价是厂商因信息不完全的理性行为。例如,米尔格罗姆与罗伯特斯(Milgrom and Roberts, 1990)与班诺特(Benoit, 1984)就以逆向归纳法(backward induction)解出一个两阶段赛局,证明特斯勒(Telser)理论的正确性。勒那(Lerner, 1995)也以美国磁盘片制造业为研究对象,透过实证分析说明:财务能力较佳的厂商倾向以降价方式,掠夺无法取得外部融资以致财务能力较差厂商的市场。此外,方德柏与梯若尔(Fudenberg and Tirole, 1986)也主张:在信息不完全的情况下,一旦发生新进者无法正确判断对手是否会采取割喉战;或是独占者无法正确判断对手是否有充裕财力,能够承担降价亏损,掠夺性定价就有可能出现。此外,他们在盖尔与海尔威格(Gale and Hellwig, 1985)信息不对称模型的架构下,进一步发现:即使新进者与银行或创投基金签有契约,约定能够取得融资以应付亏损竞争;但是,由于经营风险的不确定性,双方只能事前协议:实际贷款金额必须取决于事后的、随机的销货收入。虽然在正常情形下,新进者多能达到业绩并顺利取得资金;然而,一旦市场发生景气下滑等干扰因素,影响业绩达成,新进者就无法取得贷款,而使独占者有机可乘,发动削价竞争,将缺乏资金奥援的新进者逐出市场。

总之,掠夺性定价是市场竞争下的策略性行为,涉及厂商间之互动;然而互动需要了解对手、猜测对手行为。因此,在信息完全与信息不完全两种不同的假设基础下,自然得出不同的结论。其中,芝加哥学理建立于完全信息的基础之上,以掠夺性定价为例:你知道我会掠夺性定价,你就一定不会进入市场;或是你知道我不会掠夺性定价,你就一定会进入市场;因此,无论是前者或是后者,掠夺性定价皆无从发生。反之,后芝加哥学派则主张信息不对称(单边或双边不确定),使得双方不知对方策略,也不信任对方宣示,此时,掠夺性定价自然容易发生。

3. 两者皆忽略了金融机构能够由根本面解决深口袋问题

本文认为:芝加哥与后芝加哥学派均过度强调信息是否对称,仅将分析焦点置于新进者与独占者两者是否拥有完全信息之上。然而，就有效市场说而言，这些学者没有考虑到的是：判定掠夺性定价除了考虑厂商当事人信息是否对称外；更重要的是，还要考虑金融市场的投资人能否具有充分信息，能够分辨厂商效率高低；即使厂商没有信息能够判断掠夺性定价是否出现，但只要金融市场的投资机构能够掌握信息、区分厂商绩效，使高效率的受掠夺厂商能贷得充裕资金应付价格战；或是能拒绝贷款给低效率独占者，使其无法发动价格战，则掠夺性定价依然无从发生。

（三）深口袋论述须以资本市场无效率为前提

本节强调：深口袋论述须以资本市场无效率为前提。就现实市场而言，以往文献过度集中于厂商（当事人）的信息完备与否，忽略了探讨资本市场内投资机构于其间所扮演的角色，因而疏漏两大顾虑：首先，独占者必须仰赖深口袋使其财务能力优于新进者，方能实施掠夺性定价；但就实务言，两者财务能力究竟孰高孰低或要达到多少差距，才能符合深口袋说法，使得掠夺性定价成立？此一问题非但没有确切答案，更可能导致截然不同的市场竞争结果。其次，独占者能够取得掠夺资金，难道新进者就不能取得反掠夺资金？例如，欧德佛与塞隆纳（Ordover and Saloner, 1989）就指出，如果被掠夺者能够自投资机构取得外部资金，使其现金流动性优于独占者，则价格战的结果反而使掠夺者退出市场。因此，掠夺性定价的前提并不在于独占者或新进者、大厂或小厂，而是在于：效率较低但资金雄厚的厂商利用亏损定价，将效率较高但资金不足的竞争对手逐出市场。

前述两项顾虑的关键点在于：资本市场的征信效率能否正确判定厂商效率的高低，使得厂商的股票价格或是银行可贷额度能否充分地、正确地、快速地反映所有的新信息，允许高效率厂商能够得到充裕资金，吓阻低效率厂商不敢发动割喉式竞争？由于资本市场唯一在意的就是厂商获利能力。以股票市场为例，只要有效市场说能够成立，厂商股价就能反映其当前经营效率甚至是未来发展潜力。此时，高股价就代表投资机构认可厂商效率较高，未来获利前景较佳，从而允许高效率厂商能取得较多资金（无论是透过投资机构直接投资、股票公开上市、公司债或是向银行借款），使得低效率厂商无法透过低价亏损将高效率厂商逐出市场，掠夺性定价无从发生。退万步言，即使投资机构垂涎于垄断利益，但基于成本效益分析，也会支持高效率厂商进行掠夺性定价，而非低效率者；然而高效率厂商透过低价竞争将低效率者逐出市场，却难谓掠夺性定价。此外，高效率与低效率厂商间效率差距所导致的口袋深浅差异，虽因产业特性与厂商规模不同而有差异，但此诸因素在有效市场的环境下，还是会反映于厂商股价与信用征信结果。因此，判定掠夺性定价成立与否，就必须同时探讨相关产业的市场信息完备与否（以厂商/当事人为主体）和有效资本市场成立与否（以投资机构为主体）；缺一不可！

图1同时分析两者对厂商定价策略的影响，其中，情境（A）与情景（B）显示：只要当事人的信息完全，使独占者与新进者双方信息对称，则无论资本市场是否具备效率或投资机构是否具有完全信息，掠夺性定价皆不会发生。情境（C）则指出：即使市场信息不完全造成双方信息不对称，但只要资本市场具有效率，投资机构能够分辨高、低效率厂商，允许高效率者取得资金对抗低价竞争，掠夺性定价还是无从发生。最后，情境（D）指出：只有在双方信息既不完备且资本市场又无效率的情形下，掠夺性定价才会出现。而这也就是20世纪50年代之前，欧美产业所呈现的特质：信息科技落后与金融管制，因而促使各国强力管制厂商定价行为。因此，只要产业信息完备或有效资本市场任何一项条件能够单独成立或是两项同时成立，使厂商当事人能了解自身所处环境或是金融机构能分辨厂商效率高低，市场就不会出现掠夺性定价（情境A、B、C）。

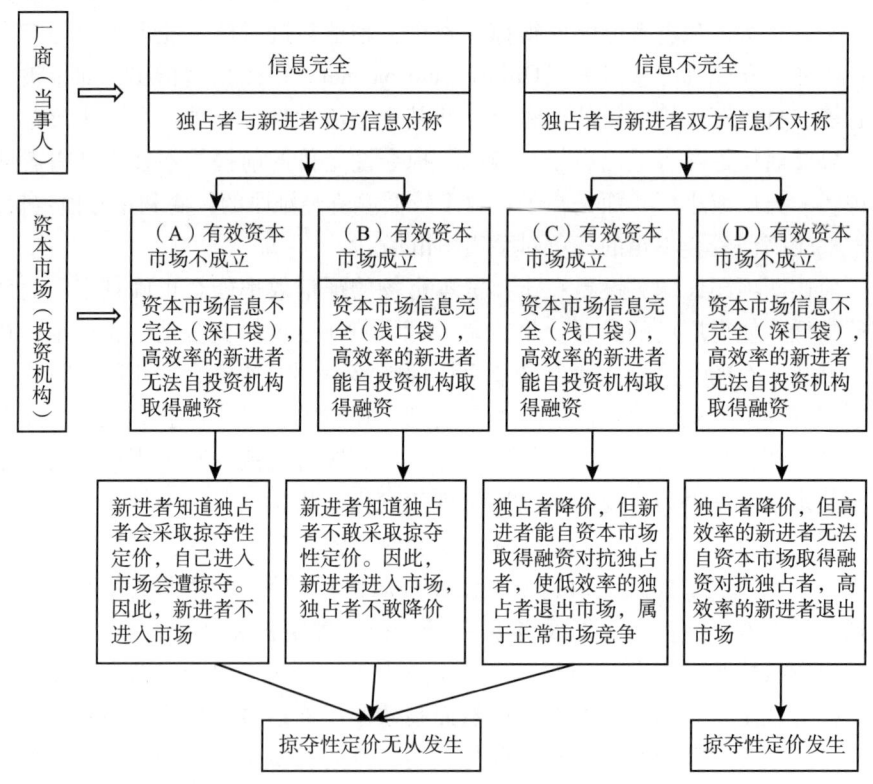

图1 深口袋、信息对称与有效资本市场

注：以新进者代表高效率厂商；独占者代表低效率厂商。

总之，只要有效市场能够成立，即使在后芝加哥学派所主张"厂商间信息不对称"的情境下，只要投资机构相信：新进者效率较高，就会获得贷款，取得外部融资，应付价格战。这也就是美国法之所以容忍掠夺性定价的基本信念，亦即最高法院始终相信有效市场说，并认定资产的市场价格已经反映了所有信息，只要事业（例如，亚马逊 Amazon）股价能够上涨，足以证明产品具有发展潜力，就能从投资机构取得所需资金。[①]

（四）金融市场可解决深口袋与信息不对称问题

至于金融市场是否具有足够效率以更正深口袋与信息不对称所带来的掠夺性威胁？则须视投资机构征信效率与可用于投资筹码的发展情形而定。依现有事证显示：有效市场假说的成立是乐观的。

1. 投资机构的水平持股能解决信息不对称

厂商间的信息不对称与投资人与厂商间的信息不对称，两者皆能通过投资机构派员至掠夺者与被掠夺者双方事业，担任董事监事并比较双方经营效率的方式解决。按银行信托部、创业投资、公（私）募基金等投资机构的业务就是参与公司经营并提供各类投资与融资。自 20 世纪 90 年代之后，由于财富分配不均、金融创新等因素，使得投资机构成为金融市场主流。以美国股市为例，投资法人占股市比重就由 1950 年的 7% 快速增加到 2017 年的 70% ~ 80%。反之，自然人却由于各类衍生性金融商品大量出现，分散其投资对象，以致上市公司股权相当分散，投信机构即使仅拥有少数股权，依然能够影响公司营运。单就个别公司而言，美国上市公司单一股东最大持股多不超出 5%，但投信机构拥有股权超出 5% 者占上市公司比重，却由 1980 年的 10% 一路增加到 2014 年的 60%，[②] 意味着投信几乎能控制六成的美国上市公司。其中，黑石（BlackRock）、先锋（Vanguard）、道富（State Street）三大基金就是美国四成上市公司的最大股东。单就 S&P 500 指数而言，三大基金合计更是 500 家公司中 438 家（将近九成）的最大股东（Posner and Weyl, 2017）。由于投信机构以分散投资目标为营业宗旨，特别是产业型基金（sector specific fund）根本就是针对特定市场内全部厂商广泛投资所设计，因而形成其控股市场内多数厂商的水平持股现象。更重要的是，其投资对象多集中于市场高度集中的产业（OECD, 2017）。以航空市场为例（2013 ~ 2015 年），美国七大投信合计持股占联合航空（UA）的资本额达 60%、占达美航空

---

① Halliburton Co. v. Erica P. John Fund, 134 S. Ct. 2398, 2409 – 11, 2417 (2014).
② 参见 OECD (2017) He, J. and J. Huang, 2017, "Product Market Competition in a World of Cross – Ownership: Evidence from Institutional Blockholdings", *Review of Financial Studies*, Vol. 30, No. 8, August, pp. 2674 – 2718.

(Delta）的 27.5%、占捷蓝航空（JetBlue）的 27.3%、占西南航空（Southwest）的 23.3%，而所有投信法人（2001~2013 年）合计占航空业资本额的比重达 77%。此外，博丁等（Boutin et al.，2013）也发现：72% 的法国制造业产出是来自集团企业。

有趣的是，如果随机抽样美国两家上市公司，则两者有相同投信股东的概率竟由 1999 年的 20% 增加到 2014 年的 90%，而微软与苹果的前四大股东甚至完全重叠，显示水平持股的普遍（Azar et al. 2016）。至于欧洲所面临的水平持股问题虽不如美国严重，但仍普遍存在于市场集中度较高的产业，例如，在英国的金融业，黑石就是汇丰银行（HSBC）、德意志银行（Deutsche）、维琴萨大众银行（Popolare）、西班牙对外银行（Bilbao）等银行的最大股东（2016 年资料）。此外，投信机构也持有德国化工业上市公司 60% 的股份、冰岛电信业 50% 与建筑业 35% 的股份（OECD，2017）。虽然此等投信机构水平持股对市场竞争的影响不容忽视，并容易衍生联合行为，然而就本文所关切的掠夺性定价，却因为该等机构在同一产业内各竞争者间的广泛投资与董事兼充，得以了解各公司信息，有助于有效资本市场的形成，减少投资机构与厂商间的信息不对称，很难发生信息错误所导致的掠夺性定价或是高效率厂商在价格战中无法取得营运资金的现象。

2. 全球资金泛滥，高效率厂商不可能无法取得融资

近十年来，美国、欧洲与日本央行陆续采取扩张性货币政策，全球金融市场资金泛滥导致各国利率快速下跌，显示：全球产业问题不在于资金不足，而是在于投资机会不足。只要不是处于创业萌芽阶段，绝大多数的高效率投资项目都能取得充裕资金，高效率厂商因流动性不足而倒闭的概率微乎其微。

（五）竞争机关不宜管制事业定价

一旦考虑投资机构能够金援高效率厂商等因素后，政府应否管制事业定价将涉及两种不同的上位概念。

"看不见的手"：信赖资本市场，由投资市场判断事业效率高低；

"看得见的手"：信赖政府管制，由竞争机关判断事业效率高低。

1. 信赖资本市场

政府放宽对掠夺性定价管制，交由资本市场判断厂商效率高低，只要金融机制运作正常，高效率厂商自能于投资机构取得较多资金，而市场竞争的结果也会使低效率者退出市场。除非资本市场发生错误，否则掠夺性定价不可能出现。

2. 信赖政府管制

政府若不信任金融市场，代表竞争机关需自行判断厂商效率高低，并管制低效率厂商的降价行为。而竞争机关能否避免执法错误？端赖其能否取得足够信息断定厂商经营意图与经营效率。此时，管制与否的抉择关键在于：政府对市场信息的掌握力是否优于市场投资人？谨分析如此：竞争法执法机关掌理不特定产业，业务范围过于广泛，案件承办人需负责甚多产业，备多力分，因此对市场供需与产业资料的掌握与判断，先天上即处于弱势的地位。反之，民间投资机构则终日浸淫于金融市场与产业分析，巨细靡遗地了解整体产业或特定事业产销数据。因此，双方于信息取得上，执法机关即处于劣势地位，无法确实掌握市场供需，很难正确区分掠夺性定价抑或竞争定价，因而导致甚高的积极执法风险，将无罪推定为有罪。

此时，执法机关如放手让金融机构自行判断其所投资事业效率的高低，并据以决定投资额度，此种做法虽仍无法避免市场错误判断，导致消极执法错误。但由于投资机构对事业效率的判断能力较佳，因此，放宽对低价竞争的管制，交由资本市场依据事业效率高低决定投资或授信额度，将可使掠夺定价出现概率降到最低，竞争机关因而能以消极执法错误的些许增加，换取积极执法错误的大幅减少，进而提升执法效率。例如，美国法即基于信任市场机制的理念，认定市场出错概率极低，而将亏损定价视为几近合法的竞争行为。就司法现实言，市场机制虽不可能绝不出错，但相对而言，该判断错误比率却远低于公权力自行判断者。

五、结　论

基于近数十年来有利于信息完全与有效市场的科技与政策因素，高效率事业多能不虞匮乏地取得资金，以应付价格竞争，掠夺性定价即使不是美国法所强调的独角兽，但发生的概率也极低。笔者甚至能够断言：多数案例乃是源自原告借由滥讼伤害效率较自己为佳的竞争对手。因此，本文建议采取美国法的双轨检定原则，严格认定掠夺性定价，宽容对待事业定价行为，以避免积极执法错误。更何况事业面临竞争加剧的情况下，主动降价出售，本是市场竞争的自然结果。而掠夺性定价发生的唯一原因就是：资本市场或个别厂商误判情势，所形成的随机错误。但就执法机关而言，任何判决都必须基于正确客观的事实证据，不能凭空想象一个厂商定价行为所可能发生的错误判断，作为合法与否的判决目标。因此，降价案件之审理必须诉诸厂商实际的经营成本与融资管道，单凭深口袋论述作为判决违法前提，实有违罪疑唯轻原则。除非市场证据能够重要、明显且一致地指出：具有财务优势的独占事业以低于 AVC 的售价将效率较自己为优的竞争对手逐出市场，且能于事后回本削价亏损；否则，竞争机关即不应径自认定当事人有非法合意。因此，认定事业定价是否涉有掠夺性定价之嫌的正确之道，还是必须回归经营效率与回本检定。

参考文献

1. Emch, A. and G. Leonard：《掠夺性定价的经济学及法律分析——美国和欧盟的经验与趋势》，载于《法学家》2009 年第 5 期。

2. 悉尼·霍默、理查德·西勒著，肖新明、曹建海译：《利率史》，北京中信出版社 1963 年版。

3. Azar, J., M. C. Schmalz, and I. Tecu, 2018, "Anti – Competitive Effects of Common Ownership," *Journal of Finance*, Vol. 73 No. 4, May, pp. 1 – 73.

4. Azar, J. and S. Raina and M. Schmalz, 2016, "Ultimate Ownership and Bank Competition", *SSRN Electronic Journal*, March 17, pp. 1 – 87. http://econweb.umd.edu/~sweeting/ultimate_ownership_bank_competition [1]. pdf

5. Baker, J., 1994, "Predatory Pricing After Brooke Group: An Economic Perspective," *Antitrust Law Journal*, Vol. 62 No. 3, Spring, pp. 585 – 603.

6. Baker J. B. 2007, "Contemporary Empirical Merger Analysis", *George Mason Law Review*, Vol. 5 No. 3, January, pp. 347 – 361.

7. Baumol. W., 1996, "Predation and the Logic of the Average Variable Cost Test", *Journal of Law and Economics*, Vol. 39 No. 1, April, pp. 49 – 72.

8. Benoit, J., 1984 "Constrained Entry in a Game with Incomplete Information", *Rand Journal of Economics*, Vol. 15 No. 4, Winter, pp. 490 – 499.

9. Boutin, X., G. Cestone, C. Fumagalli, G. Pica, and N. Serrano – Velarde, 2009, "The Deep – Pocket Effect of Internal Capital Markets", *Journal of Financial Economics*, Vol. 109 No. 1, December, pp. 122 – 145.

10. Easterbrook, F., 1981, "Predatory Strategies and Counterstrategies", *University of Chicago Law Review*, Vol. 48 No. 2, May, pp. 263 – 337.

11. Fudenberg, D. and J. Tirole, 1986, "A Signal Jamming Theory of Predation", *Rand Journal of Economics*, Vol. 17 No 3, Autumn, pp. 366 – 376.

12. Gale, D. and M. Hellwig, 1985, "Incentive – Compatible Debt Contracts: The One – Period Problem", *Review of EconomicStudies*, Vol. 52 No. 4, October, pp. 647 – 663.

13. He, J. and J. Huang, 2017, "Product Market Competition in a World of Cross – Ownership: Evidence from Institutional Blockholdings", *Review of Financial Studies*, Vol. 30, No. 8, August, pp. 2674 – 2718.

14. Hovenkamp, H., 2015, "Predatory Pricing under the Areeda – Turner

Test", *Faculty Scholarship at Penn Law*, No. 1825, March, pp. 1 – 22.

15. Joskow, P. and A. Klevorick, 1979, "A Framework for Analyzing Predatory Pricing Policy", *Yale Law Journal*, Vol. No. 2, December, pp. 223 – 234.

16. Khan, L., 2017, "Amazon's Antitrust Paradox", *Yale Law Journal*, Vol. 126 No. 1, February, pp. 710 – 805.

17. Lerner, J., 1995, "Pricing and financial resources: An analysis of the Disk Drive Industry", 77*Review of Economics and Statistics*, Vol. 77 No. 4, November, pp. 585 – 598.

18. McGee, J., 1958, "Predatory Price Cutting: The Standard Oil (N. J.) Case", *Journal of Law and Economics*, Vol. 1, October, pp. 137 – 169.

19. Milgrom, P. and J. Roberts, 1990, "New Theories of Predatory Pricing", in Bonanno, G. & D. Brandolini (eds.) *Industrial Structure in the New Industrial. Economics*, Oxford: Claredon Press.

20. OECD, 2017, *Common Ownership by Institutional Investors and Its Impact on Competition: Background Note by the Secretariat*, Directorate for Financial and Enterprise Affairs Competition Committee, Paris: OECD.

21. Ordover, A. and G. Saloner, 1989, "Predation, Monopolization, and Antitrust", in Schmalensee, R. and R. Willig (eds.) *Handbook of Industrial Organization*, Vol. 1, pp. 537 – 596, NY: Elsevier Press.

22. Piketty, T., 2014, *Capital in the Twenty – First Century*, Boston: Harvard University Press.

23. Posner, E. and F. Morton, and E. Weyl, 2017, "A Proposal to Limit the Anti – Competitive Power of Institutional Investors", *Antitrust Law Journal*, Vol. 81, No. 3, March, pp. 669 – 728;

24. Robinson, E., 1941, *Monopoly*, Cambridge UK: Nisbet and Cambridge University Press.

25. Selten, R., 1978, "The Chain Store *Paradox*", *Theory and Decision*, Vol. 21 No. 3, April. pp. 163 – 179.

26. Stigler, G., 1952, *Theory of Price*, New York: Macmillan.

27. Telser, L., 1966, "Cutthroat Competition and the Long Purse", *Journal of Law and Economics*, Vol. 9, October, pp. 259 – 277.

28. Zerbe, R. and D. Cooper, 1982, "An Empirical and Theoretical Comparison of Alternative Predation Rules", *Texas Law Review* Vol. 61 No. 4, May, pp. 655 – 715.

Predatory Pricing and Efficient Capital Market

Ma Taicheng

[Department of Economics, (Taiwan, China) Chinese Culture University]

[**Abstract**] This article applies economic analysis as basic to discuss the relationships among predatory pricing, deeper pocket, and market competition. The result obtained shows that, owing to information technology innovation and financial deregulation, the industrial environment characterized by efficient capital market and perfect information has allowed an efficient plundered firm to raise enough fund to fight with the deep-pocket predator. Therefore, most predatory pricing cases are filed by an inefficient plaintiff that uses unnecessary litigation as a strategic advantage to hurt its competitors.

[**Key Words**] Predatory Pricing   Efficient Capital Market   Deeper Pocket

JEL Classifications: K21

经济增长模式、发行定价机制与定向增发高折价*

> 熊发礼 林乐芬**

【摘 要】 主流观点认为,大股东侵占导致了我国定向增发高折价现象。然而,基于投资者保护视角分析发行折价的理论来源发现,高折价源于发行人原股东向发行对象的财富转移。基于力量博弈视角的分析发现,导致这种财富转移的两个关键性力量中,政策制度是决定发行折价空间的基础性力量;大股东是在政策基础性力量之下的主导性力量。政策基础性力量对发行折价的影响,在宏观层面体现在融资溢价分配的制度设计时,向发行对象实施了利益倾斜;在操作层面体现在政策改革行为和定价发行方式定价机制的认购期权属性两个方面,这构成了高折价现象的深层制度成因。大股东主导性力量对发行折价的影响表现在高折价背景之下:如何维护作为原股东的自身利益,顺应环境与外部发行对象一起侵占中小股东利益。因此,高折价现象具有投资拉动型经济增长模式确保发行对象收益的时代背景,根源于现有融资政策的制度设计。

【关键词】 经济增长模式 发行定价机制 定向增发 高折价现象 投资者保护

中图分类号:**F830.9**   文献标识码:**A**

一、引 言

自 2006 年证监会发布并实施《上市公司证券发行管理办法》(以下简称

---

* 基金项目:本文受到金陵科技学院高层次人才科研启动项目(jit-b – 201835)和江苏高校哲学社会科学研究一般项目(2020SJA0549)的资助。

** 熊发礼,金陵科技学院商学院金融系副教授;地址:(211169)江苏省南京市江宁区弘景大道 99 号金陵科技学院商学院;E-mail:xfl – 0791@163.com。林乐芬,南京农业大学金融学院教授,博士生导师;地址:(210003)江苏省南京市玄武区卫岗 1 号南京农业大学金融学院;E-mail:lefenlinna@163.com。

《管理办法》）以来，定向增发（国外称私募发行）就一直是我国资本市场最为主要的股权再融资形式，对于提高我国直接融资比重，促进资源优化配置和资本市场健康发展都发挥了重要作用。其发行折价[①]（Baek et al.，2006）关乎各微观利益主体的切身利益，是博弈的核心，大量文献甚至将其作为度量财富转移[②]的直接变量。我国定向增发高折价一直是突出特点，并通常被称之为高折价现象。高折价现象给发行对象带来的高额发行收益，降低了大股东[③]促进上市公司稳健经营的动力和发行对象对上市公司管理的监督动力（彭韶兵和赵根，2009），引发了公司治理、财富转移等一系列高折价问题（Xu et al.，2017）。这些高折价问题，是投资者保护不完善的表现，不利于资本市场长期健康发展，一直是我国定向增发领域研究的重点，吸引了大量学者的持续关注。

近几年，A 股的市场环境和制度环境发生了大量新变化。在纳入国际资本市场指数后，我国资本市场已成为国际资本市场的重要组成部分。2019 年注册制已经在科创板落地，12 月通过的《证券法》明确了我国资本市场将全面稳步实施注册制。面对国内外市场环境的双重巨大变化，加之我国经济转型升级的大背景，为吸引更多资金进入资本市场、增强市场投融资功能、促进资本市场对实体经济的支持作用，加强投资者保护，研究以往证券市场存在的问题，总结政策经验，发现市场运行规律，以逐渐建立健全符合我国市场特点的证券发行注册制将尤为重要和迫切。

本文以定向增发高折价现象为研究对象，从投资者保护的视角分析折价的理论来源，随后基于各微观利益主体博弈的视角，探讨发行价格的影响力量，尝试从我国经济增长模式的时代背景、从发行定价机制的政策视角和大股东侵占的视角探讨高折价现象的根源，以总结政策经验，发现市场规律，为完善相关政策提供参考。

---

① 简称折扣或折价，本文在计算时，以发行日收盘价为基准。这种计算方法符合市场印象，也是学界通用方式。根据"发行折价 =（市场参考价 – 发行价格）/市场参考价 = 1 – 发行价格/市场参考价"可知，发行折价与发行价格是负相关关系；根据"发行收益 = 发行折价/(1 – 发行折价)"可知，发行收益和发行折价是正相关关系。由此，除非特别指明，本文将发行折价、发行收益与发行价格指向同一问题，即：高（低）发行折价等同于高（低）发行收益，等同于低（高）发行价格。

② 对应英文单词"Tunneling"，主要用来形容水平型公司治理问题中大股东对中小股东的利益侵占行为。国内学者在研究过程中，与大股东"隧道挖掘""利益输送""侵占""掏空"等词相互不区别使用。本文为更准确界定实施主体，一方面，借鉴这一用法，将"隧道挖掘""侵占""掏空"视为大股东的行为，这几个词不区别使用；另一方面，"利益输送"和"财富转移"不限定其行为主体，本文利益输送和财富转移的实施主体还可能是政策制度。

③ 大股东，本文指对发行人最具影响力的股东，包括但不限于大股东及其关联方、控股股东或实际控制人等。

二、文献综述

为促进发行人融资顺利，以低于市场价的折扣方式向市场发行新股的现象，在早期被称为"价格异象"（abnormal pricing）或"抑价现象"（under-pricing）。史密斯（Smith，1977）最早发现并证明了其存在的普遍性。其后，大量学者试图解释这种折价发行现象存在的原因。章卫东和王永海（2008）概括了西方学者提出的五种假说：对发行对象监督成本、调查成本、流动性限制等进行补偿的三种假说；公司价值被高估和巩固控制权等两种假说。以上五种假说分别是基于成本视角和为控制权而给予发行对象经济补偿的视角以及市场估值视角提出的解释。这对于解释定向增发折价具有一定的参考作用，但显然不能充分解释我国的定向增发高折价现象。缓解定向增发高折价问题，必须探寻高折价现象的根源，大量文献为此做出了诸多努力，尝试为高折价现象提供合理解释。但一直以来，争议很大。争议的焦点主要集中在是否大股东侵占导致了高折价？

一方认为，我国定向增发高折价主要源于大股东侵占。自朱红军等（2008）提出我国"缺乏相应的制度来约束大股东的机会主义行为"，"应为中小股东的自我救济创造条件，以保护其权益"之后，章卫东（2010）和赵玉芳等（2011）也先后提出类似观点。在这一认识的驱使下，大量文献将我国定向增发高折价置于大股东侵占的视角，研究大股东利用诸如择时管理、市值管理、盈余管理、投资者保护水平、操控投资者情绪，信息披露和"高送转"以及政府补贴等多种侵占行为和侵占方式对发行折价的影响，并进而用来强化对高折价现象存在根源的解释。

另一方则认为，高折价不是源于大股东侵占。徐斌和俞静（2010a；2010b）较早提出，"定向增发折扣中不存在大股东的利益输送行为"和其他"机会主义"的侵占行为，"二级市场投资者情绪""二级市场溢价"以及对大股东"股票锁定期"的补偿才是推高定向增发折扣的主因。此后，王秀丽和马文颖（2011）提出，大股东"定向增发的利益输送方式是多样的，而不仅局限于压低发行价格"；支晓强和邓路（2014）提出当大股东参与增发时，投资者"异质信念"对折扣具有推动作用；徐辉和周孝华（2019）提出，二级市场的"溢价效应是导致定向增发高抑价的主导因素"。另有部分文献也研究了投资者情绪、股票可交易价值、股票错误定价等对定向增发折扣的推动作用，并先后否认了大股东及管理层的利益输送行为和"大股东侵占导致了定向增发高折价现象"的观点。

由于我国是新兴经济体，外部投资者发挥监督效应的机制不健全（陈炜，2010），"投资者保护水平整体较低"（鲁桐和党印，2012）是客观事实。郑志刚等（2014）研究认为在我国"一股独大"典型特征的环境之下，投资者保护不完善，大股东利益实现路径有两个：一是通过获取资产证券化的流动性溢价，提高融资溢价并促进发行人经营的持续健康发展等有利于社会利益的路径；二是通过注入劣质资产及其他任何可能的方式实现对中小投资者的侵占来获取利益。由于在定向增发过程中，市场普遍认可存在大股东侵占行为，发行折价又在一定程度上被接受为财富转移的工具变量，大股东侵占导致了高折价现象一直是主流观点。

争议双方的研究对于我们理解高折价问题、认识大股东侵占等方面具有一定的积极意义，但也存在一定的不足：缺乏对发行定价机制的研究，也鲜有基于发行定价机制视角的研究。在这方面，王秀丽和马文颖（2011）较早认识到"定价基准日距首次发行日时间间隔"对发行折价具有重要影响，马文杰等（2018）发现定价发行方式价格机制对发行对象具有"认购权证属性"，并同时注意到存在"询价方式"（即竞价发行方式），但他们都没有深入研究发行定价机制对发行折价的影响。林乐芬和熊发礼（2018）根据适用政策文件，首次将定向增发分为非公开发行和重组增发两种类型，根据发行定价机制首次将定价方式区分为竞价发行和定价发行两种方式。据此，熊发礼和林乐芬（2019）总结认为以往文献遗漏了两个层面的政策基础：一是遗漏了重组增发政策基础的《上市公司重大资产重组管理办法》（以下简称《重组办法》）；二是遗漏了创业板市场非公开发行政策基础的《创业板上市公司证券发行管理暂行办法》（以下简称《创业板管理办法》）；存在的缺陷在于缺乏对不同定价方式发行定价机制的研究，导致部分重要文献的实证结果存疑，至少会由于遗漏定价方式这一重要政策变量而不稳定。在克服以上遗漏和缺陷的基础上，他们基于大股东认购净效应的理论基础，研究认为大股东侵占行为对于发行折价并不具有决定性作用；通过对样本的统计分析发现：定价发行方式高折价是高折价现象的根源。这些对政策认识的推进和对高折价现象的统计发现对于定向增发政策研究具有重要推动作用，对解释高折价现象和客观认识我国的投资者保护水平具有重要意义，但依然存在如下三个方面的不足。

首先，没有在理论和政策的高度探讨政策基础性力量对大股东主导性力量的制约，对"大股东侵占导致高折价"的主流观点，并没有能在理论上进行阐述和反驳。

其次，对政策认识的推进，虽然极具颠覆性，但研究还处于起步阶段。"我国定向增发高折价主要源于定价发行方式样本"的认识还停留在现象观察阶段，既没有从政策视角分析其在客观层面的制度根源，也没有从发行定价机制的视角剖析其导致高折价在操作层面的制度成因。

最后，以往文献在认识高折价现象时，鲜有置于经济增长模式的时代背景之中，鲜有基于宏观经济发展阶段时代背景的解释。

三、定向增发高折价现象来源的理论分析

从以上对高折价来源的争议来看，焦点在于是否存在大股东侵占。认为我国定向增发高折价源于大股东侵占的主流观点，其理论基础在于我国资本市场的投资者保护不完善。为探讨投资者保护对于发行折价的影响，本文尝试基于投资者保护的视角探讨定向增发折价的理论来源。

（一）发行折价的理论来源

以折扣方式发行，发行对象将获得由于市场价格与发行价格之差而产生的收益。这部分财富通过对以往文献的梳理，可以发现有两个来源：一个是由于定向增发再融资而产生的有利于社会利益的财富增值，其影响称为财富增值效应；另一个是微观经济主体利益的再分配，即财富转移，其影响称为财富转移效应。

定向增发融资的财富增值来源于再融资行为。在理论上，上市公司定向增发新股后的总价值应该等于原有资产价值、增发资产价值及原资产与增发资产之间由于协同效应、整合效应及规模经济效应等而产生的新增价值之和。其中，新增价值部分为融资溢价，被称为定向增发的财富增值效应。由此可知，财富增值效应取决于融资溢价的大小。定向增发存在融资溢价的显著证据是正宣告效应（或公告效应）的存在。纳克（Wruck，1989）最早开启了这一研究，研究认为20世纪80年代初期美国市场的私募发行总体上有平均4.5%的异常收益。我国学者如彭飞和曾庆鹏（2011）、王浩和刘碧波（2011）等诸多学者也进行了类似研究，也都支持正宣告效应的存在是一种较为普遍的现象。对于投资者保护完善的市场，这是定向增发折价的来源。

定向增发过程中的财富转移源于投资者保护的不完善。在定向增发过程中，强势利益主体可能利用自身各种优势促进有利于实现自身利益的发行价格或其他目的，进而影响融资溢价的分配。在投资者保护不足的市场，更可能产生各微观利益主体之间的财富转移现象。我国是有中国特色社会主义制度的新兴经济体，一方面政策具有基础性作用，另一方面投资者保护不完善也是客观现实（袁媛等，2019），尤其是保护水平还可能出现反复（张宏亮、王法锦，2016）的情况下，定向增发过程中的财富转移现象具有客观存在性。这种现象的影响可称为定向增发的财富转移效应。图1总结了投资者保护对

发行折价来源的影响路径。

由图1可知,从投资者保护的视角来分析,我国定向增发折价来源中,异常的高折价来源于强势利益主体在融资溢价分配方面和在财富转移方面向发行对象的利益倾斜。因此,在理论上,高折价必定来源于财富转移。这种财富转移,从转移方向来看,受益方是发行对象,受损方是发行人原股东。图1中需要继续研究:谁是实施"财富转移"的强势利益主体?下面继续基于力量博弈的视角分析并推导强势利益主体的类型及其特征。

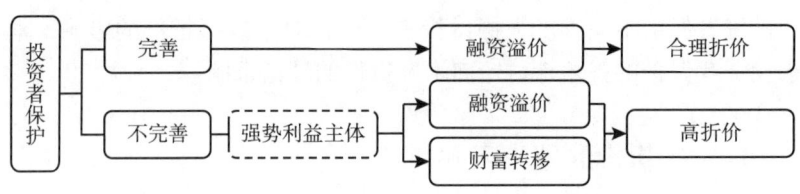

图1　投资者保护对发行折价来源的影响

(二) 财富转移的博弈力量

部分文献研究了定向增发完成后的财富转移行为,本文需要界定,发行折价主要反映的是发行完成前的财富转移现象。因此,本文继续基于中国特色社会主义制度和我国股票发行的核准制基础,将定向增发完成前财富转移力量的博弈主体分为两类:一类是包括相关制度、法律、法规、部门规章及其他政策制度安排在内的政策主体;另一类是定向增发会关乎其切身利益的微观利益主体。政策主体通过制定相关法律、法规、政策、规章及其他临时性措施,以实现符合经济社会发展的政策目标。其中,核心是发行定价机制,对发行折价发挥着基础性的决定作用。因此,政策主体无疑是强势利益主体之一。

微观利益主体在各项宏微观政策基础上,通过相互博弈以追求自身利益最大化,实现博弈均衡。因此,分析定向增发财富转移力量,确定微观利益主体中的强势利益主体,需要先分析财富转移的路径。根据上面基于投资者保护视角的分析可知,财富转移的路径首先发生在原股东向发行对象的财富转移。此时,大股东作为原股东,高折价意味着财富受损。大股东作为理性人,有两个选择:一是阻止高折价的融资行为;二是积极参与融资,让自己成为发行对象。当大股东成为发行对象时,财富转移行为发生了根本改变,一方面,作为原股东,承受了有利于外部发行对象的财富转移;另一方面,作为发行对象,也接受了来自中小股东的财富转移。此时,大股东的利益取决于两个方面的综合效应。图2总结了定向增发高折价情况下大股东的决策路径和财富转移方向。

由图 2 可知，大股东在参与发行人高折价的定向增发融资时，其成为发行对象，将具有两个完全相反的财富转移方向：财富转移 1 表示作为原股东，发生着向发行对象的财富转移；财富转移 2 表示作为发行对象，接受着来自中小股东的财富转移。分析外部发行对象、中小股东和大股东三个微观利益主体的博弈力量可知：外部发行对象是市场主体，其行为根据当时的经济环境即市场环境进行决策；中小股东力量分散，难以形成合力，是投资者保护等相关政策提供保护的对象；大股东可以在两个方面具有决策优势，一是在对自己不利时，可以通过自己的控制权优势否决发行人的融资行为；二是可以在做出参与融资的决策时，进一步选择参与程度以与自己的资金实力相匹配，进而在现有限制条件下实现利益最大化或损失最小化。另外，大股东还能通过自身的控制权优势等，通过多种方式影响发行价格。因此，基于以上分析可知，大股东是微观层面博弈的主导性力量，是微观层面的强势利益主体。

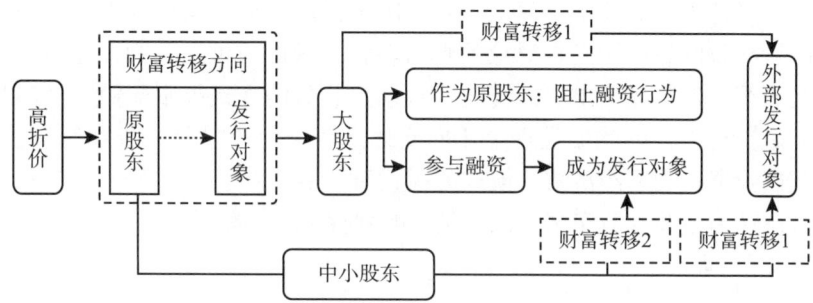

图 2 定向增发高折价发行时大股东的决策路径与财富转移方向

由此可知，强势利益主体包括：政策主体，是在宏观层面决定了发行折价空间的基础性力量；大股东主体，是在微观层面影响发行折价的主导性力量。在博弈过程中，政策制度的基础性力量决定了融资溢价的程度及其分配，同时也决定了财富转移的空间，是决定性力量；大股东主导性力量在基础性力量所决定的空间范围内，受到来自代表其他两个微观利益主体力量制约的同时，实现利益最大化。博弈的均衡最终体现在发行价格上，图 3 总结了各主体的博弈机制。

由图 3 可知，大股东主导性力量只能是在定向增发相关政策和投资者保护相关政策等政策基础性力量的框架内进行博弈，同时还要受到外部发行对象的市场力量制约。其实现自身利益最大化的过程中，只能对发行折价的高低产生影响而不具有决定性作用。即，这从博弈的视角证明了政策基础性力量对于发行折价具有决定性作用；大股东主导性力量是在基础性力量框架范围内的主导性力量。这在理论上支持了"大股东对发行折价不具有决定性作用"的学术观点。

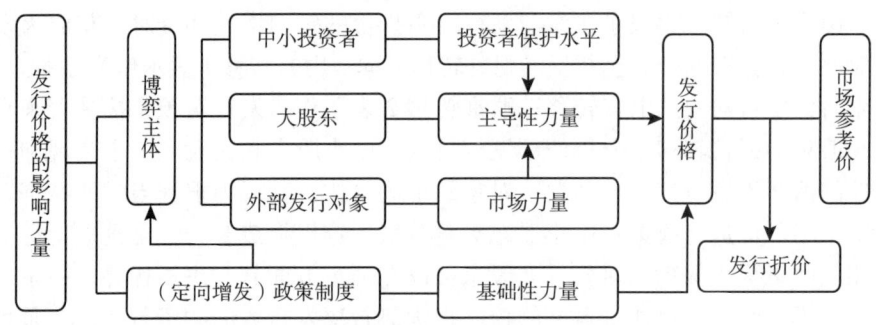

图 3　定向增发折价影响力量分析

由以上理论分析，可以得出如下观点：定向增发高折价现象源于原股东向发行对象的财富转移；财富转移行为的实施主体包括政策基础性力量和大股东主导性力量等两个强势利益主体。其中，政策基础性力量是决定性力量，大股东主导性力量对高折价现象不具有决定作用。即定向增发高折价现象根源于政策导致的有利于发行对象的财富转移。因此，可以认为，定向增发高折价是政策在通过提高出资方（发行对象）收益的方式鼓励他们积极参与发行人的融资行为，以此促进资金流向实体经济，促进投资增长和经济发展。这与我国投资拉动型经济增长模式的时代背景相匹配。下文进一步分别分析政策基础性力量和大股东主导性力量影响发行折价的路径。

四、政策基础性力量对发行折价影响的分析

根据上面基于投资者保护视角的分析发现，发行折价在理论上来源于融资溢价和财富转移。政策在宏观上影响融资溢价的程度及其分配的行为，本文称之为政策在宏观层面对发行折价的影响；在具体操作上，通过发行定价机制等相关政策规定对发行折价产生直接且决定性影响的行为，本文称之为政策在操作层面对发行折价的影响。总结其影响路径如图 4 所示。

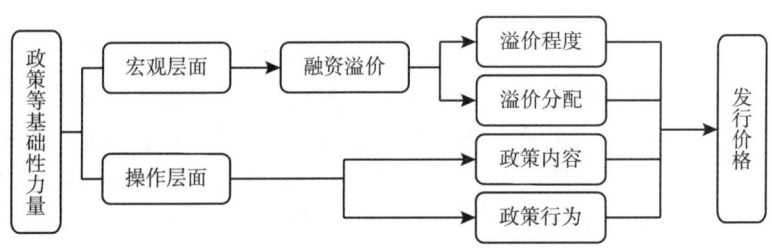

图 4　政策对发行价格的影响路径

（一）政策在宏观层面对发行折价影响的分析

首先，政策可以影响融资溢价的程度。如两类定向增发政策文件中都提出为"保护投资者利益"、"社会公共利益"和"符合国家产业政策"等类似要求，其目的是要求融资行为符合国家或地区的产业政策和经济发展战略。这样，可以促进社会整体利益的实现，提高融资溢价，扩大既定条件下发行折价的空间。在这方面，国内学者已有相关研究。如唐兵等（2012）认为融资溢价"来自协同效应、市场力量和战略动因"；章卫东（2008）以公告后一段时间的异常收益率来度量宣告效应，认为异常收益率的高低直接体现在发行折价的高低上。

其次，政策决定了融资溢价的分配。定价基准日市场价格是否已经体现了融资溢价、政策运行时间长短等都对发行对象的利益分配具有重要影响。具体影响工具，可以包括《公司法》《证券法》等与经济发展、产业政策、公司发展和证券市场发展以及与定向增发有关的"监管问答"等法律、法规、细则等。以定向增发宣告效应为代表的融资溢价的表现形式是股份的异常收益率，而通过股价释放宣告效应的影响，需要一定的时间过程。如林乐芬和熊发礼（2018）发现董事会决议公告日（首日公告融资行为）后10个交易日不足以释放宣告效应，如果以其后的股东大会公告日为基准，宣告效应的释放更为充分。因此，定价基准日的选择将直接影响融资溢价的分配，并将呈现三种可能。第一，定价基准日在董事会决议公告日之前，在充分做好保密工作的情况下，发行价格在无任何融资溢价的情况下确定。此时，发行对象最大限度享有融资溢价，即融资溢价在分配上极大程度的倾向于发行对象。第二，定价基准日在董事会决议公告日之后，但财富增值效应未能充分释放。此时，发行对象和原股东共享融资溢价。并且，在相同定价规则下，财富增值效应释放越充分，发行价格越高，越有利于原股东。第三，定价基准日在董事会决议公告日之后，并且财富增值效应充分释放。此时，发行价格相对极高，极大程度的有利于中小股东。

分析定向增发定价基准日可以发现：《上市公司非公开发行股票实施细则》（以下简称《实施细则》）和《重组办法》中，定价基准日的融资溢价分配皆是极大限度地向发行对象倾斜；尤其是在大股东参与的情况下，《创业板管理办法》特别规定大股东可以选择充分享有融资溢价的分配优势。这种利益向出资方（发行对象）倾斜的制度设计，有利于鼓励发行对象积极参与融资以促进发行人融资顺利，进而促进资金流向实体经济，增加社会投资总额。这与我国当前投资拉动型经济增长模式需要更多融资以实现经济增长是相适应的。因此，可以认为，政策向发行对象实施利益倾斜的融资溢价分配的制度设计，是高折价现象与投资拉动型经济增长模式这一经济发展时代背景相匹配的具体体现。

（二）政策在操作层面对发行折价影响的分析

政策在操作层面对发行折价的影响，可以从政策内容和政策行为两个方面来分析。政策内容是指在适用政策文件中规定的发行定价机制，其影响具有直接性和持续性；政策行为一般指正式的政策改革行为。熊发礼和林乐芬（2018；2019）对重组增发和非公开发行的政策改革行为进行了研究，认为两类政策的改革都大幅提高了发行折价。因此，本文主要分析发行定价机制对发行折价的影响。

1. 不同定价方式发行定价机制的差异

根据非公开发行的发行定价机制，定价方式可以分为竞价发行方式和定价发行方式两种；根据重组增发的发行定价机制，定价方式只有定价发行方式一种。定价方式是影响发行折价的核心因素。总结《实施细则》第九条和第十条，《创业板管理办法》第十六条中定价方式的选择机制，可以概括为：如果董事会决议公告日发行对象全部确定，则采用定价发行方式；如果存在不确定的发行对象，则采用竞价发行方式。竞价发行方式的发行价格在取得核准批文6个月的有效期内以询价方式的市场机制确定发行价格；定价发行方式的发行价格在董事会决议中确定。

因此，竞价发行方式发行价格是市场原则确定的价格，定价发行方式发行价格是在董事会决议公告中，由董事会确定，可以提前锁定发行价格。发行定价机制的这两种截然不同的定价方式导致了巨大的发行折价差异。林乐芬和熊发礼（2018）统计发现，竞价发行方式的发行折价接近成熟市场，而定价发行方式的折价均值高出其近20%，并进而认为，我国定向增发高折价现象主要源于定价发行方式样本的高折价。

2. 定向增发流程与定价发行方式高折价的原因分析

图5总结了定向增发流程及定价发行方式折价形成机制。定价发行方式以董事会决议公告日①作为定价基准日并确定发行价格。发行对象所享受的收益包括：①发行价格与基准价格的价差（发行价格不低于基准价格的90%）。②基准价格与董事会决议公告日前收盘价之差。③重大事件停牌起始日至发行日的股份收益。

---

① 《实施细则》中规定定价基准日可以是：董事会决议公告日、股东大会决议公告日或发行期的首日。但本文统计适用样本，发现定价基准日类型为董事会决议公告日的样本占全部样本的98.85%。因此，本文定价基准日均以董事会决议公告日作为研究依据。

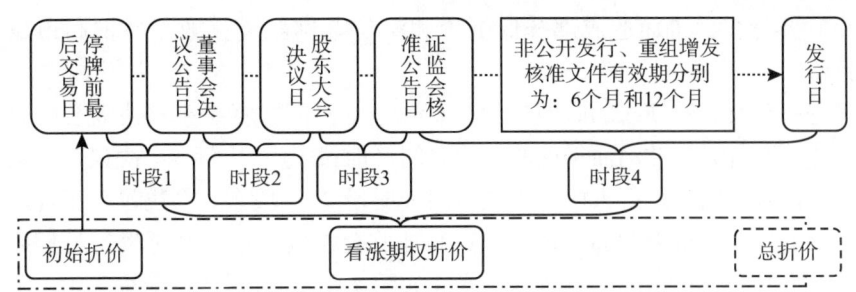

图5 上市公司定向增发流程与定价发行方式折价分解

根据发行定价机制，本文将发行收益①和②所形成的折价称为初始折价。非公开发行的参考价为不低于定价基准日前20个交易日股票交易均价的90%；《重组办法》的参考价为不低于定价基准日前20个交易日股票交易均价（无发行收益①）。2014年，《创业板管理办法》规定还可以是"前1个交易日股票交易均价"；《重组办法》修改为，发行价格不低于基准价格的90%，而且基准价格可以是定价基准日"前20个交易日，60个交易日或120个交易日的公司股票交易均价之一"。即政策在2014年扩大了定价的灵活性，给予了发行对象更大的利益倾斜，提高了初始折价，导致了更高的发行折价。

继续讨论收益③。如果在时段1内指数大幅下跌，则董事会可以选择终止融资行为；其他时间段股价大幅下降，甚至跌破董事会确定的发行价格时，根据政策规定，发行对象在董事会决议中，已经签订认购合同并确定认购价格和数量，并且，该合同经股东大会批准和证监会核准即生效，此时，发行对象将在相关资产办理权属转移的合同义务和违约责任之间进行权衡。其中，违约责任可能的成本分析如下：根据《中华人民共和国合同法》的相关规定，违约责任的承担方式有继续履行、采取补救措施与赔偿损失三种。根据《中华人民共和国证券法》的相关规定："证券发行、交易活动的当事人具有平等的法律地位，应当遵守自愿、有偿、诚实信用的原则。"如果要求发行对象继续履行认购义务，则在结果上有违"参与或加入公司组织之自愿原则"；因而，只有采取补救措施或赔偿损失，但在一方明示违约已难以补救的情况下，只能是赔偿损失。而赔偿损失则可能包括按照合同约定的违约责任进行赔偿，如未约定则赔偿已造成的损失，包括但不限于股份认购合同的起草、谈判，申报产生的人力成本等直接经济损失等。当然，其他费用可能还包括社会声誉等间接成本。根据以上分析可知，发行对象付出的直接费用总体非常少，符合期权价值的理论特征，马文杰等（2018）将这种属性称为"认购权证属性"，本文称其形成的折价为看涨期权折价。根据看涨期权的理论性质，当出现市场价格低于或接近发行价格时，发行对象将选择放弃行权，进而造成部分低折价和溢价案例融资失败，并推高市场平均折价。

进一步对看涨期权的时间进行分析，全部时间包括董事会决议公告日之前为防止股价异常波动而采取的停牌时间（时段1）、从董事会决议日至股东大会决议日期间的发行人内部决策时间（时段2）、股东大会决议日至证监会发放核准批文的审批时间（时段3）和证监会发放核准批文至发行日期间的择机发行时间（时段4）等四个部分（如图5所示）。其中，时段1由上海证券交易所和深圳证券交易所分别发布的《上市公司筹划重大事项停复牌业务指引》和《上市公司停复牌业务备忘录》（主板信息披露业务备忘录第9号、创业板信息披露业务备忘录第22号、中小企业板信息披露业务备忘录第14号）来约束；时段3是从提交申请书到证监会发放核准批文时间，这段时段完全由证监会控制；时段4虽然是发行人在批文有效期内的自主行为，但政策可以选择批文的有效期。目前非公开发行和重组增发批文有效期为分别为6个月和12个月。从时间长度占比来看，统计本文样本中，全程耗时最短的是适用《重组办法》的重组增发样本，基于市场决策时间的时段2平均为0.11年，占全部发行周期（0.5380年）的20.45%。理论上，"到期期限越长，看涨期权的价值越大"（Zvi Bodie et al., 2017）。因此，政策直接决定或能够产生直接影响的时间至少贡献了看涨期权时间价值的79.55%。

由以上分析可知，定价发行方式高折价的原因包括：政策改革行为推高了初始折价；定价发行方式定价机制对发行对象而言具有认购权证属性，定向增发的长周期特点尤其是政策决策的长周期特点提升了"认购权证"的时间价值，进一步推高了看涨期权折价。这些原因共同构成了定价发行方式高折价的制度成因。

（三）定价发行方式高折价分解的统计验证

为进一步研究折价的两种具体构成，验证上述发行定价机制的分析结论，本文统计相应样本的折价构成。因为涉及政策改革行为，准确研究改革行为及其对发行折价的影响，需要先了解我国定向增发的政策发展，以确定统计的时间节点。根据熊发礼和林乐芬（2018；2019）对重组增发和非公开发行两种类型定向增发政策发展的研究可知：《管理办法》及其《实施细则》分别在2006年5月6日和2007年9月17日发布并实施；《创业板管理办法》在2014年5月14日发布并实施；《重组办法》在2008年4月16日发布并实施，其发行定价机制在2014年10月23日进行了一次修订。据此，确定下面统计分析的时间节点。

统计样本的折价构成如表1所示。其中,非公开发行样本中包括:适用《管理办法》及其《实施细则》样本2007年9月17日后发布预案公告,剔除定价基准日为非董事会决议公告日和数据缺失样本17例、适用《创业板管理办法》样本2014年5月14日后发布预案公告,剔除定价基准日为非董事会决议公告日样本1例;重组增发样本包括:《重组办法》发布前后的样本(以预案公告日为依据,分别是2008年4月16日和2014年10月23日后发布预案公告)。以上样本截止发行日期为2016年6月30日。

表1   定价发行方式样本折价来源的构成

样本类型	适用文件	折价构成	平均值	均值占比	中位数	标准差	最小值	最大值	观测数
非公开发行	《管理办法》及其《实施细则》	初始折价	0.0823	0.2341	0.0822	0.1072	-0.8702	0.6022	536
		看涨期权折价	0.2691	0.7659	0.3111	0.3087	-1.1494	1.0000	536
		总折价	0.3513	1.0000	0.3958	0.2707	-0.6195	0.8959	536
	《创业板管理办法》	初始折价	0.0695	0.1471	0.0640	0.0968	-0.3206	0.6387	100
		看涨期权折价	0.4031	0.8529	0.4105	0.2236	-0.1978	0.7806	100
		总折价	0.4727	1.0000	0.4709	0.1825	0.0078	0.8150	100
重组增发	证监会令第53号、73号	初始折价	0.0011	0.0041	0.0146	0.2126	-1.9402	1.4669	482
		看涨期权折价	0.2789	0.9959	0.3134	0.3529	-1.3691	1.0000	482
		总折价	0.2801	1.0000	0.3198	0.3409	-1.5350	0.8926	482
	证监会令第109号	初始折价	0.1438	0.3671	0.0988	0.1852	-0.5139	1.1328	320
		看涨期权折价	0.2479	0.6329	0.3078	0.3436	-1.2536	1.0000	320
		总折价	0.3917	1.0000	0.4289	0.2465	-0.4466	0.9245	320

注:资料来源于Wind资讯;看涨期权折价=(发行日收盘价-定价基准日前收盘价)/发行日收盘价;初始折价=总折价-看涨期权折价。

由表1可知,从总折价来看,不同样本的折价均值分别为35.13%、47.27%、28.01%和39.17%,相对应的发行收益均值分别为54.19%、89.65%、38.91%和64.39%。发行收益相当于发行对象投资发行人股份的超额收益,如此高的发行收益给予了大股东积极参与再融资的充足动机,降低了外部发行对象监督的动力以及刺激各种寻租行为等,并进而带来公司治理等投资者保护问题。

从发行定价机制改革情况来看,《创业板管理办法》实施后,创业板市场发行人看涨期权折价均值大幅提高到 40.31%，总折价均值也随之上升为 47.27%，显著高于适用《管理办法》样本 26.91% 的看涨期权折价均值和 35.13% 的总折价均值；重组增发价格机制改革后，重组增发样本的初始折价均值由 0.11% 大幅提高到 14.38%；看涨期权折价由 27.89% 下降到 24.79%，虽然有所下降，但非常有限；总折价均值由 28.01% 提高到 39.17%，并且标准差由 34.09% 下降到 24.65%，稳定性更强。这与熊发礼和林乐芬（2018，2019）的统计研究一致，定向增发两类政策改革行为都提高了定价发行方式的平均发行折价，有利于实现发行对象利益，加剧了高折价问题的严重性。

从折价的具体构成来看，各样本初始折价均值最高只有 14.38%，最低甚至达到 0.11%，接近甚至远低于成熟市场总折价；看涨期权折价最低值是 24.79%，其在总折价中的占比也是最低值，为 63.29%，最高值为 40.31%。由此可知，看涨期权折价是总折价的主要部分，是定价发行方式高折价的关键来源。

以上分析表明，我国定向增发政策，在宏观层面融资溢价分配的制度设计，有利于实现发行对象的利益；在操作层面，无论是体现发行定价机制的看涨期权折价，还是政策改革行为，都推高了发行折价，有利于实现发行对象的利益。因此，高折价现象既有能体现投资驱动型经济增长模式优先保障投资方利益的时代背景，又有包括定价发行方式赋予发行对象的认购权证属性和股票发行审核制长周期特征的深层制度成因。

五、大股东主导性力量对发行折价影响的分析

由图 2 可知，大股东在应对发行人高折价发行股份时，可能选择参与融资以维护自身利益。此时，其面临两个方向完全相反的财富转移：作为原股东向外部发行对象的财富转移和作为发行对象接受来自中小股东的财富转移。其财富增量取决于两种财富转移的相对程度。因此，大量文献所认为的大股东在参与认购的情况下，倾向于高折价发行以实现财富转移的观点是有前提条件的：来自中小股东的财富转入必须大于作为原股东的财富转出。这些文献分别对如市值管理、劣质资产注入、择时管理等单一侵占方式进行了研究，并认为大股东存在严重的侵占行为。根据文献综述中的梳理可知，这些基于单一侵占行为和侵占方式的研究，除了不具有定向增发类型和发行定价机制的政策基础外，还有一个问题是由于侵占方式难以穷尽，而专注于细节不利于从宏观上把握大股东对高折价的综合态度及其行为模式。仅有少量文献在这方面做了一定的尝试并提出了大股东认购净效应理论。

（一）大股东认购净效应理论

陈政（2008）较早地分析了折价发行现象对大股东利益的影响。他提出：发行新股时，大股东作为原股东，一方面，会由于稀释持股比例，而降低其控制权优势；另一方面，高折价还会导致其财富向外部发行对象的转移。他把这种不利于大股东的现象称为盈利稀释效应，此时，大股东和中小股东的利益是相互协同的（原文简称大股东协同），降低折价有利于降低其损失。大股东在作为发行对象时，折价发行将接受来自中小股东的财富转移。他把这种有利于大股东的现象称之为财富转移效应，此时，大股东和中小股东的利益是相互冲突的（原文简称大股东侵占），提高折价有利于实现其利益。大股东对发行折价高低的态度，取决于盈利稀释效应和财富转移效应的权衡，并以大股东认购比例和原持股比例的差值来度量其净效应。并进一步指出，当净效应为正，财富转移效应占主导，大股东倾向高折价以更多实现大股东侵占；为负则盈利稀释效应占主导，大股东倾向低折价以降低其损失。

张鸣和郭思永（2009）通过构建理论模型进行推导，证明了上述观点。其后，彭韶兵等（2018）拓展了政府补贴变量；林乐芬和熊发礼（2018）基于零和不存在之间的哲学关系进一步完善了该理论，并将该理论称为大股东净效应（本文简称为"认购净效应"）理论。认购净效应理论根据大股东参与程度将样本区分为三种类型：大股东在零认购（仅向外部投资者发行）时，由于财富转移效应不具有存在基础，具有极大动力降低发行折价；在全认购（大股东为唯一发行对象）时，由于盈利稀释效应不具有存在基础，具有极大动力提高发行折价；在混合认购（同时向大股东和外部投资者发行）时，对发行折价的态度与认购净效应值正相关。他们在给认购净效应取值时，对零认购和全认购时采用赋值方式，分别赋值为 -1 和 1。

（二）大股东认购净效应视角下对发行折价态度的分析

通过以上对大股东认购净效应理论发展的分析，可知该理论反映了大股东在定向增发完成前相对短期的利益取向，主要解决的问题包括：第一，构成了将定向增发样本区分为大股东零认购、混合认购和全认购的理论基础；第二，可以从宏观上解释发行折价的高低对大股东利益的影响路径，便于在整体上把握大股东侵占的行为模式，进而避免单一侵占方式和行为难以穷尽的问题。即大股东对发行折价的态度取决于认购净效应值：当其值大于零时，财富转移效应占主导，大股东偏好高折价；当其值小于零，盈利稀释效应占主导，偏好低折价。具体总结如表2所示。

表2　　　　　　　　　大股东对发行折价的态度

大股东	零认购	混合认购			全认购
认购净效应值	-1	(-1, 0)	0	(0, 1)	1
利益取向	低折价	低折价	不关注	高折价	高折价
动机强度	极大	正相关	无	正相关	极大

由表2可知，大股东在零认购（认购净效应赋值为-1）时，有极大动机降低发行折价；在全认购（认购净效应赋值为1）时，有极大动机提高发行折价；在认购净效应值处于（-1, 1）的混合认购时，大股东提高发行折价的动机强度与认购净效应值正相关。其中，零值是分界点，当认购净效应处于（-1, 0）时，认购净效应越小，大股东降低发行折价的动机越强；处于（0, 1）时，认购净效应越大，大股东提高发行折价的动机越强。所以，大股东主导性力量对折价的影响取决于两类样本数量的占比，在理论上并不必然导致高折价。也因此，我国定向增发高折价现象作为一种整体状态，将其存在原因归咎于大股东侵占，不具有充分的理论基础。

（三）博弈视角下大股东主导性力量表现的分析

根据图2，在面临高折价政策环境的情况下，分析大股东的决策机制可以发现其主导性力量体现在两个方面：第一，大股东在盈利稀释效应占主导的情况下，可以通过自身的控制权优势操纵发行价格或阻止发行人的再融资行为以维护自身利益；第二，可以顺应形势与外部发行对象一起侵占中小股东利益。因此，大股东面临高折价的政策环境，在某些时候其决策行为也基于维护自身利益需要，也可能是利益受损方，即使是选择参与融资，有时候也只是为维护自身利益不得已而为之。

具体在微观利益主体力量博弈层面：在大股东协同时，利益诉求是降低折价以降低盈利稀释效应，除政策基础性力量之外，他所受到的主要制约力量来自外部发行对象的市场制约力量；在大股东侵占时，利益诉求是提高发行折价以增加财富转移效应。图6进一步从微观经济主体博弈的视角，详细展示了大股东主导性力量，在追求自身利益最大化时，所面临的代表中小投资者利益的投资者保护力量和代表外部发行对象的市场制约力量和串谋推动力量。

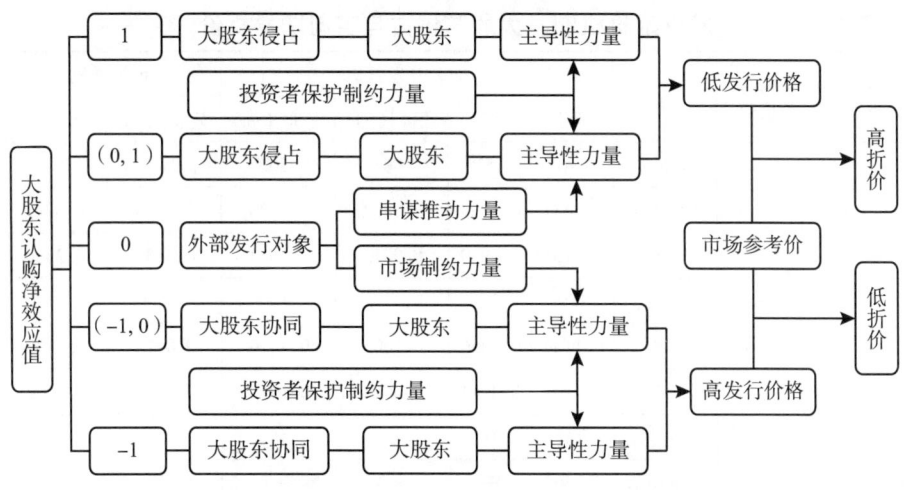

图 6　博弈视角下大股东主导性力量对发行折价的影响机制

图 2 和图 6 分别从政策宏观层面和微观博弈层面阐述了大股东的行为选择。根据大股东侵占和利益最大化的需要，大股东会更多地选择全认购以最大限度地实现财富转移；在自身实力不足，需要引入外部发行对象时，为获得更多侵占收益，甚至可能与外部发行对象串谋。根据大股东协同和损失最小化的需要，大股东可能会尽量抵制定向增发的再融资行为，如果基于长期利益需要，不得不接受发行人的再融资，则会尽量选择竞价发行方式以降低发行折价。由此，可以提出如下假说，以验证大股东主导性力量导致高折价的观点是否具有样本数量和平均折价的现实基础。

假说：如果大股东主导性力量导致高折价，则样本数量和折价均值的大小顺序依次是：全认购的样本最多、折价均值最高，认购净效应值大于零的混合认购次之，认购净效应值小于零的混合认购再次之，零认购的样本最少、折价均值最低。

（四）大股东主导性力量对发行折价影响的统计分析

根据发行定价机制，定价方式有竞价发行和定价发行两种；同时考虑到政策改革以及不同政策文件的政策基础，表 3 中的统计数据，增加了竞价发行方式的统计数据。其中，重组增发样本中以换股公司股东为发行对象的样本，因为大股东变更，视为零认购。根据本文对大股东的定义，包含大股东关联方，但数据服务方（深圳国泰安数据服务公司）提出，大股东关联方认购数据无法提取，因此剔除了数据缺失公司和混合认购数据中含大股东关联方的样本。

表 3   发行定价机制、大股东侵占与定向增发折价

认购类型	认购净效应值		非公开发行				重组增发	
			竞价	定价	竞价（创）	定价（创）	定价（1）	定价（2）
零认购	-1	样本数	676	151	86	30	278	214
		折价均值	0.1637	0.3758	0.0864	0.4370	0.3183	0.3785
		标准差	0.1131	0.2919	0.0715	0.2023	0.3137	0.2536
混合认购	(-1, 0)	样本数	72	39	9	11	8	15
		折价均值	0.1169	0.3856	0.1005	0.4420	0.0910	0.3679
		标准差	0.1103	0.2084	0.0678	0.1917	0.6050	0.2092
	0	样本数	14	0	0	0	0	0
		折价均值	0.1464	—	—	—	—	—
		标准差	0.0821	—	—	—	—	—
	(0, 1)	样本数	175	86	1	24	29	16
		折价均值	0.1567	0.3792	0.0769	0.5596	0.1926	0.4988
		标准差	0.1051	0.2474	—	0.1206	0.3960	0.1890
全认购	1	样本数	10*	165	0	13	150	35
		折价均值	-0.0217	0.2454	—	0.4521	0.1558	0.3114
		标准差	0.0265	0.3259	—	0.2104	0.4647	0.2206
全样本		样本数	947	441	96	78	465	280
		折价均值	0.1566	0.3286	0.0876	0.4780	0.2551	0.3764
		标准差	0.1136	0.2973	0.0706	0.1856	0.3862	0.2461

注：*根据定价方式选择机制，竞价发行方式不应该有全认购样本，出现的原因是市场异常，导致无发行对象报价，大股东按照底价认购承诺认购的股份，因此，这 10 例应该归属于混合认购类型。

竞价和定价：分别是指竞价发行方式和定价发行方式；创：指的是适用《创业板管理办法》的样本；定价（1）和定价（2）：分别指《重组办法》前后的样本。

1. 不同定价方式的发行折价差异分析

非公开发行有竞价发行方式和定价发行方式两种。从认购净效应值各样本折价均值来看，适用《管理办法》和《创业板管理办法》的非公开发行，竞价发行方式样本的折价均值皆远低于定价发行方式的折价均值。从全样本来看，适用《管理办法》和《创业板管理办法》的非公开发行的竞价发行方式样本折价均值分别为 15.66% 和 8.76%，也远低于定价发行方式样本折价均值 32.86% 和 47.80%。一方面，结合国外文献中成熟市场 10% ~ 20% 的折价区间，可以认为属于市场折价的竞价发行方式折价已经与成熟市场一致，甚至创业板样本折价还低于成熟市场。另一方面也在数据上支持了定价发行方式是高折价现象的来源，而且，《创业板管理办法》的实施进一步加大了其与竞价发行方式的折价差距。即可以认为,定价方式等政策对于发行折价具有决定性意义,政策基础性效果明显。

2. 对折价均值和样本数量的分析

由于竞价发行方式是市场原则发行,折价已经接近甚至低于成熟市场,此处依然只分析高折价来源的定价发行方式样本。由于样本统计不包含大股东关联方认购数据,为能获得更有价值的信息,将样本分成两类:一是极值(认购净效应取值1和-1)认购;二是混合认购。

先分析适用《管理办法》的非公开发行样本,零认购、混合认购和全认购样本折价均值依次为37.58%、38.56%、37.92%和24.54%,顺序不是递增的,不符合假说中的顺序,而且全认购折价均值反而是最低的。继续比较其他类型样本折价均值,也都完全不符合假说中的顺序,甚至,最能体现大股东侵占的全认购样本折价均值反而是最低的(适用《创业板管理办法》的非公开发行样本除外)。如果只比较均值认购样本的数量,也发现,只有适用《管理办法》的定价发行方式全认购样本165例大于零认购样本151例,其余各样本类型也都不符合假说中的顺序。如果仅分析混合认购样本,则除了适用《管理办法》的定价发行方式折价均值37.92%不大于38.56%外,其余各类型样本,无论数量还是其折价均值都是符合假说内容的。即认购净效应值处于(0,1)的样本量及其折价均值都高于认购净效应值处于(-1,0)的样本量及其折价均值。

因此,各类样本,在总体上,无论是数量多寡还是折价均值大小,均不符合假说内容。即大股东主导性力量对发行折价的主导能力受到较大制约,影响相对有限,面对零认购样本高折价对其产生的财富转出,无有效的应对办法;通过全认购方式实施侵占又面临极大制约。其维护自身利益的方式只有联合外部发行对象,才能在维护自身利益的同时,实现对中小股东的侵占。这同样体现了投资型驱动的经济增长模式需要促进资源流向实体经济促进经济发展的需要。也因此,大股东侵占导致了定向增发高折价的观点也不具有样本数量及其折价均值的现实基础。

六、结　语

本文以定向增发高折价现象为分析对象,探讨高折价现象的根源。首先基于投资者保护的视角,分析了发行折价的理论来源,认为高折价必定来源于强势利益主体施加的有利于发行对象的财富转移。然后从博弈的视角,分析了影响发行折价的强势利益主体包括政策基础性力量和大股东主导性力量,并认为政策基础性力量决定了发行折价的空间,是决定性力量。最后运用定向增发类型和发行定价机制的最新政策认识分析了政策基础性力量,运用大股东认购净效应理论分析了大股东主导性力量等两个强势利益主体对发行折价的影响机制。对政策基础性力量的分析认为:投资拉动型经济增长模式是定向增发高折价现象的时代背景,政策基础性力量无论是在融资溢价分配的宏观层面,还是在发行定价机制及其改革行为的操作层面均倾向于实现发行对象的利益。其中,定价发行方式赋予发行对象的认购权证属性,是定向增发高折价的根源;股票发行核准制的长周期特点提升了这种认购期权的价值,扩大了高折价的空间。对大股东主导性力量的理论分析认为,大股东主导性力量在理论上并不必然导致高折价,其强势作用主要体现在维护其作为原股东的利益和与外部发行对象共同对中小股东实施财富转移;统计分析认为,大股东主导性力量对发行折价的影响相对有限,作为原股东面临高折价对其产生的财富转出,无有效应对办法;作为发行对象实施侵占的行为面临较大制约,其只有与外部发行对象联合,才能维护自身利益的同时侵占中小股东利益。因此,"大股东侵占导致了高折价"的认识,只是政策基础性力量导致原股东向发行对象的财富转移和大股东参与认购以维护自身利益的综合表象,既不符合投资拉动型经济增长模式的时代背景,也不具有大股东认购净效应的理论基础和样本的现实基础。

由此,研究可以得到几点启示。第一,融资政策对折价的决定性作用与宏观经济背景是相适应的,研究过程不应忽视政策基础性作用。相比以往忽视政策基础研究的现状,本文运用最新的政策认识成果,尝试将我国定向增发高折价现象置于投资拉动型经济增长模式的时代背景之中,并提出政策在宏观层面和操作层面,大股东在维护自身利益同时实现对中小股东的侵占等为这种时代背景提供了支持。第二,加强定向增发的政策引导可以提高融资溢价。本文理论分析表明,融资溢价的来源是发行人原资产和新进入资产之间协整所产生的新增价值。如将政策基础文件中"符合国家产业政策和……的规定"条款由要求发行人"作出充分说明,并予以披露"进行修改,细化该政策或者一定程度的量化,将一方面发挥市场监督功能,杜绝"忽悠式"重组和"圈钱式"融资,提高发行人稳健经营的动力;另一方面能提高定向增发融资溢价,促进实体经济健康发展。第三,跟随经济增长模式的改变而与时俱进地修订政策。消费驱动型经济增长模式是经济发展的方向(毛中根和孙豪,2015),我国经济目前正处于由投资拉动型向消费驱动型的过渡期(迟福林,2012),资本市场需要逐渐注重投资功能,加强投资者保护将是未来长期的发展趋势。这在理论上支持了新证券法中关于投资者保护的重视。《实施细则》将定价基准日限定为发行期首日,直接使得看涨期权折价失去了政策基础,整体发行折价必将大幅降低;《重组办法》提高了破产重整类新进股东禁售期限(由12个月提高到24个月)等这些加强投资者保护的政策将在长期内得到确认、实现和加强。

参考文献

1. 陈炜:《基于投资收益的中小投资者保护效率研究》,载于《中国工业经济》2010年第10期。

2. 陈政:《非公开发行折价、大小股东利益冲突与协同》,载于《证券市场导报》2008年第8期。

3. 迟福林:《走向消费主导的中国经济转型与改革战略》,载于《经济社会体制比较》2012年第4期。

4. 林乐芬、熊发礼:《定向增发价格政策:大股东净效应与发行折价》,载于《产业经济研究》2018年第1期。

5. 鲁桐、党印:《投资者保护、创新投入与企业价值》,载于《金融评论》2012年第5期。

6. 马文杰、曹啸、殷琤:《定向增发折价的期权特征及其信息内涵》,载于《经济学(季刊)》2018年第2期。

7. 毛中根、孙豪:《中国省域经济增长模式评价:基于消费主导型指标体系的分析》,载于《统计研究》2015年第9期。

8. 彭飞、曾庆鹏:《定向增发信息公告与定价研究述评》,载于《经济学动态》2011年第6期。

9. 彭韶兵、王玉、郑伟宏:《政府补贴是否间接助推了定增"盛宴"》,载于《财经研究》2018年第1期。

10. 彭韶兵、赵根:《定向增发:低价发行的偏好分析》,载于《财贸经济》2009年第4期。

11. 唐兵、田留文、曹锦周:《企业并购如何创造价值——基于东航和上航并购重组案例研究》,载于《管理世界》2012年第11期。

12. 王浩、刘碧波:《定向增发:大股东支持还是利益输送》,载于《中国工业经济》2011年第10期。

13. 王秀丽、马文颖:《定向增发与利益输送行为研究——来自中国资本市场的经验证据》,载于《财贸经济》2011年第7期。

14. 熊发礼、林乐芬:《创业板上市公司非公开发行定价机制改革效果研究》,载于《金融监管研究》2019年第11期。

15. 熊发礼、林乐芬:《上市公司重组增发价格政策改革:效果与启示》,载于《经济体制改革》2018年第5期。

16. 徐斌、俞静:《究竟是大股东利益输送抑或投资者乐观情绪推高了定向增发折扣——来自中国证券市场的证据》,载于《财贸经济》2010年第4期。

17. 徐辉、周孝华:《定向增发抑价分解研究——基于双边随机边界分析的新视角》,载于《中国管理科学》2019年第11期。

18. 俞静、徐斌:《低价定向增发之谜:一级市场抑价或二级市场溢价——来自中国证券市场的证据》,载于《证券市场导报》2010年第6期。

19. 袁媛、田高良、廖明情:《投资者保护环境、会计信息可比性与股价信息含量》,载于《管理评论》2019年第1期。

20. 张宏亮、王法锦:《2016中国上市公司会计投资者保护状况报告》,载于《财务与会计》2016年第24期。

21. 张鸣、郭思永:《大股东控制下的定向增发和财富转移——来自中国上市公司的经验证据》,载于《会计研究》2009年第5期。

22. 章卫东:《定向增发新股、投资者类别与公司股价短期表现的实证研究》,载于《管理世界》2008年第4期。

23. 章卫东:《定向增发新股与盈余管理——来自中国证券市场的经验证据》,载于《管理世界》2010年第1期。

24. 章卫东、王永海:《上市公司私募发行新股融资研究述评》,载于《经济学动态》2008年第7期。

25. 赵玉芳、余志勇、夏新平、汪宜霞:《定向增发、现金分红与利益输送——来自我国上市公司的经验证据》,载于《金融研究》2011年第11期。

26. 郑志刚、吴新春、梁昕雯:《高控制权溢价的经济后果:基于"隧道挖掘"的证据》,载于《世界经济》2014年第9期。

27. 支晓强、邓路:《投资者异质信念影响定向增发折扣率吗》,载于《财贸经济》2014年第2期。

28. 朱红军、何贤杰、陈信元:《定向增发"盛宴"背后的利益输送:现象、理论根源与制度成因——基于驰宏锌锗的案例研究》,载于《管理世界》2008年第6期。

29. Baek J. S., Kang J. K., Lee I., 2006, "Business Groups and Tunneling: Evidence from Private Securities Offerings by Korean Chaebols", *Journal of Finance*, 61 (5), pp. 2415 – 2449.

30. Smith C. W., 1977, "Alternative methods for raising capital: Rights versus underwritten offerings", *Journal of Financial Economics*, 5 (3), pp. 273 – 307.

31. Wruck K. H., 1989, "Equity ownership concentration and firm value: Evidence from private equity financings", *Journal of Financial Economics*, 23 (1), pp. 3 – 28.

32. Xu SC, How J, Verhoeven P., 2017, "Corporate governance and private placement issuance in Australia", *Accounting and Finance*, 57 (3), pp. 907 – 933.

33. Zvi Bodie, Alex Kane, Alan J. Marcus, "Investments" (10th Edition), 汪昌云、张永冀等译.北京:机械工业出版社2017年版。

Economic Growth Pattern, Issuing Pricing Mechanism and the High Issue-discount Phenomenon of Private Equity Placements

Xiong Fali

(School of Business, Jinling Institute of Technology, 211169)

Lin Lefen

(College of Finance, Nanjing Agricultural University, 210095)

[**Abstract**] It is universally believed that the tunneling has led to the high issue-discount of private equity placements in China. However, if we analyze the theoretical source of issue-discount from the perspective of investor protection, it is found that the high issue-discount stems from wealth transfer from the issuer's original shareholders to the issue target. The analysis based on the perspective of the power game found that among the two key forces leading to this wealth transfer, the policy system is the fundamental one that determines the issue discount space and the major shareholder is the dominant one under the policy fundamental force. At the macro level, the influence of policy fundamental forces on the issue discount is reflected by implementing a tilt of interest to the issue target when designing the financing premium distribution system. At the operational level, it is reflected by both the policy reform behavior and the call option property of pricing mechanism, which constitutes a deep institutional cause of the high discount phenomenon. The influence of the shareholder's dominant power on the issue discount is manifested in the context of a high discount: how to maintain the self-interest of the original shareholder; embezzle the interests of small and medium shareholders in accordance with environment and external distribution objects. Therefore, the phenomenon of high discount has an era background of ensuring the benefits of the issue target under the investment-driven economic growth model. And it roots in the institutional design of existing financing policies.

[**Key Words**] Economic Growth Pattern　Issuing Pricing Mechanism　Private Equity Placements　High Issue-discount Phenomenon　Investor Protection

JEL Classifications: G18　G34　O16

数字经济的研究主题、前沿趋势及展望*

——基于 CiteSpace 软件的文献计量分析

▶田金方　庄　杉**◀

【摘　要】 数据作为可再生的新型生产资料促使人类社会从互联网技术（IT）时代迈入数据处理技术（DT）时代，数字经济应运而生，并驱动了现代经济规律的创新发展，引起国内外学者的广泛关注。本文选用 Web of Science 核心集库中 2011 年至 2019 年以数字经济为主题的文献作为样本，利用引文空间（CiteSpace）软件进行可视化文献计量分析，系统审视了数字经济研究的主题脉络、前沿趋势并据此进行了展望。研究发现：一是通过关键词共现网络及其聚类分析，发现研究主题集中在信息和通信技术、数字技术、平台经济、信息社会及新兴热点融合五个领域，并已显现出一定的核心网络雏形；二是通过关键词匹配得到以上五大领域的年发文趋势，发现平台经济与新兴热点融合发文量于 2015 年以后飞速增长，信息与通信技术、数字技术与信息社会发文量趋于平缓；三是通过所得到的研究趋势对数字经济未来的研究方向进行了展望，发现平台经济体量迅速增大，大数据、人工智能、区块链等新兴热点与数字经济彼此交融。本文的研究可为数字经济相关领域的期刊编辑、作者、审稿人和读者以及对相关领域最新数字经济产业感兴趣的人员提供研究参考。

【关键词】 数字经济　研究综述　文献计量

中图分类号：**F063**　　文献标识码：**A**

---

* 本文得到国家社会科学重点基金项目"劳动力转移视角的农村家庭金融资产配置研究"（18AJY021）和山东省高等学校优秀青年创新团队支持计划项目"智能大数据创新团队（2019REW021）"的资助。

** 田金方，经济学博士，山东财经大学统计学院教授、博士生导师；地址：（250014）山东省济南市历下区二环东路7366号；E-mail：tianjinfang@126.com。庄杉，山东财经大学统计学院硕士研究生；地址：（250014）山东省济南市历下区二环东路7366号；E-mail：moralcat@126.com。

一、引　言

2019年10月，习近平总书记在致国际数字经济博览会的贺信中指出，"当今世界……，数字经济蓬勃发展，深刻改变着人类生产生活方式，……推动经济高质量发展。"20世纪末，数据（data）作为可再生的新型生产资料促使人类社会从 IT 时代迈入了 DT 时代，数字经济（digital economy）应运而生。具体地说，唐·塔普斯科特（Don Tapscott，1996）首次提出数字经济这一概念，同时尼古拉斯·内格罗蓬特（Nicholas Negroponte，1996）指出数字经济是"从原子到比特的大变革"，揭露了数字经济基于互联网技术发展的本质。数字经济是指以使用数字化的知识和信息作为关键生产要素、以现代信息网络作为重要载体、以信息通信技术的有效使用作为效率提升和经济结构优化的重要推动力的一系列经济活动①。随着计算机与互联网技术的飞速发展，当下数字经济已经辐射到了社会发展的方方面面，线上交易、电子商务、分享经济、零工经济等新型经济形式驱动着现代经济规律的创新发展，由此也引发了各国政府与学者对于这个新兴领域的一系列探索。

数字经济通过对数字化的知识与信息的识别—选择—过滤—存储—使用，引导、实现资源的快速优化配置，大大增加了社会的运行效率，不仅对传统的经济运行模式、经典的经济学理论发起了挑战，同时也滋生出了一系列的问题。从微观角度看，数字经济中出现了价格下降即期需求减少的现象违背了最初的需求理论；相较于传统商品，数字产品排他性的减弱带来了人们关于所有权与使用权的广泛关注，其低替代成本带来隐形消费者福利的持续增多（续继和唐琦，2019）。从宏观角度来看，数字产业的急剧发展并没有带来生产率的快速增长反而是生产率增速的日益下降（Byrne et al.，2016），关于"生产率悖论"的讨论也日益增多；信息和通信技术的大力发展、平台经济的崛起，大数据、区域链、智慧城市等新兴热点技术的融合对传统的经济核算方式发起了挑战，尤其是对劳动生产率（Remes et al.，2018）、失业率的测算（Llorente et al.，2015），物价指数的衡量（Reinsdorf and Schreyer，2019）以及税基侵蚀和利润转移（Ahmad and Schreyer，2016）等问题带来思考与讨论。为了研究出符合数字经济运行的基本规律、探索出适用于数字经济的现代经济学理论，各界学者做出了不懈的努力，关于数字经济研究的相关文献也日益增多。2011年，WOS（Web of Science）核心集收录数字经济相关领域文章仅36篇，2019年，WOS 核心集收录数字经济相关文献共计

---

① 2016年二十国集团（G20）杭州峰会通过的《二十国集团数字经济发展与合作倡议》。

381篇，增长率958%。数字经济领域的探索愈发成为人们关注的焦点。

当前，数字经济的研究涉及了劳动力市场、国民经济核算、货币政策、企业组织结构、产业转换、零工经济、分享经济、立法等方方面面，文章种类较为繁杂。为合理梳理数字经济相关文献的研究主题及研究趋势，本文使用文献计量的方法，旨在更为全面清晰客观地识别数字经济研究的相关领域并以可视化的方式展现出来，梳理数字经济的主要领域与高产作者、总结数字经济的研究趋势。同时，本文探索分析了十年以来数字经济研究领域的热点演变，在分析热点变化的趋势上我们对未来数字经济的研究做出展望，以期为数字经济相关领域的期刊编辑、作者、审稿人和读者以及对相关领域最新数字经济产业感兴趣的人员提供研究参考。

二、研究方法与数据来源

（一）研究方法

本文采用文献计量的方法，以托马斯·库恩（Thomas Kuhn）的科学发展模式理论为基础对数字经济这一领域展开系统的研究。

1. 文献计量的基本原理与步骤

文献计量分析是对所研究领域的文献进行系统梳理，以基础研究为基石（Greenhalgh，1997），采用统计学中定量分析的方法对文献的分布趋势进行探测（郑文晖，2006），研究对象是文献的各种外部特征，诸如作者、关键词、摘要以及引文等（朱亮和孟宪学，2013）。文献计量一般分五个阶段对样本进行研究：第一阶段，选择分析的对象及其科学依据；第二阶段，对选定主题文献进行搜寻；第三阶段，收集数据并构建数据结构；第四阶段，对样本相关的科学产出进行分析；第五阶段，对构建数据库的样本外部特征进行分析（Costa et al.，2017）。

2. 文献计量的应用成果

相对于其他经验性的文献综述研究，文献计量的方法更加系统地明确陈述了目标与方法（Greenhalgh，1998），并且使用定量研究的方法使得分析更为客观，同时也可揭示出很多诸如引文、共引文章、高产作者、权威期刊、关键词等重要的信息内容。目前文献计量的方法已经被广泛应用于各个领域。一类是对大学科或新兴学科进行总体的综述分析，探讨学科关注的前沿领域与交叉领域。比斯马和穆阿兹（Bisma and Muaz，2017）研究了社区探测这个领域的机构合作网络、具有领先水平的国家以及对该领域贡献较大研究者；

科斯塔等（Costa et al.，2019）研究了行为经济学与行为金融学领域的相关作者、研究者感兴趣的相关主题与发文较多的杂志与国家。从另一个角度来看，文献计量也同样被应用于相当多的热点问题研究。撒凯悦和罗润东（2017）解读了人口老龄化问题的国际前言研究；李贺等（2014）、吴隽和徐迪（2020）分别从大数据基本理论、大数据存储与分析处理技术和大数据应用来研究大数据的热点问题和低碳供应链管理问题。对于文献计量，国内权威研究者是来自山东大学的罗润东教授使用文献计量的方法分析梳理了2015年、2016年、2017年、2018年中国经济热点①。

因此本文借助文献计量的方法，对WOS核心集中的2011~2019年数字经济的相关文献进行了梳理，辨识数字经济近十年的研究中具有权威性的机构与作者，通过理清数字经济研究的主题脉络与趋势，对数字经济的研究领域进行展望。

（二）数据来源与基本结构

本文的数据来源限定于涵盖了SCI-EXPANDED、SSCI的WOS核心合集数据库，所选的文献主题范围涵盖数字经济的所有相关领域。通过在基本主题检索中输入数字经济，时间框架限定于2011~2019年，文章语言以英语为主，同时在所有的检索结果中，以类型文章（Article）对其进行精简，最终得到文献记录1470条，其基本构成如表1所示。

表1　　　　　　　文献数据集基本构成　　　　　　　单位：%

文献类型	期刊已刊论文	期刊未刊论文	综述性文章	会议论文	社论材料	书刊章节	其他类型
占比	92.88	3.46	3.01	2.35	0.98	0.2	0.59

另外，在1470条文献记录中，有效引文包含了73209条，占所构建数据集总量的99.13%；无效引文644条，占所构建数据集总量的0.87%。无效引文：重复引文及其导出时内容不全的引文。

（三）文献数据集的描述性统计

根据文献的发表年份、作者国籍以及作者所属机构，本文首先对搜集到的1470条文献记录进行描述性统计。

---

① 罗润东和李超（2016）、罗润东和李超（2017）、罗润东和李超（2018）、罗润东和滕宽（2019）。

1. 发文量的年度分布

年度发文量在一定程度上代表着数字经济的研究热度。本文文献数据集的时间框架范围是 2011~2019 年，图 1 显示了数字经济领域的发文量的年度分布。

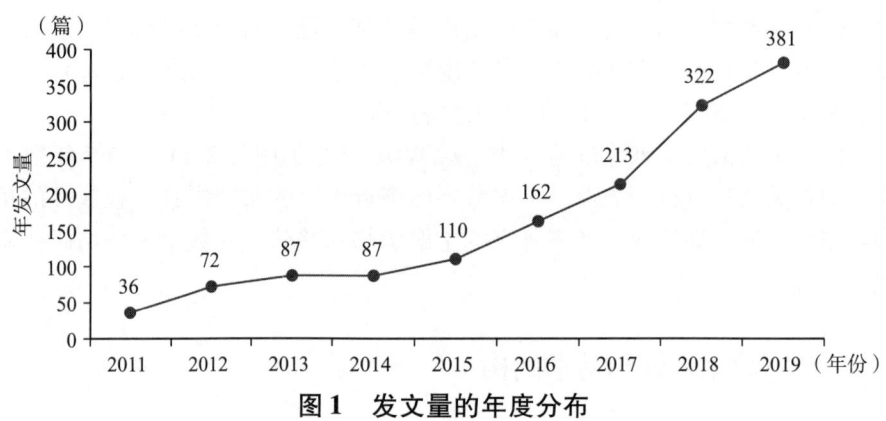

图 1　发文量的年度分布

根据图 1，可以看出关于数字经济领域的相关文献发文量以 2015 年为分水岭：2015 年之前数字经济领域的发文量增长相对平缓，2011~2014 年年均发文量在 70 篇左右；2015 年之后，数字经济相关领域的发文量呈现较大幅度的稳定增长，2015~2019 年年均发文量超过 230 篇，数字经济逐渐成为全球的热点话题与热点研究领域。

2. 文献作者的国籍及其机构分布

文献作者的国籍分布能够在一定程度上代表着该国对数字经济研究的重视程度。表 2 显示了 2011~2019 年数字经济领域的文献作者的国籍分布。

表 2　数字经济领域的文献作者的国籍分布　　单位：篇

排名	国家	发文量	排名	国家	发文量
1	美国	415	6	加拿大	81
2	英国	264	7	意大利	66
3	中国	174	8	西班牙	65
4	澳大利亚	118	9	荷兰	52
5	德国	82	10	法国	50

注：一篇文献中可能存在多个作者、作者之间存在国籍不同的情况。

表 2 显示了数字经济领域的文献作者国籍发文量排名前 10 位的国家，其中发文量最多的国家为美国，累计发文量达 415 篇，占数据库全部文献的

28%。英国数字经济英文文献的累计发文量为264篇,中国累计发文量为174篇,澳大利亚累计发文量为118篇,分别占数据库全部记录的18%、11.8%、8%。另外,笔者发现,欧洲各个国家合作较为紧密,发文量排名前10位的国家中有6个欧盟国家。

各国科研机构发文量能够从侧面展现一个国家的数字经济的人才队伍建设情况,体现该国在数字经济研究领域的权威情况。表3显示了2011~2019年数字经济领域累计发文量前10位的科研机构。

表3 数字经济领域累计发文量前10位的科研机构

排名	机构中文名称	发文量	隶属国家	排名	机构中文名称	发文量	隶属国家
1	牛津大学	19	英国	6	于韦斯屈莱大学	12	芬兰
2	伦敦大学学院	16	英国	7	诺丁汉大学	12	英国
3	多伦多大学	15	加拿大	8	宾夕法尼亚大学	12	美国
4	麻省理工学院	13	美国	9	伦敦经济与政治学院	11	英国
5	悉尼大学	13	澳大利亚	10	剑桥大学	10	英国

根据表3,2011~2019年数字经济领域累计发文量排在前10位的科研机构中,有5所科研机构位于英国,3所科研结构位于北美,1所位于澳大利亚,1所位于芬兰,展现了英美等国家在数字经济研究领域的权威性。虽然中国学者总体累计发文量排在第三位,但是并没有中国的科研机构的累计发文量进入前10名。

三、数字经济研究主题分析

(一)数字经济主要研究领域

本文使用软件对文章的关键词进行生成关键词共现网络,并通过基于余弦指数计算强度从而计算距离从而对其进行聚类,得到数字经济的五个主要研究领域。

1. 关键词共现网络

使用软件引文空间(CiteSpace)选择关键词(keyword)对WOS核心集中的1 470篇文献进行关键词共现分析,生成关键词为基本节点的共现网络,而后对生成的关键词共现网络进行基于余弦指数计算强度的聚类分析,在关键词共现网络中提取标签，可得到数字经济主要研究领域的分布。其参数选择如表 4 所示。

表 4 聚类参数

参数名称	参数值
时间范围	2011~2019 年（切片长度为 1）
筛选标准	每个切片的前 30 节点
网络节点数	156
网络连接路径数	1 020

根据表 4 的聚类参数，最终生成的网络中共有 156 个节点，产生的连接路径为 1 020 个，为使网络结果清晰，保留了中心性 0.02 以上以及频次于 15 次以上的节点信息，其关键词共现网络的结果如图 2 所示。

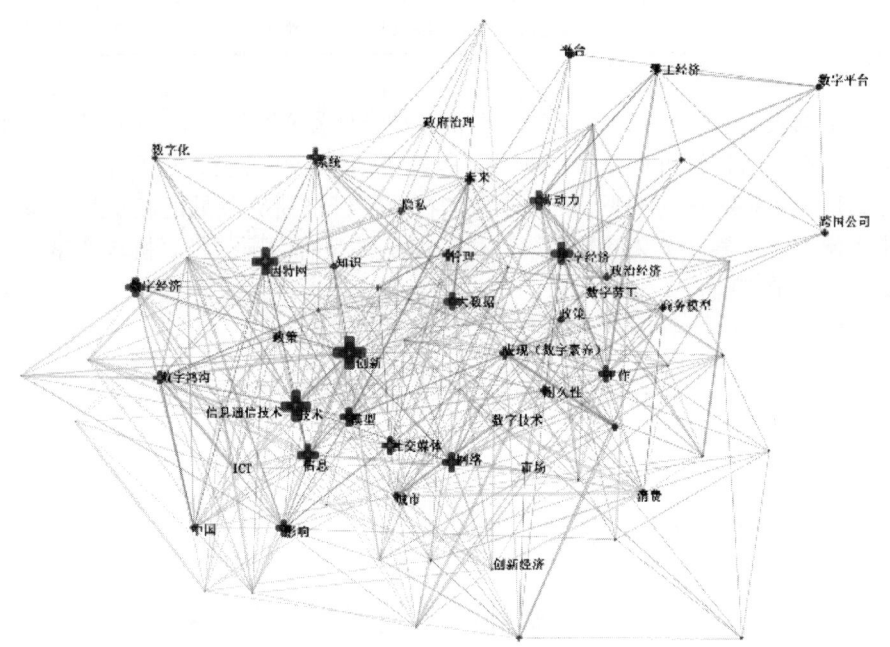

图 2 关键词共现网络

利用基于余弦指数计算强度的方法对图 2 的关键词共现网络进行聚类分析，图中节点的大小表示关键词出现次数的多少，图 2 可以快速清晰地展示关键词之间联系的紧密程度。寻找网络中余弦指数最高的一对关键词，作为第一类聚类的主题词，对所得到的余弦指数降序排列，同时删除已加入聚类中的关键词的边缘，保证已被聚类的关键词不在其他聚类之中，反复迭代，由此得出了关键词聚类的最后结果。

2. 研究主题

利用聚类分析识别数字经济领域的主要研究内容。按照上述聚类方法，最终将200个节点划分出了7个聚类簇，其中前五个聚类簇包含了135个节点，体现了86%的信息，所以本文只讨论前五个聚类簇。根据前五个聚类簇内的关键词概括聚类名称，详细信息如表5所示。

表5 数字经济涉及领域

聚类簇名称	所包含的主要关键词
信息通信技术	ICT、宽带、数字鸿沟、信息技术、通信技术、外包业务、数字服务、ICT增强服务、移动数据服务、数字服务管理
数字技术	数字技术、数字公用、虚拟世界、虚拟购物、数字化、商业在线服务、Web 2.0
平台经济	平台经济、零工经济、新媒体、数字平台、非正式经济、共享经济、劳工市场
信息社会	参与文化、创新传播理论、信息经济、知识社会、社交媒体、个人隐私、知识产权
新兴技术融合	智慧城市、工业4.0、智慧链接、创新、大数据、城市治理

数字经济的兴起改变了传统的经济模式，从狭义上来看数字经济包含信息和通信技术，从广义来看数字经济不仅仅只包含了信息和通信技术，还囊括了由信息和通信技术的发展所催生的新兴经济模式、新的产出方式等。通过可视化分析（图2），根据聚类结果与相应的文献梳理，本文得出数字经济的五个主要研究领域：信息与通信技术（information and communication technology，ICT）、数字技术（digital technology）、平台经济（platform economy）、信息社会（information society）、新兴技术融合（emerging technology convergence）。

（1）信息与通信技术。

世纪之初，信息和通信技术的出现和集中利用，催生了数字经济并深刻影响着企业生产、提供商品和服务的机会和效率（Cardona and Kretschmer，2013）。研究者们对于信息与通信技术领域的研究主要集中在：对于信息与通信技术的内涵界定、关于"生产率悖论"的讨论以及信息与通信技术带来的数字鸿沟等问题。

目前，关于信息与通信技术内涵的界定尚无一个统一的标准，韦伯和考夫曼（Weber and Kauffman，2011）将信息与通信技术定义为支持数据以及通过互联网和其他方式进行数据存储、传输和通信的介质；经济合作组织

(OECD, 2013)将其定义为"以电子技术获取、传播和演示数据信息的制造业和服务业的集合"。北美三国（美国、加拿大、墨西哥）(《北美产业分类体系》(NAICS))对于信息与通信技术产业内容要求为"生产和发布信息和文化产品的活动；提供方法和手段，传输和发布这些产品的活动；信息服务和数据处理活动"。詹宇波与王晓萍（2012）指出，从主要的分类方式来看，各国对信息与通信技术产业分类的差别主要集中在与信息通信技术相关的制造业和服务业上。

大多数研究表明，通信技术对经济的影响是积极显著的，但同时也引发了研究者们对于"生产率悖论"问题与信息与通信技术溢出效应的讨论。先是21世纪初，美国劳动生产率和全要素生产率增长速度下行，大多数研究认为生产率放缓与低估数字经济的贡献有关（Brynjolfsson and McAfee, 2014; Aeppel, 2015），研究人员费尔纳尔德（Fernald）认为初期生产率下降出现在大衰退以前的信息技术（IT）部门以及信息技术密集使用的部门，经济泡沫并非生产率增速放缓的源头（Fernald, 2015）。但同时有学者对此提出了反驳，认为对信息技术的低估不能完全解释经济增速放缓（Nakamura and Soloveichik, 2015; Byrne et al., 2016; Brynjolfsson et al., 2017）。即使如此，学者们也肯定了信息与通信技术部门对于经济增长的贡献。计算机、信息通信服务在经济中的作用日益凸显（Stiglitz et al., 2009），信息与通信技术密集型行业带动了其他部门的生产率增长，研究者们使用不同国家和地区的数据也证实了信息与通信技术溢出效应对于企业生产力的重大积极影响（Leeuwen and Der Weil, 1992; Arvanitis, 2005; Bartel and Shaw, 2007），也有学者指出信息通信技术能够通过科学研究与试验发展（R&D）知识溢出对生产率产生影响（Chou et al., 2013; Venturini, 2015）。2017年研究人员伯恩与科拉多（Byrne and Corrado）扩展了多部门模型（Oulton, 2012）来校准信息通信技术的稳态贡献，信息通信技术通过购买云和数据分析服务而在经济中越来越多地扩散，但这在有关信息通信技术对经济增长的贡献的叙述中并未得到充分说明，因此信息与通信技术对未来产出增长的贡献应当大于普遍认为的每年1.4个百分点。

信息与通信技术的溢出效应成为全球关注的重点的同时，也面临着世界范围内信息与通信技术分布两极分化的问题，其技术前沿和研发仅停留在部分发达国家和一些发展中国家。信息与通信技术发展的不均衡也带来了人们关于数字鸿沟问题的讨论，从20世纪末开始，数字鸿沟开始引起人们广泛的关注，它通常是指有能力和无能力使用新兴信息技术的人之间的差距，但2004年和2005年开始，人们关于数字鸿沟的注意力开始下降。为抓住发展机遇，各国对信息与通信技术的发展做出了积极努力，以欧洲美国日本等世界发达经济体为引领，将信息与通信技术及产业的发展上升为国家战略层面，同时将数字经济时代作为新时代发展的机遇，例如，英国推出"数字英国"、澳大利亚政府启动数字经济战略（National Digital Economy Strategy，NDEB），相比而言我国的数字经济起步较晚。2004年，国家统计局以《国民经济行业分类》为基础，参考了联合国《全部经济活动的国际标准产业分类》，并结合我国实际情况制定印发了《统计上划分信息相关产业暂行规定》的通知。

（2）信息社会。

在许多文献中，数字经济的特征被认为是非实质性的，人们的交互活动、产品信息的产生与储存越来越多地不依赖于原子活动转而依赖于对于"位（bit）"的操控。对于信息社会的研究中，研究者关注的重点在于社交网络与参与文化。

人与人之间沟通交往构成的社交网络在一定程度上催发了经济的转型与发展。例如，脸书（Facebook）、领英（Linkedin）、推特（Twitter）等社交平台的出现是动态变化的核心，各种参与者例如技术、用户、内容、法律、经济参与者，都在正在建立沟通和信息的联系空间（José Van Dijck，2012）。在这种消费者高度参与的情形下，参与文化应运而生。

参与文化，最早由美国传播学家亨利·詹金斯（Henry Jenkins）于20世纪90年代提出了以Web 2.0网络为平台的新兴媒介文化方式，在该经济活动参与模式下，市场主体不再简单地被划分为消费者与生产者，产生了产销一体的行为主体或者也可以称为消费生产者。在信息市场的相关性日益增长的今天，个人数据被视为数字经济的"原油"，数据成为可交易资产这一意识的出现成为驱动数据支付意愿的唯一最有影响力的因素（Spiekermann and Sarah，2017）。在参与文化的背景下，资本主义经济的发展不再仅仅的受生产支配而是愈发的受产销一体生产者（Prosumption）的市场行为的支配，而更倾向于非支付型劳动力（Unpaid Labor）而不再是支付型劳动力（Paid Labor），更聚焦于产品的提供而不再是消费。在这种多方参与的情景下，通过"全球搜索"进行的众包（在网络中广泛获取相关信息，其中包括付费信息与非付费信息等）采购为采购参与者提供了四种类型的价值：创意专业知识、关键项目、执行能力和议价能力，造就了"工作中的消费者"与"消费生产者"并极大地保留了后者的权利（Bauer and Gegenhuber，2015）。

（3）数字技术。

数字技术的发展增强了数字产品的流动性，同时也伴随着信息商品成本难以核算，边际成本几近于零以及连通性增加导致经济活动归属地模糊化问题的产生（Bean，2016），同时数字技术不仅通过经济和法律框架塑造世界，同时通过用户和内容塑造不断地改造世界，各类行为者为通信和信息建立了一个连接空间（José Van Dijck，2013）。数字技术的发展致使人们从最初的娱乐目的也转向了真实的经济利益驱动：随着网络游戏的不断完善与开发，用户在虚拟世界开始可以模拟真实的经济活动，开始拥有虚拟资产、虚拟消费、虚拟货币与虚拟贸易等。与许多互联网企业不同，虚拟世界很快将会成为在线的主要场所，虚拟世界商品的价值不取决于它们的特性或者组成部分，而是取决于它们对于使用者福利的贡献（Castronova，2002），因此，该模式产生经济活动也在数字经济的框架之下。

（4）平台经济。

数字经济的发展深刻地改变了现有行业模式与商业模式，像亚马逊、阿里巴巴等数字平台的发展降低信息行业的进入壁垒，同时也降低了零售业的成本。数字平台将世界各地的零售商整合，在供应和物流链的配合下实现线上交易。除此之外，数字平台也产生了诸多基于平台的新兴经济模式，如共享经济、零工经济和创新经济。研究者们的研究重点也集中在这几个方面。

第一，共享经济。从最初 2000 年无实物交割的无偿信息共享到 2010 年以后出现的诸如爱彼迎（Airbnb）、优步（Uber）、布拉布拉卡（Blablacar）等企业带来的实物使用权转移的有偿共享衍生出来了"共享经济"。共享经济是一种消费行为的上升模式，其建立在对产品闲置容量再利用的基础上以及市场数字化及其数字平台高度开发的状态下，通过数字平台实现了 P2P 提供产品或服务（Richardson，2015；Kathan and Wolfgang，2016）。当下协作消费与共享经济已经成为社会普遍的经济现象，从数字平台的技术能力角度研究平台架构从而构建社会互动可以更加深入地了解协作消费，德里维拉和哈维尔（De Rivera and Javier，2017）进行了无图网络（Netnographic）研究，通过聚类和对共享和协作经济的理论理解，将共享协作平台分为三类：网络、交易和面向社区。

第二，零工经济。零工经济是基于数字平台发展而推动起来的劳动力就业的新模式。零工经济下工人具有更高的自主性和灵活性，通过数字平台可以减少承担许多常规职责、降低就业成本（Minter and Kate，2017）。行为者需对自己的职业发展负责，零工经济为无边界职业为劳动者提供了合适条件，但研究者科斯特和多米尼克（Kost and Dominique，2019）指出，这种合适条件一定意义上讲是表面的，零工经济中的无边界职业可能是矛盾的，组织内部和组织间的职业边界会限制工人相关职业能力的发展从而限制了他们的流动性。研究者伍德等（Wood et al.，2018）指出，相较于传统的就业模式，零工经济带来了劳动者们工作质量、生活质量和就业灵活性的提高，同时也大幅吸引了年轻人的注意力。部分研究也表明，工作的结构性变化导致了工人就业的不稳定性，数字平台作为组织结构参与其中使得零工经济的劳动者更加容易受到不稳定因素的影响，不仅如此数字劳工平台还会有意地造成信息不对称从而更加加剧了工作地不稳定性（Kalleberg，2011；Rosenblat and Stark，2016；Kuhn and Maleki，2017；Wood et al.，2018）。数字平台是否为工人提供长期工作和收入保障、是否为技能发展提供机会的问题，以及对零工经济背景下劳动平台的监管与控制仍在不停地探索与讨论中（Wood et al.，2018；Rani and Furrer，2019）。

第三，创新经济。创新经济体系中的产品资源由传统的土地、劳工与资本转向了创意与想象。很多学者将其概括为具有 21 世纪特色的产业内容（OECD，2014）。在数字经济中普遍存在的集体创新带来复杂的监管挑战（Gawer，2012），研究者洛佩斯－贝尔佐萨和盖尔（Lopez-Berzosa and Gawer，2014）通过研究"第三代伙伴计划"（3GPP）案例认为特定的知识产权工具是加强管理的关键。当代市场中，数字技术改变了文化创意产品的生产、销售、分配和消费的方式，准入壁垒的降低带来了空前数量的生产商家与替代产品，使生产者不得不面对激烈竞争压力（Brian and Hracs，2013）。在该背景下，消费者福利不断提升，市场的转变由生产者诱导转向消费者诱导。

(5) 新兴热点融合。

2015 年以来，数字经济中关于诸如智慧城市、大数据等新兴热点融合的讨论越来越多，近几年的研究中主要讨论了数字经济与智慧城市、大数据。

智慧城市的概念将信息和通信技术（ICT）以及连接到物联网（IoT）的各种物理设备集成到一起，并以优化城市运营和服务的效率为目标连接到市民（Cohen，2015；Peris-Ortiz et al.，2017），智慧城市的概念在数字经济中日益重要起来，数字化基础设施为公共和私人组织提供了设计和交付更多以客户为中心的产品或服务的机会（Feng et al.，2016），而这种基础设施的不均衡更加加剧了社会经济和政治特权与优势更加持久的结构（Tooran and Farid，2017）。

在全球信息经济蓬勃发展的今天，对于互联网的便捷访问对城市的核心竞争力产生了至关重要的影响（Wang et al.，2016），在数字经济不断发展的大数据时代，对于海量数据的获取能力以及利用能力已经成了政府核心竞争力的重要体现，也引发了研究者对于大数据时代下政府治理的新模式的探讨。研究者约瑟夫·阿曼克瓦－阿莫阿（Joseph Amankwah-Amoah）在其 2016 年的研究中提出了关于大数据对于西非的埃博拉疫情使用，以阐明政府如何从大数据中获取价值以对抗病毒的传播。

（二）高产作者与机构

1. 作者合作网络

使用"引文空间"软件对 WOS 核心集中的文献进行作者共被引分析，

选取每年共被引前50位的作者生成作者共被引网络,其中构成网络结构的基本节点为在整个文献题录中提取的作者信息,从而可以得到在数字经济领域中高被引作者的分布,具有影响力的学者。

根据图3,发现共有标志点(Landmark Node)个数较多,标志点的大小表示了该作者在数字经济领域总的被引次数的多少,按照被引用次序排序,得到表6。

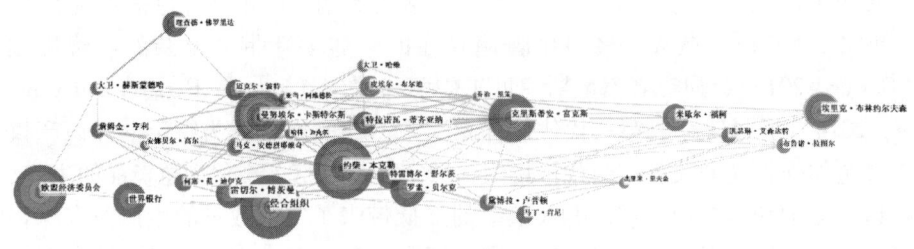

图3 作者共被引网络

表6 基于作者共被引分析网络排名前6位的共被引作者

频次	作者	在73 887篇文章中的占比(%)
103	曼努埃尔·卡斯特尔斯	0.14
100	经合组织	0.14
96	约柴·本克勒	0.13
82	克里斯蒂安·富克斯	0.11
81	欧洲经济委员会	0.11
62	埃里克·布林约尔夫森	0.08

根据表6,作者共被引网络中排在最前位的是曼努埃尔·卡斯特尔斯(Manuel Castells),发表的文献在这个数据库中被引用了103次,在73 887篇参考文献中占0.14%。曼努埃尔·卡斯特尔斯在20世纪90年代后期的研究被引率较高,研究主要分析了70~90年代发生的全球经济结构的变化,并认为"新经济是基于信息主义的新发展模式,其中网络是关键属性",还讨论了围绕网络的新媒体和通信技术,认为它们正在推动文化的根本变化。同时他认为在劳动力市场,信息主义并没有导致大规模的失业,却导致了劳动力结构性变化即不稳定的变化。排在第二位的是经合组织,说明就目前而言,经合组织为数字经济领域中最具有权威性的组织。研究者约柴·本克勒(Yochai Benkler)是哈佛大学的教授,他的研究主要集中在基于公共资源的方法来管理网络环境中的资源,创造了"基于普通用户的同伴生产"一词来描述基于共享信息的协作努力。研究者埃里克·布林约尔夫森(Erik Brynjolfsson)为麻省理工

学院斯隆管理学院的教授,主要研究方向为数字经济方向,致力于研究信息技术在经济战略中的应用、生产率核算与经济表现,电子商务的发展与无形资产。

2. 机构合作网络

使用"引文空间"软件对2011~2019年的文献进行机构合作分析,其结果如图4所示。根据图4反映的信息,目前数字经济的研究已经形成了以悉尼大学、曼彻斯特大学、爱丁堡大学、莫纳什大学为主导的合作网络,同时牛津大学、明尼苏达大学、麻省理工、伦敦大学学院、剑桥大学也是合作网络中的关键节点。在我国,机构合作以中国人民大学、浙江大学、南京大学、北京大学、香港中文大学为代表,其中中国人民大学与国际主要研究机构的合作相较于其他研究机构更多,但是合作密切程度不足。

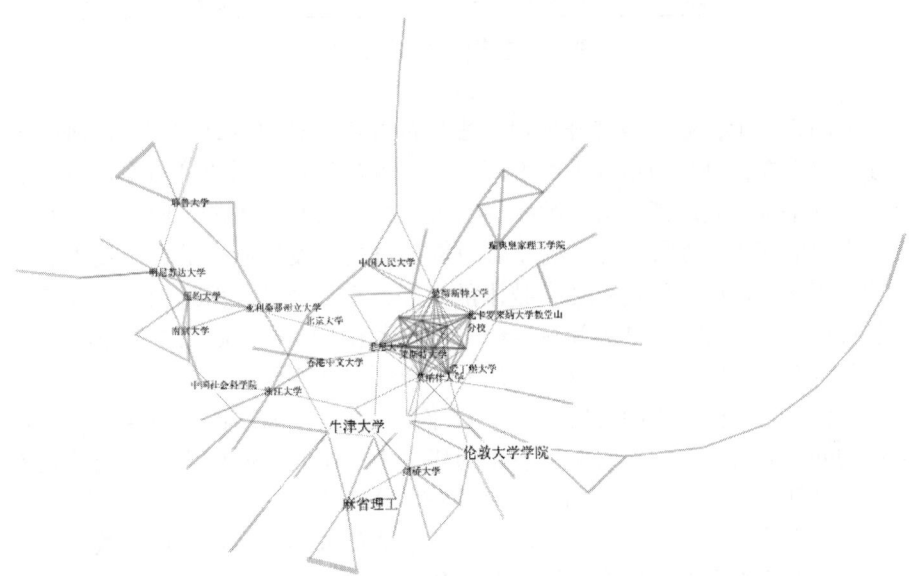

图4 2011~2019年世界范围内数字经济领域的主要研究机构

四、数字经济研究趋势分析

基于上述得到的聚类实现的关键词共现网络(见图2),本文对所得到的重要关键词与选取的样本论文关键词匹配,计算其发文量及其年度,得到其每年的发文量的频次统计。具体结果如图5所示。

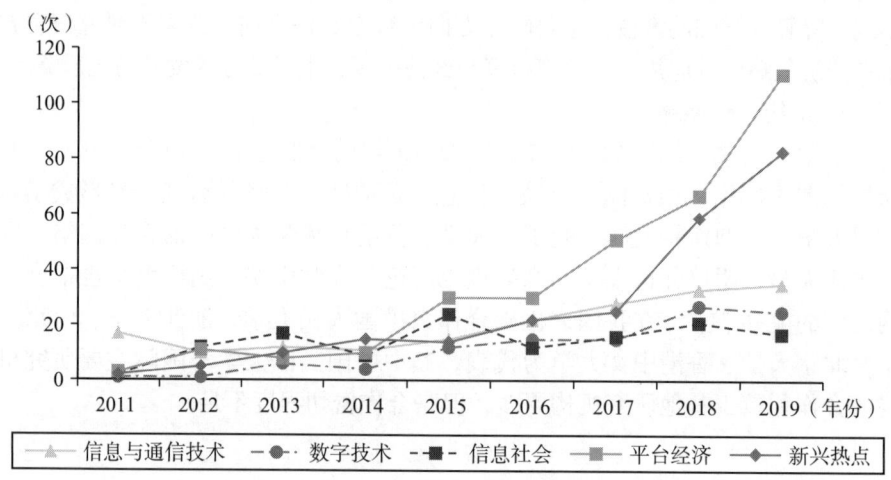

图5 各领域年发文量

由图5所示，数字经济开始蓬勃发展的几年（2011～2014年），研究者关注的重点在信息与通信技术的发展，人们深刻的意识到信息与通信技术的发展及其基础设施的架构对于数字经济发展的意义是重大的，同样也是数字经济发展的基础。在较为完备的基础设施架设的上发展起来的数字技术成为人们感兴趣的话题。伴随着数字技术的发展，平台经济，信息社会以及诸如智慧城市、大数据、区域链等新兴经济热点逐渐成为人们关注的热点问题。

从各个领域的年度发文量来看，2011年研究数字经济的学者关注的主要重点在信息与通信技术的发展上，2012年关注热度下降，此后每年有所增加但增加并不显著。在信息与通信技术的研究中，研究者们认为信息通信技术可以上升到国家战略层次，同时信息通信技术的溢出效应充分影响了GDP、生产力水平等指标的准确核算，同时提升了消费者福利。目前针对数字经济的核算体系还没有形成权威认知，但是各个组织均提出了相对较为完备的核算方式，因此各国学者对于信息与通信技术行业的准确测算仍在探索中（徐清源等，2018）。具体如表7所示。

表7 数字经济核算体系概览

指标体系	组织名称	出处
数字经济与社会指数（DESI）	欧盟	*Digital Economy and Society Index*（2016）
数字经济的衡量	美国商务部（BEA）	*Defining and Measuring the Digital Economy*（2018）
数字经济的衡量	经合组织（OECD）	*Digital Economy Outlook*（2015，2017）
网络准备（NRI）	世界经济论（WEF）	*The Global Information Technology Report* 2016
ICT发展指（IDI）	国际电信联（ITU）	*Measuring the Information Society Report* 2017

2015年以后，基于数字技术的平台经济飞速发展，其中具有代表性的就是零工经济与共享经济，零工经济对劳动力市场变化的影响是显著的，近年来与其相关的研究越来越多。同时共享经济的发展带来了人们对于所有权、使用权分离的更高的认识，使用权的有偿转移在提升消费者福利的基础上也带来了更高的使用效率，目前对于共享经济的探索仍未停止，同时对于平台经济的探索也在进一步向前。

2016年以后，随着工业4.0时代的到来，随着数字技术与信息通信技术的不断发展，5G网络的架构、区域链、智慧城市、人工智能、大数据等新兴热点与数字经济彼此交融，数字经济产业化是当下面临的主题，如何更好地应用大数据、区域链等手段与平台实现更好的社会治理与政府管理是当下学者讨论的话题。

五、数字经济研究展望

笔者认为未来全球经济体系及其经济模式面临着重新洗牌，数字经济将面临广阔的前景。在本文的研究中，信息社会、数字技术与信息与通信技术三个领域发文量于2015年后趋于平缓，在未来的发展中，信息社会、数字技术其所包含的内容较为零散，可探讨的内容较多，有待学者们进一步挖掘，同时信息通信技术中，其溢出效应与其准确核算目前尚未出现权威的方法，但随着测算工具箱的不断完善，相关领域的文章也会随之增长。

2015年后，平台经济、数字经济与新兴热点融合等内容发文量飞速增长，这些领域所关注的问题大多和居民日常经济行为相关，发文量预计仍会爬升。例如，2019年末，新冠肺炎疫情席卷全球，实体经济遭受打击而数字经济逆势而上，一时间"宅经济"成为热点词汇。这种基于数字平台的经济模式会在未来成为经济发展的主体驱动力，不断完善的物流、基础设施建设也会使平台经济的研究迈上一个新的高度，同时疫情期间，采用大数据手段切断病毒感染与传播的途径取得了巨大的成效，使用大数据手段实现更好的城市治理等都将会成为以后数字经济发展的热点话题。

因此，数字经济领域的研究会更加关注于现实生活，与现实的连接越来越紧密。数字经济凭借其自身的灵活性、普惠性突破空间时间限制，大幅提升资源配置效率，给予人们更多的隐形福利。此外，数字经济还可以与其他经济领域相结合，诞生新的研究主题，比如金融科技、数字产业化、产业数字化等，也会是许多研究者下一步的研究方向。

六、结 论

本文采用文献计量的方法对当前数字经济领域近十年的研究现状、热点和趋势进行研究,并通过作者共被引分析,探究数字经济领域贡献较多的科研人员。2011~2019 年,数字经济的研究在 2015 年以后年发文量稳步增长,数字经济成为当前国际的热点话题,各国之间也存在一定的合作关系,英国、美国数字经济的发展处于世界领先的位置,其数字经济体量较大,欧洲各国合作紧密,将数字经济上升为国家战略已成为世界主要经济体的共识。同时依据聚类结果与相应的文献梳理,我们得出数字经济的五个主要研究领域:信息与通信技术、数字技术、平台经济、信息社会、新兴技术融合。信息与通信技术的溢出效应,关于"生产率悖论"的讨论,以及系统、标准的核算体系是研究者们讨论的重点话题,但近年来该领域的发文量趋于平缓,数字经济的研究热点以从信息与通信技术转变向了平台经济与新兴技术融合的方向。平台经济中有关零工经济、共享经济以及创新经济的研究蓬勃增长,且后劲较足;智慧城市、大数据、工业 4.0 与数字经济的融合愈加密切,相关研究也愈加增多。

参考文献

1. 李贺、袁翠敏、李亚峰:《基于文献计量的大数据研究综述》,载于《情报科学》2014 年第 32 期。

2. 逄健、朱欣民:《国外数字经济发展趋势与数字经济国家发展战略》,载于《科技进步与对策》2013 年第 8 期。

3. 撒凯悦、罗润东:《人口老龄化问题的国际前沿研究解读——基于 CiteSpace 的文献计量分析》,载于《东岳论丛》2017 年第 38 期。

4. 吴隽、徐迪:《基于文献计量的低碳供应链管理研究述评》,载于《经济管理》2020 年第 42 期。

5. 徐清源、单志广、马潮江:《国内外数字经济测度指标体系研究综述》,载于《调研世界》2018 年第 11 期。

6. 续继、唐琦:《数字经济与国民经济核算文献评述》,载于《经济学动态》2019 年第 10 期。

7. 詹宇波、王晓萍:《ICT 产业资本存量的度量及其增长效应——一个文献综述》,载于《世界经济文汇》2012 年第 2 期。

8. 郑文晖:《文献计量法与内容分析法的比较研究》,载于《情报杂志》2006 年第 5 期。

9. 朱亮、孟宪学：《文献计量法与内容分析法比较研究》，载于《图书馆工作与研究》2013 年第 1 期。

10. Aeppel T., 2015, "Silicon Valley Doesn't Believe US Productivity is Down", *Wall Street Journal*, P. 16.

11. Alizadeh T., Farid R., 2017, "Political Economy of Telecommunication Infrastructure: An Investigation of the National Broadband Network Early Rollout and Pork Barrel Politics in Australia", *Telecommunications Policy*, 41 (4), pp. 242 – 252.

12. Bartel A., Ichniowski C., Shaw K., 2007, "How Does Information Technology Affect Productivity? Plant – Level Comparisons of Product Innovation, Process Improvement, and Worker Skills", *The Quarterly Journal of Economics*, 122 (4), pp. 1721 – 1758.

13. Bauer R M., Gegenhuber T., 2015, "Crowdsourcing: Global Search and The Twisted Roles of Consumers and Producers", *Organization*, 22 (5), pp. 661 – 681.

14. Bean C R., 2016, "Independent Review of UK Economic Statistics", *HM Treasury*.

15. Brynjolfsson E., McAfee A. 2014, "The Second Machine Age: Work, Progress, and Prosperity in a Time of Brilliant Technologies", *WW Norton & Company*.

16. Brynjolfsson E., Rock D., Syverson C., 2017, "Artificial Intelligence and the Modern Productivity Paradox: A Clash of Expectations and Statistics", *National Bureau of Economic Research*.

17. Byrne D M., Corrado C A., 2017, "ICT Services and Their Prices: What Do They Tell Us about Productivity and Technology?", *FEDS Working Paper*, No. 2017 – 015.

18. Byrne D M., Fernald J G., Reinsdorf M B., 2016, "Does the United States Have a Productivity Slowdown or a Measurement Problem?", *Brookings Papers on Economic Activity*, 2016 (1), pp. 109 – 182.

19. Cardona M., Kretschmer T., Strobel T., 2013, "ICT and Productivity: Conclusions from the Empirical Literature", *Information Economics and Policy*, 25 (3), pp. 109 – 125.

20. Castronova E., 2002, "On Virtual Economies", *CESifo Working Paper Series*, No. 752.

21. Cohen B., 2015, "The Smartest Cities in the World 2015: Methodology", *Retrieved from Fast Company*: https://www.fastcompany.com/3038818/the-

smartestcities-in-the-world – 2015 – methodology.

22. Costa D F., Carvalho F M., Moreira B C M., 2019, "Behavioral Economics and Behavioral Finance: A Bibliometric Analysis of the Scientific Fields", *Journal of Economic Surveys*, 33 (1), pp. 3–24.

23. Costa D F., De Melo Carvalho F., De Melo Moreira B C., et al., 2017, "Bibliometric Analysis on the Association Between Behavioral Finance and Decision Making with Cognitive Biases such as Over-confidence, Anchoring Effect and Confirmation Bias", *Scientometrics*, 111 (3), pp. 1775–1799.

24. De Rivera J., Gordo Á., Cassidy P., et al., 2017, "A Netnographic Study of P2P Collaborative Consumption Platforms' User Interface and Design", *Environmental Innovation and Societal Transitions*, pp. 11–27.

25. Fernald J G., 2015, "Productivity and Potential Output Before, During, and After the Great Recession", *NBER Macroeconomics Annual*, 29 (1), pp. 1–51.

26. Gawer J. 2012, "Corporate Governance Scores and Long-term Performance", 29*th International Conference of the French Finance Association (AFFI)*.

27. Greenhalgh T., Taylor R., 1997, "How to Read a Paper: Papers that Go Beyond Numbers (Qualitative Research)", *BMj*, 315 (7110), pp. 740–743.

28. Hracs B. J., Jakob D., Hauge A., 2013, "Standing Out in the Crowd: The Rise of Exclusivity–Based Strategies to Compete in the Contemporary Marketplace for Music and Fashion", *Environment and Planning* A, 45 (5), pp. 1144–1161.

29. Hung K. P., Chou C., 2013, "The Impact of Open Innovation on Firm Performance: The Moderating Effects of Internal R&D and Environmental Turbulence", *Technovation*, 33 (10–11), pp. 368–380.

30. Kalleberg A L., 2011, "Good Jobs, Bad Jobs: The Rise of Polarized and Precarious Employment Systems in the United States, 1970s–2000s", *Russell Sage Foundation*.

31. Kathan W., Matzler K., Veider V., 2016, "The Sharing Economy: Your Business Model's Friend or Foe?", *Business Horizons*, 59 (6), pp. 663–672.

32. Khan B S., Niazi M A., 2017, "Network Community Detection: A Review and Visual Survey", *arXiv preprint arXiv*: 1708.00977.

33. Kost D., Fieseler C., Wong S. I., 2019, "Boundaryless Careers in the Gig Economy: An Oxymoron?", *Human Resource Management Journal*.

34. Kuhn K. M., Maleki A., 2017, "Micro–Entrepreneurs, Dependent

Contractors, And Instaserfs: Understanding Online Labor Platform Workforces", *Academy of Management Perspectives*, 31 (3), pp. 183 – 200.

35. Li F., Nucciarelli A., Roden S., et al., 2016, "How Smart Cities Transform Operations Models: A New Research Agenda for Operations Management in the Digital Economy", *Production Planning & Control*, 27 (6), pp. 514 – 528.

36. Llorente A., Garcia – Herranz M., Cebrian M., et al., 2015, "Social Media Fingerprints of Unemployment", *PloS one*, 10 (5).

37. Lopez – Berzosa D., Gawer A., 2014, "Innovation Policy Within Private Collectives: Evidence on 3GPP'S Regulation Mechanisms to Facilitate Collective Innovation", *Technovation*, 34 (12), pp. 734 – 745.

38. Minter K., 2017, "Negotiating Labour Standards in the Gig Economy: Airtasker and Unions New South Wales", *The Economic and Labour Relations Review*, 28 (3), pp. 438 – 454.

39. Negroponte N., 1996, "Being Digital", *Vintage*.

40. OECD, 2013, "The Digital Economy, OECD, Paris", http: //www.oecd. org /daf/ competition/The – DigitalEconomy – 2012. pdf.

41. Oulton N., 2012, "Long Term Implications of the ICT Revolution: Applying the Lessons of Growth Theory and Growth Accounting", *Economic Modelling*, 29 (5), pp. 1722 – 1736.

42. Rani U., Furrer M., 2019, "On – Demand Digital Economy: Can Experience Ensure Work and Income Security for Microtask Workers?" *Jahrbücher für Nationalökonomie und Statistik*, 239 (3), pp. 565 – 597.

43. Reinsdorf M., Schreyer P., 2020, "Measuring Consumer Inflation in a Digital Economy. Measuring Economic Growth and Productivity", *Academic Press*, pp. 339 – 362.

44. Remes J., Mischke J., Krishnan M., 2018, "Solving the Productivity Puzzle: The Role of Demand and the Promise of Digitization", *International Productivity Monitor*, 2018 (35), pp. 28 – 51.

45. Richardson L., 2015, "Performing the Sharing Economy", *Geoforum*, 67, pp. 121 – 129.

46. Rosenblat A., Stark L., 2016, "Algorithmic Labor and Information Asymmetries: A Case Study of Uber's Drivers", *International Journal of Communication*, 10: 27.

47. Spiekermann S., Korunovska J., 2017, "Towards A Value Theory for Personal Data", *Journal of Information Technology*, 32 (1), pp. 62 – 84.

48. Tapscott D., 1996, "The Digital Economy: Promise and Peril in the

Age of Networked Intelligence", *New York*: *McGraw – Hill*.

49. Van Dijck J., 2012, "Facebook as A Tool for Producing Sociality and Connectivity", *Television & New Media*, 13 (2), pp. 160 – 176.

50. Van Dijck J., Poell T., 2013, "Understanding Social Media Logic", *Media and Communication*, 1 (1), pp. 2 – 14.

51. Van Leeuwen G., Van Der Wiel H., 2003, "Spillovers Effects of ICT", *CBP Report*, 3, pp. 24 – 40.

52. Vaquero – García A., Álvarez – García J., Peris – Ortiz M., 2017, "Urban Models of Sustainable Development from the Economic Perspective: Smart Cities, Sustainable Smart Cities", *Springer, Cham*, pp. 15 – 29.

53. Venturini F., 2015, "The Modern Drivers of Productivity", *Research Policy*, 44 (2), pp. 357 – 369.

54. Wang M., Liao F H., Lin J., et al., 2016, "The Making of a Sustainable Wireless City? Mapping Public Wi – Fi Access In Shanghai", *Sustainability*, 8 (2), pp. 111.

55. Weber D. M., Kauffman R. J., 2011, "What Drives Global ICT Adoption? Analysis and Research Directions", *Electronic commerce research and applications*, 10 (6), pp. 683 – 701.

56. Wood A. J., Graham M., Lehdonvirta V., Hjorth I., 2018, "Good Gig, Bad Gig: Autonomy and Algorithmic Control in the Global Gig Economy", *Work, Employment and Society*, 33 (1), pp. 56 – 75.

Research Topics, Cutting – Edge Trends and Prospects of the Digital Economy
—Bibliometric Analysis Based on CiteSpace

Tian Jinfang   Zhuang Shan

(School of Statistics, Shandong University of Finance and Economics, 250014)

[**Abstract**] As a new and renewable means of production, data has driven human society from the IT era to the DT era, and the digital economy has emerged at the historic moment. It has also driven the innovation and development of modern economic laws and attracted widespread attention from scholars at home and abroad. This article selects the literature of the theme of digital economy from 2011 to 2019 in the Web of Science core collection library as a sample, and uses the CiteSpace software for visual bibliometrics analysis. It systematically examines the theme of the digital economy; the cutting-edge trends and prospects were made accordingly. Research findings are as follows: (1) Through keyword co-occurrence networks and cluster analysis, it is found that the research topics are concentrated in the five areas include information and communication technology, digital technology, platform economy, information society and emerging technology convergence. At the same time, they shown certain prototype of the core network. (2) Through the keyword matching, we can obtain the annual posting trends in the above five major fields. (3) According to the research trends, we summarized the future research direction of the digital economy and found that the number of platform economies is increasing repidly, emerging hotspots such as bigdata, artificial intelligence and blockchain are converging with the digital economy. This article can provide research reference for journal editors, authors, reviewers and readers in the related fields of digital economy and those interested in the latest digital economy industry in related fields.

[**Key Words**] Digital Economy   Research Review   Bibliometric

JEL Classifications: C0

后　　记

　　《制度经济学研究》已经入选中国社会科学引文索引（CSSCI）来源集刊，加入中国学术期刊网全文数据库（www.cnki.net）、台湾中国台湾·华艺数位股份有限公司中文电子期刊服务数据库（www.ceps.com.tw），成为中国人民大学书报资料中心、《中国社会科学文摘》等收录来源书刊。为进一步规范《制度经济学研究》的稿件格式，要求所有来稿必须符合以下体例：

　　1. 除海外学者外，稿件一律使用中文。应将打印稿一式三份寄至：山东省济南市山大南路27号山东大学经济研究院（中心）《制度经济学研究》编辑部，邮编：250100；或者通过电子邮件发送至：zdjjxyj@126.com 或者 cass-lzg@126.com。

　　2. 稿件第一页应包含以下信息：（1）文章标题；（2）作者姓名、单位以及通信地址、电话和电子邮箱；（3）感谢语（如果有的话）。

　　3. 稿件的第二页应提供以下信息：（1）文章标题；（2）200字左右的文章摘要；（3）三个中文关键词；（4）中图分类号；（5）文献标识码；（6）文章的英文标题；（7）200字左右的英文摘要；（8）三个JEL（Journal of Economic Literature）分类号。（注："中图分类号""文献标识码""JEL分类号"可以直接从 http://www.cer.sdu.edu.cn 中"制度经济学"栏目中查询）。

　　4. 稿件一律用 Microsoft Word 软件编辑。文章正文的标题、表格、图、公式必须分别连续编号；注释一律采用脚注，不得采用尾注，并请采用自动格式，按页编号；大标题居中，用中文数字一、二、三等编号，字体为四号、加粗、宋体；小标题左对齐，用中文数字（一）、（二）、（三）等编号，字体为五号、加粗、宋体；正文字体采用五号、宋体；其他编号一律使用阿拉伯数字；正文行距为单倍行距，页边距采用自动格式（上下各为2.54厘米；左右各为3.17厘米）。

　　5. 正文中的外国人名、地名翻译成中文。在文章中第一次出现时，在中文译名后用括号标出外文，以后再出现时直接采用中文，参考文献除外。

　　6. 文章的参考文献必须一律放在结尾处，按照先中文文献、后英文文献根据作者姓名的汉语拼音（或英文字母）顺序排列。以下为参考体例：

　　（1）黄少安：《关于制度变迁的三个假说及其验证》，载于《中国社会科学》2000年第4期。

　　（2）张军：《"双轨制"经济学：中国的经济改革（1978~1992）》，上海三联书店、上海人民出版社 1997 年版。

（3）Alchian, Armen A., Uncertainty, Evolution, and Economic Theory, *Journal of Political Economy*, Vol. 58 No. 3, June, 1950, pp. 211 – 221.

（4）Tullock, Gordon, *On Voting: A Public Choice Approach*, Northampton, MA: Edward Elgar Publishing, Inc, 1998.

7. 译文须注明原文出处，是否取得原文作者授权（投稿时同时提供作者或原出版单位的授权许可）；译文可以不提供中英文摘要，参考文献不必译成中文。

8. 《制度经济学研究》不采用已经发表过的学术成果；稿件一经发表，未经允许不得转载或在其他地方再次发表。所有稿件自发出后三个月若无回音，请自行处理，恕不退稿；作者也可以在稿件发出两个月之后，通过 E-mail 或电话询问审稿信息，联系电话：0531 – 88364050。

山东大学经济研究院
2020 年 1 月